Im Wissen um *die Anderen*

Kerstin Hazibar

Im Wissen um *die Anderen*

Differenz- und Deutungspraktiken in der pädagogischen Beratung

Springer VS

Kerstin Hazibar
Bildungswissenschaften
Universität Wien
Wien, Österreich

ISBN 978-3-658-50657-5 ISBN 978-3-658-50658-2 (eBook)
https://doi.org/10.1007/978-3-658-50658-2

Die Deutsche Nationalbibliothek verzeichnet diese Publikation in der Deutschen Nationalbibliografie; detaillierte bibliografische Daten sind im Internet über https://portal.dnb.de abrufbar.

Planung/Lektorat: Marija Mann
Springer VS ist ein Imprint der eingetragenen Gesellschaft Springer Fachmedien Wiesbaden GmbH und ist ein Teil von Springer Nature.
Die Anschrift der Gesellschaft ist: Abraham-Lincoln-Str. 46, 65189 Wiesbaden, Germany

Interessenkonflikt Der/die Autor*in hat keine für den Inhalt dieses Manuskripts relevanten Interessenkonflikte.

Zusammenfassung

Wie wird Wissen in der pädagogischen Beratung produziert, legitimiert und wirksam gemacht? Welche Rolle spielen Differenzkonstruktionen und Machtverhältnisse in der professionellen Praxis? Und wie prägen gesellschaftlich etablierte Wissensordnungen die Wahrnehmung und Deutung über migrantisierte Ratsuchende?

Die Studie analysiert die Wissenspraktiken im Feld der Erziehungsberatung aus einer machttheoretischen und differenzkritischen Perspektive. Im Zentrum steht die Frage, wie Berater_innen im Sprechen über ihre professionelle Praxis auf gesellschaftlich verfügbare Deutungs- und Wahrnehmungsschemata zurückgreifen, um ihre professionelle Handlungsfähigkeit in einem Spannungsfeld widersprüchlicher Handlungsanforderungen und Anerkennungslogiken zu sichern.

Die Untersuchung beleuchtet die ambivalente Dynamik der Beratungspraxis, die einerseits auf Gleichheit und Antidiskriminierung abzielt, zugleich jedoch auf Differenz als zentralen Bezugspunkt angewiesen bleibt. Beratung wird dabei als Ort der Aushandlung sichtbar, an dem sich Unterstützung und soziale Kontrolle, Reflexion und Reproduktion von Machtstrukturen untrennbar miteinander verbinden. Die Autorin verdeutlicht, wie eng der Einsatz von Differenzwissen mit der Legitimation professioneller Praxis verknüpft ist und wie Beratung als gesellschaftlich und historisch eingebettete Praxis sowohl bestehende Strukturen stabilisieren als auch Räume für emanzipatorische Prozesse eröffnen kann. Die kritische Auseinandersetzung mit normierenden Wissensbeständen und die Reflexion über die eigene Verstrickung in gesellschaftliche Machtverhältnisse erweisen sich dabei als zentrale Voraussetzungen für eine machtsensible und transformative Beratungspraxis.

Dieses Buch richtet sich an Wissenschaftler_innen, Praktiker_innen und Studierende der Erziehungswissenschaft, Sozialen Arbeit und angrenzender Disziplinen, die sich mit den komplexen Verflechtungen von Wissen, Differenz und Macht in pädagogischen Handlungsfeldern auseinandersetzen und die Potenziale einer machtkritischen Beratungspraxis ausloten möchten.

Inhaltsverzeichnis

1 Beratung, Wissen, Differenz – eine erste Annäherung an einen uneinheitlichen Gegenstand

Anfang der 2000er Jahre schreiben Rainer Schützeichel und Thomas Brüsemeister vom Glück, ein soziales Phänomen aufgefunden zu haben und zu erschließen, noch bevor dieses „zu einer gewissen Reife und Blüte oder zu einer öffentlichen Prominenz gefunden“ (2004, S. 7) habe. Dieses Glück ist mir, die ich nun etwa 20 Jahre später an diesem Thema arbeite, nicht mehr vergönnt. Der gesellschaftliche Boom von Beratung hat auch die wissenschaftliche Wissensproduktion zum Thema angereizt. Mit der Konjunktur dieses spezifischen Kommunikationsformates korrespondiert eine enorme Fülle an Beratungskonzeptionen und -zugängen, die in den Einrichtungen, auf der Ebene von Curricula in Fort-, Aus-, Weiterbildungen, in praktischen Handreichungen für adäquates Beratungshandeln und in der Fachliteratur zum Einsatz gelangen. Wenngleich sich die Forschungslage, die empirisch und theoriegeleitet herauszuarbeiten versucht, was in der konkreten Beratung geschieht, als eher dürftig erweist (Dewe & Schwarz 2011, S. 31), so sieht sich eine Untersuchung, die Beratung zum Gegenstand hat, einer Publikationsfülle an Fach- und Ratgeberliteratur entgegen, die kaum überblickbar ist und ebenso wenig in der Lage zu sein scheint, sich auf die Grundbedingungen ihres Gegenstandes zu einigen. Das hat nun sicher auch damit zu tun, dass Beratung nahezu allerorts und gleichsam unhinterfragt anzutreffen ist (ebd., S. 11). Sowohl in Hinblick auf ihre Adressat_innen, ihre Themen, auf zugrunde liegende Theorien und Methoden und in Hinblick auf ihre Wissensgrundlage scheint Beratung uneinheitlich und unklar konturiert (Scherr 2014, S. 111), ebenso wie die gesellschaftliche Relevanz und der Ort, an dem Beratung angesiedelt wird. Oder wie es Bernd Dewe und Martin P. Schwarz formulieren, bei Beratung – ebenso wie bei Coaching oder Supervision – handelt es sich um einen „hochfrequentierten Begriff im Vokabular einer Gesellschaft, in deren Mitte die Beratung als Kommunikationsformat boomt“ (2011, S. 11).

K. Hazibar, *Im Wissen um die Anderen*,
https://doi.org/10.1007/978-3-658-50658-2_1

Wir leben in einer *Beratungsgesellschaft*, so der soziologische Befund, der die gesellschaftliche Bedeutung von Beratung zu fassen sucht, den Peter Fuchs und Eckart Pankoke (1994) vor etwa drei Jahrzehnten formulieren und den Schützeichel und Brüsemeister (2004) zehn Jahre später in ihrem mehrheitlich systemtheoretisch argumentierenden Sammelband *Die beratene Gesellschaft* erneut aufgreifen. In der Beratung, so könnte eine weitere Gesellschaftsanalyse lauten, findet die Mitte des 19. Jahrhunderts einsetzende *Therapeutisierung der Gesellschaft* (Maasen 2011, S. 9–17) ihren zeitgenössischen Ausdruck. Beratung ist zu einem Teil einer „neoliberal regierten und neosozial organisierten Gesellschaft" geworden (ebd.) und als solcher zum Ort, an dem sich die Techniken der Selbst- und Fremdführung miteinander verschränken, indem auf das Wissen des Einzelnen über sich selbst und deren Handeln eingewirkt wird (Duttweiler 2007, S. 263).

Welchen theoretischen Ausgangsort die soziologischen Gegenwartsdiagnosen[1] auch jeweils wählen, so kommen sie doch überein, dass Beratung in der Bewältigung des Alltages in einer zunehmend komplexer, unübersehbarer werdenden und die Eigenverantwortlichkeit der Individuen adressierender Gesellschaft eine „zeitgemäße Form der Bearbeitung von Modernisierungsprozessen und deren Risiken" sei (Engel & Nestmann 2006, S. 10).

So sind nahezu alle gesellschaftlichen Teilbereiche in irgendeiner Weise mit Beratung konfrontiert, ob nun institutionalisiert, etabliert und gesetzlich verankert, wie bspw. die Arbeitsmarktberatung oder Beratungsfelder, die unter sozialpolitischen Vorgaben in zunehmenden Legitimations- und Begründungsdruck geraten, wie sich dies zuletzt deutlich in österreichischen Frauenberatungseinrichtungen[2] oder in der Beratung von Geflüchteten gezeigt hat. Ob formalisiert, teilformalisiert oder informell, Beratung taucht als Phänomen und konkretes Angebot in nahezu jedem Bereich der Lebensführung und in unterschiedlichen Handlungsfeldern auf. Beratung scheint Antworten für beinahe jedes „Problem und jede Unsicherheitslage in Politik, Wirtschaft, im Bildungswesen ebenso wie im Leben der Einzelnen" bereitzuhalten (Duttweiler 2007, S. 261). Insbesondere die Handlungsfelder der Pädagogik und Sozialen Arbeit reagieren auf jene Risiken in der Form, „Individuen und Familien, die an den für moderne Gesellschaften typischen Bedingungen der Lebensführung scheitern, nicht bereit bzw.

[1] Wenngleich Schützeichel und Brüsemeister (2004) keine weitere soziologische Gegenwartsdiagnose zu *erfinden* beabsichtigen, so erachten sie die Expansion von Beratung in der Gesellschaft als konstitutiv für dieselbe.

[2] In Österreich sehen sich insbesondere feministische, rassismuskritische und sozialpolitisch engagierte Frauen- und Migrant_innenberatungseinrichtungen zunehmend mit einer drastischen Reduktion oder vollständigen Streichung ihrer finanziellen Mittel konfrontiert.

in der Lage sind, sich schulischen und beruflichen Bildungsanforderungen, ökonomischen Zwängen und rechtlichen Normierungen anzupassen, […] Leistungen der Erziehung, Betreuung, Beratung usw. zur Verfügung" zu stellen (Scherr 2014, S. 102). Den Handlungs- und Kommunikationstyp Beratung kennzeichnet dabei in besonderer Weise, „umfassend auf die Lebensführung, das Selbstverständnis und die Lebensentwürfe von Individuen und Familien einzuwirken" (ebd.).

Bei all der Fülle an Fachliteratur zu Beratung, ist der Frage nach der machtvollen Einbindung beraterischen Handelns und Deutens in gesellschaftliche Wissensordnungen – mit Ausnahme einiger wenige Aufsätze[3] – kaum nachgegangen worden. Am vermeintlichen Übergang von der Klassengesellschaft zur Wissensgesellschaft (hierzu etwa Stehr & Grundmann 2010; kritisch auf die pädagogische Rezeption dieses Konzeptes verweisend etwa Höhne 2004), gerät zwar zunehmend das Wissen der Expert_innen in den Aufmerksamkeitsfokus sozialwissenschaftlicher Forschung. Dieser bleibt aber häufig auf deskriptiver Ebene darauf beschränkt, die wachsende Bedeutung des Wissens als rational-technologisches in modernen Gesellschaften zu beschreiben. Wissen scheint hier auf einer horizontalen Linie der sich ausdifferenzierenden wissensbasierten Berufsfelder angesiedelt; oder in erziehungswissenschaftlichen Forschungen vielfach auf kognitionstheoretisch-individualistische Analysen genuin pädagogischer Beziehungen und Gegenstände beschränkt (Höhne 2004). Eine gleichermaßen vertikale Inblicknahme von Wissen liegt dieser Untersuchung zugrunde, die sich für die Genese, Machtförmigkeit und Effekte von Wissen interessiert.

1.1 Erkenntnisinteresse, Untersuchungsfeld, Fragestellung und kritische Anmerkungen zur Terminologie

Den theoretischen Ausgangspunkt der vorliegenden Untersuchung bildet die Annahme, Beratung begegne ihren Klient_innen mit einem spezifisch gesellschaftlich und historisch vorgeformten Wissen, das von den Klient_innen angeeignet und für die Beschreibungen des Selbst eingesetzt werde (Plößer 2013b). Das Wissen, das in der Beratung zum Einsatz gelangt – wenngleich dieses Wissen nicht unbedingt einseitig zum Einsatz gebracht wird (Duttweiler 2007) –, kann als in besonderem Maße praxiswirksam verstanden werden. Denn die

[3] Insbesondere Melanie Plößers (2013) und Stefanie Duttweilers (2007; 2008) poststrukturalistische sowie Heidrun Schulzes (2016; 2018) machttheoretische Konzeptionalisierungen von Beratung liefern – auch für die vorliegende Arbeit – wichtige Anregungen.

Wahrnehmungs- und Deutungsschemata von Berater_innen strukturieren das konkrete Handlungsfeld sinnhaft und die Handlungsbedingungen von Ratsuchenden handlungsleitend mit, insofern sie spezifische Handlungsinterventionen präferieren und Einfluss auf die Selbstverständnisse und -beschreibungen der Klient_innen nehmen.

An wissenssoziologischen und diskurstheoretischen Überlegungen orientiert, wird in der vorliegenden Arbeit das in der Beratungskommunikation zum Einsatz gelangende Wissen weniger mikrosoziologisch in den Blick genommen, wie dies etwa in der erziehungswissenschaftlichen Beratungsforschung unter dem Stichwort der Doppelverortung von Beratung als feld- und feldunspezifisches Wissen beschrieben ist (etwa Engel 2004). Vielmehr wird Wissen als ein wirklichkeits-, macht- und ungleichheitskonstituierender und reproduzierender Faktor verstanden. Thomas Höhne (2004, S. 3) kritisiert, dass im gegenwärtig in der Pädagogik dominierenden Kompetenzdiskurs „Wissen" in seiner Vielförmigkeit, seinen Inhalten und seinen strukturellen Eigenschaften keine zentrale Referenzkategorie bildet. Er problematisiert, dass eine epistemologische Perspektive auf Wissen, die seine soziale Struktur, Effekte und Machtförmigkeit sichtbar macht, oft zugunsten der Fokussierung auf die Vermittlung und den Erwerb von Wissen sowie damit verbundener Kompetenzen vernachlässigt wird (Höhne 2004, S. 3–11). Im Vergleich zu Untersuchungen, die die alltagspraktischen und professionellen Wissensbestände der pädagogischen Akteur_innen im Feld pädagogischer Beratung adressieren und deren Aufmerksamkeitsfokus vor allem auf die Mikrobeziehungen im konkreten Beratungsgeschehen gerichtet ist, liegt dieser Arbeit die Ausgangsannahme zugrunde, dass das Wissen, das in der Beratung (über)situativ aufgerufen, aktualisiert und transformiert wird, von einer doppelten Asymmetrie gekennzeichnet ist:

1. Als Expert_innen sind Berater_innen aufgrund der die Beratungskommunikation allgemein kennzeichnenden Asymmetrie autorisiert, ein Wissen bereitzustellen, über das die Ratsuchenden (noch) nicht verfügen. Den Ratsuchenden obliegt es, ihr Problem darzustellen, dem entspricht aber auf Seiten der Berater_innen ein Deutungsmonopol (Kasap Çetingök 2013). Ihnen kommt es zu, die Interaktionssituation mit den Klient_innen zu definieren. Vermittels ihrer sozialen Position erlangen die Berater_innen Zugang zur Sprache der Institution der Beratung und damit Teilhabe an deren Autorität; ihnen wird die Fähigkeit zugesprochen, offiziell richtig und repräsentativ für die Gruppe der Expert_innen zu sprechen, deren Bevollmächtigte sie sind (Bourdieu 2005, S. 103).

2. Anknüpfend an machtanalytische, rassismus- und geschlechterkritische wie post- und dekoloniale Perspektiven wird Wissen als zentraler Gegenstand sozialer Kämpfe um Deutungsmacht verstanden. Die in Expert_ inneninterviews befragten Berater_innen sind im *nationalstaatlich, geschlechtlich und klassenhierarchisch stratifizierten sozialen Raum* (Scherschel 2010; 2016) unterschiedlich positioniert und mit einem ungleichen Zugang zu und einer ungleichen Durchsetzung von Wissen ausgestattet. Als ein kollektiv vorrätiges, hegemoniales Wissen, das jenen zur Verfügung steht in Ausübung gegenüber jenen, über die das Wissen erzeugt wird, haben „diejenigen, die den Diskurs produzieren, […] die Macht, ihn *wahr zu machen* […], seine Geltung, seinen wissenschaftlichen Status durchzusetzen" (Hall 2004, S. 154; Herv. i. O.).

Auf Grundlage dieser theoretischen Überlegungen werden die den Vorstellungen der Berater_innen zugrunde liegenden, meist dominanten und unhinterfragt anerkannten Wissensbestände und deren Funktionalität im Auskunftgeben über das eigene professionelle Handeln im Kontext der Interviews, die mit Beratenden geführt wurden, gesellschaftlicher Sagbarkeitsbedingungen und Anforderungen und Anerkennungslogiken des Feldes rekonstruiert.

Die Untersuchung ist angelegt als eine rekonstruktive Analyse des Deutungs- und Differenzwissens der Berater_innen im Feld der Erziehungsberatung. Anhand von Interviewdaten, erhoben mittels theoriegenerierender Expert_ inneninterviews (Bogner & Menz 2009; 2014) in ausgewählten österreichischen Einrichtungen der Erziehungsberatung, werden vor dem Hintergrund der in erziehungswissenschaftlich-sozialarbeiterischen Fachdiskursen diskutierten Spannungs- und Widerspruchsverhältnisse Fremd-heits-, Klassen- und Geschlechterkonstruktionen im Sprechen über die professionelle Praxis rekonstruiert. In der Konturierung des Gegenstandes *Differenzwissen* knüpft die vorliegende Arbeit zunächst an Studien an, die Beratung als eine soziale Handlungspraxis in ihren Machtdimensionen thematisieren (etwa Schulze et al. 2016; 2018; Großmaß 2006). Beratung wird darin als ein Ort entworfen, in den gesellschaftliche Machtverhältnisse hineinwirken, zugleich aber auch durch sie erzeugt werden. Beratung wird als eine soziale und gesellschaftliche Praxis mit Herstellungscharakter gefasst, in der Machtverhältnisse, Wissenshierarchien, Zugehörigkeiten und soziale Positionen von den an der Beratung beteiligten Akteur_innen verhandelt werden (Schulze et al. 2018). Beratung handelt innerhalb gesellschaftlicher Strukturen, die von einer Vielzahl sozialer Unterschiede und sozialer Ungleichheiten geprägt sind.

Die Arbeit interessiert sich also, um es in den Worten Isabell Diehms und Frank-Olaf Radtkes (1999, S. 15) zu formulieren, für die Redeweisen, mit denen handlungsfeldspezifische Probleme beschrieben werden, ebenso wie im Feld gedacht wird, wie die Aufgaben von den verschiedenen Akteur_innen definiert und analysiert werden, mit welchen Unterscheidungen sie arbeiten und auf welche Wissenshaushalte sie sich dabei stützen. Interpretative Sozialforschung erkundet dabei die „Sinn- und Handlungsmuster in ihrer überindividuellen, gruppen- oder milieuspezifischen bzw. gesellschaftlichen Geprägtheit" (Kleemann et al. 2013, S. 17). Im Gegensatz dazu werden in der vorliegenden Arbeit die Absichten von Einzelpersonen eher als Hinweis auf solche Sinnstrukturen verstanden (ebd.). Mit dem Ziel, herauszuarbeiten, welche kollektiven und sozialräumlich verortbaren Wissensbestände dem Handeln, Denken und der Wahrnehmung von im pädagogischen Handlungsfeld der Erziehungsberatung Tätigen zugrunde liegen, geht die Forschung den Fragen nach, auf welche praxisrelevanten Wissenshaushalte die Berater_innen im Auskunftgeben über ihre professionelle Praxis zurückgreifen. Relevant ist dabei auch, wie und unter welchen Bedingungen Berater_innen im Sprechen über ihr Praxisfeld auf Repräsentationen von Differenz zurückgreifen? Mit welcher Funktion? Welches gesellschaftlich geteilte Grundverständnis von Normalität kommt darin zum Ausdruck? Welche gesellschaftlich vorrätigen und geteilten Wissensbestände, Deutungsmuster sowie Wert- und Normenvorstellungen? Wie plausibilisieren sie ihr Sprechen? Und wie wird dieses Sprechen als wahr und gültig präsentiert?

Kritische Anmerkungen zur Terminologie

In dieser Arbeit wird immer wieder von den *Anderen* gesprochen. Die_der *Andere* ist aber nicht einfach da. Die_der *Andere* ist keine natürliche Gegebenheit, keine ontologische Größe, sondern muss als solche_r erst geschaffen werden. Er_sie wird zum_r *Anderen* gemacht. Insofern wäre es vielleicht präziser von *Ge-Anderten* zu sprechen, um den Herstellungscharakter dieses Prozesses anzuzeigen. Das *Andere* existiert nur „in Relation zur Dominanzgesellschaft, die sich selbst als das komplexe Selbst konstituiert" (Gutierrez Rodriguez 1996, S. 99). Postkoloniale Theoretiker_innen wie Edward Said, Gayatri C. Spivak oder Homi K. Bhaba haben die Bedeutung der Konstruktion *des differenten anderen Objekts* im Verhältnis zu einem komplexen Subjekt *Europa/ Westen* hervorgehoben. „In diesem Verhältnis wird das *Andere* als das Eindeutige bestimmt, während dem Eigenen (der Westen) Komplexität zugeschrieben wird" (Gutiérrez Rodríguez 1996, S. 109). Der in sich heterogen zugleich hinsichtlich geteilter Werte, gemeinsamer Abstammung etc. homogen entworfenen *Wir-Gruppe* wird eine homogene und amorphe *Fremdgruppe* gegenübergestellt, die sich grundlegend von *uns* unterscheide. Dieser Prozess des Anders-Machens wurde von Edward Said als *Othering* bezeichnet (Said 1978). Durch den Prozess der „VerAnderung" (Reuter 2002, S. 143) werden Menschen diskursiv, symbolisch sowie durch soziale Praxen als *Andere* hervorgebracht (Karakayalı 2020, S. 122). Mit der Zuweisung hauptsächlich negativer und abgewerteter Eigenschaften, Wertmaßstäbe und Verhaltensweisen an die als anders und fremd markierte Gruppe werden Vorstellungen einer rückständigen Kultur, rückständiger Geschlechterbeziehungen, einer bedrohlichen Sexualität und erhöhten Gewaltbereitschaft – Vorstellungen, die ihren Ursprung häufig in kolonialen Wissenssystemen haben – perpetuiert (Karakayalı 2020). Othering bringt nicht nur den *Anderen* hervor, othering erfüllt auch die Bestätigung einer Normalität oder vermeintlichen Neutralität. Durch Prozesse des Andersmachens wird der eigene mehrheitsgesellschaftliche Standort des Deutens, Wahrnehmens und Zuordnens als der Richtige, der Neutrale bekräftigt. Die eigene Lebensweise, die eigene Sicht wird zur normalen, zur richtigen. Praxen des *Anders-Machens* zeigen sich bspw. darin, dass Menschen, die hier geboren und aufgewachsen sind, ein Migrationshintergrund zugeschrieben wird. Anderen, die über eine tatsächliche Migrationserfahrung verfügen, jedoch nicht. Die unspezifische Verwendung der Kategorie *Migrationshintergrund* verdeutlicht, dass diese nur unzureichend in der Lage ist, etwas über die konkrete Lebenswirklichkeit der so Bezeichneten auszusagen. Ihre Bedeutung erfährt sie erst durch die Entgegensetzung zu einer vermeintlichen Norm: der sesshaften Menschen, die angeblich schon immer hier waren. Wenn also im Folgenden die Rede vom *Anderen* ist, dann richtet sich der Blick darauf, wie Menschen im herrschenden Diskurs in sich beständig wiederholenden Sprechbewegungen als *andere Subjekte* hervorgebracht werden (Foucault 2011; Butler 1997), unabhängig davon, ob sie sich selbst vermeintlich oder tatsächlich grenzüberschreitend bewegen oder bewegt haben.

Warum *manche* zu *anderen* werden und *andere* wiederum nicht, verweist auf historische und postkoloniale Kontinuitäten, die Menschen mit unterschiedlichen Graden an Mobilitätsrechten ausstatten. Diese postkoloniale Ungleichheit spiegelt sich etwa darin, wie die Mobilität von Menschen gewertet wird[4]. Während die Mobilität vor allem aus den Ländern des globalen Nordens vorrangig positiv als Weltgewandtheit, Zukunftsfähigkeit, Fortschrittlichkeit assoziiert wird und

[4] Im Ranking des *Passportindex* sind die Möglichkeiten der Einreise und Visafreiheit, die mit dem Besitz eines bestimmten Reisepasses eines bestimmten Landes verbunden sind, aufgelistet. Die Liste führen die Länder des globalen Nordens an. Der österreichische Reisepass liegt 2023 auf Platz zwei. Mit ihm ist die erlaubte Einreise in 175 Nationen verbunden, davon 122 visafrei. Das Ende der Liste bilden die Länder des globalen Südens, vor allem jene, die als muslimisch identifiziert werden. https://www.passportindex.org/

die Migrierenden unter einer solchen Perspektive als Akteur_innen der Wissensgesellschaft gelesen werden, wird die Mobilität von Niedrigqualifizierten, von *FluchtMigrant_innen*[5] aus Krisenregimen zurückgewiesen; oder aber gezielt rekrutiert als niedrig entlohnte, oft sozial ungeschützte Arbeitskräfte für unattraktive schwere körperliche Arbeit bspw. in der Landwirtschaft in den Peripherien Europas[6], im Baugewerbe und für nichtproduktive Tätigkeiten im Dienstleistungssektor, das heißt, in der Haushaltsarbeit, der Pflege, für Reinigungsdienste, im Gastgewerbe oder der Vergnügungsindustrie (Lutz 2009).

Das bedeutet, Bewertungs- und Unterscheidungskategorien sind nicht nur auf der Ebene der Repräsentation bedeutsam. Vielmehr gehen mit diesen Differenzierungspraxen Möglichkeiten der (Über-)Lebensführung und Beanspruchung von Rechten und Ressourcen einher. Mit der durch Einwanderungs- und Niederlassungsbestimmungen evozierten Deklassierung im Immigrationskontext und/oder Zuweisung eines Migrationshintergrundes geht häufig eine Veränderung der sozialen Lage, Limitierung des Lebensstandards und des sozialen Status einher. Das heißt also, mit diesen Adressierungen verbinden sich Lebenswirklichkeiten, sie erhalten Materialität und werden wirklich, indem sie die so Bezeichneten im sozialen Raum hierarchisch positionieren und im Zugang zu Rechten, Ressourcen und Teilhabeoptionen ungleich ausstatten. Auch hinsichtlich der Wirksammachung und Durchsetzungsfähigkeit von Wissen sind die je unterschiedlich positionierten Gesellschaftsmitglieder höchst ungleich ausgestattet, wie in den folgenden Kapiteln noch ausgearbeitet werden wird.

1.2 Vorgehen und Aufbau der Arbeit

Kapitel zwei nimmt sowohl den methodologischen als auch gesellschaftlichen Standort von Beratung in den Blick und versucht darzulegen, wie Beratung einerseits als eine spezifische und ambivalente Kommunikationsform und Form pädagogischen Handelns innerhalb der forschenden Beschäftigung mit Beratung gefasst und konzeptualisiert wird. Zunächst wird dem Phänomen Beratung in seiner Mikrologie begegnet. Anhand einschlägiger sozialwissenschaftlicher Beratungsliteratur wird zweitens die Komplexität und Vielschichtigkeit der Strukturen,

---

[5] Durch die Verbindung der beiden Begriffe Flucht und Migration soll die vereinfachende Entgegensetzung der beiden Phänomene aufgezeigt werden, die mit Vorstellungen von Zwang auf der einen und Freiwilligkeit auf der anderen Seite einhergehen und häufig politisch instrumentalisiert werden.

[6] Wie dies etwa Gilles Reckinger (2018) für den Süden Italiens und Corinna Milborn (2006) für den Südosten Spaniens eindrücklich aufgezeigt haben.

innerhalb derer Beratung agiert, herausgearbeitet, um darüber das Feld der Beratung in seinen ambivalenten, gesellschaftlichen Einbindungen abzustecken. Als Analysewerkzeug wird eine an Bourdieus Theorie der Wirkmächtigkeit von Sprache und symbolischer Macht und an Foucaults Normalisierungsmacht orientierte Perspektive gewählt, um Beratung in den gesellschaftlich erzeugten und oftmals widersprüchlichen Machtwirkungen zu konturieren und damit der empirischen Analyse zugänglich zu machen. Die Einordnung der pädagogischen Beratung in umfassende Machttheorien und Ungleichheitstheorien verhilft zu einem „theoretischen Beschreibungsrahmen" (Großmaß 2000, S. 23), der die sozialpädagogische Theoriebildung erweitern kann.

Als ausgewiesener Gegenstand der Beratungsforschung, der gleichsam auf sein Desiderat verweist, erweist sich die Frage nach dem Wissen der Beratung. In Kapitel drei wird ein Wissensbegriff erarbeitet, dessen Ausgang im Umfeld der als neueren bezeichneten wissenssoziologischen Ausführungen Peter L. Bergers und Thomas Luckmanns, Michel Foucaults Ausführungen zu Wissen und Macht, insbesondere aber Pierre Bourdieus Theorie der Wirkmächtigkeit von Sprache und symbolischer Gewalt, sowie im Umfeld der teils kontroversen Debatten, die die sozialwissenschaftliche Frauen- und Geschlechterforschung in den 1990er Jahren prägen, anzusiedeln ist. Die Erweiterung des Wissensbegriffs um Bourdieus und Foucaults Machtanalytik ermöglicht, über mikrosoziologische Betrachtungen des Beratungswissens hinauszugehen und über Fragen nachzudenken, wie Wissen gesellschaftlich produziert, in Institutionen verfestigt, subjektiv angeeignet und von den individuellen Akteur_innen zum Einsatz gebracht wird. Wissen wird darin gleichsam als theoretische Konstruktion und empirischer Gegenstand in seiner Topographie und seinen Spielarten abgesteckt und einer epistemologischen Perspektivierung zugeführt, die Wissen als soziales Wissen fasst, das spezifische Effekte und Wirkungen zeitigt. In Anknüpfung an geschlechtertheoretische Überlegungen zum Geschlechterwissen wird Wissen als ein wirklichkeits-, macht- und ungleichheitskonstituierendes Prinzip herausgearbeitet und Beratung als Ort der Wissensproduktion bestimmt.

Der Begriff des Differenzwissens, wie er in dieser Untersuchung entwickelt wird, wird in Kapitel vier als analytisches Instrument für die Untersuchung des Sprechens der Berater_innen über ihre Praxis weiter ausformuliert. Hierzu werden die diskursiven differenz- und ungleichheitstheoretischen Voraussetzungen des Beratungswissens herausgearbeitet, um den forschungsleitenden Fragen nachzugehen, welche diskursiv konstruierten Vorstellungen über die vermeintlich *Anderen* aufgerufen und wie Ungleichheiten durch Adressierungen von und Zuschreibungen an *die andere Beratungsklientel*, die über die *legitime Sprache* (Bourdieu 2005, S. 44) der Berater_innen autorisiert werden, hervorgebracht, bestätigt oder transformiert werden. Ausgehend von den in den Arbeiten der kritischen (historischen) Migrations- und Rassismusforschung, der feministischen, post- und dekolonialen Theorie sichtbar gemachten dominanzkulturellen Repräsentationen der *Anderen*, sollen die impliziten (und expliziten) gesellschaftstheoretischen Implikationen und Voraussetzungen, Modi und Effekte des Wissens, die von den Berater_innen als legitimen Sprechenden in gesellschaftlich anerkannten Positionen vorgetragen werden, herausgearbeitet werden.

Kapitel fünf bildet den Prozess und das methodologische Umfeld ab, in dem die Forschung angesiedelt ist. Zunächst werden die Bedeutung und Spezifika des gewählten Erhebungsverfahrens theoriegenerierender Expert_inneninterviews erläutert. Es wird der Begriff des Deutungswissens im Umfeld des Expert_innenwissens ausgearbeitet und in Beziehung zum symbolischen Raum des Interviews sowie zu der in Kapitel drei und vier vorausgehenden theoretischen Begriffsarbeit gesetzt. In Weiterführung Irene Döllings und Angelika Wetterers Konzeptualisierungen des *Geschlechterwissens* und Bourdieus Überlegungen zu Sprache und symbolischer Macht wird der dieser Untersuchung zugrunde gelegte Wissensbegriff schließlich um einen Begriff von Expert_innenwissen erweitert, der dieses nicht jenseits des Alltags- oder popularisierten Wissens als eine Art habituell und sozialräumlich *unberührten* und explizierbaren Sonderwissensbestand konzipiert. Vielmehr wird das Expert_innenwissen als *Deutungswissen* (Bogner & Menz 2001) gefasst, das sich nicht allein aus dem funktionalen Kontext der Expert_innen generiert, sondern ebenso aus ihrer positionalen Anordnung im sozialem Raum. Dieses Konglomerat, das ich schließlich *Differenzwissen* nennen werde, ermöglicht eine Systematik des Wissens zu entwerfen, mittels diesem den in den Äußerungen der Berater_innen dokumentierten und im Prozess der Interpretation zugewiesenen und zugeordneten Wissensbestände empirisch begegnet wird. Schließlich werden die Herausforderungen im Zugang zum Feld, der Interviewkommunikation, Auswertung, Interpretation und Darstellung diskutiert.

Kapitel sechs und sieben bilden den *empirischen Unterbau* der Arbeit. In ihnen sind die empirischen Befunde dargelegt und abschließend diskutiert.

Im Elend der Welt beginnt Bourdieu einen seiner darin versammelten Beiträge mit folgendem Satz: „Ich habe nicht die Absicht, hier allzu ausführlich auf theoretische Reflexionen einzugehen, die sich lediglich an diejenigen richten würden, die selbst in der Forschung tätig sind“ (2007, S. 393). Diese Arbeit im Duktus der Academia geschrieben, widmet sich in Sprech- und Darlegungsweise in erster Linie an in der Forschung Tätige und – entgegen der ursprünglich geplanten Ausgangslage – vielleicht erst in zweiter Linie an die in der beraterischen Praxis Tätigen. Dennoch hoffe ich, dass diese Arbeit eine Theorie und Empirie liefert, die Reflexionsangebote und -hinweise für die professionelle beraterische

Praxis bereithält. Als kritische Inblicknahme des *Wissens der Beratung*, will sich diese Arbeit nicht in *bloßer* Kritik erschöpfen, sondern einen Beitrag zur theoretischen und ethischen Fundierung von Beratung leisten, der es ermöglicht, „die Struktur pädagogischer Handlungssituationen und die eigene Rolle darin (besser) verstehen zu lernen, um die Resultate der eigenen Handlungen verantworten zu können“ (Diehm & Radtke 1999, S. 14). Die forschende Annäherung an die meist verborgenen, widersprüchlichen und komplexen dominanzgesellschaftlich wie organisationsstrukturell gestützten Macht- und Wissensasymmetrien im sozialen Raum der Beratung geschieht nicht von einem scheinbar objektiven, außerhalb des Sozialen gelegenen Ort der Wissenschaft aus. Vielmehr bilden der eigene berufs- und sozio-biographische Standort, die eigene lebensgeschichtliche Situiertheit des Wissens und die – wie dies Heidrun Schulze (2018, S. 32) formuliert – eigene Erkenntnissuche nach dem, was in meiner eigenen Beratungsausbildung und -praxis meist unthematisiert blieb, den Ausgangspunkt für diese Forschung.

2 Das Untersuchungsfeld (Erziehungs-) Beratung

Obgleich Beratung als Institutionalisierungsform und Beraten als eine Handlungsmethode in der Sozialen Arbeit, der (Sozial-)pädagogik, der Erwachsenen- und Weiterbildung, sowie in der Organisations- und Betriebspädagogik eine bedeutsame Rolle einnehmen, finden sich verhältnismäßig deutlich weniger Studien, die empirisch herausarbeiten, was in der konkreten Beratung geschieht (Dewe & Schwarz 2011, S. 31). Empirische, theoriegeleitete Rekonstruktionen des Beratungsgeschehens sehen sich einer zahlenmäßigen Überlegenheit an Literatur gegenüber, die unter einer sozialtechnisch-instrumentellen Verwertungsperspektive herausarbeitet, wie Beratung erfolgreich in der Praxis zur Anwendung gebracht werden kann (ebd.). So hat sich ein Markt etabliert, der in seinem kaum überblickbaren Angebot an Ratgeberliteratur, an Praxishandreichungen, an Weiter-, Fort- und Ausbildungen mit der steigenden Nachfrage an Dienstleistungen, Praxisanleitungen und Bildungstiteln korrespondiert. Unter Bedingungen zunehmender Spezialisierung und Professionalisierung wachsen die Anforderungen an Professionelle, Kapital in Form funktional anschlussfähiger Kompetenzen anzuhäufen. Eine Expansion von Bildung (Vester 2004; Bourdieu & Passeron 1971) bei gleichzeitiger Entwertung formaler Bildungsabschlüsse äußert sich dergestalt auch in der Literatur und auf der Ebene von Aus-, Fort- und Weiterbildungen im Kontext der Beratung.

Dewe & Schwarz (2011, S. 31) attestieren der Beratungsforschung trotz ihrer nun mittlerweile mehrere Jahrzehnte[1] andauernden Entwicklungsgeschichte, sich noch in ihrer Konstitutionsphase zu befinden. Gleichwohl verweisen sie jedoch

[1] Mit Blick auf Klaus Mollenhauers & Wolfgang C. Müllers Ausführungen (1965) lässt sich eine erziehungswissenschaftliche Beschäftigung mit Beratung bereits in den 1960er Jahren festmachen.

K. Hazibar, *Im Wissen um die Anderen*,
https://doi.org/10.1007/978-3-658-50658-2_2

auch darauf, dass vor allem in jüngerer Zeit die Beratungsforschung sowohl qualitativ als auch quantitativ zu expandieren beginnt. Als Indiz hierfür führen sie die Entstehung von Handbüchern, Themenschwerpunkte und Themenhefte in einschlägigen Fachzeitschriften an (ebd., S. 32). Genannt sei an dieser Stelle etwa das mittlerweile drei Bände umfassende *Handbuch der Beratung* herausgegeben von Frank Nestmann, Frank Engel und Ursel Sickendiek (2004; 2007; 2013), das grundlegende, interdisziplinäre Beiträge für eine vielgestaltige Theoretisierung von Beratung liefert.

Beratung nicht als dekontextualisierte Methode, sondern als ein vielschichtiges, bisweilen paradoxes Kommunikationsphänomen (Dewe & Schwarz 2011, S. 32), das in – für pädagogisches Handeln insgesamt kennzeichnend – konstitutive Spannungsverhältnisse eingelassen ist, in den Blick zu nehmen, soll Aufgabe dieses Kapitels sein, das sich mit dem methodologischen Standort der Beratungsforschung einerseits und dem gesellschaftlichen Standort von Beratung anderseits befasst.

2.1 Was ist Beratung?

Im gleichnamigen Aufsatz definieren Engel et al. (2004, S. 34–35) Beratung als ein Unterstützungsangebot, welches sich an einem offenen und integrativen Hilfebegriff orientiert und in präventiver und entwicklungsorientierter Weise darauf ausgerichtet ist, Orientierungs-, Planungs-, Entscheidungs- und Bewältigungshilfe mit Bezug auf lebensweltliche Kontexte zu leisten. Als eine Hilfe- und Unterstützungsform durchzieht Beratung nahezu alle Felder sozialpädagogischer Arbeit. Sie gilt einerseits als eine eigenständige Methode, die in unterschiedlichen Settings der Beratungseinrichtungen zum Einsatz kommt. Andererseits findet Beratung als Querschnittsmethode in annähernd allen anderen Hilfeformen wie Betreuung, Pflege, Erziehung, Bildungsmaßnahmen etc. statt (Sickendiek et al. 2008, S. 13).

Beratung, in einem allgemeinen Sinne gesprochen, beschreibt zunächst die Interaktion zwischen zumindest zwei an der Beratung beteiligten Akteur_innen, wobei die beratende Person im Einsatz kommunikativer Mittel die ratsuchende Person orientierungsgebend, reflexiv, wissensvermittelnd unterstützt in Hinblick auf eine bestimmte Frage- oder Problemstellung (ebd.). Beratung einem professionellen Verständnis folgend kann nicht mit Ratgeben gleichgesetzt werden (Hornstein 1966). Auch wenn in Beratungen bisweilen Ratschläge erteilt werden, so kann das, was in professionellen Beratungsprozessen vermittelt wird, nicht auf ein Rezeptwissen reduziert werden, das die *richtigen* Lösungen für die Anliegen der Ratsuchenden bereithält. Vielmehr zielt Beratung idealtypisch auf die Erkundung und Entwicklung von Handlungs- und Bewältigungsperspektiven. Fall- und situationsspezifisch auf die konkrete Lebenssituation und Problemlage der Ratsuchenden bezogen, rekurriert Beratung dabei auf bestimmte Wissensbestände. Engel et al. (2004) sprechen von einer *Doppelverortung von Beratung*, insofern im Beratungshandeln einerseits auf *handlungsfeldunspezifisches Beratungs- und Interaktionswissen* (Beratungsmethoden, Prozessmodelle, u. ä.) zurückgegriffen wird, andererseits auf *handlungsfeldspezifisches Wissen* (Faktenwissen zu jeweiligen Problemlagen, Interventionsformen etc.).

Trotz einer Vielzahl an theoretischen und fachlichen Beratungsverständnissen finden sich in der erziehungswissenschaftlichen Fachliteratur allgemeine den Beratungsprozess kennzeichnende Charakteristika. Zunächst können hier die Ergebnisoffenheit und Unbestimmtheit pädagogischer Beratung genannt werden. Unbestimmt ist Beratung, weil der Beratungsprozess – wie Mollenhauer (1965, S. 30–31) in seiner Abhandlung zum pädagogischen Phänomen Beratung anmerkt – mit einer Frage als Ausgangspunkt für einen Prozess, in dem sich Ratsuchende und Beratende dem Kern des Beratungsgegenstandes annähern, beginnt. Gleichwohl die Frage auf eine Antwort gerichtet ist, die Auskunft über die Möglichkeiten des_der Ratsuchenden gibt, muss diese – will sie sich an den Erwartungen und Interpretationen der Ratsuchenden orientieren – notwendigerweise unabgeschlossen und offen für Veränderungen im Fort- und Ausgang der Beratung bleiben. Unbestimmtheit kennzeichnet die kommunikative Handlungsform des Beratens in analytischer und idealtypischer Abgrenzung von anderen Kommunikationsformen, wie dem Informieren oder dem Unterrichten (Giesecke 1996, S. 76 ff.). Im Gegensatz zum Informieren oder Unterrichten, hat der Rat der Beratung in idealisierter Form zunächst keine Verbindlichkeit für die Ratsuchenden. Als eine Art Orientierungshilfe gedeiht die Antwort der Beratenden in einem pädagogischen Sinne zur Selbsttätigkeit und *kritischen Aufklärung* (Mollenhauer 1965) der Ratsuchenden, die sie in die Lage versetzt, die erteilte Antwort zu verwerfen oder als gleichsam selbst vollzogene anzunehmen (ebd.). Wenngleich Beratung in vielen Fällen jedoch angeordnet und keineswegs freiwillig stattfindet, kann jedoch nur dann sinnvoll von Beratung gesprochen werden, wenn der prinzipiell dialogische Charakter der Beratungskommunikation gewahrt bleibt (Scherr 2014, S. 105). Beratung als eine *Grundform pädagogischen Handelns* (Giesecke 1996) zielt demnach in einer nicht-direktiven Weise auf die Bestärkung von Handlungsfähigkeit und Autonomisierung der Ratsuchenden. Wobei Handlungsfähigkeit hier nicht ausschließlich als eine Frage *individueller Fähigkeiten* betrachtet werden kann (Mecheril 2004, S. 9), sondern als Relation zwischen der handelnden, selbstreflektierenden und lernfähigen Person der_s Ratsuchenden und den einschränkenden sowie fördernden Handlungsumgebungen, in denen sie sich befindet (Dewe & Scherr 1990).

Ein gemeinsamer Ausgangs- bzw. Fluchtpunkt der Beratungsforschung für die Klärung der Grundbedingungen und Grundstruktur ihres Gegenstandes scheint sich wesentlich über sein Negativ herzuleiten: die Psychotherapie. Im Bestreben, Beratung von ihrem Image als *kleine Psychotherapie* und den damit verbundenen Zuweisungen wie „*weniger* tiefgreifend, *weniger* langwierig, in *weniger* abgeschottete[n] Settings für *weniger* schwere Störungen" zu entkoppeln (Nestmann & Engel 2002, S. 39; Herv. i. O.), scheint die Beratungsliteratur professionsübergreifend beherrscht von der Frage, wie Beratung von Psychotherapie unterschieden werden kann. Eine Abgrenzung stärker sozialwissenschaftlicher Ansätze zu psychologisch orientierten findet sich durchgängig in der einschlägigen Fachliteratur, sowohl in Hinblick auf die Problemdefinition, den Gegenstand der *Behandlung*, die Wissensbestände, die dafür zum Einsatz gelangen, die Handlungsperspektiven und -konzepte. Wenngleich Beratung und Therapie in der Praxis eine große Nähe aufweisen und sich therapienahe Ansätze zunehmend von einem diagnosegeleitenden und defizitbehebenden Beratungsverständnis lösen, so sind Beratung und Therapie dennoch in unterschiedliche Logiken und Denktraditionen eingebunden. So verorten etwa Klaus Sander (1999), Bernd Dewe & Albert Scherr (1991) oder Ruth Großmaß (2004) den Unterschied von Beratung zur Handlungsform Psychotherapie im Problembezug. Nach Sander (1999, S. 23) liegt das Augenmerk der Psychotherapie eher auf inneren Aspekten, während sich Beratung stärker auf ein *Außen* richtet. Dewe und Scherr sprechen dann von Beratung, „wenn im Vordergrund der Selbst- und Fremddefinition nicht ein individuell-spezifisches psychisches oder physisches Krankheitssymptom, sondern eine die individuelle Problematik übergreifende sozial typische Problemlage steht. Gegenstand von Beratung sind […] individuelle Konkretionen von sozial typischen Problemsituationen" (1991, S. 7). Davon leiten sie ein Spezifikum des Beratungshandelns ab, das darin besteht, „zur problembezogenen Erweiterung des Horizontes an Deutungsmöglichkeiten beizutragen, auf dessen Hintergrund der Klient selbst seine Situation interpretiert und Handlungsalternativen entwirft" (ebd.; siehe auch Dewe & Schwarz 2011). (Sozial-)pädagogische Beratung, kann also, wie es Sabine Schneider (2014, S. 190) aus einer Untersuchung zum Beratungshandeln von Sozialpädagog_innen rekonstruiert, als doppelte Bezugnahme auf subjektive Erlebnisweisen und strukturelle Rahmungen verstanden werden. Wer als idealtypische_r Klient_in durch die Beratung adressiert wird, welche Probleme und Anliegen als Gegenstände der Beratung verhandelt werden und welche Problemlösungen und Deutungsangebote daran anschließen, all das wird erst in Auseinandersetzung mit den gesellschaftlichen Kontexten verständlich, in denen Beratung agiert. Eine theoretische Auseinandersetzung mit Beratung, so Scherr (2014, S. 103), kann Beratung nicht als isoliertes Phänomen in den Blick nehmen, sondern hat Beratung als eine spezifisch situierte Kommunikationsform in ihren gesellschaftlichen Bedingungen, Funktionen und Folgen zu beleuchten.

2.2 Der gesellschaftliche Standort von (Erziehungs-) Beratung

Ausgehend von der Erziehungsberatung haben sich seit den 1920er Jahren zusehends hochspezialisierte professionelle Beratungseinrichtungen für nahezu alle Lebensbereiche etabliert. In den sich ausdifferenzierenden Feldern allgemeiner sowie spezieller sozialer und pädagogischer Handlungsbereiche reicht das Angebot von themenzentrierten Beratungen wie etwa der Arbeitsintegrationsberatung, der Schuldnerberatung, der Drogen- und Suchtberatung, der Studienberatung über zielgruppenspezifische Beratungen, wie etwa Männerberatung, Familien- oder Geflüchtetenberatung bis hin zu disziplinär-theoretisch-konzeptuell zu unterscheidende Angebote, wie pädagogische, psychosoziale, psychologische oder medizinische Beratung. So unterschiedlich die Klientel, die adressiert, das Angebot, das gesetzt, der methodische Zugang, der gewählt wird, so haben die Beratungsdienste doch eines gemeinsam: „Es geht immer darum, Vermittlungsleistungen an der Grenzlinie zwischen dem Sozialen und dem Individuellen zu erbringen" (Großmaß 2006, S. 485). In soziologischen Gegenwartsdiagnosen, wie jene der *Individualisierung der Lebensführung* (Beck 1986), der Vervielfältigung und Flexibilisierung von Lebensführungsoptionen, der Transformationen und Umbrüche in den Orientierungen der Menschen, etc. erscheint das Individuum in seinem Verhältnis zum Sozialen in besonderer Weise zuwendungsbedürftig (Großmaß 2006, S. 485).

Insbesondere in den Diskussionen um die Notwendigkeit lebenslangen Lernens zeigt sich die gesteigerte Bedeutung von Beratung in der Etablierung einer neuartigen pädagogischen Praxis, die mit Foucault als *Selbstführung der Subjekte* und (Selbst-)Verpflichtung zur *Sorge um sich* (Foucault 1984) beschrieben werden kann (Dausien 2011, S. 25–26; Duttweiler 2007). Auf der Ebene pädagogischer Beziehungen, so Werner Helsper (2006, S. 22), äußert sich die Pluralisierung von Lebensentwürfen, von Selbst- und Weltverhältnissen, in veränderten Rahmenbedingungen. Die Vervielfachung und Beschleunigung kultureller und sozialer Wandlungsprozesse, die Kurzlebigkeit bestimmten spezialisierten Wissens führt, so Helsper, „zur Infragestellung der pädagogischen Vorstellung, daß der Erzogene ausgelernt habe und ‚vollendet' sei" (2006, S. 22). Viel eher ist er aufgefordert, sich dem Tempo der Schnelllebigkeit im Erlernen von Neuem und Verlernen vom Alten anzupassen: „Was früher für die Lerngeschichte zwischen den Generationen galt, wird nun zum Problem der individuellen biographischen Lerngeschichte selbst. Auch der Erziehende als ‚Erzogener' muß ständig weiterlernen, bleibt also vorläufig, suchend, unfertig" (ebd.).

Welcher Zeitdiagnose letztlich gefolgt wird, im Kern umschreiben sie gesellschaftliche Veränderungen, die in den als westlichen Industrienationen umschriebenen Ländern des globalen Nordens seit dem ausgehenden 19. Jahrhundert stattfinden – „Veränderungen, die dem Einzelnen und seiner Psyche Anderes und Neues abfordern" (Großmaß 2006, S. 486). „So wird nachvollziehbar, dass auch Kommunikationsformen wie Beratung einen Bedeutungszuwachs erleben und professionelle Formen entstehen – mit dem Effekt einer Verschiebung, weg vom Informell-Alltäglichen hin zum Formalisierten/Professionellen" (ebd.). Diesen Übergang verkörpern in besonderer Weise jene Beratungsangebote, die sich mit Themen persönlicher Lebensführung beschäftigen, also jene, die als *psychosozial oder pädagogisch* betitelt werden können. Im Prozess ihrer Professionalisierung hat Beratung moderne Dienstleistungseinrichtungen hervorgebracht, die eine besondere Verbindung von Öffentlichem und Privatem spiegeln (ebd.). Im Zuge ihrer Formalisierung kommt Beratung nicht mehr nur als Nebeneffekt anderer Tätigkeiten, wie der Seelsorge, der Erziehung oder familiärer Alltagspraxis zum Einsatz (ebd.). Losgelöst von den alltäglichen, privaten Lebensvollzügen wird nun ein quasi öffentlicher Raum der Kommunikation unter Fremden bereitgestellt, an dem Fragen und Probleme verhandelt werden, „die ins Intim-Persönliche der Menschen reichen" (ebd.).

Eine steigende Nachfrage nach Beratung äußerst sich nicht nur in der Expansion und Ausdifferenzierung institutionalisierter Beratungsangebote im Laufe der letzten Jahrzehnte. Auch in der Etablierung kommerzieller und nichtkommerzieller Angebote in populären Medien, etwa in der steigenden Auflage von Erziehungsratgebern, thematischen Zeitschriften, themenspezifischen Fernsehformaten, Blogs, in den Auseinandersetzungen in sozialen Netzwerken etc. zeigt sich die kontinuierliche Nachfrage, Produktion und Zurverfügungstellung einer spezifischen Art pädagogischen Wissens[2] als Deutungs- und Orientierungswissen für Eltern und andere mit der Erziehung von Kindern und Jugendlichen

[2] Spezifisch ist dieses in analoger als auch *digitaler* Form in der Ratgeberliteratur dargebotene (und etwa in Foren interaktiv hervorgebrachte) pädagogische Wissen insofern, als es in einem appellativen Grundton auf moralische Imperative zurückgreifend auf wissenschaftliche Argumentation verzichtet (Berg 1991, S. 726). Ratgeber treten in Form von Autoritäten auf, die normative Theoreme und normative Modelle vorgeben und sich nicht an den konkreten Lebens- und Problemlagen der Adressat_innen orientieren (Oelkers 1995; Keller 2013).

betrauten Personen (Oelkers 1995; Oelkers & Tenorth 1991). Beratung hält das Versprechen bereit, in der Bewältigung des Alltages in einer zunehmend komplexer, unübersehbarer werdenden und die Eigenverantwortlichkeit der Individuen adressierender Gesellschaft eine „zeitgemäße Form der Bearbeitung von Modernisierungsprozessen und deren Risiken" zu sein (Engel & Nestmann 2006, S. 10). Beratung scheint Antworten für beinahe jedes Problem und jede Unsicherheitslage in Politik, Wirtschaft, im Bildungswesen wie im Leben der Einzelnen bereitzuhalten (Duttweiler 2007, S. 261). Insbesondere die Handlungsfelder der Pädagogik und Sozialen Arbeit reagieren auf jene Risiken in der Form, „Individuen und Familien, die an den für moderne Gesellschaften typischen Bedingungen der Lebensführung scheitern, nicht bereit bzw. in der Lage sind, sich schulischen und beruflichen Bildungsanforderungen, ökonomischen Zwängen und rechtlichen Normierungen anzupassen, [...] Leistungen der Erziehung, Betreuung, Beratung usw. zur Verfügung [zu stellen; K.H.]" (Scherr 2014, S. 102).

Erziehungsberatung erweist sich dabei als Spiegel gesellschaftlicher Entwicklungen, als gesellschaftlicher Seismograf, wie dies Andreas Vossler formuliert, denn: „An ihrer Ausstattung und ihrem Auftrag, aber auch an ihren Klienten und deren Problemlagen lässt sich viel über den Zustand der Gesellschaft und über gesellschaftliche Verwerfungen ablesen" (2005, S. 3). In ihrer etwa hundertjährigen Geschichte zeigt sich, wie gesellschaftliche Umbrüche Einfluss auf die Arbeit in der Erziehungsberatung nahmen und Selbstverständnis und Ausrichtung stark von den jeweils vorherrschenden gesellschaftlichen Verhältnissen und sozialpolitischen Entwicklungen geprägt war (ebd.). Ihr Ausgangspunkt[3] fällt in eine Zeit, in der autoritäre Erziehungsverständnisse und klar definierte Geschlechter- und Familienrollen den Rahmen für die Erziehung der Kinder vorgaben. Als anzustrebendes Erziehungsziel galt die Anpassung des Kindes an die bestehende Ordnung, einschließlich des Einsatzes von systematischer und gewaltsamer Bestrafung (Keupp 1998; Vossler 2005). Auch wenn die sich zu Beginn des 20. Jahrhunderts allmählich in Österreich etablierende Erziehungsberatung sich in ihrem Vorgehen von diesem autoritären Verständnis abwendet, so agiert sie doch stets im Spannungsfeld von Fürsorge und kontrollierender und selegierender Funktion in der Jugend- und Sozialpolitik des Staates (Abel 1998;

Das darin angebotene Wissen grenzt sich deutlich von erziehungswissenschaftlichem Wissen (Tenorth 1994) ab, wenn es auch Versatzstücke von Expert_innenwissen aufweist, das sich aus unterschiedlichen Wissenschaftsdisziplinen bedarfsorientiert und den Interessen der Praxis angepasst zusammensetzt, verfremdet und damit seiner *wissenschaftlichen Identität* beraubt wird (Keller 2013).

[3] Siehe hierzu Abschnitt 2.2.2 „Entstehungsgeschichte".

Vossler 2005)[4]. Institutionen- und rechtsgeschichtlich lässt sich nachzeichnen, wie in der sich konstituierenden Kinder- und Jugendhilfe (KJH) als auch im breiten gesellschaftspolitischen Raum, ein Erziehungsideal durchsetzte, das sich am Leitbild der bürgerlichen Familie orientierte (Bauer & Wiezorek 2009, S. 174). Als „Ort, an dem sich die Erziehung der Kinder am besten verwirklichen" ließe (Stein-Hilbers 1994, S. 12), wurden die Leitbilder der richtigen Familie und Erziehung zum Maßstab pädagogischen Handelns, die sich am Normalitätsmodell der bürgerlichen Familie ausrichteten (Bauer & Wiezorek 2009, S. 175). An den Kriterien der *Sauberkeit des häuslichen Lebens*, der *Häuslichkeit der Mutter*, der *Sittlichkeit der Eheleute* sollte dann auch die Erziehungskompetenz der *proletarischen Eltern* abgeglichen werden (ebd.).

Die Frage um *die richtige Erziehung in der richtigen Familie* erweist sich auch heute als ein umkämpftes und ideologisiertes Feld, an dem Geschlechter- und Integrationspolitiken verhandelt werden. Wenn auch Mollenhauer bereits 1965 die steigende Bedeutung der Beratung in der Enttraditionalisierung von Erziehung in sogenannten modernen Gesellschaften lokalisierte, zu deren „Bewältigung die naturwüchsigen Regeln tradierter Erziehungspraxis nicht länger hinreichend sind" (ebd., S. 58), so lässt sich angesichts aktueller Auseinandersetzungen um *gender* und sexuelle Vielfalt dieser Diagnose nur eingeschränkt folgen. Viel eher, sieht man auf das Erstarken traditioneller Familien- und Geschlechterbilder, kann von einer Gleichzeitigkeit von Enttraditionalisierung und Retraditionalisierung gesprochen werden. Denn wenngleich sich die Lebens- und Familienformen diversifiziert haben, liegt Kindererziehung nach wie vor traditionell im Zuständigkeitsbereich von Frauen[5]. Frauen übernehmen größtenteils die unbezahlte Reproduktionsarbeit zuhause, die der Erwerbsarbeit von Männern nachgeordnet

[4] Eine Geschichte der Erziehungsberatung, die die Ambivalenzen aufgreift, in die Beratung an der Schnittstelle von Gesellschaft/Staat/Individuum eingelassen ist, liegt meines Wissens für Österreich nicht vor. Die Institutionalisierung der Erziehungsberatung in Österreich, anders als die Rekonstruktionen im bundesdeutschen Kontext, scheint vor allem als eine Erfolgs- und Emanzipationsgeschichte geschrieben zu sein. So finden sich deskriptive Darstellungen der Etablierung der ersten Erziehungsberatungseinrichtungen in Österreich, die auf eine machtkritische Analyse der Bedingungen ihrer Institutionalisierung weitgehend verzichten. Die vorliegende Arbeit kann diese Lücke nicht füllen, wäre dies doch eine eigene Arbeit. Dennoch soll eine skizzenhaft machttheoretische Kontextualisierung des Feldes vorgenommen werden, in dem das zur Sprache gebrachte Wissen der Berater_innen rekonstruiert werden kann.

[5] Aussagen zur Beteiligung von inter*, trans* oder nicht-binären Personen in der geschlechtsspezifischen Care-Arbeit lassen sich aus Forschungslage und Statistiken meines Wissens nicht entnehmen, da diese in ihrer methodologischen Anlage meist von einer zweigeschlechtlichen Ordnung ausgehen.

ist. Durch die Covid-19 Pandemie wurde diese Ungleichheit nochmals verstärkt. Auch in professionellen pädagogischen Berufsfeldern sind noch immer überwiegend, zumindest in den statusniedrigeren Handlungsfeldern, Frauen beschäftigt. In der Erziehungsberatung scheinen überproportional Männer beschäftigt. Hier lassen sich nur Vermutungen anstellen, die auch für das Vordringen von Männern in andere vormals weiblich konnotierte Tätigkeitsfelder angestellt wurden. So erweisen sich vormals stark segregierte weibliche Tätigkeiten immer dann als attraktiv für Männer, wenn damit Statusgewinn, ein hohes Gehalt und Prestige einhergehen. Dieses Verhältnis spiegelt sich auch im Interviewsample wider: Die befragten Männer im Sample hatten zum Zeitpunkt der Befragung leitende Funktionen inne bzw. gerade ihre Selbstständigkeit vorbereitet.

Erziehung erweist sich nicht nur über die ungleiche Verteilung der konkreten Zuständigkeiten und damit ge- oder verwehrter Statuszuwachsmöglichkeiten und Lebenschancen als ein von Geschlechterpolitiken durchzogenes Feld. Vielmehr wird die Erziehung und Entwicklung von Kindern und Jugendlichen zunehmend zu einem zentralen Schauplatz gesellschaftlicher und politischer Auseinandersetzungen, in denen Konflikte um die Gestaltung von Geschlechterverhältnissen und die Anerkennung und Rechte von Minderheiten sowie die Frage nach der Rolle der Familie als vermeintlich *natürlicher* und exklusiver Ort der Erziehung und Sozialisation ausgetragen werden. Gerade außerfamiliare Bildungs- und Erziehungsräume geraten zunehmend in den Fokus rechtsautoritärer und christlich-fundamentalistischer Kräfte, die diese Räume zu zentralen Schauplätzen ideologischer Auseinandersetzungen machen. In verschiedenen nationalen Kontexten ist ein Erstarken gesellschaftlicher und politischer Initiativen zu beobachten, die darauf abzielen, eine vermeintlich *natürliche* Geschlechter- und Familienordnung zu reetablieren. Diese Bemühungen sind eng mit familialistischen Ideologien verknüpft, die die Familie als zentrale gesellschaftliche Institution idealisieren. Unter dem Vorwand, die vermeintlich *gesunde Entwicklung* von Kindern zu schützen und die *Erziehungsrechte* von Eltern zu wahren, werden progressive Ansätze in der sexuellen Bildung und die Sichtbarkeit von Minderheitenrechten gezielt eingeschränkt, während Inhalte zu sexueller Vielfalt und geschlechtlicher Identität zunehmend aus öffentlichen Bildungs- und Erziehungsprozessen verdrängt werden. In diesem Kontext wird die Familie als Bollwerk gegen vermeintliche Bedrohungen durch sexuelle Vielfalt und geschlechtliche Pluralität inszeniert. Die Inszenierung der Familie als *natürliche* Einheit ist eng mit rassistischen Ideologien verwoben, die sie zur Hüterin einer vermeintlich ethnisch und kulturell homogenen Gesellschaft stilisieren. In diesem Deutungsrahmen erfahren nicht nur progressive Ansätze in Erziehung und Bildung eine systematische Abwertung, sondern auch die Lebensweisen und Erziehungspraktiken marginalisierter Gruppen, insbesondere von migrantisierten Communities, werden stigmatisiert und als *abweichend* oder gar *gefährdend* diskreditiert.

Die ideologischen Kämpfe um die Familie und ihre Rolle in der Erziehung verdeutlichen, wie eng Bildungs- und Erziehungsprozesse mit gesellschaftlichen Machtverhältnissen und politischen Kämpfen um Normen und Werte verknüpft sind. Besonders im Kontext migrationsgesellschaftlicher Verhältnisse wird der Familie eine Schlüsselrolle zugeschrieben: Elterliche Erziehungskompetenzen werden als zentrale Voraussetzung für die Entwicklung und Integration von Kindern konstruiert, wodurch die Verantwortung für gesellschaftliche Integration einseitig auf die betroffenen Gruppen verschoben und bestehende soziale Ungleichheiten weiter reproduziert werden. So wurden von Beginn an der Einwanderung der sogenannten Gastarbeiter_innen vor mittlerweile über 60 Jahren Fragen der Zusammensetzung der eingewanderten Bevölkerung und des öffentlichen Zusammenlebens an vermeintlichen Krisensymptomen festgemacht: einer zugeschriebenen mangelnden Schulausbildung und später Berufsqualifizierung der jungen Menschen mit Migrationserfahrung, dem Verweis auf fehlende deutsche Sprachkenntnisse, der Annahme einer universalen Unterdrückung und Unterordnung der eingewanderten Frauen in vermeintlicher Korrespondenz zur angeblich erhöhten Gewaltbereitschaft junger Männer, die sich in abweichendem Verhalten, Delinquenz oder Radikalisierung äußere (Boos-Nünning 2011, S. 7). Als migrationsspezifische Erscheinungen präsentiert und von der *autochthonen* Bevölkerung als solche wahrgenommen, wird in diesen Krisendiskursen auf die vermeintlich defizitäre und traditionsgebundene Erziehung und Bildung in den Familien verwiesen und mit bestimmten Einwanderungsgruppen verbunden – vornehmlich solchen türkischen bzw. muslimischen Hintergrunds (ebd.). Wenn jedoch jene vermeintlichen Krisensymptome als Ausdruck der Sozialisation und Erziehung im Elternhaus verhandelt und weniger als Ergebnis struktureller Benachteiligungen gelesen werden, dann gerät der Anteil der Bildungsinstitutionen, wie etwa der Schule, die wie in zahlreichen Studien eindrücklich gezeigt werden konnte, einen erheblichen Anteil an der Schlechterstellung der Kinder aus sogenannten Migrationsfamilien leistet, aus dem Blick. Die individualisierende Fokussierung auf Erziehungskompetenzen bzw. Erziehungs- und Bildungsdefizite lenkt von den strukturellen Versäumnissen in den Bereichen gesellschaftlicher Teilhabe und Bildung ab. In der politischen wie medialen Öffentlichkeit, aber auch in pädagogischen und erziehungswissenschaftlichen Fachdiskursen wird diese Dimension nicht selten vernachlässigt. Häufiger – und davon erzählen auch die Interviews, die in Kapitel sechs rekonstruiert werden – richtet sich der Blick auf scheinbar problematische Differenzen, die als ethnisch-kulturelle begründet werden. Die Erziehung und die Sozialisation von Kindern in sogenannten Migrationsfamilien werden dabei häufig als problematisch identifiziert, strukturelle Benachteiligungen gleichsam den Familien selbst überschrieben. Dieses Wissen über die scheinbare Differenz *der anderen Familien, ihrer Geschlechterarragements und des ihnen eigenen Erziehungsstils* kann als Teil eines historisch gewachsenen gesellschaftlichen Wissenshaushalts verstanden werden, der als eine Art Deutungs- und Begründungswissen den professionellen Berater_innen zur Verfügung steht und das professionelle Handeln grundlegend strukturiert (hiervon wird die Rede in den nachfolgenden Kapiteln sein). Als wissenschaftliches oder popularisiertes, etwa in Medien transportiertes, Wissen nimmt es jedoch nicht nur Einfluss auf die *GeWissheiten* der Berater_innen, sondern hat ebenso normierende Wirkungen auf die Adressat_innen von Erziehungsberatung selbst, das heißt auf Eltern, Kinder und Jugendliche und andere mit der Erziehung betraute Personen. Denn die Konstruktion von problematischen *Migrant_inneneltern* oder problematischen Familien- und Geschlechterarragements korrespondiert mit normativen Konstruktionen guter Elternschaft und Familie, die exkludierende Effekte haben können.

„Die herrschende – die legitime – Definition der normalen Familie (eine Definition, die explizit sein kann wie im Recht oder implizit wie zum Beispiel in den Familienfragebögen der amtlichen Statistik“ oder implizit wie in den normativen Entwürfen der professionellen Berater_innen, „beruht auf einer Konstellation von Wörtern, Haus, Haushalt [...] die die soziale Realität, sie scheinbar beschreibend, in Wirklichkeit konstruieren“ (Bourdieu 1998a, S. 126)[6]. Nicht nur, weil diese normativen Entwürfe (von Familie, geschlechtsspezifischen Zuständigkeiten, von Abstammungsgemeinschaft/Ethnie/Nation und Klasse) eine zentrale Orientierungsfunktionen für die professionellen Berater_innen übernehmen, indem sie zur Folie für deren Einordung und Bewertung werden (Cyprian 2003), sondern gerade weil sie die zu Beratenden in spezifischer Weise adressieren, von diesen angeeignet und für die Beschreibungen des Selbst eingesetzt werden können (Stichwort:

[6] Die bürgerliche Familie, wie sie uns heute als selbstverständlich und unhinterfragt gegenübertritt, betritt vor etwa 200 Jahren die Bühne. Am Übergang agrarisch geprägter Gesellschaften zur Industrialisierung ändert sich das Konzept vom gesellschaftlichen Haushalt: waren in vormals agrarisch geprägten Gesellschaften Erwerbsarbeit und Haushalt nicht voneinander getrennt, so setzt sich mit der Industrialisierung eine zunehmende Trennung zwischen Innen und Außen, zwischen Produktion und Reproduktion durch. Mit dieser Veränderung des Familienmodells verändert sich die soziale und häusliche Position von Frauen. Männer gehen hinaus zur Arbeit, Frauen leisten zuhause unbezahlte Arbeit (Hausen 1978).

Fremd- und Selbstethnisierung), sind diese Wahrnehmungs- und Deutungsschemata von Berater_innen imstande, das konkrete Handlungsfeld sinnhaft und die Handlungsbedingungen von Ratsuchenden handlungsleitend mitzustrukturieren. Insbesondere durch die autoritative Sprecher_innenposition sind professionelle Berater_innen in der Lage, vielmehr aufgefordert, Handlungsempfehlungen an die Erziehungsaufgaben der Erziehenden auszusprechen, die in den Lebensvollzug der Familien hineinreichen. Wenngleich die Eltern Erziehungsberatung in der Regel freiwillig aufsuchen, so reicht Erziehungsberatung als Teil der *linken Hand des Staates* (Bourdieu 1998b) in den *Privatraum* der kleinsten Entität des Staates. Die staatliche Sicht – hier in Form der Normalitätsvorstelllungen von Berater_innen – hat sich tief in die Auffassungen von Familienangelegenheiten eingeprägt (ebd. 1998a). Wie lange und wie wirksam sich das bürgerliche Leitbild in den für die Soziale Arbeit mit Familien gültigen Rechtsvorschriften niederschlug, zeigen Christine Wiezorek und Petra Bauer (2009, S. 175) anhand eines Zitats zur rechtsgeschichtlichen Abhandlung zur Entwicklung des Kinderrechtsschutzes von Zenz auf:

> „Die Anfänge des staatlichen Kinderrechtsschutzes teilten [...] die Eltern [..] in zwei scharf voneinander getrennte Klassen auf: solche, die Elternrechte hatten, und solche, die keine hatten. Während arme und delinquente Eltern bzw. Eltern delinquenter Kinder unter bestimmten Umständen jedes Mitspracherecht bei der Erziehung ihrer Kinder verloren, billigte man im Übrigen den Eltern (genauer: dem Vater) innerhalb ihrer (bürgerlichen) Familien weiterhin nahezu absolute Macht über ihre Kinder zu [...]. Die Spuren dieser Spaltung erhielten sich deutlich in der bis heute [1970er Jahre] bestehenden Differenz zwischen dem Jugendwohlfahrtsrecht, das freizügigere Eingriffe in die elterlichen Erziehungsrechte (gegenüber den Eltern ‚verwahrloster' Kinder) erlaubt, und dem Familienrecht des Bürgerlichen Gesetzbuches, das die Rechte aller übrigen Eltern strikter gegenüber staatlichen Eingriffen abschirmt" (1979, S. 67 f).

So stellen die beiden Autor_innen für die Institutionalisierung der Sozialen Arbeit fest, dass für diese ein Familienbild leitend war, das je nach Schicht- bzw. Milieuzugehörigkeit den Eltern Erziehungskompetenzen zu- oder abgesprochen hat. Wenn sie auch anerkennen, dass die bürgerliche Familie ob der Diversifizierung der Familienformen, der Veränderungen in den Geschlechterbeziehungen, etc. ihre starke gesellschaftliche Prägekraft verloren habe, so lautet ihre These, liegt der Arbeit der Professionellen noch immer dieses bürgerliche Familien(leit)bild zugrunde. Der postulierte Zusammenhang von elterlicher Erziehungskompetenz und Milieuzugehörigkeit, wie ihn Bauer und Wiezorek (2009) untersuchen, wird hier um die Dimension der Migration erweitert. Denn die meist impliziten Konstruktionen, Vorstellungen und Bilder der Beratenden richten sich an einer gesellschaftlichen Normalität aus, in der Klassen- und natio-ethno-kulturelle Zugehörigkeit in ein Verhältnis gebracht werden. So wird ein vermeintlich kultureller Unterschied etwa im Bildungserfolg von Kindern und der Bildungsaffinität der Eltern ausgemacht, wie dies auch aus den Interviews rekonstruiert werden konnte. Migration wird dabei häufig als das Abweichende thematisiert, die *eigene Kultur* – repräsentiert sie die Mehrheitsgesellschaft – bleibt jedoch unbenannt, als quasi unmarkierter Marker. Es ist die *Kultur* der vermeintlich *Anderen*, auf die sich das Augenmerk und entsprechende pädagogische, integrations- und bildungspolitische Anstrengungen besonders richten. Werden in Hinblick auf die Erziehung und Bildung der nachwachsenden Generation hohe Anforderungen an die Familien insgesamt gestellt, so werden migrantisierte Eltern und deren Erziehungsstil diskursiv verstärkt in die Verantwortung genommen (Boos-Nünning 2011). Die Debatten um Erziehung und Migration, so stellen Diehm und Radtke (1999) in ihrem gleichnamigen, noch immer höchst aktuellen Grundlagenwerk fest, gruppieren sich um die drei Leitbegriffe des *Defizits*, der *Differenz* und der *Diskriminierung*. Wobei jeder dieser Begriffe der Migrationspädagogik je spezifische Beobachtungs- und Interpretationsschemata bereithält (ebd.), von dem aus das Feld gesichtet, beschrieben und in spezifischer Weise bearbeitet wird.

Erziehung lässt sich als ein von unterschiedlichen und teils konkurrierenden Wissensbeständen durchzogenes und verunsichertes Feld beschreiben, in das sowohl bildungs-, integrations- und geschlechterpolitische Wissensbestände einwirken, als auch medizinische, (entwicklungs-)psychologische oder normalistische (Link 2006). Hatten Eltern vor hundert Jahren möglicherweise nicht die gleiche Notwendigkeit, darüber nachzudenken, welche Erziehungsansätze für ihr Kind am besten geeignet sind, da sie eher auf traditionelle Erziehungsvorbilder und Verhaltensmuster innerhalb der Großfamilie zurückgreifen konnten, so sehen sich Familien heute veränderter und gestiegener Erziehungsansprüche gegenüber (Vossler 2005). Die neoliberalen Anforderungen an Erziehende, die bestmögliche Entwicklung und Verwirklichung ihrer Kinder zu ermöglichen bei gleichzeitiger zunehmender Prekarisierung der Lebens- und Arbeitsbedingungen vieler Eltern, erschweren das erzieherische Handeln von Eltern. So steigt die Zahl an Familien, die armutsgefährdet sind durch die Entstandardisierung und Prekarisierung von Lebensläufen und Arbeitsverhältnissen (etwa Castel 2000). Migrantisierte Familien sind in Folge der jahrzehntelangen Gastarbeiter_innenpolitik und Verweigerung der Migrationstatsache von diesen sozialen Verwerfungen in besonderem Maße betroffen, leben sie häufig in benachteiligten Stadtteilen, in beengten Wohnverhältnissen, sind häufiger in deregulierten Arbeitsmarktsegmenten beschäftigt und im Zugang zu Bildung benachteiligt. Diese sozio-ökonomische Schlechterstellung sogenannter Migrationsfamilien begrenzen die Möglichkeiten der

Familien im Umgang mit ihren Kindern etwa in der schulischen Unterstützung der Kinder.

Nicht zuletzt durch die aktuellen gesundheitlichen und geopolitischen Krisen haben sich jene sozialen Unsicherheitslagen verschärft und den Bedarf an Beratung erhöht. In Zeiten weiterreichender gesellschaftlicher Anforderungen und „allgemeiner Erziehungsverunsicherung" (Vossler 2005, S. 2) verspricht Erziehungsberatung, Antworten und Orientierungshilfen in Form von Expert_innenwissen an die Hand zu geben. „Eine neoliberale Gesellschaft ist auch immer eine Beratungsgesellschaft", so Patrick Schreiner, sind es doch Expert_innen, die den ratsuchenden Menschen, „vermeintliches oder tatsächliches Wissen an[bieten], das […] [ihnen] helfen soll, mit den gesellschaftlichen Anforderungen zurechtzukommen" (2018, S. 18). Inwieweit Beratung hier jedoch an ihre Grenzen stößt (Stichwort: Pädagogisierung sozialer Verhältnisse) wird an späterer Stelle aufgegriffen.

2.2.1 (Erziehungs-)Beratung als Normalisierungsarbeit

In der historischen Beschäftigung mit den der pädagogischen Beratung zuordenbaren Beratungsformen fällt „eine Gleichzeitigkeit und geradezu dialektische Spannung auf. Beratung hat sich einerseits als Hilfeform einer sich selbst bewusstwerdenden Zivilgesellschaft im 19. Jahrhundert entwickelt und sich anderseits als neue und wissenschaftlich unterstützte Form der Beobachtung des Normalen, als Normalisierungsinstitution platziert" (Gröning 2015, S. 29). In Anschluss an Foucaults Konzeptionen der Macht beschreibt Peter Friedrich (2013, S. 48) fünf Machtdimensionen, denen jeweils ein eigenes Beratungsformat, ein eigener Beratungstypus korrespondiert. Katharina Gröning (2015) greift diese Überlegungen Friedrichs auf und überträgt sie auf das Feld der pädagogischen Beratungsformen, um darüber den Prozess ihrer Institutionalisierung und staatlichen Beanspruchung nachzeichnen zu können.

1. Zunächst bezieht sich Friedrich auf die repressive und negative *Macht des Souveräns* und der damit korrespondierenden politischen Beratung, die für die pädagogische Beratung, so Gröning (2015, S. 32), kaum von Bedeutung sei. Ihr Beratungstypus tritt erst mit der *Mikrophysik der Macht* (Foucault 1976), der Disziplinarmacht in Erscheinung.

2. In den Institutionen der Einschließung und Einordnung der Menschen verfestigt, zeigt sich die *Disziplinarmacht* vor allem in der Beobachtung und Kontrolle der Menschen. Der Disziplinarmacht ordnet Friedrich die amtliche Beratung zu. In diesem Beratungstypus mischen sich Beobachtung und Hilfe und

die Vorstellung, die Ratsuchenden zu *bessern* bzw. mit Blick auf eine Fürsorge- und Bewahrpädagogik der 1950er Jahre, die Ratsuchenden zu bewahren (Gröning 2015, S. 34). Die Bedeutung dieses Machttypus für die pädagogische Beratung herausarbeitend, verweist Gröning auf Gerda Kasakos Untersuchung zur Beratung der Jugendämter in Deutschland der 1980er Jahre. Kasakos (1980, S. 92) zeigt auf, wie die dort tätigen Berater_innen im Konflikt zwischen Hilfe und sozialer Kontrolle, zwischen vertraulich-einfühlsamen Gespräch und gleichzeitiger distanziert-amtlicher Strategie agierten. Das Beratungssetting beschreibt sie als „widersprüchliche Kulisse" in der eine von „double binds" (ebd.; S. 92) geprägte Kommunikation entstehe, in der es zu einer verschleierten Datenerhebung komme als auch zu Schwierigkeiten auf Seiten der Ratsuchenden, die Äußerungen der Beratenden entweder als Rat, Anweisung oder gar Androhung zu unterscheiden (ebd.; Gröning 2015). Es ist diese Vermischung von einfühlenden und strafenden Prinzipien, die die Beratung, wie auch andere Formen pädagogischen Handelns und Sozialer Arbeit in klinischen und amtlichen Kontexten kennzeichnet (Gröning 2015, S. 34). Am Beispiel der Erziehungsberatung zeigt sich jene Vermischung in der Anwendung des Paragraphen 107, Abs. 3 des Außerstreitgesetzes (AußStrG) (siehe hierzu Abschnitt 2.2.2). Gerichtlich angeordnete Erziehungsberatung übernimmt hier als Teil der *Normalisierungsgewalt* Aufgaben der Gerichte, indem sie materiell-rechtlich wirkende Eingriffe in die Persönlichkeits- und Obsorgerechte der Eltern übt (vgl. § 107, Abs. 3, AußStrG). Sie schaltet sich in die Vermittlung von Erziehungskompetenzen und Erziehungsfertigkeiten der sich in Trennung befindlichen Eltern ein. „In dem Maße, in dem […] die Erziehung, die Fürsorge, die Sozialarbeit immer mehr Kontroll- und Sanktionsgewalten übernehmen, kann sich der Justizapparat seinerseits zunehmend medizinisieren, psychologisieren, pädagogisieren" und hinter seine repressive Seite zurücktreten (Foucault 1978, S. 395).

3. Für das Verstehen der Entwicklung der pädagogischen Beratungsformen und der Konflikte, die die Erziehungswissenschaft mit den an der Beratung beteiligten Disziplinen der Psychiatrie und Psychologie hatte, so Gröning (2015), sind Foucaults Arbeiten zur *Biomacht* von zentraler Bedeutung. In Weiterentwicklung seiner Machtanalytik beschreibt Foucault Mitte der 1970er Jahre einen neuen Machtypus, der sein Augenmerk weniger auf das Pathologische richtet als vielmehr auf das Normale. Als Normalisierungsmacht tritt die Biomacht vor allem in der Sicherstellung und Definition von Normalität in Erscheinung. Die Normierung des Alltagslebens wird zur grundlegenden Aufgabe der Gesellschaft im 19. Jahrhundert. Das Wissen über die Körper, die Sexualität und Gesundheit der Bevölkerung wird zur Voraussetzung der sich etablierenden pädagogischen Beratungen. „Die Verwissenschaftlichung des Lebens macht die Bevölkerung zum

Adressaten der Aufklärung" (Gröning 2015, S. 36–37). „Die Gesundheit der Bevölkerung, ihre Körper, die Verhinderung von Erbkrankheiten durch Eugenik, die Steuerung der Geburten [...] werden zur staatlichen Aufgabe und dafür sind Beratungsstellen nötig" (ebd. S. 37). Insbesondere an der sich etablierenden Sexualberatung zeigt Katharina Gröning auf, wie Beratungsstellen ein Wissen über die Ratsuchenden akkumulieren, in dem die sozialen und vermeintlich biologischen Grundlagen der Gesellschaft zusammengebracht wurden, mit dem Ziel, *das Pathologische* zu verhindern (ebd.). Im Mittelpunkt dieses Machttypus steht die Diagnose, ihm korrespondiert die klinische Beratung. Die Belehrung darüber, was als *normal* gilt, und was als *nicht mehr normal*, wird zur Voraussetzung der beraterischen Beziehung, an deren anderen Ende die Ratsuchenden, angetrieben von *Denormalisierungsängsten* in die Normalisierungsarbeit einwilligen[7].

Foucaults Normalisierungstheorem weiterführend arbeitet Jürgen Link (2009) in seinem Buch *Versuch über den Normalismus* seine Theorie des *Normalismus* aus. Ähnlich zu der in Abschnitt 3.2.1 ausgearbeiteten Spielarten des Wissens im Umfeld der *wissenssoziologischen Geschlechterforschung* nimmt Jürgen Links diskurstheoretisches Modell des Normalismus drei Unterscheidungen von Diskursarten vor, die sich für die Analyse des Wissens und der im Sprechen der Berater_innen äußerlich werdenden Normalitätskonstruktionen einsetzen lassen:

Unter dem *Elementardiskurs* fasst Jürgen Link zunächst all jene alltäglichen Spuren von Normalität, die in der Lebenswelt der Menschen vorhanden sind und die Vorstellung von Normalität und Anormalität beeinflussen. Die Wahrnehmung, das Sprechen und Wissen ist strukturiert von Normalitätskonstruktionen. Dies zeigt sich insbesondere im Alltagswissen und den Redeweisen des Alltags (Link 2009, S. 19; Brunner 2013a, S. 2). Es sind aber zunächst die Spezialdiskurse, also jene Diskurse der Wissenschaften, wie der Medizin oder der Demographie,

> „die mit Normalität operieren bzw. zu einem bestimmten Zeitpunkt in ihrer Entwicklung angefangen haben, die von ihnen untersuchten Erscheinungen in einem Feld von Normalität einzuschreiben. Diese Diskurse stammen sowohl aus den Naturwissenschaften als auch aus den Humanwissenschaften und strukturieren das Feld der Normalität entlang verdateter Aussagen über Häufigkeiten, Verteilungen und Abweichungen in einem Feld, das durch Differenz und Homogenität gekennzeichnet ist. Die Entwicklung der Statistik im 18. und 19. Jahrhundert spielt dabei eine zentrale Rolle" (Brunner 2013a, S. 2).

[7] Die Bedeutung der Biomacht im Kontext der Beratung zeigt sich heute besonders deutlich im Kontext der Pränataldiagnostik.

Das *Normale* taucht „tatsächlich zuerst im Zusammenhang mit moderner Massenproduktion und moderner Erhebung von Massendaten sowie der statistischen Analyse solcher Massendaten seit dem 18. und verstärkt seit dem frühen 19. Jahrhundert auf" (Link 2009, S. 20). Auch der Diskurs der Erziehung und staatlicher Fürsorge ist ein „solcher Spezialdiskurs, der Wissen über Normalität, Abweichung, die Wiederherstellung von Normalität und die Normalisierung von Erscheinungen zur Verfügung stellt" (Brunner 2013a, S. 2). Sogenannte Interdiskurse haben dabei vermittelnde Funktion in der Transformation des Wissens der Spezialdiskurse in die Alltagswahrnehmung der Menschen. Etwa in (Fach)zeitschriften, Fernsehen und anderen medialen Formaten präsentiert, durchsetzen die Spezialdiskurse die Alltagsdiskurse über Normalität. Neben der medialen Verbreitung ist es der Kontakt mit Expert_innen, – in diesem Fall der Kontakt mit Berater_innen – der normalisierende Effekte hat. Es sind die Berater_innen, die vermittels ihrer Position „das Wissen der Spezialdiskurse in die alltägliche Selbstwahrnehmung von Subjekten [transformieren], die diese zu bestimmten Setzungen in ihrem Verhältnis zu sich selbst, ihren Vorstellungen, Gefühlen, dem Körper auffordern" (ebd.).

Die Bedeutung seines Konzeptes für die Beratung zeigt sich insbesondere mit Blick auf jenes in erziehungswissenschaftlichen, insbesondere sozialpädagogischen und sozialarbeiterischen Fachdiskursen diskutierte Spannungsverhältnis, das das Handeln auch in Hinblick auf professionsethische Ansprüche bestimmt. Als ein Widerspruchsverhältnis, das die Paradoxien pädagogischen Handelns und damit verbundener Erwartungen in grundlegender Weise zum Ausdruck bringt, können die einander vermeintlich widersprechenden Anforderungen, einerseits den Bedürfnissen und Anliegen von Adressat_innen in ihrer jeweiligen Lebenswelt gerecht zu werden, andererseits aber normalisierenden Aufträgen durch Einrichtungen im Bildungs- und Sozialwesen verpflichtet zu sein, gefasst werden (Böhnisch et al. 2005). Beratung kann darin als Normalisierungsarbeit verstanden werden, insofern als sie – versehen mit einem spezifischen gesellschaftlichen Auftrag – darauf gerichtet ist, „jene, die an den für moderne Gesellschaften typischen Bedingungen der Lebensführung scheitern oder aber nicht bereit bzw. in der Lage sind, sich den geltenden rechtlichen Normierungen anzupassen [dazu] motivieren und befähigen sollen, ihre Lebensführung an gesellschaftlichen Erwartungen auszurichten" (Scherr 2004, S. 96).

Soziale Arbeit ist, so Fabian Kessl, „innerhalb wohlfahrtsstaatlicher Arrangements des Sozialen Teil des institutionalisierten Versprechens sozialer Integration" (2005, S. 30). Udo Seelmeyer (2008) konzipiert Soziale Arbeit weniger in ihrer starren Kontrollfunktion als vielmehr – im Rückgriff auf Foucaults Unterscheidung zwischen disziplinierender und regulierender Normalisierung – als eine im Umgang mit Normen und Normalitäten dynamische. Er hebt die Spielräume derjenigen, die an Beratungs- und Hilfeprozessen beteiligt sind, hervor (ebd.). Normalisierung in einer pädagogisch-erziehungswissenschaftlichen Verwendungsweise bezieht sich ebenso auf die Durchsetzung normativer Ordnungen und dem daraus erwachsenden Anpassungs- und Konformationsdruck, dem sich alles Abweichende ausgesetzt sieht (Kelle 2013, S. 20), als auch auf die Praktiken und Bestrebungen, Angebote der gleichberechtigten Teilhabe zu schaffen. „Diese (pädagogisch-) normative Aufladung des Normalisierungskonzepts hat damit zu tun, dass normalistische Normen (Link 2006) zwar (weite) Korridore der Normalität beschreiben; die Definition von Schwellennormen, die den Korridor begrenzen, arbeitet aber letztlich mit einer binären Unterscheidung in (noch) normal und nicht (mehr) normal, aus der die Beschreibung von Problemgruppen und normative Normen der Intervention [...] abgeleitet werden“ (ebd.).

So liegen im Zuständigkeitsbereich sozialpädagogischer Beratung all jene Probleme, die als Abweichung von der Norm beschrieben werden können (Diehm & Radtke 1999, S. 13). „Es bedarf notwendigerweise einer Differenzkonstruktion, um die Grenze zwischen dem, was als ‚normal‘ gilt einerseits und dem Devianten, ‚(Normalisierungs-)Bedürftigen‘ [...] andererseits zu markieren“ (ebd.). Unterscheidung und Unterscheidbarkeit wird damit zur notwendigen Voraussetzung sozialpädagogischen Handelns und damit zur Voraussetzung für die Beratung selbst. Mit der Unterscheidung etwa in *autochthone und allochthone Klientel* wird eine Unterscheidung bedeutsam gemacht, die erstens davon ausgeht, dass sich damit ein neues Aufgabenfeld verbindet, das organisatorisch als auch individuell *besondere* Integrations- und Kompensationsbemühungen/-kompetenzen erfordere; und zweitens dieses Erfordernis in der vermeintlichen *Abweichung, Defizit* und *Problem des kulturell bedingten Unterschiedes* begründet liege.

Die Entstehungsgeschichte heute wirksamer Vorstellungen von Normalität, die im Sprechen von Berater_innen äußerlich werden, kann, so Norbert Wenning, „als Resultat der normalisierenden Wirkung pädagogischer Theorien“ (2001, S. 275) verstanden werden. „Es sind also diese wie auch immer kleinen Problemgruppen, denen sich die Pädagogiken dann advokatorisch zuwenden – nur diese Gruppen markieren die Zielgruppen der speziellen Pädagogiken“ (Kelle 2013, S. 21). So gesehen lässt sich die Etablierung einer spezifischen mit Migration befassten Pädagogik, wie der Ausländer- oder Interkulturellen Pädagogik, als der Versuch begreifen, das allzu Abweichende, das herrschende Normalitätsordnungen infrage stellt, zu integrieren (Wenning 2001, S. 286–287). Dem spezifischen Zusammenhang einer mit migrationsbedingter Differenz befassten Pädagogik respektive pädagogischer Beratung ist das Abschnitt 2.3.2 gewidmet.

4. Bevor jedoch das Feld der Erziehungsberatung in seinen gesellschaftlichen Einbindungen näher skizziert werden soll, werden die beiden letzten Machttypen ausgeführt, die Foucault in seiner späteren Arbeit entwickelt. Insbesondere die Pastoralmacht wird noch von Bedeutung sein, wenn Beratung als Ort der Wissensproduktion ausgewiesen wird (Abschnitt 3.3). Anders als die vorausgegangenen Machttypen, zielt die Pastoralmacht nicht mehr auf das Schlechte, das Pathologische oder Anormale im Menschen ab und muss deswegen ausgeschlossen, später eingeschlossen und noch später diagnostiziert werden. Viel eher zeichnet sich dieser Machttypus durch die Vorstellung aus, der_die zu Beratende sei irregleitet und bedürfe des Beistandes. Die Beratungsform, die dieser Machttechnik entspricht, setzt den_die Ratsuchende als unmündig voraus. Ihr Adressat ist nicht der Verstand, sondern die Seele (Gröning 2015, S. 38–39). Ihre Macht geht quasi „unter die Haut" (ebd.), wird zu einer Art Innerlichkeit und gewissenhaften Selbstbefragung. Diese Form der psychologischen Macht, die neurotisiert, verortet Gröning im sogenannten Psychoboom der 1970er Jahre, als die Therapie zu expandieren begann (ebd.). In dieser Zeit nimmt jedoch auch einer neuer Machttypus Gestalt an, der sich mit zunehmender Neoliberalisierung Raum bahnt.

5. Die *Gouvernementalität* setzt ebenso wie die Pastoralmacht im Inneren der Personen an. Als Regierungskunst reizt sie die Menschen an, aktiviert sie sie gleichsam – wie dies etwa Duttweiler (2007; 2008) oder Scherr (2014) beschreiben – einen bestimmten Lebensstil, ein bestimmtes Verhalten einzunehmen. Sie korrespondiert mit der Ökonomisierung des Sozialen, dem Rückbau sozialstaatlicher Leistung und der Überantwortung des Gelingens des eigenen Lebensentwurfs. Der_die Einzelne ist in der Pflicht, an sich zu arbeiten und Beratung liefert hier das notwendige Angebot. Beratung unter diesem Machttypus versteht sich als Angebot zur Selbstoptimierung. Nicht mehr die leiblich-seelische oder klinische Dimension, sondern die innere und äußere Selbstverwirklichung, Verwertbarkeit, sozialer Aufstieg, erfolgreiches Handeln stehen im Mittelpunkt ihrer Bemühungen (Gröning 2015, S. 40). Gröning ordnet dieser Form auch systemisch-lösungsorientierte Ansätze zu, insofern als jede_r nach dem Motto „seines Glückes Schmied" (ebd.) die Lösung der in der Beratung zu bearbeitenden Probleme in sich trage. Die beratende Person setzt lediglich Angebote, die die ratsuchende Person dann auswählt.

Beratung mit Foucault zu begegnen, wird aber nur einer Seite gerecht. Denn Beratung nur als Instrument von Kontrolle und Lenkung zu verstehen, verstellt den Blick auf das Potential von Beratung, einen Raum bereitzustellen, „für ansonsten unterworfene Standpunkte und marginalisierte Diskurse, um transformierende Gedanken und Praxen anzustoßen, die dazu beitragen, Differenzverhältnisse positiv zu entwickeln sowie Diskriminierungsmuster zu erkennen und aufzudecken“ (Schulze et al. 2018, S. 12). Mit Blick auf die Expansion von Beratungsangeboten stellt auch Gröning (2015, S. 29) fest, dass es zu kurz greifen würde, Beratung lediglich als Produkt von Modernisierungsprozessen zu verstehen. Denn Beratung ist immer auch eingelassen in Anerkennungskämpfe um ein angemessenes, ethisches und professionelles Fundament.

2.2.2 Das Feld der Erziehungsberatung

Aufgaben, Struktur, Settings

Institutionelle Erziehungsberatung ist als Angebot und Maßnahme nach dem österreichischen Kinder- und Jugendhilfegesetz (KJHG) Teil der Hilfen zur Erziehung. Als Pflichtleistung der Kinder- und Jugendhilfe kann Erziehungsberatung von Eltern, aber auch von den Jugendlichen und Kindern selbst, sowie Kindergärtner_innen, Lehrer_innen, Ärzt_innen – allen Personen, die etwas mit Kindern (bis zu einem Alter von ca. 19 Jahren) zu tun haben – bei Bedarf in Anspruch genommen werden. Basierend auf der Rechtsgrundlage des Bundesgesetzes über die Grundsätze für Hilfen für Familien und Erziehungshilfen für Kinder und Jugendliche (Bundes-Kinder-und Jugendhilfegesetz 2013) sollen Erziehungsberatungsstellen Kinder, Jugendliche, Eltern und andere Erziehungsberechtigte dabei unterstützen, individuelle und familiäre Probleme zu klären und zu bewältigen. Dazu zählen die Klärung der zugrunde liegenden Faktoren dieser Probleme und Erziehungsfragen sowie die Unterstützung bei Trennung und Scheidung (Hundsalz 1995). Die Leistungen sind niedrigschwellig und – mit Ausnahme der angeordneten Eltern- und Erziehungsberatung nach dem § 107 – kostenlos zugänglich. Anders als die Maßnahmen der Unterstützung der Erziehung, die mit einer Verpflichtung der Obsorgeberechtigten einhergehen, erbringen Erziehungsberatungseinrichtungen ihre Leistungen ohne Bezugnahme auf die Gefährdung des Kindes bzw. Jugendlichen, das heißt, es findet keine Gefährdungsabklärung und die Leistung grundsätzlich auf freiwilliger Basis ohne Vereinbarung und Gerichtsbeschluss statt.

Seit Februar 2013 haben Richter_innen in Pflegschaftsverfahren aber nach § 107 Abs. 3 AußStrG die Möglichkeit, zur Sicherung des Kindeswohles eine Reihe von „materiell-rechtlich wirkenden Eingriffen in die Persönlichkeits- und Obsorgerechte der Eltern in gerichtlichen Verfahren über die Obsorge oder die persönlichen Kontakte“ durchzusetzen (§ 107 Abs. 3 AußStrG). Als eine dieser Maßnahmen gilt der verpflichtende Besuch einer Familien-, Eltern- oder Erziehungsberatung. Ob, zu welchem Zeitpunkt und mit welchem Stundenausmaß eine Erziehungsberatung angeordnet wird, obliegt ausschließlich den zuständigen Richter_innen. Die meisten Richter_innen ordnen in der Regel zwischen fünf und acht Termine an (Österreichisches Institut für Familienforschung 2017). „Die Beratung soll den Eltern einen detaillierteren Einblick in die durch die strittige Obsorge- oder Kontaktrechtsfrage verursachte Situation ihrer Kinder geben und ihnen die Möglichkeit zum Erarbeiten von Lösungsansätzen bieten" (Bundesministerium für Justiz o. D.). „Um eine zielführende Beratung durchzuführen", so heißt es weiter auf der Seite des Bürgerservice, „bedarf es klarer methodischer und inhaltlicher Qualitätsstandards" (ebd.). Diese Qualitätsstandards wurden durch das Bundesministerium für Familie und Jugend in Auftrag gegeben und in Kooperation mit dem Bundesministerium für Justiz „in einem wissenschaftlich begleiteten Prozess zur Qualitätsentwicklung im Rahmen einer multidisziplinären Expertenkommission erarbeitet" (ebd.). Ob ein_e Berater_in als geeignet gilt, die in § 107 Abs. 3 AußStrG vorgesehene Beratung durchzuführen, wird in einem zweistufigen Prüfungsverfahren durch das Bundesministerium für Familien und Jugend geprüft. Die Kosten für diese verpflichtende Beratung haben die Eltern zu tragen. Die Honorare der anerkannten Berater_innen sind nicht geregelt (Netzwerk Kinderrechte Österreich 2019). Erziehungsberatung erfolgt also grundsätzlich auf der Grundlage einer freiwilligen und jederzeit kündbaren Unterstützungs- und Hilfebeziehung statt, in der die Beratenden in erster Linie den Ratsuchenden verpflichtet sind. Mit Einführung der verpflichtenden Beratung bei Scheidungsangelegenheiten wird Erziehungsberatung in besonderem Maße mit dem in der Sozialen Arbeit vielfach beschriebenen Dilemma des Doppelmandats konfrontiert, „zugleich Agentur sozialer Kontrolle im Dienste der Rechtspflege sein zu müssen und den Klienten in seiner konkreten sozio-psychischen Hilfsbedürftigkeit quasi-therapeutisch [...] unterstützen zu sollen" (Oevermann 2000, S. 72).

Die untersuchten Erziehungsberatungseinrichtungen werden sowohl von öffentlichen als auch von freien Trägern erhalten. In ihren Angebotsstrukturen sind sie überwiegend in die sozialen Dienste der Kinder- und Jugendhilfe integriert, das heißt Erziehungsberatung wird entweder von den öffentlichen Trägern selbst erbracht oder von der Kinder- und Jugendhilfe zugekauft. „Die zugekauften Leistungen stammen von anerkannten privaten Kinder- und Jugendhilfeeinrichtungen, von Einrichtungen, die mit der KJH einen generellen Leistungsvertrag abgeschlossen haben, oder von Einrichtungen, die mit der KJH eine sonstige Kooperationsvereinbarung eingegangen sind (unabhängig von der Finanzierung)" (Statistik Austria 2022). Nicht Teil der Leistungen der KJH und somit auch nicht von der KJH-Statistik erfasst, „sind ähnliche Leistungen, die im Auftrag Dritter erbracht werden, wie z. B. beratende Angebote in Kindergärten, Familienberatungsstellen des Bundes, Besuchsbegleitungen im Auftrag des Gerichts oder Therapien zur Gesundheitsversorgung" (ebd.). Die Angebote der untersuchten Einrichtungen umfassen aufsuchende Angebote der Beratung und Entwicklungsbegleitung in Kindergärten und Horten, Beratungen für Mulitplikator_innen wie Lehrer_innen oder Ärzt_innen, Vorträge und Workshops für Schüler_innen und Eltern, ebenso wie Beratungen in Einzelsettings, Paarsettings, Familiensettings in den jeweiligen Einrichtungen selbst, aber auch Telefonberatung. Nicht alle der untersuchten Einrichtungen bieten die vom Gericht verpflichtenden Familien-, Eltern-, oder Erziehungsberatungen nach § 107 Abs. 3 Z1 AußStrG an. So unterschiedlich die Settings, in denen Erziehungs- und Familienberatung stattfindet, so unterschiedlich ist auch die Beratungsdauer: in manchen Fällen beschränkt sich die Beratung auf die Zurverfügungstellung von Informationsmaterialien und weiterführenden Adressen, in anderen Fällen können die Anliegen der Ratsuchenden in Kurzzeitberatungen geklärt werden. Wiederum andere Beratungen nehmen längere Zeit in Anspruch, da die Problemstellungen besonders komplex sind. Aus der seit 2015 existierenden österreichweiten Statistik der Kinder- und Jugendhilfe, die die bisherigen Kinder- und Jugendhilfeberichte (vormals Jugendwohlfahrtsberichte) abgelöst hat, sind keine Angaben mehr zur Dauer der Beratungen zu entnehmen.

Mitarbeiter_innen, Ausbildung, bildungsbiographischer Hintergrund und Verortung im sozialen Raum der Professionen

Obgleich Erziehungsberatung aufgrund ihrer Zielgruppenadressierung und ihrer Themen eine große pädagogische Nähe zu Bildung, Erziehung, Aufklärung und zum Lernen aufweist, wird sie kaum den pädagogischen Beratungsformen zugeordnet und – so Gröning (2015, S. 19; hierzu etwa auch Engel 2004) – ebenso wenig von Pädagog_innen ausgeübt. Vielmehr sieht Gröning sie im Zuständigkeitsbereich der Einzel- und Familientherapie bzw. in der psychologischen Beratung für Erziehende und der Psychiatrie verortet. Im Rahmen der hier vorliegenden Untersuchung wurden Interviews mit Erziehungsberater_innen durchgeführt, wovon etwa die Hälfte Erziehungswissenschaft studiert hat: fünf der neun interviewten Personen sind Pädagog_innen, die an jeweils unterschiedlichen österreichischen Universitätsstandorten studiert haben. Eine der interviewten Personen ist Klinische_r Psycholog_in, eine weitere Sozialarbeiter_in. Ein_e der Gesprächspartner_innen ist in Ausbildung im psychotherapeutischen Fachspezifikum.

Alle der interviewten Personen haben einen Hochschul- bzw. Fachhochschulabschluss. Alle haben zusätzliche postgraduelle Ausbildungen absolviert, wie etwa Lebens- und Sozialberatung oder psychoanalytische Erziehungsberatung. Es handelt sich zunächst also um eine Personengruppe, die mit relativ hohem kulturellem Kapital ausgestattet ist. Als Angehörige beratender Professionen, die sie durch eine akademisierte Ausbildung, die den Zugang zum Berufsfeld regelt und die Führung eines entsprechenden, die Profession ausweisenden Titels erlangt haben, obliegt es ihnen, „die Interaktionssituation mit dem Klienten zu definieren (krank/gesund, recht/unrecht, Seelenheil/kein Seelenheil), es herrscht also eine ausgeprägte Wissensasymmetrie in der Interaktion" (Bohn & Kohl 2004, S. 65). Auf Seiten der Beratenden gibt es eine Deutungs- und Benennungshoheit, die sich aus der Heterogenität der Positionen im sozialen Raum und der damit einhergehenden unterschiedlichen Kapitalausstattung einerseits und der, pädagogische Kommunikation prinzipiell kennzeichnenden, Asymmetrie – die_der Beratende als Expert_in ist qua Position autorisiert, ein Wissen bereitzustellen, über das die Ratsuchenden (noch) nicht verfügen – andererseits ergibt.

Es ist also der vorausgesetzte und zugewiesene Sonderstatus des Expert_innenwissens, der Rollen- und Kommunikationsasymmetrien in der Beratung begründet und legitimiert (Scherr 2014, S. 106) und professionelle Beratung konstitutiv von alltäglicher Beratung – etwa unter Freunden – unterscheidet. Denn professionelle Beratung wird meist dann nachgefragt, wenn lebenspraktische Problemlagen, die vielfach mit sozialer Benachteiligung und Diskriminierung zusammenhängen, zu Krisen führen (ebd.), die mit den eigenen strukturellen Möglichkeiten nicht gelöst werden können. Dem entspricht auf Seiten der Ratsuchenden die Erwartung an die Beratenden als Träger_innen von Expert_innenwissen, über ein überlegenes Wissen zu verfügen, das sie in die Lage versetzt, dem Problem, das von den Klient_innen nicht selbsttätig gelöst werden kann, durch das Angebot einer externen Beobachtungsperspektive habhaft zu werden. Auch aufgrund der die Beratungskommunikation kommunikativ kennzeichnenden Eröffnungs- und Beschließungsprozeduren von Beratungsgesprächen (ebd., S. 107) etabliert sich ein solches asymmetrisches Verhältnis: Während die Ratsuchenden dazu angehalten sind, ihre Probleme darzulegen, kommt den Berater_innen das Monopol zu, diese zu deuten (Kasap Çetingök 2013) etwa in Gestalt etablierter Problembeschreibungsweisen. Durch ihre soziale Position erhalten Berater_innen Zugang zur Sprache und Autorität der Institution der Erziehungsberatung, wodurch ihnen die Rolle zugesprochen wird, offiziell und repräsentativ für die Gruppe der Expert_innen zu sprechen, deren Bevollmächtigte sie sind (Bourdieu 2005, S. 103). Diese wechselseitige Anerkennung – die Berater_innen als Träger_innen spezialisierten Wissens und die Ratsuchenden als Personen mit einem vermeintlichen Wissensdefizit – schafft die strukturelle Grundlage dafür, dass die von den Berater_innen formulierten Problemdeutungen und Lösungsansätze „expertokratisch als alternativlos“ erscheinen können (Scherr 2014, S. 107). Die spezifische Struktur der Beratungskommunikation eröffnet dabei die Möglichkeit, dass Berater_innen ihre eigenen Vorstellungen von Normalität – etwa hinsichtlich *richtiger* Erziehung, *angemessener* elterlicher Kompetenzen, *korrekter* Geschlechter- und Familienverhältnisse oder *passender* natio-ethno-kultureller Zugehörigkeiten – durchsetzen. Auf diese Weise können über rechtliche Normierungen hinausgehende Eingriffe in die Lebensführung und die Selbstverständnisse der Adressat_innen legitimiert werden, die nicht selten die Machtasymmetrien zwischen Berater_innen und Ratsuchenden weiter verstärken (ebd.).

Demgegenüber betonen pädagogische und sozialarbeiterische Beratungstheorien, dass Ausgangspunkt der Beratung die Eigendeutungen der Ratsuchenden und deren lebenspraktische Eigenverantwortlichkeit seien. In Abkehr von der Expert_innenrolle eines_r „Sozialingenieur_in“ (Dewe & Radtke 1993) wird Beratung als *alltagssensibles Deutungsangebot* konzipiert, das gekennzeichnet ist vom Respekt vor der Autonomie der Ratsuchenden (Engel & Nestmann 2006, S. 213). Anzuzweifeln bleibt, so Scherr (2014), ob dieser normative Bestimmungsversuch pädagogisch-sozialarbeiterischer Professionalität, der sich gegenüber einer Indienstnahme durch gesellschaftlich-staatliche Normierungen abzugrenzen bemüht, in der alltäglichen Praxis entsprechende Bedeutung erfährt.

Nicht nur quantitativ – im Sinne eines Mehr-Wissens – scheint das Wissen in der Beratungskommunikation ungleich verteilt. Auch qualitativ ergeben sich Unterschiede im Deutungswissen der Berater_innen, die auf feldspezifische Anerkennungslogiken und auf Legitimationskämpfe zwischen den sozialen Feldern verweisen. Beratung beansprucht in nicht-bevormundender und ergebnisoffener Weise die Nähe zum Alltagsleben ihrer Adressat_innen, indem sie an deren Sprache, Wahrnehmungs-, Deutungs- und Handlungsschemata ankoppelt. Als grundsätzlich thematisch offene Kommunikation über die Lebenssituation der Adressat_innen rückt professionelle Beratung in die Nähe zu alltäglicher Beratung. Vor diesem Hintergrund finden einerseits berufspolitische Diskussionen um die Anerkennung und Wertschätzung des Berufsfeldes, verbesserter Entlohnung und Ausweitung der Kompetenzen statt (hierzu Bommes & Scherr 2012, S. 293 ff.). Andererseits sieht sich eine sozialwissenschaftlich orientierte Beratung einer Überrepräsentanz psychologischer Theorien und Methoden im Handlungsfeld gegenüber. Sowohl auf der Ebene der Aus-, Fort- und Weiterbildungen, als auch in den Institutionen selbst. Auf diese Dominanz richten sich unterschiedliche

Professionalisierungsbestrebungen der sozialwissenschaftlich orientierten Beratungsforschung wie -praxis. Die prinzipielle Offenheit in Hinblick auf den Verlauf und Ausgang der Beratung erschweren es aber, eine einheitliche, klar konturierte, lehr- und lernbare Wissensgrundlage für die professionelle pädagogische Beratung festzulegen (hierzu etwa Scherr 2014 mit Blick auf die sozialarbeiterische Beratung). Sucht man auf der Ebene der Mitarbeitenden von Erziehungsberatungseinrichtungen in Österreich allgemein, so lässt sich ein einigermaßen deutliches Übergewicht an Nicht-Pädagog_innen feststellen. An diesem Punkt lässt sich an Katharina Grönings Feststellung, in der Erziehungsberatung seien kaum Pädagog_innen tätig, anschließen. Wenngleich etwa die Hälfte des hier vorliegenden Interviewsamples im Grundstudium (aus)gebildete Pädagog_innen sind, zeigt sich in der Analyse der Interpretations- und Deutungsschemata der Berater_innen eine deutliche – wenngleich nicht ungebrochene – Bezugnahme auf psychologisch-heilpädagogisches Wissen. Der Einsatz unterschiedlicher – mal sozialwissenschaftlich, häufiger diagnostisch-therapeutisch fundierter Wissensbestände lässt sich aus einer ersten, den bildungs- und berufsbiographischen Hintergrund fokussierenden Perspektive mitunter aus den unterschiedlichen postgradualen Aus-, Fort- und Weiterbildungen der Interviewpartner_innen erklären, aber auch aus den teils unterschiedlichen theoretischen Verortungen der jeweiligen Erziehungswissenschaftsinstitute, in denen sie ihr Grundstudium absolviert haben.

Gleichwohl das einer fortdauernden Reformierung unterlegene Kinder- und Jugendhilfegesetz[8], in dessen Rahmen sich Erziehungsberatung respektive das Sprechen der Berater_innen über ihr Tätigkeitsfeld legitimiert, als aufgeklärter Fachdiskurs in Erscheinung tritt, schöpfen die Berater_innen häufig aus dem Archiv der Diskurse zu Normalität und Abweichung (Keupp 1998, S. 11) – insbesondere in der Thematisierung migrationsgesellschaftlicher Phänomene. Wie sich diese Bezugnahme auf unterschiedliche Wissensbestände erklären lässt, in welcher Weise und an welcher Stelle die traditionsreichen Bestände dieses Archivs (ebd.) in die zeitgenössischen Konstrukte der Berater_innen hineinreichen, wird Aufgabe der nächsten Kapitel sein.

[8] Das Bundes-Kinder- und Jugendhilfegesetz wurde mit 2020 neuerlich verändert und Kompetenzen in den Zuständigkeitsbereich der Länder verschoben, was zu massiver Kritik seitens der zuständigen Einrichtungen, Dachverbände und Fachkräfte geführt hat.

Entstehungsgeschichte

Die marginale Stellung von Pädagog_innen in der Erziehungsberatung leitet Gröning aus der Geschichte der Erziehungsberatung ab. Erziehungsberatung entwickelt sich in Deutschland und Österreich unterschiedlich. Während die Wurzeln der Erziehungsberatung in Deutschland vor allem in Jugendsichtungsstellen und der heilpädagogischen Beratung des ausgehenden 20. Jahrhunderts liegen, sind es in Österreich Personen wie Viktor Frankl, August Aichhorn und Alfred Adler, die mit psychoanalytischen und individualpsychologischen Ansätzen wesentlichen Einfluss auf die Praxis und die Institutionalisierung von Erziehungsberatung nehmen[9]. Die Institutionalisierung von Erziehungsberatung in Deutschland scheint stärker von heilpädagogischen und selektionsorientierten Ansätzen geprägt (Gröning 2015, S. 20–23). Gleichwohl gilt für beide Länder, dass nicht erst in der Zeit des NS-Regimes rassistische und eugenische Vorstellungen Einzug in die pädagogische Beratung halten und mit Ende der NS-Zeit ebenso wieder verschwinden. Insbesondere mit Blick auf die österreichische Geschichte der Behindertenhilfe zeigt sich die Kontinuität eugenischer Praxis, deren prominente Vertreter_innen – etwa der Kinderneurologe Andreas Rett – auch lange nach dem Ende des NS-Regimes ungebrochen großen Einfluss auf die Entwicklung der Heilpädagogik nahmen (hierzu etwa Schönwiese 2012).

Die Verknüpfung medizinischer und pädagogischer Ansätze reicht bis weit ins 19. Jahrhundert zurück und hat ihre historischen Wurzeln in der gemeinsamen Herkunft aus dem Anstaltswesen, in denen Pädagogik mit medizinischem Wissen verknüpft wurde (Schirmer 2003). Erziehung wird zum Feld der sich differenzierenden und aufstrebenden medizinischen Professionen – allen voran die Kinderpsychiatrie und Kinderneurologie, die Heilpädagogik und Entwicklungspsychologie, die dieses mit dem eigenen ärztlichen Blick sichten und selektieren (Gröning 2015, S. 25). Sie prägen die Erziehungsberatung letztlich als eine Art medizinisch ausgerichtete Heilpädagogik, wobei der Grad der Betonung des Pathologischen in Deutschland und Österreich variiert (ebd.). Als professionelles Feld ist aber auch die Erziehungsberatung in Österreich mit der sich etablierenden

[9] So entstehen in Deutschland erste Beratungsstellen um 1900, etwa die heilpädagogische Beratungsstelle in Hamburg, die „Medico-pädagogische Poliklinik für Kinderforschung, Erziehungsberatung und ärztliche erziehliche Behandlung" in Berlin, einige Jahre später die Jugendsichtungsstelle in Frankfurt und die heilpädagogische Beratungsstelle an der Kinderklinik in Heidelberg (Woldrich 1998). Die Bezeichnung „Erziehungsberatungsstelle" wurde erstmals in den 1920er Jahren für die unter Beteiligung von Adler und Aichhorn errichteten Stellen in Wien verwendet (ebd.). Eine frühe Geschichte der Erziehungsberatung legt Sophie Freundenberger 1928 mit ihrer Dissertationsschrift über „Erziehungs- und heilpädagogische Beratungsstellen" vor.

Heilpädagogik verbunden, wie sich dies teilweise in den Selbstbeschreibungen der untersuchten Einrichtungen in ihren Gründungs- und Entstehungsphasen äußert. Aus Gründen der Anonymisierung kann auf die Entstehungshintergründe der einzelnen Beratungseinrichtungen, in denen die Interviews geführt wurden, nicht im Detail eingegangen werden. Deshalb beschränkt sich die vorliegende Darstellung – im Wissen um die regionalspezifischen Wissenstraditionen und ihrer je spezifischen Einbindung – denn die untersuchten Erziehungsberatungseinrichtungen entstehen zu historisch unterschiedlichen Zeiten und unter gesellschaftspolitisch unterschiedlichen Eindrücken[10] – auf einen groben Überblick über die Entstehungsbedingungen der Erziehungsberatung in Österreich[11] allgemein, genauer im Wien des frühen 20. Jahrhunderts. In der Auswertung der Interviewdaten wurden die Entstehungs- und Entwicklungsbedingungen der konkreten Einrichtungen, die das Feld abstecken, innerhalb dessen die Berater_innen agieren und ihr Handeln plausibilisieren, berücksichtigt. Auf der Ebene der Darstellung aber werden die einzelnen feldspezifischen Rekonstruktionen zugunsten eines anonymisierten Vergleichs zurückgestellt.

So lässt sich auch die Geschichte der Erziehungsberatung in Österreich nicht durchgängig als eine erzählen, die – bis auf die in der österreichischen Aufarbeitung der eigenen Verantwortung im nationalsozialistischen Regime häufig gesetzte Vorstellung einer *kurzen Unterbrechung* zwischen 1938 und 1945 – hauptsächlich von humanistischen und reformpädagogischen Bemühungen geleitet war. Bereits in den 1920er Jahren zeichnet sich „eine zunehmende Divergenz zwischen einer therapeutisch-psychoanalytischen Haltung […] und einer psychiatrisch-psychopathologischen Konzeption jugendlichen Problemverhaltens ab. Letztere wurde mit dem fortschreitenden Siegeszug des Nationalsozialismus in Österreich dominant und zur Grundlage bürokratisch organisierter Fürsorgepraxis“ (Levold 2016, S. 2). Eugenische Maßnahmen, die darauf abzielten, die Geburtenzahlen von sogenannten ‚höherwertigen Gesellschaftsmitgliedern‘ durch eine gezielte Eheberatung und Familienplanung zu fördern, fanden auch im *roten*

[10] Erste Erziehungsberatungsstellen entstehen in Westösterreich etwa im Umfeld der Reformbemühungen der späten 1960er bis 1970er Jahre – also 50–60 Jahre später als jene, die im Wien der 1910er, 1920er Jahre gegründet wurden.

[11] Für Gesamtösterreich ebenso wie für Westösterreich liegen meines Wissens keine Arbeiten zu den historischen Entwicklungen und Institutionalisierungsprozessen der Erziehungsberatung vor. Zur Geschichte der psychoanalytisch-pädagogischen und individualpsychologischen Erziehungsberatung in Ostösterreich respektive Wien bis zur Gegenwart sind vor allem die Arbeiten von Wilfried Dattler und Johannes Gstach zu nennen. Für den bundesdeutschen Forschungszusammenhang gilt dies keineswegs. So haben etwa Vossler (2005), Gröning (2015) u. a. wichtige Arbeiten zur Professionalisierungsgeschichte der Erziehungsberatung in Deutschland vorgelegt.

Wien (1919–1934) unter Julius Tandler, dem Stadtrat für das Wohlfahrts- und Gesundheitswesen und Leiter des Wiener Jugendamtes, Anklang (Gstach 2019, S. 28–29).

> „Der Logik der Medikalisierung des Sozialen folgend, beauftragte der amtsführende Stadtrat und Mediziner Julius Tandler Heilpädagogen, Psychologen und Juristen, die Arbeit des Jugendamtes, insbesondere die ‚Kindesabnahmen' und die Überstellungen von Kindern in Erziehungsheime und Pflegefamilien fachlich zu überwachen und zu legitimieren. Allerdings bildeten die Leiter und die Fürsorgerinnen der Bezirksjugendämter, die Psychiater der Heilpädagogischen Station an der Kinderklinik, die Psycholog/inn/en und Juristen in der Zentrale des Jugendamtes und der Kinderübernahmsstelle (KÜSt) offenbar sehr bald einen hermetischen Legitimationszirkel, der weder eine Kontrolle der psychiatrischen und psychologischen Diagnosen noch der fürsorgerischen Maßnahmen noch der pflegschaftsgerichtlichen Bescheide entstehen ließ." (Sieder 2015, S. 8)

Gleichwohl gilt, dass sich die Erziehungsberatung in Österreich in einem Umfeld etabliert, das sich mit ihren individuumszentrierten und verstehenden Zugängen zum Erleben von Kindern von einem (christlich-militaristischen) an Zucht und Ordnung orientierten Erziehungsverständnis ihrer Vorgänger_innen abgrenzen. Es sind Personen wie Adler oder Aichhorn, die

> „früher als die politischen und professionellen Hauptakteure im Wiener Wohlfahrtsamt unter Tandler [vernehmen; K.H.], dass dieses historisch konkrete Zuviel an Gewalt nicht bloß aus dem interpersonalen Geschehen zwischen nicht hinreichend erzogenen Kindern und nicht hinreichend ausgebildeten Erzieher/inne/n entsteht, sondern in bestimmten wissenschaftlichen Theorien grundgelegt ist. Diese waren seit den Anfängen der modernen Kinder- und Jugendfürsorge um 1910 rassenhygienisch und erbtheoretisch, im nationalsozialistischen Reich auch rassenanthropologisch. Gegen kritische Ansätze blieben sie weitgehend immun, solange eine Reihe von hochrangigen Berufen wie jene der Ärzte und Medizinwissenschaftler, der Psychologen und der Juristen in ihrem Namen agierten und materiell und sozial davon profitierten." (Sieder 2015, S. 16)

1918 entstehen in Wien erste Erziehungsberatungsstellen zu einer Zeit, als viele Kinder kriegsbedingt unterernährt und ohne Aufsicht der Eltern aufwachsen (Gstach 2019, S. 38). Diese Einrichtungen waren neben der Jugendpsychiatrie, den Heimen, der Jugendfürsorge (Möckel 1988, S. 204) und den Spezial- bzw. Sonderschulen für die Behandlung sogenannter *verhaltensgestörter* Kinder zuständig. Adler reagierte bereits früh auf die sogenannte *Verwahrlosung*[12], in die viele Kinder und Jugendliche kriegsbedingt und durch die Verschlechterung der Lebensbedingungen in den Städten aufgrund fortschreitender Industrialisierung geraten waren. Im Gegensatz zur gesellschaftlich üblichen Reaktion auf jugendliche *Verwahrlosung*, die oft auf Bestrafung abzielte, befürwortete er unter anderem den breiten Ausbau von Beratungsstellen, um Pädagog_innen beim Umgang mit diesen Problemen zu unterstützen, sowie die Einrichtung einer Lehrkanzel für Heilpädagogik, um diese Phänomene zu erforschen (Gstach 2019, S. 39). Adler etablierte ein Unterstützungsnetzwerk für Kinder und Eltern, das verschiedene Formen der Hilfe, wie schulische Nachhilfe, umfasste. Die ersten dieser Beratungsstellen wurden an den Wiener Volkshochschulen eingerichtet. Bereits 1920 wurde auch eine spezielle Beratungsstelle ins Leben gerufen, die sich gezielt an Lehrpersonen richtete, um sie im Umgang mit sogenannten *auffälligen* Schüler_innen zu unterstützen. „Diese Beratungsstellen, von denen im Jahre 1927 bereits 24 existierten, dienten neben der Unterstützung von Kindern, deren Eltern, Lehrerinnen und Lehrern auch der Ausbildung von künftigen Erziehungsberatern und -beraterinnen" (Gstach 2001, 295 ff.).

Eine weitere zentrale Person, dessen Name untrennbar mit der Etablierung der Erziehungsberatung verbunden wird, ist der Psychoanalytiker August Aichhorn. Er gilt als Begründer der psychoanalytischen Pädagogik und war als Leiter der Wiener städtischen Fürsorgeanstalten und der psychoanalytischen Erziehungsberatung einer der maßgeblichen Wegbereiter der Erziehungsberatung überhaupt (Levold 2016). Im Auftrag der Gemeinde Wien führte er in Niederösterreich zunächst eine Erziehungsanstalt für *dissoziale* und *kriminelle* Kinder und Jugendliche. Während dieser Periode entwickelte Aichhorn Konzepte für eine Reform der sogenannten *Besserungsanstalten*, in denen verwahrloste Jugendliche einer gewaltsamen Zwangsbehandlung ausgesetzt waren. Seine Erfahrungen aus dieser Zeit verarbeitete er in seinem Buch, das 1925 unter dem Titel ›Verwahrloste

[12] Der zeitgenössische Begriff der *Verwahrlosung*, wird zum zentralen Begriff einer sich im ausgehenden 19. Jahrhundert etablierenden Fürsorgeerziehung, mittels dessen „ein machtvolles System der Inspektion. benachteiligter Familien [errichtet wird, der; K.H.] den derart Inspizierten systematisch ‚Erziehungsschwäche' attestiert und ihren als ‚gefährdet' und ‚gefährlich' geltenden Kindern in großer Zahl eine Ersatzerziehung zur ‚bürgerlichen Brauchbarkeit' und ‚christlichen Sittlichkeit' verordnet" (Ralser et. al 2015, S. 11). „Die Sorge um das als ‚verwahrlost' bezeichnete Kind war von Anfang an verbunden mit der ordnungs- und bald auch biopolitischen Ambition, in das Leben, in die Familien und in die elterliche Erziehung der unteren Klassen einzugreifen – mit dem Ziel, den obrigkeitlichen Erziehungswillen klassenübergreifend durchzusetzen" (ebd.).

Jugend‹ erschien. Nach Schließung dieses Heimes nach nur wenigen Jahren seines Bestehens kehrte Aichhorn nach Wien zurück, um in den Bezirksjugendämtern mit dem Aufbau einer zunehmend psychoanalytisch und psychotherapeutisch ausgerichteten Erziehungsberatung zu beginnen (Sieder 2015). „Damit situierte er sich eher am Rand der Fürsorgeerziehung, oder an einem ihrer Eingangs-Portale“ (ebd., S. 4). In Arbeitskontakt mit den sogenannten Fürsorgerinnen, die am Jugendamt angestellt waren und als deren Aufgabe es galt, Kinder in einem Erstgespräch zu untersuchen, ihre Entwicklung zu beobachten und zu fördern[13] (Gstach 2001, 294 f.), konsultiert Aichhorn bis zum Ende seiner Tätigkeit als Erziehungsberater der Stadt Wien im Jahr 1932 nicht nur Eltern aus den sozial deprivilegierten Milieus, die oft auf Anweisung von Fürsorgerinnen oder Richtern kamen, sondern auch Eltern aus (klein-)bürgerlichen Milieus, die nach „aufgeklärtem“ Rat suchten (Sieder 2015, S. 4). „Aichorns Klientel war somit soziologisch etwas breiter als die eigentliche Kern-Klientel der Jugendämter“ (ebd., S. 4).

Inanspruchnahme, Anlass, Adressat_innen, Zugang

Zur Situation der Inanspruchnahme von Erziehungsberatung in Österreich kann festgehalten werden, dass im Jahr 2022 insgesamt 73 647 Beratungen in Anspruch genommen wurden; davon der überwiegende Teil in Niederösterreich, gefolgt von Wien, Vorarlberg und Tirol (Statistik Austria 2022). Eine im Auftrag des Justizministeriums durchgeführte Evaluierung des Kindschafts- und Namensrechts-Änderungsgesetz 2013 (ÖIF 2017) im Bereich der Obsorge und Kontaktrechtsregelungen kommt zum Ergebnis, dass die richterlich angeordnete Maßnahme, die Eltern im Sinne des Kindeswohls zum Besuch einer Familien-, Eltern- oder Erziehungsberatung verpflichtet, zur Zeit der Erhebung in weitaus höherem Ausmaß angeordnet wurde als kurz nach Inkrafttreten des Gesetzes 2013 (ÖIF 2017). Insbesondere Richterinnen ordneten deutlich mehr Termine an als ihre männlichen Kollegen (ebd.). Aus einer Befragung der Richter_innen über die Möglichkeit der anzuordnenden Erziehungsberatung geht hervor, dass Erziehungsberatung insbesondere bei einkommensschwachen Eltern nur in geringem Ausmaß angeordnet würde und die Richter_innen den Eltern zum Teil die Auswahl des Beratungsangebots überließen, damit diese zumindest die Höhe der Kosten steuern könnten (ebd.).

---

[13] Gerade dieser Aspekt wird in der Fachliteratur kontrovers dargestellt, scheint das Augenmerk doch mehr auf Kontrolle und Einpassung, denn auf Förderung zu liegen (siehe etwa Sieder 2015 oder Ralser et al. 2015).

Angaben zu den Anlässen, der Art der Hilfe, den Adressat_innen (etwa Alter, Geschlecht, Herkunft, aktuelle Lebenssituation) ebenso wie der Überweisungszusammenhang – wie dies etwa in Ergänzung der Kinder- und Jugendhilfestatistik durch die Bundesstatistik der Bundeskonferenz für Erziehungsberatung Deutschland (bke) erfolgt – finden sich in der KJH-Statistik der Statistik Austria, die seit 2015 in geänderter Form vorliegt, keine. Ebenso wenig sind Telefon- und Online-Beratungen, die in den spezifischen Zuständigkeitsbereich der Erziehungsberatung fallen, von der Zählung erfasst.

Die aus den Interviews rekonstruierten Anlässe für die Inanspruchnahme von Erziehungsberatung reichen von Lernschwierigkeiten und sogenannten *Verhaltensauffälligkeiten* in Schule und Kindergarten, über familiäre Probleme hin zu klassischen sozialen Problemlagen, mit den Familien und deren Alltag konfrontiert sind. Die Problemlagen, mit denen Ratsuchende die Beratung aufsuchen, lassen sich vor dem Hintergrund ihrer strukturellen Umgebung wie Armutsgefährdung oder der Diskriminierung am Arbeits- und Wohnungsmarkt lesen. Sind sie in vielen Beratungen nicht Ausgangspunkt der Problembeschreibung und -wahrnehmung, so gibt der strukturelle Rahmen die biographischen und sozialen Möglichkeiten doch entschieden vor und hält unterschiedliche Möglichkeiten der Lebensführung bereit. Ein solches Verständnis schließt an sozialwissenschaftliche Beratungsdiskussionen an, steht hier doch ein *sozial typisches Problem* im Aufmerksamkeitsfokus und nicht, wie dies etwa therapeutische und psychologische Zugangsweisen eher auszeichnet, innerpsychische oder organische Störungen[14]. Gleichwohl werden die Anlässe, mit denen Ratsuchende in die Beratung kommen, von den Interviewpartner_innen unterschiedlich gedeutet – mal stärker diagnostisch-therapeutisch, mal eher strukturell.

Erziehungsberatung steht hier nicht selten vor einem „unmöglichen Auftrag", wie Bourdieu et al. (2007, S. 217) dies im *Elend der Welt* formulieren: denn Problemlagen wie Armut oder rassistische Schlechterstellung am Arbeits- oder Wohnungsmarkt kann Beratung nur mit den ihr zur Verfügung stehenden Mitteln begegnen, ohne dabei jedoch in der Lage zu sein, dasjenige zur Verfügung zu stellen, das für eine (strukturelle und politische) Lösung des Problems notwendig

---

[14] Eine Gegenüberstellung von Beratung und Psychotherapie, wie bereits in Abschnitt 2.1 diskutiert, findet sich durchwegs in der erziehungswissenschaftlichen Beratungsforschungsliteratur. Eine solche Abgrenzung lässt sich in der Praxis nur bedingt aufrechterhalten, nicht nur, weil die Grenzen von Beratung und Therapie in der konkreten Beratung verschwimmen können, was Beratende in mitunter schwierige Situationen bringen kann. Der Unterschied zwischen Beratung und Therapie verwischt sich vielmehr auch dadurch zunehmend, weil gerade neuere Therapiekonzepte die klare Abgrenzbarkeit von psychischer Normalität und Krankheit hinterfragen (Scherr 2014, S. 105).

ist. Das, was letztlich unter dem Stichwort der *Pädagogisierung sozialer Probleme* diskutiert wird, weist auch Erziehungsberatung in ihre Grenzen.

Gerade jene Familien aus sozial deprivilegierten Milieus bzw. Familien, die als mit Migrationshintergrund gelesen werden oder konkrete FluchtMigrationserfahrungen haben, finden tendenziell erschwert Zugang zur Erziehungsberatung. So sieht sich „die institutionelle Erziehungsberatung mit dem Vorwurf konfrontiert, sie erreiche mit ihren mittelschichtsorientierten Angeboten in ‚Komm-Struktur' gerade die Familien nicht, die ihre Unterstützung am dringlichsten benötigen" (Vossler 2005, S. 11). Die interviewten Personen sind sich des erschwerten Zugangs bestimmter sozialer Gruppen bewusst und thematisieren dies mehrfach in den Gesprächen. Wobei dies einmal auf struktureller Ebene vermutet wird, ein anderes Mal eher den Personen selbst als persönliches respektive *kulturelles Unvermögen* angelastet wird[15].

Die Frage des Zugangs zu den Einrichtungen wirft auch die Frage danach auf, wer von diesen Einrichtungen als potentielle und idealtypische Klient_in adressiert und imaginiert wird. In diesen Adressierungslogiken zeigen sich auch darin eingelagerte Vorstellungen von Normalität: Wer benötigt Unterstützung in Erziehungsfragen? Wer ist in der Lage zu erkennen, dieser Unterstützung durch die Beratung zu bedürfen? Wer erweist sich damit als beratungseinsichtig? Und wer wird mit Praxen der beraterischen Selbst- und Problembearbeitung unvertraut, fremd und (bildungs-)fern entworfen?[16]

Zwar kann Beratung emanzipatorisch wirken, indem sie den_die Einzelne_n darin unterstützt, widersprüchlichen gesellschaftlichen Anforderungen zu begegnen und die Auswirkungen gesellschaftlicher Brüche und Verwerfungen abzumildern. Gleichzeitig – und hier äußert sich ein struktureller Grundkonflikt – geht mit der beraterischen Bearbeitung ungerechter sozialer Verhältnisse die Gefahr einher, dass sie einer individualisierten und familiarisierten Betrachtung komplexer Problemzusammenhänge zuarbeitet (Vossler 2005, S. 11–12). Durch die Verkennung der strukturellen Ungerechtigkeiten, die Individuen erst zu Klient_innen werden lassen, entsteht eine Form sanfter sozialer Kontrolle, die häufig nicht als solche erkannt wird. Dies kann besonders in der Erziehungsberatung der Fall sein, wo die Hilfsangebote zumeist auf freiwilliger Basis in Anspruch genommen werden (ebd.).

---

[15] Dieser spezifischen Thematik der Zugangshindernisse und der Bewertung derselben wird im Kapitel sechs nachgegangen.

[16] Auch hier sei auf die Auswertungen aus den Interviews in Kapitel sechs verwiesen.

2.3 Der methodologische Standort der Beratungsforschung

Der Blick in den Forschungsstand zeigt, wie komplex und vielschichtig sich das Feld, innerhalb dessen Beratung(-sforschung) angesiedelt ist, gestaltet. Eine grobe Einteilung nehmen Dewe und Schwarz (2011, S. 33–38) vor: Quantitativ angelegte Studien, die statistisch orientiert über beratungsrelevante Themen, Inanspruchnahme der Beratungsdienstleistungen, Klient_innenströme Bericht legen, stehen qualitativen Studien gegenüber, die auf der Mikrobebene die in der Beratungskommunikation und -beziehung wirksamen Wissens- und Handlungsstrukturen rekonstruieren. Im Umfeld letzterer, der rekonstruktiven Sozialforschung ist meine Arbeit angesiedelt, die wissenssoziologisch unter Bezugnahme auf diskurstheoretische Überlegungen den Relevanzsetzungen, Problemdeutungen und Sichtweisen der Berater_innen im Auskunftgeben über ihre eigene professionelle Praxis nachgeht. Qualitative Beratungsforschung, so resümieren die beiden Autoren, beschäftigt sich mit Handlungslogiken und Prozessstrukturen, mit Fragen divergierender Perspektiven und Situationsdeutungen, mit Fragen der Wissenshervorbringung (ebd. 2011, S. 34); letztlich also mit Phänomenen der Macht, wenn auch in unterschiedlicher Gewichtung und Ausprägung.

Gerade aber die Beschäftigung mit Wissen, die Dewe & Schwarz als idealtypischen Gegenstand der Beratungsforschung ausmachen, deutet auf eine Leerstelle innerhalb der pädagogischen Beratungsforschung hin, der im nächsten Kapitel in der Ausarbeitung eines für diese Studie angelegten Wissensbegriffes begegnet wird. Die Dynamiken der Wissensbildung, die Veränderungen – und ich würde hinzufügen die Kontinuitäten – des Wissens unter Berater_innen, Ratgeber_innen und Expert_innen bezeichnen Nico Stehr und Reiner Grundmann (2010, S. 11) als eine der herausragenden aber weitgehend unerforschten Eigenschaften des Ratgebens. So stellen sie die Frage danach, in welcher Weise Wissen tragende und Wissen verbreitende Berufe wie Beratende zwischen Produzent_innen und Nutzer_innen dieses Wissens vermitteln und welche Auswirkungen dies auf das Wissen selbst hat (ebd.).

Einschlägige Arbeiten, die explizit zu Wissen im Kontext der Beratung arbeiten, gibt es – wenn auch nicht zahlreich. Aber nur einige wenige bringen das Themenpaar Beratung und Wissen mit Fragen der Genese, Legitimität und Machtförmigkeit von Wissen in Verbindung. Wichtige Anregungen für die vorliegende Arbeit liefern etwa die Aufsätze von Melanie Plößer (2013b) und Stefanie Duttweiler (2007; 2008), die Beratung mit Foucault als einen Macht- und Wissensraum konzipieren, an dem sich die Praktiken der Selbst- und Fremdführung verschränken, indem ein spezifisches Wissen über den Einzelnen hergestellt und dabei gleichzeitig auf ein Wissen über *den allgemeinen Anderen* zurückgegriffen wird. Im verwandten Feld des Coachings hat Boris Traue (2010) zu Entstehungs- und Bestandsbedingungen therapeutischer Wissensformen und Psychotechniken eine wichtige Arbeit vorgelegt. Im Kontext erziehungswissenschaftlicher Beratungsforschung seien insbesondere die Arbeiten von Bernd Dewe (1990; 2010; 2011) genannt. Aus professionstheoretischer Perspektive geht Dewe den unterschiedlichen Wissens- und Könnensbedingungen im professionellen Handlungsfeld der Beratung nach. Beratung, so Dewe, ist angewiesen auf wissenschaftliches Begründungswissen, ebenso wie auf nicht-wissenschaftliches Fall- und Milieuwissen, das heißt darauf „die Besonderheiten des Falls interpretativ zu verbinden mit dem Wissen über allgemeine, überindividuelle Strukturen und Probleme" (2011, S. 98). Die Festschrift „Professionalität: Wissen – Kontext" (2014), herausgegeben anlässlich des fünfjährigen Bestehens eines interuniversitären und multidisziplinären Graduiertenkollegs, das von Bernd Dewe gegründet und von ihm als wissenschaftlichem Leiter repräsentiert wurde, vereint eine Vielzahl renommierter Beiträge, die historische und gegenwärtige Fragestellungen zum gleichnamigen Forschungsgegenstand bearbeiten. Eine Analyse der Entwicklung professionellen Erfahrungswissens in der Erziehungsberatung liegt etwa durch Ernst Strasser (2006) vor.

Zahlenmäßig ergiebiger fallen dagegen die Arbeiten aus, die sich mit dem Verhältnis von Beratung und Pädagogik beschäftigen, wenngleich auch diese implizit mit Fragen des für eine gelingende und professionalisierte Beratung notwendigen Wissens beschäftigt sind.

In Replik auf den einschlägigen Fachdiskurs problematisiert Ruth Großmaß (2006) die Konzentration der Forschungen, deren Aufmerksamkeit vor allem darauf gerichtet ist, das Geschehen im Inneren der Beratung zu beschreiben – an dieser Stelle formuliert sich ein Anspruch erziehungswissenschaftlicher Beratungsforschung – bzw. das Nähe-Distanz-Verhältnis von Beratung und Psychotherapie auszuloten. Sie stellt fest, dass in diesen Ansätzen die gesellschaftliche Funktion von Beratung nur in suchender, indirekter Weise thematisiert wird (Großmaß 2006, S. 489–490). Professionalisierungsbemühungen von Beratung richteten sich dabei insbesondere auf die Etablierung von Standards, die Beratung aus der Alltagskommunikation lösen und in Richtung Expert_innenwissen und -kompetenz verschieben (ebd.). Wissen und Kompetenz geraten in einschlägigen professionstheoretischen Arbeiten vor allem mikrologisch in den Blick. Eine macht- und ungleichheitstheoretische Bearbeitung und Verknüpfung mit übergreifenden gesellschaftlichen Prozessen ist in solchen Arbeiten weitgehend zu vermissen. Beratung als individuelle Bewältigungshilfe zu thematisieren, die professionelle, wissensbasierte Angebote setzt, um mit gegenwärtigen gesellschaftlichen Herausforderungen umzugehen, bezieht zunächst noch keine Perspektive gesellschaftlicher Macht- und Ungleichheitsverhältnisse mit ein.

Für die Analyse des hier skizzierten Zusammenhanges werden machtanalytische Konzeptionen von Bourdieu und Foucault herangezogen, um den Zusammenhang von (Erziehungs-)Beratung mit übergreifenden gesellschaftlichen Prozessen sichtbar zu machen. Dabei geht es weniger darum, eine umfassende, exegetische Rekonstruktion der jeweiligen Theoriegebäude darzulegen als vielmehr darum, die beiden Theorie- und Denkangebote für die weitere Bearbeitung und Belichtung des Gegenstandes nutzbar zu machen. In der Konturierung des Gegenstandes knüpft die vorliegende Arbeit an Studien an, die Beratung als eine soziale Handlungspraxis in ihren Machtdimensionen thematisieren (etwa Schulze et al. 2016; 2018; Großmaß 2006). Beratung wird darin als ein Ort entworfen, in den gesellschaftliche Machtverhältnisse hineinwirken, als auch durch ihn erzeugt werden. Beratung wird als eine soziale und gesellschaftliche Praxis mit Herstellungscharakter gefasst, in der Machtverhältnisse, Wissenshierarchien, Zugehörigkeiten und soziale Positionen von den an der Beratung beteiligten Akteur_innen verhandelt werden (Schulze et al. 2018; Dölling 2005). Bevor auf diesen Zusammenhang jedoch näher eingegangen wird, soll eine Verhältnisbestimmung von Pädagogik und Beratung erfolgen, um die Beziehung des Gegenstandes und Feldes zur Disziplin, in der diese Arbeit geschrieben wird, vorzunehmen.

2.3.1 Zum Verhältnis von Beratung und Pädagogik

Eine explizite Beschäftigung mit Beratung innerhalb der sogenannten deutschsprachigen[17] Erziehungswissenschaft lässt sich erstmals in den 1960er Jahre ausmachen[18]. Als initiales Moment kann hier die bereits erwähnte Abhandlung Klaus Mollenhauers (1965) *Beratung als Hilfe zur Mündigkeit* genannt

---

[17] Wenn im Folgenden die Rede vom *sogenannten* deutschsprachigen Raum ist, so soll durch das vorangestellte Adjektiv aufzeigt werden, dass der als deutschsprachig geltende Raum als solcher nicht existiert. Denn mit Blick auf Gegenwart und Geschichte dieses als einsprachig konstruierten Raumes zeigt sich, dass dieser immer schon mehrsprachig war. Sowohl für das historische als auch aktuelle Österreich gilt, Österreich war und ist grundlegend von transnationalen Wanderungsbewegungen geprägt. Mehrsprachigkeit stellt damit ein grundlegendes Merkmal von Gesellschaften dar.

[18] Einen systematischen, historischen Entwurf zur Entwicklung pädagogischer Beratung in Deutschland vom Beginn im deutschen Kaiserreich bis heute legt Katharina Gröning (2010; erw. und korr. Neuauflage 2015) vor. Ein derartiger Entwurf liegt für die Entwicklungsgeschichte pädagogischer Beratung in Österreich meines Wissens nicht vor.

werden, die in der Zeit der Modernisierung von Bildung und Erziehung große Resonanz erfährt. Beratung gerät in der Umsetzung neuer Schulreformen, als Schullaufbahn- und Bildungsberatung in den Fokus der Erziehungswissenschaft (etwa Aurin u. a. 1973; 1977) ehe sie wieder aus dem Blickfeld erziehungswissenschaftlicher Auseinandersetzungen verschwindet und die in die Beratung gesetzte Hoffnung, ihre Anwesenheit an Schulen könne zum Abbau von Bildungsbarrieren beitragen, erlischt (Sickendiek et al. 2008, S. 37). Dennoch gelingt es der Beratung, sich als Handlungsform in schulischen und außerschulischen Arbeitsfeldern zu etablieren. Dass Beratung, wie dies Hermann Giesecke (1996) formulierte, als eine der zentralen Grundformen pädagogischen Handelns gilt – denn Beratung findet im alltäglichen Handeln von Pädagog_innen vielerorts und vielgestaltig statt – mag unbestritten sein. Trotz dieser Breite, die Beratung als Handlungs- und Kommunikationsform in pädagogischen Settings einnimmt, bleibt Beratung konzeptionell und theoretisch in pädagogischen Debatten eher randständig und vorwiegend *psychologisch-psychotherapeutischer Import* (Engel 2004). Als einen vorsichtigen Versuch die Erziehungsberatung, die als vielfach heilpädagogische Praxis medizinisch-psychologisch fundiert ist, an die Erziehungswissenschaft anzuknüpfen, nennt Gröning (2015, S. 18) Walter Hornsteins (1976) mittlerweile historischen Aufsatz in dem Band *Beratung in der Erziehung*. Bis auf einzelne explizite Thematisierungen, so Engel (2004), scheinen es eher Themen wie Erziehung und Bildung oder pädagogische Professionalität (hierzu etwa Combe & Helsper 1996) zu sein, die als die genuin erziehungswissenschaftlichen und identitätsweisenden Inhalte gelten.

Eine stärkere theoretische Verankerung von Beratung innerhalb der Erziehungswissenschaft und Pädagogik, so Engel (2004, S. 104), ermögliche grundlegendes Wissen über die Gestaltung beraterischen Handelns und die Besonderheiten von Professionen, die sich mit der möglichen Veränderung von Menschen befassen. Dies geht über Handlungstechnologien hinaus, die jederzeit und in jeder Situation einzusetzen seien und zu vorhersehbaren Ergebnissen führten. Die Gemeinsamkeiten von Beratung und pädagogischem Handeln weiter auslotend schreibt Engel, dass „das Handeln nicht von der Person zu trennen“ sei und „sich neben klassisch wissenschaftlichem Wissen auf ethisch-moralischem Wissen“ gründe (ebd.). Das Handeln ist dabei stets situations- und kontextabhängig, nur bedingt planbar und ergebnisoffen, wie bereits im Eingangskapitel für Beratung beschrieben. So wie Pädagog_innen in unterschiedliche Kontexte eingebunden sind, werden auch an Berater_innen unterschiedliche Aufträge (Auftraggeber_innen, Eltern, Kinder, Kolleg_innen, etc.) herangetragen, diese zu klären Teil der professionellen beraterischen Arbeit ist. Pädagog_innen, wie Berater_innen „verfügen über ein wie auch immer geartetes ‚Mehrwissen‘ – wirkliches oder nur vermeintlich vorgegebenes -, beide wollen von ihrem landläufigen Selbstverständnis her nicht bevormunden, wollen Grenzen setzen und einhalten, aber auch Frei- und Möglichkeitsräume eröffnen, müssen sich auf Allgemeines (Regeln, Wissen, Strukturen) berufen und dennoch dem ‚Einzelfall', dem Besondern gerecht werden" (ebd.). Sowohl Beratung und pädagogisches Handeln bewegen sich in Antinomien und Paradoxien, „die nur im reflexiven Umgang mit dem eigenen Nicht-Wissen lösbar scheinen" (ebd.).

Die von Niklas Luhmann und Karl Eberhard Schorr (1998) als Technologiedefizit beschriebene grundlegende und notwendige Ungewissheit und Unbestimmtheit professionellen pädagogischen Handelns verweist auf jenes Strukturmoment des (professionellen) Wissens, das das Nicht-Wissen als die dem Wissen inhärente andere Seite ausweist. Professionelles beraterisches Handeln ist stets von Nicht-Wissen, Unsicherheit und Unplanbarkeit geprägt: den Beratenden kommt aufgrund ihres Expert_innenwissens und des ihnen darüber zugewiesenen Status eine Dominanz hinsichtlich der Deutungen der Situation und Probleme der Klientel zu. Sie können Interpretationsangebote und Handlungsalternativen anbieten und plausibilisieren, verordnen können sie diese jedoch nicht (Kasap Çetingök 2015, S. 390–392). Notwendigerweise ungewiss ist das Wissen auch deshalb, weil es sich nicht im Sinne eines standardisierten Anwendungs- und Routinewissens, das sich ungeachtet der Vielgestaltigkeit lebensweltlicher Situationen, Anforderungen und möglichen Bearbeitungsmodi sozialtechnologisch auf den Einzelfall übertragen und übersetzen lässt (Schütze 1992; Mecheril 2008). Paul Mecheril spricht in diesem Zusammenhang von „Kompetenzlosigkeitskompetenz" (2008, S. 25) und weist darauf hin, dass professionelles Handeln kein *einfaches* und vorhersehbares Handlungsumfeld bietet. Es erfordert vielmehr eine grundlegende Reflexion über das eigene Handeln, seine Bedingungen und Konsequenzen. Dies aber nicht im Sinne der Responsibilisierung der individuell Handelnden, sondern vielmehr in der Schaffung von Strukturen, die sicherzustellen, dass Reflexion nicht nur möglich ist, sondern auch aktiv gefördert und unterstützt wird.

Von Freiheit und Zwang

Pädagogisches Handeln und als solches auch Beratungshandeln, kann als eine gesellschaftliche Praxis konstitutiver, nicht aufhebbarer Antinomien (Helsper 2006, S. 15) bestimmt werden. Jene Antinomien, wie sie sich auch im schulischen Zusammenhang zeigen – etwa als die Anforderung an Lehrkräfte, einerseits Lern- und Bildungsprozesse und die Persönlichkeitsentwicklung ihrer Adressat_innen zu unterstützen, andererseits eine Unterscheidung vorzunehmen zwischen denjenigen, die ‚scheitern' und denjenigen, die ‚bildungserfolgreich' sein dürfen (Wenning 2001) –, werden in verwandter Weise für sozialpädagogische und sozialarbeiterische Handlungsfelder diskutiert. Als die grundlegendste Antinomie pädagogischen Handelns gilt, wie Kant (1978, S. 711) es formulierte, die Erziehung zur Freiheit unter Zwang. „Denn Zwang ist nötig! Wie kultiviere ich die Freiheit bei dem Zwange? Ich soll meinen Zögling gewöhnen, einen Zwang seiner Freiheit zu dulden und soll ihn selbst zugleich anführen, seine Freiheit gut zu gebrauchen". Im diesem Zitat Immanuel Kants wird ersichtlich, dass pädagogisches Handeln selbst in Zwänge eingebettet ist. Es wird deutlich, wie pädagogisches also auch beraterisches Handeln mit den Anforderungen der Moderne verknüpft ist, die die Adressat_innen dazu befähigen soll und gleichsam auffordert, eigenverantwortlich den Gebrauch ihrer Freiheit zu leisten, um das Gelingen des eigenen Lebensentwurfes sicherzustellen (Helsper 2006, S. 19).

Darüber hinaus verweist die Formulierung Kants auf eine innere Logik pädagogischen Handelns: Wenn die Adressat_innen pädagogischer Handlungsfelder zur Autonomie befähigt werden sollen – Autonomisierung des Gegenübers ist ein formuliertes Ziel der Beratung – dann setzt sie die Adressat_innen als defizitär und damit der pädagogischen Anleitung bedürftig voraus (Helsper 2006, S. 19). In der Beratung kommt dieser Widerspruch besonders deutlich in der bereits diskutierten komplementären Rollenverteilung zum Ausdruck. In der Beratung treffen die beratende Person und eine ratsuchende Person aufeinander, wobei der ratsuchenden Person aktuell keine Handlungsalternative für die Lösung des Problems, mit dem sie die Beratung aufsucht, zur Verfügung steht. Aus der komplementären Rollenverteilung – eine Person ist von Ratlosigkeit betroffen, die andere nicht – ergibt sich eine spezifische Asymmetrie in der Kommunikation. Die Beratungskommunikation ist in spezifischer Weise strukturiert, insofern als festgelegt gilt, wie gesprochen wird.

> „Der Ratsuchende hat hinsichtlich seines Problems ein Darstellungsrecht, ja mehr noch ein Darstellungsmonopol; dem entspricht auf der anderen Seite eine Pflicht zum aktiven, empathisch-verstehenden zuhören, aber auch ein die Beraterrolle kennzeichnendes Frage- und Kommunikationssteuerungsrecht, dem wiederum eine eigentümliche Art von Antwortpflicht des Klienten gegenübersteht. Das Wechselspiel von Darstellung, Fragen und Nachfragen, Antworten und Erläuterungen führt schließlich zu punktuellen Analysen oder bilanzierenden Zusammenfassungen, Einschätzungen oder Beurteilungen des Beraters, in denen sein Deutungsmonopol zum Ausdruck kommt; dem wiederum entspricht ein prinzipielles Entscheidungsmonopol des Klienten, was er letztlich tun oder wofür er sich am Ende entscheiden wird". (Kasap Çetingök 2013, S. 69)

Grundsätzlich zeigt sich hier auch: Dass nur der_die Klient_in sein kann, der_die „prinzipiell als uneingeschränkt handlungsfähig gilt, also als autonom über das verfügen kann, was sich am Ende einer Beratung als Lösung oder Entscheidung ergibt“ (ebd.). Beratung, so könnte man also festhalten, setzt zum einen eine_n mündige_n Klient_in voraus, der_die fähig ist im Sinne des spezifischen Kommunikationsprozesses, die pädagogisch-beraterischen Anreize und Angebote selbsttätig und selbstbestimmt umzusetzen. Gleichwohl wird diese_r selbsttätige und autonome Klient_in als defizitär und der beraterischen Intervention bedürftig vorausgesetzt. Hier äußert sich eine konstitutive Grundparadoxie pädagogischen Handelns, die Dietrich Benner folgendermaßen fasst: „den Zu-Erziehenden zu etwas aufzufordern, was er noch nicht kann und ihn als jemanden zu achten, der er noch nicht ist, sondern allererst vermittels eigener Selbsttätigkeit wird“ (1987, S. 71).

Jene Überlegungen, wie sie für pädagogisches Handeln insgesamt angestellt wurden, reichen nur bedingt ins Feld der Beratung hinein. Beratung, so schreibt Gröning, „scheint ganz weit weg von der Pädagogik institutionalisiert zu sein. Sie ist das Feld von Psychologie, Therapie und Medizin bzw. Kinder- und Jugendpsychiatrie“ (2015, S. 18). Die marginale Anwesenheit pädagogischer Ansätze zeigt sich mitunter in der Vorherrschaft klient_innenzentrierter und systemischer Ansätze in der Beratung.

Vom Kanon der erziehungswissenschaftlichen Beratungswissenschaften kaum wahrgenommen, sind es insbesondere erste und zweite Frauenbewegung, die einen wesentlichen Beitrag zur Professionalisierung von Beratung geleistet haben (ebd. 2015, S. 19). Frauenberatungseinrichtungen haben bereits von Beginn an Fragen von Diversität, Differenz und Macht thematisiert. Anders als etwa zielgruppenspezifische Ansätze im Feld der mit Migration befassten Beratungen – etwa die Ausländerberatung –, forderten die Frauenberatungseinrichtungen bereits in den 1970er und 80er Jahren die Reflexion der mit Geschlecht einhergehenden strukturellen und gesellschaftlichen Ausschließungspraktiken ein.

2.3.2 Beratung im Umgang mit migrationsbedingter Differenz

Es gibt kaum ein anderes pädagogisches Feld, das so stark von politisch-rechtlichen Vorgaben durchdrungen zu sein scheint, wie das der Pädagogik im Kontext von Flucht und Migration. Ihre inhaltliche Ausrichtung und Gestalt ist eng mit den Entwicklungen von Wanderungs- und Fluchtbewegungen und den damit verbundenen Politiken verknüpft. Mit Blick auf die Forschungslage zu Beratung unter Bedingungen von FluchtMigration lassen sich seit der Zeit der

Arbeitskräfteanwerbung grob drei zentrale Paradigmen festmachen, die in Auseinandersetzung mit Praxis, Einwanderungs- und Bildungspolitik Einfluss auf pädagogische Konzepte und Programmatiken nahmen und immer noch nehmen (Auernheimer 2012). Für Deutschland wurden die Entwicklungen der Pädagogik im Kontext von Einwanderung mehrfach nachgezeichnet (etwa von Cyrus und Treichler 2004, Hamburger 2006 oder Eppenstein und Kiesel 2008). Den spezifischen Zusammenhang von psychosozialer Beratung und Migration haben etwa Maria do Mar Castro Varela u. a. (1998), Valentina Veneto Scheib (1998), Mecheril und Castro Varela (2000), Mecheril (2004), Annita Kalpaka (2004), Yesim Kasap Çetingök (2013) oder Inga Oberzaucher-Tölke (2018) bearbeitet. Barrieren im Zugang zu psychosozialen Einrichtungen für Migrant_innen und Forderungen Interkultureller Öffnung und Kompetenz beschreibt etwa Stefan Gaitanides 2006 und 2007. Für Österreich stehen vergleichbare Ausarbeitungen noch aus. Wenngleich sich die in der Literatur vorfindlichen systematischen Darstellungen des pädagogischen Umgangs mit migrationsbedingter Differenz auf den bundesdeutschen Kontext beziehen, so lässt sich für Österreich – wenn auch etwas zeitverzögert – dennoch eine ähnliche pädagogische Reaktion auf migrationsbedingte gesellschaftliche Heterogenität feststellen. Im Folgenden sollen überblicksartig jene erziehungswissenschaftlichen Auseinandersetzungen in der Literatur in den Blick genommen werden, die Einfluss auf Beratungspraxen im Umgang mit Migration nahmen und nehmen: Ausländerberatung, Interkulturelle Beratung, neuere differenzsensiblere Beratungsansätze. Obgleich sich die Ansätze jeweils in Abgrenzung zu ihren Vorgängern entwickelt haben, kann nicht davon ausgegangen werden, dass es sich um eine chronologische Abfolge handelt, in der ein Ansatz den nächsten ablöst. Vielmehr kann von einer Gleichzeitigkeit der Prämissen und Handlungskonzepte ausgegangen werden (Auernheimer 2012; Mecheril 2010).

1. Als ein zunächst zögerlich einsetzendes Angebot etabliert sich die sogenannte *Gastarbeiter- oder Ausländerberatung* in Österreich paradoxerweise vornehmlich in bzw. nach der Zeit des sogenannten Anwerbestopps – in einer Zeit, in der die Politik das Ziel verfolgt, die Zahl der Gastarbeitenden zu reduzieren und die bereits im Land Anwesenden zur Rückkehr zu bewegen. So entstehen einige wenige Beratungseinrichtungen Anfang der 1970er Jahre. In ihrer frühen konzeptionellen Ausrichtung wird die Gastarbeiterberatung vor allem mit dem ausländerpädagogischen Paradigma in Verbindung gebracht. Dieses zeichnet sich dadurch aus, dass dessen Perspektive auf die Behebung von Problemen gerichtet ist und diese als Defizite der *Ausländer_innen*, der *Migrant_innen* in den Blick nimmt (etwa mangelnde Sprachkenntnisse). Mit dem defizitorientierten und zielgruppenspezifischen ausländerpädagogischen Paradigma geht die Gefahr

einher, negative gesellschaftliche Wahrnehmungsmuster von *Migrant_innen* als Problemgruppe zu bestätigen (hierzu etwa Mecheril 2004).

2. In Abgrenzung zum kompensatorischen und Defizit fokussierenden Ansatz der Ausländerberatung setzen sich in den 1980er Jahren zunehmend *Interkulturelle Beratungsansätze* durch, deren handlungsleitendes Prinzip es ist, kulturelle Unterschiede zu respektieren und anzuerkennen. Wobei diese Unterschiede als *kulturelle Differenzen* konzipiert werden. So kritisieren etwa Hartmut Griese (1996) und Franz Hamburger (1999) die Engführung des Interkulturellen, das Menschen in ihrer je spezifischen Individualität auf ein Merkmal, das der Kultur, reduziere. Strukturelle und gesellschaftliche Benachteiligungen und Ungleichheiten, Diskriminierungs- und Stigmatisierungserfahrungen gerieten dabei aus dem Blickfeld. Als „Merkmalsträger von Kultur" begegneten interkulturell orientierte Ansätze den Menschen nicht als Subjekte, sondern als „Träger von Kultur" (Griese 1996, S. 100 ff.; ähnlich auch Bommes & Scherr 1991; Hamburger 1999; 2006). Radtke etwa problematisiert an Interkulturellen Ansätzen etwa ihre Kompensationsfunktion. So eigne sich ein solcher Ansatz besonders, gesellschaftliche Probleme zu pädagogisieren, „wenn für politisches Handeln kein Ansatz gefunden und kein Konsens zu erreichen" sei (ebd. 1995, S. 856).

Das Problematische an der Bezeichnung sowie den pädagogischen Praxen, die unter dem Label *interkulturell* firmieren, besteht auch darin, dass im Bemühen, Unterschiede anzuerkennen, diese als solche erst identifiziert und vorausgesetzt werden. *Kultur* – unterlegt mit einem Wissen spezifischer Geschlechtlichkeit – avanciert dabei zur zentralen Figur im Beratungshandeln, auf deren Hintergrundfolie die psychosozialen Probleme der Ratsuchenden abgeglichen und gedeutet werden. *Kultur* gerät, wie dies Annita Kalpaka (2004, S. 31) formuliert, in einer solchen Perspektive zum prominenten Erklärungsmuster für das Sein und Handeln von Migrant_innen. Kultur wird hierbei als etwas Statisches gedacht, gleichsam als Natur der Menschen, etwas das ihnen anhaftet und ihr Handeln in quasi deterministischer Manier bestimmt – etwas das handhabbar und bearbeitbar wird, wenn nur genügend über *die Anderen* gewusst wird. „Kultur", schreibt Kalpaka, „ist die Frage und die Antwort zugleich: Die Antwort darauf, warum Menschen so sind oder so handeln, wenn den Professionellen das Handeln fremd bzw. problematisch erscheint" (2004, S. 32). Interkulturelle Ansätze gehören sicherlich zu denjenigen, die breit und populär in der Beratung – ob sie nun stärker systemisch oder eher individuumszentriert arbeitet – zum Einsatz gelangen. Zahlreiche Praxishandbücher, Aus-, Fort- und Weiterbildungen lassen darauf schließen.

3. In Abkehr kulturalistischer Bezugnahmen und angesichts rassistischer Gewalttaten in Deutschland entstehen, so lässt sich grob darstellen, seit Beginn

der 1990er allmählich *differenzsensible, von der Kritik an Rassismus und Essentialismus getragene Ansätze,* die um die Konstruiertheit und Wirkmächtigkeit von Differenzordnungen und deren Bedeutung für die psychosoziale Praxis wissen. Im Bemühen, einem statischen Kulturverständnis zu entkommen, das Kulturen gleichsam als abgeschlossene, voneinander unterscheidbare und in sich homogene Kulturkreise versteht, hält die Idee des Transkulturellen Einzug insbesondere in nordamerikanische Auseinandersetzungen zu cross-/trans-cultural psychiatry (etwa Kleinman & Good 1986), wenngleich sich auch hier sehr heterogene und vielfach an Nationalstaaten orientierte Kulturverständnisse versammeln (Oberzaucher-Tölke 2018).

Zunehmend finden sich in den Debatten und Konzepten der Beratung die Attribute *kultursensibel* oder *kultursensitiv.* Der Versuch, jene Ansätze und den dahinterliegenden Kulturbegriff einzuordnen, erweist sich als einigermaßen schwierig. So orientieren sich kultursensitive Ansätze einerseits an einem traditionellen Kulturverständnis – stellen sie doch, wie es im Begriff bereits anklingt, einen der *jeweiligen Kultur* angemessen sensiblen Umgang in Rechnung. Gleichzeitig, so Oberzaucher-Tölke (2018, S. 661), werden jenen Konzepten teilweise explizit dynamische, hybride und damit *transkulturelle* Kultur- und Selbstkonzepte zugrunde gelegt. So finden sich auch in diesen neueren (zumindest historisch jüngeren) Auseinandersetzungen die bereits in früheren ausländerpädagogischen Abhandlungen angelegten Gegensatzpaare und Klischeekonstellationen: etwa die Unterscheidung in traditionelle und modern-westliche Klient_innen oder die Gegenüberstellung des_der *westlich-individuell* geprägten Beratenden und des_der im Kollektiv der Familie verankerten Ratsuchenden (etwa von Lersner und Kizilhan 2017), wie dies etwa in den Ausführungen von de Laskowski über die sogenannte spanischsprachige Frau, deren „undifferenziertes Wir erst zu einem eigenständigen Ich“ (1986, S. 165f) therapie- und beratungsseitig zum „Nachreifen“ gebracht werden müsse.

Aus einer rassismuskritischen Perspektive schließlich lässt sich die Frage danach stellen, unter welchen Bedingungen und mit welchen Wirkungen *Kultur* als Deutungs- und Interpretationsschemata zum Einsatz gelangt (Kalpaka 2004; Mecheril 2004b) und Fragen nach dem eigenen *Weiß-Sein*, den eigenen Privilegien als mehrheitsangehörige Professionelle (Wachendorfer 1998).

Den spezifischen Zusammenhang von Erziehungsberatung und Migration fokussiert Angela Eberding in einer Studie von 1994, die sich vordergründig mit Kommunikationsbarrieren in der Erziehungsberatung beschäftigt. Sie untersucht darin Migrant_innen-Familien aus der Türkei, die Angebote von Erziehungsberatungseinrichtungen in Anspruch nehmen. Ihrer Arbeit liegen zwanzig Expert_inneninterviews zu Grunde, die mit Kinderärzt_innen, Erziehungsberater_innen und Familien mit Migrationserfahrung geführt wurden. Dabei interessiert sich die Autorin vor allem für die typischen Denkweisen und Handlungsstrategien der Befragten, die ein Gelingen von Beratungsgesprächen zwischen kultureller Mehrheit und Minderheit (möglicherweise) verhindern. Die Studie zeigt auf, dass die Berater_innen in vielfältiger Weise im Sprechen über Beratung auf Fremdbilder zurückgreifen (ebd., S. 176). So finden sich kulturalisierende Annahmen der Berater_innen über Werthaltungen und Erziehungsverhalten der Ratsuchenden (ebd., S. 188). In den Interviews äußert sich dies in Aussagen von Berater_innen, dass das Wissen über die Werthaltungen, Lebenshaltungen und Erziehungsprozesse der Menschen mit einer Migrationsgeschichte nicht ausreiche und Berater_innen folglich noch lernen müssten, „auf die Bedürfnisse der Ausländer mehr einzugehen" (ebd., S. 179 f.).

Gari Pavkovic (1999; 2001) hat auf Grundlage seiner beruflichen Erfahrungen in der Beratungspraxis ein Kompetenzmodell für die Erziehungsberatung erarbeitet, das darauf zielt, über einen mehrdimensionalen Ansatz die kulturelle Fokussierung im Feld der Erziehungsberatung aufzulösen. Was hier jedoch auffällt, ist, dass Pavkovic die Beratungssituation implizit als eine Interaktionssituation zwischen dem_der Beratenden als Vertreter_in der *Mehrheitsgesellschaft* und dem_der Ratsuchenden als Mitglied der *Minderheitsbevölkerung* konzipiert (ebd., S. 27). Damit bestärkt der Autor eine in der Literatur vorfindliche Figur pädagogischer Professionalität in der Migrationsgesellschaft: Professionelle aus der Mehrheitsgesellschaft haben es mit Klient_innen zu tun, die der natio-ethno-kulturellen Minderheit angehören (Mecheril 2004a, 2004b). In der Literatur zu Beratung in der Migrationsgesellschaft findet sich nahezu ausnahmslos diese Konstellation: der_die *fremde* Ratsuchende trifft in der Beratungsstelle auf die_den *einheimische_n* Berater_in. Die als migrantisch positionierte Person rückt in dieser Figur nicht als potentielles professionelles Subjekt in den Möglichkeitshorizont mehrheitsgesellschaftlicher Adressierung.

Eine etwas andere Zusammenschau der mit Migration befassten Beratungsansätze nimmt Yesim Kasap Çetingök (2013) vor. Aus einer sozialwissenschaftlichen, die Beratung thematisierenden Perspektive befragt die Autorin nicht nur jene Ansätze, die dem interkulturellen (oder ausländerpädagogischen) Paradigma zuzuordnen sind, sondern auch jene macht- und ungleichheitstheoretische Perspektive, aus der die vorhergehende, überblicksartige Darstellung – ohne diese also solche benannt zu haben – hervorgeht. Ob Kultur nun als Praxis der Differenzsetzung oder als ein Ausdruck vermeintlich kultureller Differenz verstanden wird – beide nehmen „keinen Bezug auf das konkrete Problem der Ratsuchenden, von dem der Beratungsauftrag abhängt" (ebd. 2013, S. 72). Anstatt der Zentralsetzung von Kultur, Differenz und Macht in den Deutungsperspektiven der Beratenden plädiert Kasap Çetingök für einen sozialpädagogischen Beratungsansatz, der das Sach- und Handlungswissen – oder wie es Engel et al. (2004) formulieren, dem Beratungs- und Interaktionswissen sowie handlungsfeldspezifischem Wissen – dem Reflexionswissen nicht hintanstellt. Damit trägt das praxisrelevante Wissen, so die Autorin, der Institution, die sich in ihren Angebotsstrukturen auf einen spezifischen Problembereich spezialisiert hat, Rechnung (ebd.). Dies würde bedeuten, dass das Deutungsangebot *Kultur/Macht/Differenz* vorerst zurückgestellt wird und stattdessen die Selbstinterpretationen der Ratsuchenden bezüglich des beratungswürdigen Sachverhaltes in den Fokus gerückt werden. Diese müssen nicht zwangsläufig mit den genannten Aspekten zusammenhängen, auch wenn eine als migrantisch gelesene Person die Beratung aufsucht.

Den Stand der Forschung resümierend, lässt sich zwar insgesamt ein Fehlen von empirischen, theorieorientierten Arbeiten im Schnittfeld pädagogischer Beratung insbesondere Erziehungsberatung und Migration feststellen, gleichzeitig finden sich jedoch zahlreiche Texte, die insbesondere unter dem Schlagwort der Interkulturellen Kompetenz herausarbeiten, wie Berater_innen der zugeschriebenen Fremdheit ihrer Klientel erfolgreich begegnen können. In diesen Auseinandersetzungen mit migrationsgesellschaftlicher Differenz zeigt sich, dass diese überwiegend von einem defizitären und/oder Differenz bejahenden Diskurs der *Anderen* getragen sind. Zumeist beziehen sich diese Ausführungen auf ein Wissen, in dem über ethnisierte aber auch vergeschlechtlichte (Herkunfts-)zuschreibungen auf die *Andersartigkeit* (z. B. Werte, Erziehungsmaßstäbe, Geschlechterarragements etc.) der Ratsuchenden verwiesen wird. Eine weitere Leerstelle, die sich im pädagogisch-beraterischen Diskurs über migrationsbedingte Differenz ausmachen lässt, ist die Thematisierung von migrationsgesellschaftlicher Differenz in ihrer intersektionalen Verwobenheit mit anderen Differenz- und Ungleichheitskategorien. Sowohl Geschlecht und Sexualität als auch Dis/ability etwa sind im Rahmen dieser Arbeiten kaum bis gar nicht berücksichtigt.

3 Der Untersuchungsgegenstand (Differenz-)wissen

Eine Beschäftigung mit Wissen findet sich innerhalb der Erziehungswissenschaft überwiegend in der Kompetenz-, Professions- als auch Expertiseforschung meist in Auseinandersetzungen um die Professionalität pädagogischen Handelns (hierzu etwa Radtke 1996; Helsper 2002; Neuweg 1999, 2005, 2015; Schwarz et al. 2014; einschlägig zu Beratung etwa Strasser (2006, 2014). Die vorwiegend unter dem Stichwort der *Lehrer_innenbildung* versammelten Arbeiten heben überwiegend auf Fragen des Theorie-Praxis-Transfers[1] ab, was vermutlich auch mit der spezifischen Studienstruktur im bundesdeutschen Kontext zu tun hat, in der die Lehrer_innenbildung anders als etwa in Österreich an den Universitäten respektive den Erziehungswissenschaftsinstituten angesiedelt ist. In den Untersuchungen der alltagspraktischen und professionellen Wissensbestände der pädagogischen Akteur_innen stehen meist die Mikrobeziehungen im Aufmerksamkeitsfokus. Eine allgemeine und übergreifende, gesellschaftliche Macht- und Ungleichheitsdimensionen miteinbeziehende Auseinandersetzung mit dem Begriff als einem in der Disziplin zentralen – da er, wie sich noch zeigen wird, pädagogisches Handeln orientiert[2]

[1] In pädagogischen Auseinandersetzungen um das Verhältnis von Theorie und Praxis ist die Aufmerksamkeit auf die Diskrepanz zwischen einem im Handlungsfeld erworbenen Handlungswissen und einem erziehungs-/sozialwissenschaftlichem (erlernten) Theoriewissen gerichtet (etwa Engel & Nestmann 2006). Die vorliegende Forschung übersteigt allgemeinpädagogische Fragen des Theorie-Praxis-Transfers und stellt demgegenüber die Involviertheit von Beratung in gesellschaftliche Macht- und Ungleichheitsverhältnisse in den Vordergrund.

[2] Radtke (1996) relativiert die Annahme, dass das wissenschaftliche Wissen direkt in die pädagogische Praxis einmünde, dahingehend, dass der Umgang in der Praxis mit diesem Wissen ein autonomer und eigensinniger sei, das zwar Wirkungen auszulösen vermag, die Verwendung dieses Wissens jedoch nicht unbedingt von Sender_innenseite zu steuern sei.

K. Hazibar, *Im Wissen um die Anderen*,
https://doi.org/10.1007/978-3-658-50658-2_3

– ist weitgehend ausgeblieben. „‚Wissen' in seiner Vielförmigkeit, seinen Inhalten und seinen strukturellen Eigenschaften", so Höhne (2004, S. 3), bildet in dem gegenwärtig in der Pädagogik dominierenden Kompetenzdiskurs keine zentrale Referenzkategorie. So problematisiert Höhne (2004, S. 3–11), dass eine epistemologische Perspektivierung von Wissen, in der die soziale Struktur von Wissen, seine Effekte und Machtförmigkeit sichtbar werden, vielfach zugunsten kognitionstheoretisch-individualistischer Analysen genuin pädagogischer Beziehungen und Gegenstände – das heißt vor allem die Vermittlung, den Erwerb von Wissen und damit verbundene Kompetenzen fokussierend – vernachlässigt wird. Dabei kommt Wissen selbst eine

> „zentrale Vermittlungsrolle zu – etwa in der Vermittlung der Beziehung von Individuum und Welt oder bei der Kommunikation zwischen Individuen. Wenn Wissen als notwendiges und grundsätzliches ‚Dazwischen' angesehen wird, so wird damit auf die symbolische Ebene sozialer Praktiken fokussiert. Jede Art der Zuweisung, der Benennung und Kategorisierung hat sozialen Charakter, womit eine Positionierung der Subjekte innerhalb einer vorgängigen symbolischen (Wissens)Ordnung stattfindet." (ebd., S. 7–8)

In der Soziologie erfährt Wissen eine grundlegendere Aufmerksamkeit. Mit den Diskussionen um die Wissensgesellschaft – im sogenannten deutschsprachigen Raum wurde der Begriff insbesondere durch Nico Stehr (1994) geprägt[3] – beginnt, so Angelika Wetterer, sein „abwesend-anwesendes Schattendasein" (2008, S. 10) ein Ende zu finden[4]. Vor allem mit der einsetzenden Kritik am Begriff und Konzept der Wissensgesellschaft[5] geraten jene theoretischen

[3] In Erscheinung tritt das Konzept der Wissensgesellschaft bereits in den 1960er Jahren. Vor allem das 1973 in den USA erstmals publizierte Werk Daniel Bells *The Coming of Post-Industrial Society* prägt die frühen Diskussionen um das Konzept der Wissensgesellschaft entscheidend mit.

[4] Wenngleich der Wissensbegriff in gegenwartsdiagnostischen Auseinandersetzungen über die Wissensgesellschaft nicht der Tradition der Wissenssoziologie zuzurechnen ist, insofern als er in erster Linie die Verwendung wissenschaftlichen Wissens in den unterschiedlichen Handlungsfeldern fokussiert (Keller 2011, S. 23 + 89).

[5] Als zentrale an bisherige Auseinandersetzungen herangetragene Kritikpunkte formulieren Reinecke et al. (2010) etwa die Hinterfragung der klaren Unterscheidung von wissenschaftlichem und nicht-wissenschaftlichem Wissen sowie die normativen Implikationen des Begriffs und seine dem Fortschrittsoptimismus der 1960er Jahre entsprungene positive Konnotation sowie die Offenlegung der stark auf westliche Industriegesellschaften orientierte Sicht.

Thomas Höhne (2004, S. 4) nimmt aus der Perspektive einer pädagogisch ausgerichteten Wissensforschung den Wissensgesellschaftsdiskurs in den Blick und problematisiert den unreflektierten pädagogisierenden Bezug zum Wissensgesellschaftskonzept, mit dem Effekt

Grundlegungen, die Berger und Luckmann in ihrer „Theorie der Wissenssoziologie“ bereits 1966 angelegt hatten, verstärkt in den Blick: jene intersubjektiven Prozesse, in denen Menschen ihr Wissen um die Welt erwerben, es gesellschaftlich verfestigen und weitergeben und somit letztlich jede Gesellschaft als Wissensgesellschaft verstanden werden kann (Berger & Luckmann 2013, S. 5).

Zum soziologischen Grundbegriff, so Wetterer (2008, S. 8), ist Wissen aber auch dort nicht avanciert. Die großen soziologischen Fragestellungen scheinen vielmehr auf mikrotheoretischer Ebene mit sozialem Handeln oder aus makrotheoretischer Perspektive mit sozialer Ordnung befasst. Doch keine dieser Fragen vermag – wenn auch nur implizit – ohne Bezugnahme auf Wissen, „ohne Rekurs auf die reflexive Beziehung von Wissen und Handeln, von sozialer Ordnung und Wissensordnung, von sozialem Wandel und den Transformationen“ (ebd.) auszukommen. Am deutlichsten zeigt sich die Verbindung von Wissen und sozialer Praxis bei den Ansätzen, die der interpretativ-rekonstruktiven bzw. verstehenden Sozialforschung zuzuordnen sind. „Was lässt sich interpretieren oder verstehen, wenn nicht Wissen, wenn nicht das, was die Gesellschaftsmitglieder im >Kopf< haben, während sie handeln und im Handeln an der Reproduktion [und Verschiebung; K.H.] sozialer Ordnung mitwirken?“ (ebd., S. 9).

Ein Schattendasein – zumindest im Verhältnis zu seiner Stellung innerhalb pädagogischer Theoriebildung – fristet der Begriff dennoch nicht. Immerhin ist ihm eine ganze Teildisziplin der Soziologie gewidmet. Davon zeugen eine Vielfalt an Fachliteratur, wie Hand- und Methodenbücher, historische und klassisch zu nennende Abhandlungen prominenter Fachvertreter[6], die Etablierung als Sektion und die geteilte Rede von Wenden, Übergängen und Neubeginnen – Stichwort: kopernikanische Wende und Übergang von der (vor-)klassischen zur sozialkonstruktivistischen Wissenssoziologie. Als Spezialdisziplin der Soziologie beschäftigt sich die Wissenssoziologie mit der Genese, Verbreitung und mit den Effekten von Wissen. Unter dem Label *Wissenssoziologie* sind verschiedene theoretische Positionen und Forschungsinteressen versammelt. Wie und in welcher Weise Wissen in den Blick gerät, was als Wissen bestimmt und wie es in Unterscheidung zu Erkenntnis, Information oder anderen intellektuell-kognitiven Eigenschaften gebracht wird, ist höchst unterschiedlich. Dass Wissen als *soziales Wissen* ein grundlegendes soziales Verhältnis zwischen dem Subjekt und Anderen

---

einer neoliberalen Überformung pädagogischer und bildungstheoretischer Vorstellungen, in denen letztlich der_die Einzelne als Unternehmer_in seiner Selbst für das Gelingen oder Scheitern seines Bildungserfolges verantwortlich gemacht wird.

[6] Im Kanon der als klassisch bezeichneten Texte finden sich keine Verweise auf weibliche Autor_innen.

und kein am Individuum festzumachendes, solitäres *Erkennen* markiert (Knoblauch 2013), kann jedoch als gemeinsamer Ausgangs- und Bezugspunkt der Wissenssoziologie(n) ausgemacht werden. Die Relevanz wissenssoziologischer Ansätze, wie sie insbesondere mit Blick auf Foucault, Garfinkel, Polanyi oder Bourdieu weiterentwickelt wurden, hängt mit ihrem Verständnis von Wissen als interaktiv verfügbare und hergestellte Deutungs-, Handlungs- und Machtressource zusammen (Braun-Thürmann 2015).

3.1 Wissen – Handeln – Autorität. Wissenssoziologisch-praxeologische und diskurstheoretische Heranführungen

Als grundlegender Beitrag zur Konturierung der klassischen, *deutschen* Wissenssoziologie gelten Karl Mannheims[7] Überlegungen zu den konjunktiven und kommunikativen Erfahrungsräumen (1970). Mannheim ist die bedeutsame Unterscheidung zweier Wissensarten zu verdanken: des kommunikativ-generalisierenden und des konjunktiv-habitualisierten Wissens. Als nicht-reflexives, nicht explizierbares Wissen wird das *implizite, atheoretische* und *habituell verankerte* Wissen in gemeinsamen generationen-, milieu-, geschlechts-, organisationsspezifischen, etc. Erfahrungsräumen erworben. *Atheoretisch* ist dieses Wissen, weil es den Handelnden routinehaft zur Verfügung steht, ohne es benennen oder erläutern zu müssen. Im *impliziten Wissen* (Polanyi 1985) – Bourdieu (1993) spricht vom *praktischen Sinn*– sind die inkorporierten, kollektiv geteilten Orientierungen und objektivierten „Wissensbestände, die über die unterschiedlichen [sozialen] Gruppen und Individuen der Gesellschaft hinweg existieren", als auch die Wissensbestände, die „eng mit der spezifischen Praxis von Menschen in ihren Biographien und in ihren Milieus verknüpft ist", aufgehoben (Nohl 2009, S. 9). In der Analyse impliziten Wissens gelangen somit die latent wirksamen, unbewussten, oft unausgesprochenen, doxisch und habituell vermittelten Anteile in den Blick. Mit dem Körper und den Sinnen verwoben, spielt das inkorporierte erfahrungsbasierte Wissen im professionell-beraterischen Handeln eine besondere Rolle, an das in den nächsten Kapiteln eine sukzessive Annäherung erfolgen soll.

[7] Anknüpfend an Mannheim bilden sich weitere Spielarten der Wissenssoziologie heraus, etwa die praxeologische Wissenssoziologie (Bohnsack 2003; Bohnsack et al. 2007; Nohl 2009).

3.1.1 …die gesamte Bedeutungsstruktur der Wahrnehmung…

Bedeutenden Ausgangspunkt für die hier angestellten Überlegungen bilden die als neueren bezeichneten wissenssoziologischen Ausführungen Peter L. Berger und Thomas Luckmanns, insbesondere die praxeologischen Betrachtungen Pierre Bourdieus sowie die diskurstheoretischen Michel Foucaults[8]. Die (neuere) Wissenssoziologie hat sich seit den 1970/80er im sogenannten deutschsprachigen Raum als ein Theorieparadigma entwickelt. Stand zunächst vor allem die soziale Gebundenheit des Wissens im Mittelpunkt der Auseinandersetzungen, so gerät nun verstärkt die *Praxis der Wissenserzeugung* in den Aufmerksamkeitsfokus (Keller 2011a, S. 22). Mit der Hinwendung zur sozialen Herstellung von Wissen verändert sich auch das, „was die soziologische Analyse *als* Wissen und *am* Wissen interessiert" (ebd. 2011a, S. 39; Herv. i. O.). Insbesondere die Ansätze des interpretativen Paradigmas und des Symbolischen Interaktionismus[9] tragen zu einer Neuauflage und Ausweitung des Wissensbegriffes bei: So richtet sich das allgemeine Augenmerk nicht mehr nur auf Ideen, Ideologien[10] oder Weltanschauungen – ähnlich dem *falschen Bewusstsein* bei Marx –, sondern – wie bei Berger & Luckmann– auf das „Allerweltswissen", das die „Bedeutungs- und Sinnstruktur [bildet], ohne die es keine menschliche Gesellschaft gäbe" (2013, S. 3–16).

1966 erscheint die heute als Schlüsselwerk der Wissenssoziologie bezeichnete Arbeit von Peter L. Berger und Thomas Luckmann „Die gesellschaftliche Konstruktion der Wirklichkeit. Eine Theorie der Wissenssoziologie". Darin entwickeln Berger und Luckmann eine Theorie der sozialen Konstruktion von

[8] Auch wenn Bourdieu und insbesondere Foucault nicht zuvorderst der Wissenssoziologie zugerechnet würden, lassen sie sich doch aus einer ebensolchen Lesart den Wissenssoziologien zuordnen, insofern als sich beide für die soziale Bedingtheit von Wissen, das heißt die gesellschaftlichen Bedingungen der Möglichkeiten von Wissen zu erforschen, interessieren (Kajetzke 2008, S. 19–35).

[9] Wir handeln den „‚Dingen' gegenüber auf der Grundlage der Bedeutung, die diese für [uns; K.H.] besitzen", so formuliert Blumer (1973) die erste Prämisse des symbolischen Interaktionismus. Auch Bourdieu hat in seinem Habituskonzept als inkorporiertes Denk-, Wahrnehmungs- und Handlungsschemata kognitiv-sprachförmige und inkorporierte Wissensbestände angelegt. Davon wird noch die Rede sein.

[10] „Wenige befassen sich mit der theoretischen Interpretation der Welt, aber alle leben in einer Welt" (Berger & Luckmann 2013, S. 16).

Deutungs- und Handlungswissen, das gesellschaftlich institutionalisiert, legitimiert und objektiviert sowie sozialisatorisch den Gesellschaftsmitgliedern vermittelt und von diesen angeeignet wird. Um diese Objektivierungs- und Aneignungsprozesse zu beschreiben, greifen Berger und Luckmann auf ein breites Fundament soziologischer Theorieentwicklung zurück. So betonen sie etwa mit Max Weber (1922) die konstituierende Bedeutung des „subjektiv gemeinten Sinns" für gesellschaftliche Wirklichkeit (Berger & Luckmann 2013, S. 18). Die Autoren knüpfen an Alfred Schütz' (1988) Konzepte der „Lebenswelt" und der „natürlichen Einstellung" an, um den gemeinsamen, selbstverständlich gewordenen Wissensfundus von Gesellschaftsmitgliedern zu beschreiben. Dieser umfasst die alltägliche Lebenswelt, die von allen Mitgliedern gleichermaßen geteilt und bewohnt wird.

Am Wissen interessiert Berger und Luckmann (2013, S. 16) alles, das in einer Gesellschaft als Wissen gilt; „alles, was Bedeutung trägt, Sinn macht oder [...] sinnvoll interpretiert werden kann", so fasst es Reiner Keller (2011a, S. 41) zusammen. Die Aufmerksamkeit der beiden Autoren richtet sich dabei vor allem auf das in gesellschaftlichen Situationen entwickelte, vermittelte und bewahrte Alltagswissen, das für „den Mann auf der Straße" zur unhinterfragten Wirklichkeit gerinnt (Berger & Luckmann 2013, S. 3). Im Zentrum ihrer Auseinandersetzungen steht somit weniger das Spezialwissen als das Alltagswissen, das durch drei Merkmale charakterisiert wird: Erstens durch den Rezeptcharakter von Wissen, denn als handlungspragmatisches Wissen, das sich auf Routineverrichtungen im Alltag bezieht, steht das Rezeptwissen in der von Zweckmäßigkeiten geleitenden Alltagswelt im gesellschaftlichen Wissensvorrat an vorrangiger Stelle (ebd., S. 44). Das Alltagswissen zeichnet sich zweitens durch Typisierungen aus, das heißt, ständig werden von den Gesellschaftsmitgliedern Taxonomien gebildet, mittels derer die alltäglichen Ereignisse eingeordnet und in bereits bestehende subjektive Wissensvorräte integriert werden. (ebd., S. 60). Drittens weist das Alltagswissen Relevanzstrukturen auf, mittels welcher Prioritäten und Präferenzen gesetzt, Wichtiges von Unwichtigem unterschieden, letztlich Handlungsfähigkeit hergestellt wird (ebd.). Indem also der gesellschaftliche Wissensvorrat nicht in seiner Ganzheit, sondern als „Fertigware" (ebd., S. 47) abrufbar ist, wird Komplexität reduziert und Alltag lebbar gemacht. Das bedeutet jedoch nicht, dass die subjektive Aneignung und der subjektive Einsatz von Wissen frei verfügbar wären. „Vielmehr steht immer schon ein gesellschaftlicher Wissensvorrat" als eine Art „Warenlager" bereit, das im Hintergrund das individuelle „Handeln strukturiert und das soziohistorische a priori subjektiver Deutungen und intersubjektiver Beziehungen darstellt" (Keller 2011a, S. 41).

Wissen wird als gesellschaftlich konstruiertes und historisch situiertes, der gesellschaftliche Wissensvorrat als komplex und in sich differenziert entworfen. „Nicht jeder verfügt über alles Wissen; nicht jeder lebt damit – zumindest in modernen Gesellschaften – in der gleichen Welt“ (ebd. 2011a, S. 41). Es gibt soziale Strukturen seiner Verteilung und seiner Differenzierung: es gibt Expert_innen und Spezialist_innen, aber auch unwissende Lai_innen (ebd.). „Es gibt Hierarchien der Wissensverteilung und differenzierte, ungleiche Chancen, Wissen zu produzieren, gesellschaftlich durchzusetzen oder sich individuell anzueignen“ (ebd.). Als Akteur_innen, die über ungleiche Ressourcen an Kapitalausstattung verfügen, werden unterschiedliche Bestandteile dieses Wissensvorrates für die im sozialen Raum sogenannter moderner Gesellschaften und ihren Feldern unterschiedlich positionierten Gesellschaftsmitglieder relevant und von diesen subjektiv angeeignet (Dölling 2005, S. 51; Keller 2011a, S. 41). Berger & Luckmann liefern mit ihren Ausführungen zur Objektivation und Legitimation von Wissen, wichtige Anregungen für eine Analyse gesellschaftlicher Wissenshaushalte. Der Machtaspekt wird von den beiden Autoren aber nicht zentral bearbeitet. Um das Verhältnis von Wissen und Macht auszuleuchten, sollen nachfolgend machttheoretische Überlegungen Foucaults und Bourdieus herangezogen werden.

3.1.2 Scientia e(s)t potentia – Wissen und Macht

Stehr und Grundmann (2010, S. 12) fassen Wissen als Fähigkeit zum sozialen Handeln bzw. als Handlungsvermögen. Wissen, so schreiben sie, bedeutet entdecken. Neue Erkenntnisse bedeuten erweiterte Handlungsmöglichkeiten (ebd.). Wissen, wie es als Begriff dieser Untersuchung zugrunde liegt, bedeutet zumindest zweierlei: Wissen erweitert und Wissen beschränkt Handlungsvermögen. Affirmativ dem Begriff des Wissens zugewandt, verspricht er – zumindest im Umfeld der Aufklärung – zunächst Fortkommen und Fortschritt, stellt er ein analytisches Handwerkszeug bereit, Welt zu ordnen und darin handlungsfähig zu werden. Gleichzeitig aber setzt Wissen nicht nur in Gang, sondern auch fest. Wissen schafft Asymmetrien zwischen denen, die über (vermeintlich) gesichertes Wissen verfügen und denjenigen, über die etwas gewusst wird. Erkenntnisse haben so unvermeidbar politische Eigenschaften, wodurch die Handlungsmöglichkeiten in der Gesellschaft ungleich verteilt sind (ebd., S. 12).

Insbesondere Foucaults Studien haben wesentlich dazu beigetragen, Wissen in Beziehung zu Macht zu setzen und einen Begriff von autoritativem Wissen zu entwickeln, der Wissen als in dominanten Diskursen institutionalisiert versteht. Somit stellt das Umfeld der Diskursforschung, einschließlich Michel

Foucaults Analysen, neben der klassischen Wissenssoziologie einen weiteren bedeutenden Bezugspunkt zur Ausarbeitung des Wissensbegriffs in seiner historischen Genese und Verbreitung im Sprachgebrauch dar (Keller 2011a, S. 97). Foucault verabschiedet sich von der Idee eines emanzipatorischen Begriffes des Wissens, wie er etwa im Umfeld der Aufklärung entworfen wurde und wendet sich dem Zusammenhang der Macht zu. Macht versteht Foucault jedoch nicht als vorrangig repressive Struktur. Vielmehr ermöglicht und strukturiert sie spezifische Handlungsspielräume und Praktiken, schließt andere aus und verhindert diese (Babka & Schmidt 2016, S. 75). „Individuen und Gruppen erscheinen so nicht also souveräne Akteur*innen, die bestehende Sozialbeziehungen gestalten, sondern werden je schon durch die Machtstrukturen und -verhältnisse, in die sie eingebunden sind, konstituiert und geformt“ (ebd.). Wissen und Macht ist das Verhältnis, indem Foucault die Geschichte der Gegenwart formuliert. „Die Beziehungen, Strategien und Technologien der Macht, die uns konstituieren, uns durchqueren und ausmachen, [sind] von Formationen des Wissens und der Wahrheit begleitet [...], die sie ermöglichen und produzieren und die unentbehrlich für sie sind, um sich als evident und naturgegeben zu verfestigen und sich damit zugleich unsichtbar zu machen (Ewald 1978, S. 10).

Die historische Beschäftigung mit Wissen zieht sich als roter Faden durch sämtliche Texte Foucaults. In einer seinen frühen Studien, in „Wahnsinn und Gesellschaft“, gräbt Foucault (1961) in seiner Archäologie die Wissensordnungen einer Gesellschaft von Mitte des 17. Jahrhunderts bis zu Beginn des 19. Jahrhunderts aus, die sich als vernünftige konstituiert, indem sie das Andere der Vernunft, den Wahnsinn, ausschließt, später einschließt und durch Kontrolle und Disziplinierung der psychiatrischen Wissenschaften zum Schweigen bringt. In Fortsetzung von „Wahnsinn und Gesellschaft“ stellt Foucault (1963) in „Die Geburt der Klinik. Eine Archäologie des ärztlichen Blicks“ das medizinische Wissen ins Zentrum seiner Analyse. Überwachen und Strafen (1975) zeigt auf, wie an die Seite eines strafenden Justizapparates seit dem 18. Jahrhundert zunehmend ein beurteilender Wissensapparat aus Humanwissenschaftlern in Erscheinung tritt und ein Wissen über die Disziplinarsubjekte aggregiert (Kajetzke 2008, S. 36). In „Der Wille zum Wissen. Sexualität und Wahrheit“ zeichnet Foucault (1976) das „Werden eines Wissens“ (Babka & Schmidt 2016, S. 120) in den zunächst klösterlichen Praktiken des Geständnisses und der Beichte nach, das schließlich in die Wissens- und Machttechnologien der *abendländischen* Gesellschaften mündet. Insbesondere dieser Zusammenhang ist für die vorliegende Untersuchung von Interesse. Seine Konzeption der Pastoralmacht wird in Abschnitt 3.3 *Beratung als Ort der Wissensproduktion* für die Bearbeitung des Feldes der Beratung herangezogen. Dabei interessiert sich Foucault weniger für das Wissen, das sich Menschen aneignen, sondern vielmehr für das Wissen, das über die Menschen produziert wird. Dieses Wissen, das passiv produziert wird, indem das Individuum beobachtet und verändert, aktiv, „indem das Individuum in der Form des Geständnisses zum Sprechen gebracht wird und eine Wahrheit über sich produziert, die von Experten beurteilt und eingeordnet wird" (Kajetzke 2008, S. 38). Dieses Wissen über die Subjekte, ein Wissen, das herrschaftsförmig angelegt ist, weil es in ungleicher Weise Wissen über *die Anderen* bereithält, *den Anderen* als *Anderen* durch dieses Wissen erst hervorbringt, stellt Deutungs- und Interpretationsangebote für die professionelle Beratung bereit. Den diskursiven Voraussetzungen dieses differenz- und ungleichheitstheoretischen, praxisrelevanten Wissens wird in Kapitel vier nachgegangen.

3.1.3 Wissen, Autorität und AnErkennung

Auch Bourdieus Wissensbegriff ist ein machttheoretisches Fundament unterlegt, wenngleich Bourdieus Wissensbegriff in weniger expliziter Form vorliegt als jener Foucaults und erst aus den Konzepten des Habitus, des Feldes und der Kapitalsorten extrahiert werden muss (Kajetzke 2008, S. 23). Der Begriff des Habitus bezeichnet bei Bourdieu durch Sozialisation inkorporierte Wahrnehmungs-, Denk- und Handlungsschemata; ein praktisches Wissen, das als gesellschaftlich geprägte unhinterfragte *doxa* das Handeln der Akteur_innen strukturiert und zur (Re-)Produktion symbolischer Ordnungen beiträgt. Der Habitus fungiert als eine Art körperlicher Speicher desjenigen Wissens, das sich auf die Zugehörigkeit zu einer Soziallage bezieht und aufgrund der damit einhergehenden ungleichen Ausstattung mit symbolischem Kapital, das heißt symbolischer Macht zu einer spezifischen Struktur des Erkennens und Anerkennens führt (Kajetzke 2008, S. 60). Symbolische Macht oder auch symbolische Gewalt[11] definiert Bourdieu (1992) als eine Form der Macht, der es gelingt, Bedeutungen durchzusetzen.

In „Was heißt sprechen" arbeitet Bourdieu (2005) auf Grundlage seines Theorems der symbolischen Macht heraus, wie sprachliche Handlungen als soziale Handlungen in Machtverhältnissen konstituiert sind und diese perpetuieren. Dies gilt auch für die im Sprechen artikulierten Wissensbestände und durch Sprache hervorgebrachten Annahmen, wie sie in den Äußerungspraxen der Berater_innen vollzogen werden. Damit eine sprachliche Handlung aber gelingt, das heißt ihre

[11] Die beiden Begriffe werden teilweise synonym verwendet. Ein eindeutiger Gebrauch liegt bei Bourdieu nicht vor.

Überzeugungskraft entfaltet, muss ein Zusammenspiel interdependenter Bedingungen gewährleistet sein (ebd. 2005, S. 105). So gelingt eine performative Aussage erst dann, wenn sie von einer Person stammt, die auch die Macht hat, diese auszusprechen, „kurz, wenn der Sprecher für die Worte, die er spricht, […] Autorität hat“ (ebd.). Es genügt also nicht, wenn die mit Autorität ausgestattete Person, einfach nur *verstanden* wird. Vielmehr erzielt die Aussage erst in dem Moment Wirkung, indem diese *anerkannt* wird. Das heißt, damit eine Aussage Autorität erlangt, braucht es zunächst eine legitimierte Person, die befähigt und befugt ist – also mit symbolischem Kapital ausgestattet – diesen Autoritätsdiskurs zu sprechen, eine legitime Sprechsituation, ein spezifisches Setting, in dem dieser Diskurs vor den legitimen Empfänger_innen, in legitimen Formen gehalten wird (ebd.). Bourdieu führt als Beispiele den Priester oder Professor an. In diesem Fall ist es die beratende Person, die vermittels ihrer sozialen Position Zugang zur Sprache der Institution der Erziehungsberatung und damit Teilhabe an deren Autorität erlangt, der die Fähigkeit zugesprochen wird, offiziell richtig[12] und repräsentativ für die Gruppe der Expert_innen zu sprechen, deren Bevollmächtigte sie ist, in der legitimen Situation der Beratung und der des Interviews (ebd., S. 103). Unter Bedingungen des legitimen Sprachgebrauchs ist es die so autorisierte Sprecher_in, die durch ihre sprachlichen Akte des Benennens, Setzens, Trennens und Zusammenführens, Grenzen der Berechtigung, des Einflusses, von Lebenschancen etc. zwischen Individuen und Gruppen zieht (Fuchs-Heinritz & König 2011, S. 210–211), deren Anerkennung durch Verkennung der sozialen Ordnung als *natürliche* Grenze durchgesetzt wird. Die Anerkennung erfolgt nach Bourdieu dabei nicht als bewusster Prozess, sondern ist vielmehr der Wahrnehmung der Körper eingeschrieben. „Über die Strukturierung der Wahrnehmung, die die sozialen Akteure [in ihrer je spezifischen sozialräumlichen Positionierung; K.H.] von der sozialen Welt haben trägt das Benennen zur Strukturierung dieser Welt selbst bei, und zwar umso grundlegender, je allgemeiner es anerkannt, das heißt autorisiert ist“ (Bourdieu 2005, S. 99).

Mit performativen Äußerungen werden Handlungen ausgeführt, Tatsachen etabliert und Identitäten definiert (Babka 2016, S. 81). Sie haben Handlungscharakter, insofern als sie dem, was sie benennen, zur Wirklichkeit verhelfen: Mit der autoritativen Äußerung des Arztes „Es ist ein Mädchen!“ wird das Kind zum Mädchen gemacht (Butler 1997, S. 29; Jergus et al. 2012, S. 208). In Abgrenzung zu Bourdieus Verständnis von Autorität und Autorisierung entwickelt Judith

[12] In „Was heißt sprechen“ verweist Bourdieu (2005, S. 46) darauf, dass die beiden Wörter des Rechts (franz. *droit*) mit der Sprachwurzel von Sprechen (franz. *dire*) und damit das rechte, formal richtige Sprechen mit dem Anspruch, Recht zu sprechen, zu sagen, was sein soll, zusammenfallen.

Butler (1991) in „Das Unbehagen der Geschlechter" einen Begriff von Performativität, der das Sprechen nicht als Aktualisierung bestehender Ordnungen versteht, sondern als iterative Praxis, die in jedem Sprechakt diese Ordnung als ihren nachträglichen Effekt hervorbringt und konstituiert (Babka 2016, S. 208). In „Haß spricht" schreibt Butler: „Sprachliche Praktiken spiegeln die Gesellschaftsordnung wider, die nach Bourdieu dem Diskurs äußerlich ist" (2006, S. 245). In diesem Sinne kritisiert sie, dass der Sprache bei Bourdieu gegenüber dem Sozialen keine Macht zukomme (Jergus et al. 2012, S. 211). Butler begegnet Bourdieu mit der Kritik, die häufig an ihn herangetragen wird: Als Strukturalist gehe er von der Abgeschlossenheit und Ahistorizität der Strukturen aus. Gerade aber Bourdieus Habituskonzept legt eine Handlungstheorie vor, in der gewordene Strukturen, die fortwährend in der habituellen Aneignung und Auseinandersetzung gemacht werden, Veränderbarkeit und Unabgeschlossenheit zulassen.

Aus poststrukturalister Perspektive lässt sich einwenden, dass Bourdieus Konzeption von Performativität Ereignisse ausschließlich aus dem Blickfeld von Ordnungen liest und Butlers Perspektive dagegen die Produktivität autorisierenden Sprechens in den Blick bringt und „Artikulationen [demgemäß] [...] als vorläufige Schließungsbemühungen in der Etablierung von Autorität" versteht (Jerugs et al. 2012, S. 214). Umgekehrt wird an poststrukturalistische und diskurstheoretische Ansätze häufig die Kritik herantragen, dass diese „die Ebene sozialer Strukturen und [...] interaktiver Handlungen, die nicht in Sprache aufgehen", vernachlässigen (Winker & Degele 2007). Butler und Bourdieu verbindend, könnte gesagt werden: Sprache konstituiert Wirklichkeit, das Sprechen aber ist eingelagert in den sozialen Raum, der unterschiedliche Sprecher_innenpositionen vergibt.

Eine Annäherung an eine Mehrebenenanalyse, wie sie Gabriele Winker & Nina Degele (2007; 2009) vorschlagen, in der sowohl gesellschaftliche Strukturen als auch die darin handelnden Akteur_innen, ebenso wie die Bedeutung von Diskursen Berücksichtigung finden, stellt die Wissenssoziologische Diskursanalyse in ihren theoretischen Grundlegungen, wie sie nachfolgend in einigen, für diese Untersuchung bedeutsame Punkte aufgegriffen wird, zur Verfügung. Sie ermöglicht eine historisierende Analyse von Wissen und Sprechen, die die sozialen Akteur_innen sowohl als diskursiv konstituierte versteht, aber auch die Rückwirkung symbolischer Ordnungen auf die ungleichen Voraussetzungen des Sprechens der Akteur_innen in Rechnung stellt (Keller 2011a, S. 11).

3.1.4 Sprechen als soziale Praxis der (Re-)Produktion von Wissensordnungen

Wenngleich Bourdieu und Foucault kein einheitlicher Wissensbegriff zu entnehmen ist, so sollen doch beide Perspektiven für die Beleuchtung des Forschungsgegenstandes fruchtbar gemacht werden. Liegt Focaults Augenmerk auf der Konstituierung von Subjekten durch die Verbindung von Wissen und Macht, gereicht Wissen in Bourdieuscher Lesart als soziale Kategorie zum Schlüssel einer Analyse sozialer Ungleichheit (Kajetzke 2008, S. 19). Ist der Gegenstand Focaults Analysen also die Subjektwerdung, derer er sich mittels einer Analytik der Machtbeziehungen annähert, die untrennbar mit dem Wissen über die untersuchten Individuen verbunden sind, so geht Bourdieu den umgekehrten Weg (ebd.). Ihn interessieren die gesellschaftlichen Strukturen und Machtrelationen, denen er über die darin in ihrem Handeln verwickelten Akteur_innen begegnet (ebd.). So folgert Laura Kajetzke in ihrer Zusammenschau der beiden Theoretiker, dass beiden letztlich die theoretische Annahme zugrunde liegt, dass sich „Strukturen in Handlungen realisieren" (2008, S. 76). Beide interessieren sich für die Inkorporierung gesellschaftlicher Strukturen und deren Aktualisierung oder Hervorbringung im Handeln der Individuen, wenngleich Foucault dies in der Disziplinierung und Bourdieu im Habitus realisiert sieht. Beide bearbeiten ein Feld von Machtbeziehungen und begreifen Wissen als zentralen Gegenstand sozialer Kämpfe um Deutungsmacht, insofern als die Durchsetzung eines bestimmten Wissens als legitimes Wissen, das sich als wahr und gültig präsentiert, immer um die Stabilisierung oder Infragestellung symbolischer Herrschaft ringt: als symbolisches Kapital, das in seinem Anerkannt- und Verkanntwerden zum autorisierten Sprechen befähigt (Bourdieu) oder als Wissen über die Subjekte, mittels diesem diese regiert werden (Foucualt). Welches Wissen als wahr und gültig vernommen wird – und hier lässt sich an post- und dekoloniale Überlegungen anschließen, etwa wenn Spivak (2011) danach fragt, „ob die Subalterne sprechen kann"[13] – hängt also entscheidend vom institutionellen Ort, der sozialen – durchaus auch geopolitischen – Position der Sprechenden ab.

Wissen, so formulieren Daniel Wrana et al., lässt sich „in der diskursanalytischen Tradition immer zugleich struktur- und praxistheoretisch" begreifen, etwa als das, „wovon man in einer diskursiven Praxis sprechen kann" (2014, S. 440). Mit Bourdieu lässt sich die Frage nach dem *wovon*, um die Frage nach dem *wer* kann denn wovon in einer diskursiven Praxis *wie* sprechen erweitern.

[13] Der Zusammenhang von Wissen, Sprechen und Gehörtwerden aus postkolonial-feministischer Perspektive wird in Kapitel vier erarbeitet.

Eine diskurstheoretische Zuwendung zum Forschungsgegenstand rückt die forschungsleitenden Fragen ins Blickfeld, wie das Gesagte gesammelt, archiviert und verbreitet wird, das heißt, aus welchen überindividuellen Archiven die Berater_innen das Wissen, die Klassifikationen und Bewertungsschemata beziehen. Bourdieus Ansatz ermöglicht es, nach den sozialen Bedingungen des Einsatzes dieses Wissens, der ungleichen Verteilung von Wissen und nach den ungleichheitsgenerierenden Effekten von Wissen zu fragen, das die Handlungs- und Gestaltungsräume von Menschen ermöglicht oder begrenzt.

Eine markante Unterscheidung lässt sich im Zugriff auf den Wissensbegriff ausmachen: Foucault widmet sich dem gesellschaftlichen Wissen, das in Form von Diskursen und Dispositiven das Subjekt ermöglicht und behindert. Bourdieu hingegen orientiert sich am Wissen der Akteur_innen selbst, das heißt an ihrem Wissen über gesellschaftliche Zusammenhänge und deren Wahrnehmung. Als *sens du placement* (Bourdieu 1985, S. 17) wissen die sozialen Akteur_innen um ihren Platz im sozialen Raum in Abgrenzung zu dem_der *Anderen.* Auch wenn dieses Wissen kein bewusst gewusstes Wissen ist – es ist vielmehr unbewusst in deren Doxa abgelagert – so prägt es die Vorstellungen und Handlungen, die zur Reproduktion der objektiven Kategorien in der Realität beitragen (ebd.).

Insbesondere die theoretischen Grundlagenperspektiven der sozialwissenschaftlichen Diskursforschung stellen einen Raum bereit, indem es möglich wird, das Sprechen als soziale Praxis der (Re-)Produktion von Wissensordnungen und der darin eingebundenen Akteur_innen unter Bedingungen spezifischer Regeln und Logiken des Feldes zusammenzudenken. So beschränkt sich die vorliegende Untersuchung nicht etwa auf die Analyse der Wissensbestände individueller Akteur_innen im professionellen Handlungskontext Beratung. Vielmehr sollen in Erweiterung des wissenssoziologischen Ansatzes um Foucaults Diskursbegriff – eine Zusammenführung, wie sie durch Reiner Keller (2011a) vorgenommen und als theoretisch fundierte Forschungsperspektive ausgearbeitet wurde – und Bourdieus Theorem der symbolischen Macht, die Deutungs- und Wahrnehmungsschemata der Akteur_innen im institutionellen Feld der Beratung untersucht werden, die die gesellschaftlichen Wissensordnungen abrufen, erzeugen, stabilisieren aber auch transformieren (Keller 2011a, S. 17). Damit wird es möglich, die einzelnen Äußerungen der Berater_innen als Teil einer umfassenderen Diskursstruktur zu verstehen, die vorübergehend im institutionell-organisatorischem Kontext der Beratung stabilisiert werden (Keller 2011b, S. 9).

Die Wissenssoziologische Diskursanalyse (WDA) nimmt ihren Ausgang, wie der Name bereits verrät, in der sogenannten neueren Wissenssoziologie, wie sie durch Berger und Luckmann begründet wurde, diskursorientierten Perspektiven, die sich aus der Tradition des interpretativen Paradigmas in der Soziologie speisen und schließlich einem Diskursbegriff, wie er von Michel Foucault entworfen wurde. Gemeinsam ist ihnen die Annahme, dass alles, was Menschen „wahrnehmen, erfahren, spüren, über sozial konstruiertes, typisiertes, in unterschiedlichen Graden als legitim anerkanntes und objektiviertes Wissen (Bedeutungen, Deutungs- und Handlungsschemata) vermittelt wird“ (Keller 2011b, S. 59). Der Zugang zur Welt ist also kein unmittelbarer, sondern immer vermittelt durch gesellschaftlich gefestigte Wissens- und Deutungsvorräte. Soziale Akteur_innen sind interpretierend und interaktiv in die Aushandlung von Wirklichkeitsdefinitionen und symbolische Ordnungen eingebunden (ebd.). „Letztere sind dann als gesellschaftlich stabilisierter Wissens- und Deutungsvorrat den Handelnden und ihrem Zeichengebrauch immer schon vorgängig“ (ebd., S. 35). Die WDA untersucht die gesellschaftliche bzw. diskursive (ebd.) Konstruktion von Wirklichkeit. Diskurse werden dabei verstanden als „abgrenzbare, situierte, bedeutungskonstituierende Ereignisse bzw. Praktiken des Sprach- und Zeichengebrauchs durch gesellschaftliche Akteure“ (ebd., S. 66), die Welt nicht einfach abbilden, sondern Realität vielmehr in spezifischer Weise hervorbringen (ebd.). Sie stellen die Bedeutungsstrukturen der Wirklichkeit von Akteur_innen her und existieren nur insoweit, wie sie durch soziale Akteur_innen und deren Sprachakte in gesellschaftlichen Praxisfeldern und institutionellen Gefügen lebendig gehalten werden (ebd. 2007; 2011b). „Die gesellschaftlichen Akteure, die als Sprecher in Diskursen in Erscheinung treten, die jeweiligen Sprecherpositionen besetzen, […] verfügen über unterschiedliche und ungleich verteilte Ressourcen der Artikulation und Resonanzerzeugung“ (ebd. 2011b, S. 67). Sprechen wird daher als eine soziale Praxis verstanden, in der gesellschaftliche Wissensordnungen aufgerufen und verhandelt werden, insofern als „jede Benennung und Kategorisierung einen sozialen Charakter hat, womit eine Positionierung der Subjekte innerhalb einer vorgängigen symbolischen (Wissens)Ordnung stattfindet“ (ebd.).

Auf Grundlage dieser theoretischen Überlegungen soll aus den Interviews das legitime Wissen rekonstruiert werden. Dabei handelt es sich um dominante, legitime und unhinterfragt anerkannte Wissensbestände, die der Doxa der Berater_innen zugrunde liegen und als wahr angenommene Deutungsangebote der sozialen Welt fungieren. Dieses legitime Wissen bezieht seine Legitimität aus den Ausdrucksmitteln und Regeln des Sprachgebrauchs bevollmächtigter Institutionen. Zudem verleiht es den Sprechenden dominanzkulturell die Position der Autorität, wodurch es allgemein anerkannt und in der Lage ist, Realität zu erzeugen (Bischoff & Betz, 2015, S. 268).

Die Erweiterung des Wissensbegriffs um Bourdieus und Foucaults Machtanalytik ermöglicht, über mikrosoziologische Betrachtungen des Beratungswissens hinauszugehen und über Fragen nachzudenken, wie Wissen gesellschaftlich produziert, in Institutionen verfestigt, subjektiv angeeignet und von den individuellen Akteur_innen zum Einsatz gebracht wird. Diese Überlegungen fortführend werden Irene Döllings und Angelika Wetterers Konzeptualisierungen des *Geschlechterwissens* aufgegriffen und schließlich in Kapitel vier mit migrations- und rassismuskritischen sowie intersektionalen und postkolonial-feministischen Betrachtungen zusammengeführt. Dieses Konglomerat, das ich schließlich *Differenzwissen* nennen werde, ermöglicht eine Systematik des Wissens zu entwerfen, mittels derer den Äußerungen der Berater_innen empirisch begegnet wird. Zunächst wird der Wissensbegriff in seinen unterschiedlichen und ambivalenten Erscheinungsformen und Spielarten abgesteckt. In einem daran anschließenden Schritt soll vor dem Hintergrund der entworfenen Topographie des Wissens eine erste Annäherung an den Wissensbegriff im Rahmen des empirischen Zugangs zum Feld erfolgen. Dabei wird die Frage geklärt, welche Wissensdimensionen empirisch und/oder theoretisch in die Analyse einbezogen werden. Schließlich soll der Frage nachgegangen werden, wie Wissen in der Beratung machtvoll-diskursiv hervorgebracht wird.

3.2 Differenzwissen als Deutungs- und Handlungswissen

Eine inhaltlich-konzeptionelle Ausgestaltung des Begriffs *Geschlechterwissen* nimmt Irene Dölling (2005, S. 57) in Zusammenarbeit mit Sünne Andresen und Christoph Kimmerle vor in Anschluss an das einige Jahre zuvor von ihr geleitete Projekt (2000–2004) „Vergeschlechtlichungsprozesse bei der Reform der kommunalen Verwaltung" im Rahmen des DFG Forschungsschwerpunktes „Professionalisierung, Organisation, Geschlecht", indem der Terminus *Geschlechterwissen* konzipiert und erstmals analytisch eingesetzt wurde. Historisches Umfeld bilden die teils kontroversen Debatten, die die sozialwissenschaftliche Frauen- und Geschlechterforschung in den 1990er Jahren prägen: die Rezeption diskursanalytischer, dekonstruktivistischer und ethnomethodologischer Ansätze, die das alte Modell der *sex/gender*-Unterscheidung in Frage stellen und Geschlecht als ein im Handeln und der Interaktion sozial positionierter Akteur_innen hergestelltes und sich (re-)produzierendes Phänomen in den Fokus der Analyse rücken. Als bedeutende Ausgangspunkte sind hier die soziologischen Analysen zur Transsexualität – etwa Harold Garfinkels (1967) Fallstudie über *die transidente Agnes*[14] – zu nennen, an die etwa Suzanne J. Kessler & Wendy McKenna (1978), darauf aufbauend Candace West & Don Zimmerman (1987), Carol Hagemann-Whites (1984) „Alltagstheorie der Zweigeschlechtlichkeit", Stefan Hirschauers (1996) „Zweigeschlechtlichkeit als Wissenssystem" sowie Angelika Wetterers „zeitgenössisches Differenzwissen" (2002; 2003) und schließlich – wenn auch mit etwas anderer theoretischer Gewichtung – Judith Butlers (etwa 1991; 1997) Arbeiten anschließen.

Im Rahmen der Annäherung an den Wissensbegriff, der dieser Untersuchung zugrunde liegt, wird zunächst eine Differenzierung vorgenommen, die sich an der Klassifikation von Wissen nach Angelika Wetterer und Irene Dölling orientiert. Diese wird um einen Begriff des Expert_innenwissens erweitert, der dieses nicht als einen vom Alltagswissen losgelösten, rein expliziten und habituell unberührten Sonderwissensbestand begreift. Stattdessen wird Expert_innenwissen als „Deutungswissen" (Bogner & Menz 2001) verstanden, das sich nicht ausschließlich aus dem funktionalen Kontext der Expert_innen ableitet, sondern ebenso aus ihrer spezifischen Verortung im sozialen Raum.

Um zu analysieren, wie die Interviewpartner_innen kollektive Wahrnehmungs- und Deutungsmuster in ihre Beschreibungen professioneller Erfahrungen einfließen lassen und dabei Differenzkonstruktionen reproduzieren, wird auf eine strikte Dichotomie zwischen Expert_innenwissen, popularisiertem Wissen und Alltagswissen verzichtet. Eine solche Trennung, wie sie in früheren wissenssoziologischen Debatten formuliert wurde, würde das Expert_innenwissen als rein geschieden und unabhängig von anderen Wissensformen konzipieren. Wie Julia Reuter (2013) in Anlehnung an Edward W. Said (1978) für die wissenschaftliche Wissensproduktion argumentiert, kann jedoch auch wissenschaftliches Wissen nicht als per se rein, objektiv, neutral oder unpolitisch betrachtet werden. Ebenso wenig lässt sich das Expert_innenwissen von den sozialen und biografischen Bedingungen der Expert_innen trennen. Denn, wie Said (1978, S. 18) betont, bleibt auch der_die Expert_in stets eingebettet in seine_ihre Lebensumstände, geprägt von der Zugehörigkeit zu einer sozialen Klasse, einer religiösen

[14] Darin untersucht er die alltägliche Herstellung von Geschlecht anhand der Beobachtungen über die Mann-zu-Frau-Transition von Agnes. Vor dem Hintergrund seiner Beobachtungen arbeitet Garfinkel (1967) alltägliche Grundannahmen über Geschlecht heraus, deren Bestätigung und Einhaltung die Mitglieder – hier der US-amerikanischen Gesellschaft zu „normally sexed persons" macht. Als Gewissheiten über die Naturhaftigkeit, Invarianz und Dichotomie von Geschlecht sind sie in ihrer stillschweigenden Vorausgesetztheit und Übereinkunft handlungsleitend.

Orientierung, einer spezifischen sozialen Position oder schlicht der Tatsache, Teil einer Gesellschaft zu sein. Diese Bedingungen wirken fort und beeinflussen unweigerlich das berufliche Handeln und die Wissensproduktion.

Um Redundanzen zu vermeiden, wird an dieser Stelle der Begriff des Expert_innenwissens nur so weit ausgeführt, wie es für die Konzeptualisierung des Differenzwissens notwendig ist. Für eine ausführliche Diskussion des dem Forschungsprojekt zugrunde gelegten Begriffes des Expert_innenwissens und dessen methodisch-methodologische Implikationen sei auf Kapitel fünf „Theoriegenerierende Expert_inneninterviews" verwiesen.

3.2.1 Topographie des Wissens

Um das Verhältnis zwischen handlungsrelevantem Wissen und der sozialen Positionierung der Akteur_innen in ihrem jeweiligen Praxisfeld – hier dem der Beratung – auszuloten, hat Irene Dölling (2005, S. 45) ein Konzept des Geschlechterwissens entworfen, das Auskunft über die subjektiven, das heißt, biographischen und feldspezifischen Dimensionen des Herstellens von Geschlecht im praktischen Handeln gibt. Der Wissensbegriff, wie er dieser Untersuchung zugrunde gelegt wird, wird in Teilen an Döllings Überlegungen zum Geschlechterwissen anknüpfen. Das heißt Wissen wird aus einer den Ort und die darin handelnden Akteur_innen berücksichtigen Perspektive in den Kontext der Beratung gestellt und in diesem konkreten Handlungsfeld untersucht. Eine solche Lokalisierung ist für die vorliegende Untersuchung insofern von Interesse als

1. im Handlungsfeld Beratung die konkreten Akteur_innen – das heißt Berater_innen und Beratungsstellenleiter_innen – in den Blick geraten, die aufgrund ihres Status als Expert_innen und der der Kommunikationsform Beratung immanenten Wissensasymmetrien mit einem privilegierten Zugang zu und einer besonderen Durchsetzungsfähigkeit von Wissen ausgestattet sind. Als Expert_innen, die qua Professionszugehörigkeit über einen spezifischen, autorisierten Wissensvorrat verfügen und dieses Wissen zum Einsatz bringen – wenngleich dieses Wissen nicht unbedingt einseitig zum Einsatz gebracht wird –, kann es als in besonderem Maße praxiswirksam verstanden werden. Denn die Wahrnehmungs- und Deutungsschemata von Berater_innen strukturieren das konkrete Handlungsfeld sinnhaft und die Handlungsbedingungen von Ratsuchenden handlungsleitend mit. Es kann also davon ausgegangen werden – und damit beschäftigt sich das Kapitel Beratung als Ort der Wissensproduktion

nachfolgend –, dass die wissensbasierten Handlungsorientierungen von Berater_innen Einfluss auf die Selbstverständnisse und -beschreibungen der Klient_innen nehmen und spezifische Handlungsinterventionen präferieren.

2. Die Beratenden sind aber nicht nur über ihren Expert_innenstatus mit einem besonderen Durchsetzungsvermögen von Wissen ausgestattet, sondern auch durch ihre nationale, ethnische, geopolitische, vergeschlechtlichte und klassenspezifische Position. Als im nationalstaatlich, geschlechtlich und klassenhierarchisch stratifizierten sozialen Raum unterschiedlich Positionierte, sind die in Expert_inneninterviews befragten Berater_innen mit einem ungleichen Zugang zu und einer ungleichen Durchsetzung von Wissen ausgestattet. Als ein kollektiv vorrätiges, hegemoniales Wissen, das jenen zur Verfügung steht in Ausübung gegenüber jenen, über die das Wissen erzeugt wird, haben „diejenigen, die den Diskurs produzieren", [...] die Macht, ihn *wahr zu machen* [...], seine Geltung, seinen wissenschaftlichen Status durchzusetzen" (Hall 2004, S. 154; Herv. i. O.). Insbesondere diejenigen Berater_innen, die als der Mehrheitsgesellschaft zugehörig gelten, sind mit einem privilegierten Zugang zu und einer Durchsetzungsfähigkeit von Wissen, wie aus den Interviews herausgearbeitet wird, ausgestattet. Das handlungsrelevante Wissen, das die Berater_innen als konkrete und spezifisch positionierte Akteur_innen aktualisieren und (strategisch) einsetzen, wenn sie über ihr Handlungsfeld der Beratung sprechen, in der Analyse zu berücksichtigen, ermöglicht, nach den ambivalenten Handlungsanforderungen und den Widerspruchs- und Anerkennungsbedingungen des Feldes, unter denen je verschiedenes gewusst und relevant gesetzt wird, zu fragen.

Dölling unternimmt zunächst eine Unterscheidung in:

a) das objektivierte, gesellschaftliche bzw. kollektive Wissen, das „verschiedene Wissensformen, die in einer Gesellschaft jeweils als kollektiver Wissensvorrat über den Geschlechterunterschied, die Begründungen seiner‚Selbstverständlichkeit' und Evidenz, über (vor-)herrschenden normativen Vorstellungen von den‚richtigen' Beziehungen und Arbeitsteilungen zwischen Fauen und Männern existieren und als gesellschaftlicher Rahmen für die individuell-biografische Konstruktion von‚Geschlechter-Wissen' wirksam sind" (2005, S. 50) umfasst,

b) und das subjektiv-individuelle Wissen vor. Unter dem subjektiv-individuellen Geschlechterwissen versteht Dölling ein biographisch aufgeschichteter Vorrat an Deutungs- und Wahrnehmungsmustern, mit denen „die Geschlechterdifferenz bewertet, legitimiert, begründet bzw. als selbstverständliche, quasi

,natürliche' Tatsache genommen wird" (2005, S. 49). Als doxisches, habitualisiertes und inkorporiertes Wissen, das aber auch kognitive, reflexive Momente aufweist, gelangt es immer dann zum Einsatz, wenn Akteur_innen „in konkreten Situationen und Kontexten„Geschlecht′ gemäß den Regeln des zweigeschlechtlichen Klassifizierens strategisch (Bourdieu) einsetzen", um Anforderungen – hier: an das beraterische Handeln – zu plausibilisieren, institutionelle Selbstverständnisse und Logiken zu begründen und die eigene Position zu legitimieren (ebd., S. 49–52).

c) Diese beiden rekursiv aufeinander verwiesenen Wissensformen verortet sie schließlich in einem konkreten Handlungskontext. In der Konzeption eines spezifisch lokalisierten Wissens, das sie als feldspezifisches Wissen bezeichnet, unterscheidet sie sich von ihren Vorgänger_innen wie etwa Garfinkel, Kessler/McKenna oder Hirschauer, deren Verdienst es ist, das in einer Gesellschaft vorrätige Geschlechterwissen (und -können) als der sozialen Praxis der Geschlechterdifferenzierung zugrundeliegendes Basiswissen grundlagentheoretisch herauszuarbeiten. Dölling greift die Überlegungen ihrer Vorgänger_innen auf, setzt das Geschlechterwissen aber an einem handlungskontextspezifischen Ort ein. Das heißt, Wissen bekommt bei ihr eine feldspezifische, und eine zeitliche, individualgeschichtliche Dimension, indem sowohl die *Träger_innen* dieses Wissens als auch der Kontext, in dem diese sozialräumlich verorteten Träger_innen dieses Wissen zum Einsatz bringen, Berücksichtigung finden. Das feldspezifische Geschlechterwissen umfasst also jene „Unterscheidungs- und Hierarchisierungsweisen, die in einem bestimmten sozialen Feld dominieren und konsensfähig sind" (Wetterer 2008, S. 31).

Dem objektivierten und subjektiv-individuellen Wissen wiederum legen Dölling und daran anknüpfend Angelika Wetterer in wissenssoziologischer Tradition[15] drei Wissensformen zugrunde: Sie unterscheiden zunächst das *Alltags- bzw. Erfahrungswissen,* das die hierarchisierende, auf Zweigeschlechtlichkeit beruhende Geschlechterdifferenz und -klassifikation als gegeben voraussetzt und meist unreflektiert reproduziert, vom arbeitsteilig in Institutionen – bspw. den Wissenschaften – hervorgebrachten konkurrierenden und häufig in objektivierter Form vorliegenden *Expert_innenwissen,* „das die hierarchisierende Geschlechterkonstruktion als evidentes Wahrnehmungs- und Deutungsmuster affirmiert oder aber – insbesondere seit dem Entstehen von Frauen- und Geschlechterforschung – kritisch reflektiert und ein Wissen über die gesellschaftliche Verfasstheit und Strukturiertheit des Geschlechterverhältnisses zur Verfügung stellt" (Dölling 2003, S. 115). Und schließlich das in Medien, dem Feuilleton, in Ratgebern etc.

---

[15] Sie knüpfen dabei an Alfred Schütz′ (1972) Idealtypen von Wissen an.

popularisierte wissenschaftliche, politische, rechtlich und statistisch fixierte Wissen, aber auch über Verbände, Parteien, soziale Bewegungen verbreitete *Wissen*, „das als Vielfalt von (konkurrierenden) Meinungen, Standpunkten, Interpretationen u. a. Deutungsangebote für Sinnproduktionen von Individuen oder sozialen Gruppen bereitstellt" (Dölling 2003, S. 115; Wetterer 2008).

Sowohl Wissen in seiner objektivierten als auch individuellen Form setzt sich nach Dölling (2003, S. 50) aus unterschiedlichen Wissensformen zusammen – es ist plural: weil erstens jede Gesellschaft spezifische Wissensvorräte aufweist, die auf je spezifische Weise Welt ausdeuten und auslegen. Wissen fasst Dölling hinsichtlich seines Erkenntnis- und Wahrheitsgehaltes nicht als hierarchisch. Wenngleich sie jedoch in Rechnung stellt, dass es insbesondere in jenen Gesellschaften, die als modern gelabelt sind[16], eine kulturell-normative Hierarchie von Wissensformen gibt (ebd.), die das wissenschaftliche bzw. Expert_innenwissen gegenüber dem popularisierten oder alltagsförmig angelegten favorisiert. Das Wissen innerhalb einer Gesellschaft ist in epistemischer Hinsicht also ungleich gewertet. Auch das Wissen in seiner globalen Verteilung und geopolitischen Verfügbarkeit bzw. Durchsetzbarkeit ist ungleich. Insbesondere die Beiträge der Post- und Decolonial Studies haben darauf aufmerksam gemacht, dass das *Wissen des Westens* sich in ein hierarchisches Verhältnis zum *Wissen des sogenannten Rests* setzt. Die Problematik der Ungleichverteilung des Wissens aus rassismuskritischer, post- und dekolonialer Perspektive wird in Kapitel vier aufgegriffen und soll an dieser Stelle nicht weiter ausgeführt werden.

Als plural versteht Dölling (2003, S. 50) das Wissen der Akteur_innen auch, weil es in seiner Gestalt und Zugänglichkeit plural ist. Das Wissen, das von den Akteur_innen artikuliert wird, schließt in seiner subjektiven Gestalt keineswegs nur bewusst gewusstes und reflektiert zum Einsatz gebrachtes Wissen ein, sondern maßgeblich auch Wissenselemente, von denen die Berater_innen nicht wissen, dass sie es wissen, „weil sie als quasi ‚natürliche Einstellungen' im praktisch-alltäglichen Handeln unbewusst ins Spiel kommen" (ebd.).

Analog zu jenen Spielarten des Wissens, wie sie Wetterer und Dölling für Geschlecht und Geschlechterverhältnisse herausarbeiten, sollen mit Blick auf migrationsgesellschaftliche Verhältnisse weitere mit Geschlecht und Geschlechterverhältnissen verwobene Differenzkategorien wie etwa Klasse, Hautfarbe,

---

[16] Aus einer die westliche, wissenschaftliche Wissensproduktion befragenden Perspektive gerät die Bezeichnung *modern* bzw. *moderne Gesellschaften* in Verdacht, koloniale Wissensordnungen fortzuschreiben. Denn notwendigerweise verweist das Adjektiv *modern* auf sein Gegenstück: *nicht-modern* oder *prämodern*. *Nicht-modern* oder *vor-modern* sind die *Anderen*. *Das Eigene* erscheint in der dualistischen Anordnung als das *Fortschrittliche* (Brunner 2013b).

Herkunftszuschreibungen und globaler Herkunftskontext – häufig in den Formeln Kultur und Religion chiffriert – in die Analyse der Wissensbestände der Berater_innen miteinbezogen werden. Ein intersektionaler Analysefokus (Crenshaw 1991, 1998; Walgenbach 2007; Lutz et al. 2010; Riegel 2016) gibt ein analytisches Instrument an die Hand, die Bedeutung des Wissens, das von den befragten Akteur_innen zur Sprache gebracht wird, in Hinblick auf die (Re)Produktion von Differenz- und Normalitätsordnungen zu lesen und Möglichkeiten eines *anderen* Wissens auszuloten, das nicht auf *Verwaltung und Habhaftwerdung* der als fremd markierten und vergeschlechtlichten Klientel setzt, sondern darum bemüht ist, vorherrschende Ordnungen zu überschreiten. Das Hauptaugenmerk der Analyse wird auf die dynamischen Verstrickungen der Differenzlinien Geschlecht, FluchtMigration und Klasse gerichtet. Im Wissen darum, dass neben Geschlecht, FluchtMigration und Klasse auch andere Differenzkategorien – etwa Behinderung, bspw. in der Figur *kindlicher Normalentwicklung* – von maßgeblichem Gewicht sind, unternimmt die Analyse eine solche Konkretisierung, weil sich im Sprechen der interviewten Berater_innen über diejenigen, die als *die normale Klientel* gelten, und denjenigen, die zu *Anderen* gemacht werden, eine deutliche Bezugnahme auf die oben genannten Kategorien zeigt. Das Sprechen der Berater_innen über ihr Handlungsfeld lässt sich in einer Kontinuität des Wissens über die sogenannten *Anderen* verorten, denn mit Blick auf die Geschichte, so etwa Spivak (2011) und Chandra Talpade Mohanty (1988), zeigt sich, dass *die Geschlechterbeziehungen der Anderen* Europa seit der Kolonialzeit dazu dienten, hegemoniale Ordnungen abzusichern und zu legitimieren.

Unter dem Label des auf Differenz setzenden oder diese Setzung befragenden kann also zunächst all jenes gefasst werden, das im weiten Feld der Migrations- als auch Frauen- und Geschlechterforschung über Geschlecht und Migration an Wissen hervorgebracht und produziert wurde und wird. Ein Fundus an Wissen, der all das versammelt, was wissenschaftsseitig etwa über Geschlecht und Migration gewusst wird, begleitet um jenes (selbst-)kritische Wissen, das die eigenen Gewissheiten herausfordert, die Eingang in die Konzepte der Wissenschaft fanden und finden und vielfach Ausgangs- und Endpunkt der Forschungen bilden, ohne dass diese explizit benannt noch bewusst gewusst würden. Auch das Alltagswissen ist im Modus der Differenz verfasst. Die grundlegenden Annahmen über Geschlecht oder Migration, die im Alltagswissen verankert sind, sind oft schwer zugänglich, da sie selbstverständlich scheinen und sich daher der bewussten Wahrnehmung entziehen. Diese Annahmen, „über die sich auf der Ebene diskursiver Verständigung nur schwer Auskunft geben lässt, […] [sind] für die Bewahrung von Handlungsfähigkeit ebenso unverzichtbar wie für die Akzeptanz als normales, kompetentes und ernst zu nehmendes Gesellschaftsmitglied“

(Wetterer 2008, S. 51) zu gelten. Dem Differenzwissen kommt damit eine handlungsentlastende Funktion zu. Im Alltag werden verinnerlichte, gesellschaftlich geprägte Wissensbestände (meist unhinterfragt) abgerufen. Die Art und Weise, wie wahrgenommen wird und wie im Alltag unter Handlungsdruck entschieden und bewertet wird, ist von implizitem Wissen strukturiert. Dieses verborgene Handlungswissen, das nicht oder nur schwer artikulierbar und begrenzt kognitiv zugänglich ist, ist den Urteilen und Entscheidungen, Verhaltensweisen und Handlungen implizit (Budde et al. 2017, S. 11; Kraus 2017, S. 18). Es ist fluid und nicht tangibel, aber es wirkt als eine Art Hintergrundwissen auf „explizit, bedacht Vollzogenes oder Herbeigeführtes" (Kraus 2017, S. 18).

Insbesondere im professionellen Kontext schafft es Handlungssicherheit und Legitimation dort, wo es im Gewande des Expert_innenwissens auftritt, etwa im Bereich von Genderkompetenztrainings, Trainings zu Interkultureller Kompetenz, in Form von Sexualkunde für Geflüchtete oder in Büchern für die Praxis, für Aus-, Fort- und Weiterbildungen. „Die Entstehung eines neuen Feldes wissenschaftlichen Wissens und die >Produktion< eines neuen Angebots an Experten", so Wetterer in Rekurs auf Stehr (1994), „die qua Zertifikat autorisiert sind, es auch in der Praxis zur Anwendung zu bringen, [...] wird in der Regel begleitet von Strategien der Selbstdarstellung, die die Nachfrage nach diesem Wissen und nach den Experten, die es besitzen, unterstützt" (2008, S. 15).

3.2.2 Das Wissensrepertoire in uns

In Anlehnung an biographietheoretische und feldanalytische Überlegungen geht Dölling von einer „doppelt gebrochenen Aneignung" (2005, S. 53) von Wissen durch die Akteur_innen aus: Wissen wird einerseits biographisch und andererseits feldspezifisch angeeignet, ausgebildet und angewendet. Systematisch unter Rekurs auf Bourdieu und Konzeptionen biographischen Wissens entfaltet Dölling ihren Begriff des Geschlechterwissens und erweitert damit eine traditionelle wissenssoziologische Inblicknahme von Wissen um subjektiv-individuelle und handlungsfeld- bzw. milieuspezifische Dimensionen. Um die biographische Aneignung von Wissen erklären zu können, geht Irene Dölling (2005, S. 53) mit Bettina Dausien davon aus, dass Biographie „eine komplexe soziale Konstruktion im Spannungsfeld von Struktur und Handeln" (1998, S. 265) darstellt, die in ihrer individuellen biographischen Beschaffenheit einer sozialen Logik folgt. Das heißt, im Laufe unseres Lebens legen wir einen Wissens- und Erfahrungsvorrat an. Dieser aber speist sich nicht nur aus den einzelnen, den tatsächlich gemachten Erfahrungen, sondern greift auf Strukturen der Erfahrung und des Wissens zurück, die längst vor der eigentlichen Erfahrung angelegt sind (Alheit & Hoerning 1989, S. 9). Gleichwohl aber sind diese auf übergeordnete Strukturen zugreifenden und in diesen bearbeiteten biographischen Wissensbestände Ergebnis individueller Konstruktionsarbeit. Um der biographischen Dimension Rechnung zu tragen, haben Dölling et al. in ihrem Projekt standardisierte Fragebögen verteilt. In diesen wurden sozio-biographische Daten abgefragt. In der hier vorliegenden Studie wurde darauf verzichtet, wenngleich sich aus den Interviews, Vor- und Nachgesprächen Einblicke in lebensgeschichtliche Details ergaben. Aus Gründen der Anonymisierung wird auf die Rekonstruktion und Darstellung konkreter lebensgeschichtlicher Details verzichtet. Dem Wissen der Berater_innen in seiner individualgeschichtlich-biografischen Dimension wird in der vorliegenden Studie vor allem theoretisch begegnet. Empirisch lässt sich ein solcher Anspruch im gewählten methodischen Verfahren kaum einlösen. Das gewählte Format des Expert_inneninterviews interessiert sich vor allem für die Rekonstruktion der gemeinsam geteilten, gewissermaßen typischen Wissensbestände, Relevanzstrukturen und Deutungsmuster der befragten Akteur_innen.

3.3 Beratung als Ort der Wissensproduktion

Foucault hat in seinen beiden Werken *Dispositive der Macht* (1978) und *Der Wille zum Wissen. Sexualität und Wahrheit* (1976) in einem ähnlich gelagerten Feld, dem der Psychotherapie, Überlegungen angestellt, die auch für die Bearbeitung des Feldes der Beratung fruchtbar gemacht werden können. So spricht Foucault mit Blick auf die Psychoanalyse von einer machtvollen Regierungsweise, die die Subjekte nicht befreit, wie sie verspricht, sondern vielmehr einem Geständniszwang unterwirft. Ähnlich seiner Konzeption der Pastoralmacht mit ihrem Instrument der Beichte, erzwinge die Psychoanalyse ein Kontrollieren der Wünsche und Bedürfnisse der Subjekte, wodurch diese diszipliniert würden. Der britische Sozialwissenschaftler Nikolas S. Rose (1998 a, 1998 b, 1999) hat Foucaults Überlegungen aufgegriffen und sie mit Blick auf Beratung weitergeführt. Er zeigt auf, wie durch die Verpflichtung des Subjekts zur Selbsterkenntnis vermittelt durch einen Beratungs- und Therapiediskurs eine Subjektivierung der Ratsuchenden erfolge. Dies äußere sich bspw. darin, dass bestimmte Worte und Aussagen produziert würden, die einer vermeintlichen Innerlichkeit entsprächen. Beratung wirkt also mit Foucault gesprochen machtvoll auf die Art und Weise ein, wie die Subjekte handeln, wie sie sich selbst und Andere verstehen, welche Worte und Begriffe sie für sich und andere haben (ebd.; Plößer 2013b). Wird in der Beratung in einer bestimmten Weise über das eigene Befinden gesprochen, so werden nicht einfach nur die Worte verwendet, die diesem Ausdruck verleihen sollen, sondern ein *Wahrheitsregime* aktiviert, hinter dem Autoritäten dieser Begriffe und des darin eingelagerten Wissens stehen. Von sich zu erzählen – oder im Kontext meiner Forschung relevant – *den Anderen* zu erzählen und zu deuten, bedeutet auch immer eine Unterwerfung unter die Diskursregeln, unter das, was sagbar ist und das, was ausgeschlossen wird und als nicht wahr gilt.

So wie Rose (1998b) das Themenfeld Arbeit als Beispiel für ein solches Wahrheitsregime einsetzt, lässt sich auch Erziehung unter Bedingungen migrationsgesellschaftlicher Differenzverhältnisse als zentraler Gegenstand von Beratung, in der eine spezifische Subjektivierungsmacht entfaltet wird, ausmachen. Beratung kann in dieser Lesart als eine Regierungsweise verstanden werden, die das Wissen und das Verständnis der Subjekte von sich machtvoll formen, indem sie auf die Selbstverständnisse und Entscheidungen der Subjekte machtvoll einwirken, diese formen und bestimmte Handlungsweisen hervorbringen (Plößer 2013b). Stefanie Duttweiler nennt in diesem Zusammenhang zwei zentrale Charakteristika von Beratung, durch die sich „die Techniken der Herrschaft mit denjenigen der Selbstführung der Individuen" (2007, S. 263) verbinden und durch die Beratung zur Regierungsmacht wird:

a) durch die Produktion von Wissen,
b) und das Verantwortlichmachen der Beratungsklientel (ebd.).

Meint zweiteres vor allem die Responsibilisierungseffekte von Beratung, die die Ratsuchenden dazu auffordert, ihre Probleme mittels Beratung eigenverantwortlich zu lösen, so verweist ersteres auf die Voraussetzungen und Effekte des in der Beratung aufgerufenen Wissens. Das in der Beratung verhandelte Wissen, so Duttweiler, ist gerade deshalb so machtvoll, weil es sich nicht (im Sinne des Informierens oder Unterrichtens) um eine einfache technische Übertragung von Wissen(svorräten) handelt, sondern um ein konsensual hervorgebrachtes Wissen. Weil es also „von den Klienten mitproduziert und mitgetragen wird und weil es spezifische evidente Wirkungen zeitigt, ist das Wissen, das im Beratungsprozess erzeugt wird, zu Nötigungen und Anreizungen fähig" (2007, S. 269). Oder um es mit Bourdieus (2005, S. 107) Theorem der symbolischen Macht zu formulieren, weil es nicht nur des autorisierten und legitimen Sprechers bedarf, der dem Wissen seine Autorität verleiht, sondern auch des Einverständnisses und der Kollaboration der Regierten. Wird nun im Rahmen eines Beratungsgespräches das Anliegen einer als migrantisch gelabelten Ratsuchenden als Ausdruck eines Kulturkonfliktes gedeutet, wird damit ein Wissen abgerufen und hervorgebracht, das sich an dominanzkulturellen Wissensordnungen orientiert. Die als migrantisch adressierte und (an)erkannte Klientin, „die sich dieses Wissen selber aneignet, entwickelt nun genau durch diese eigentätige Aneignung eine spezifische Wahrheit von sich selbst als einem >Subjekt mit einem Kulturkonflikt<. Zugleich bringt dieses Wissen ein je spezifisches Handeln in Bezug auf den Umgang mit dieser Deutung hervor. Mit Foucault lassen sich diese Effekte von Beratung – das heißt die Identifikation des Subjekts mit einem ihm zunächst äußerlichen Wissen wie auch die daraus resultierenden Identitätsverständnisse und Handlungspraxen – als Formen der Selbstdisziplinierung beschreiben“ (Plößer 2013b, S. 1370–1371).

Melanie Plößer nennt in ihrem Aufsatz zu „Beratung poststrukturalistisch“ drei Dimensionen, die Beratung, wird sie poststrukturalistisch gelesen, kennzeichnet:

- „durch die Prozedur des >Erzählens von sich<, das heißt durch die implizite oder explizite Aufforderung an die KlientInnen, Selbstkenntnis zu erlangen“ (2013b, S. 1371) trägt Beratung zur Subjektivierung von Individuen bei,
- begegnet Beratung „ihren KlientInnen mit einem spezifischen, gesellschaftlich und historisch geprägten Wissen [...], das von diesen angeeignet und für die Beschreibung des Selbst wie auch für die Entwicklung von Handlungen eingesetzt wird“ (ebd.),
- und schließlich fordert Beratung „durch das nicht überstülpende Vorgehen, die Handlungsorientierung und die Betonung der Eigenverantwortlichkeit eine Selbst-Disziplinierung der Subjekte“ (ebd.) ein.

Dominantes und widerständiges Wissen

Plößer (2013b) fasst Beratung in Anlehnung an Duttweiler (2007) zunächst als eine die Subjekte regierende und selbstdisziplinierende Diskursmacht entlang eines dominanten Wissens. Im zweiten Teil ihres Aufsatzes wendet sie ihre Perspektive und fragt danach, ob in der Beratung nicht auch widerständiges Wissen hervorgebracht werden kann, „ein Wissen, das gerade nicht Formen der Responsibilisierung folgt, sondern ganz im Gegenteil von Selbst-Verantwortungen entlastet, eine Beratung, die die Beschreibungen und das Wissen der Subjekte ernst zu nehmen und zu unterstützen sucht“ (ebd., S. 1371). Im Rückgriff auf das Konzept der Performativität von Judith Butler sucht sie dieser Frage nachzugehen. Durch das Konzept der Performativität lassen sich die Normen und Ausschlüsse, die durch die Diskursmacht erzeugt werden, herausarbeiten. Zum anderen eignet sich das Konzept, Handlungsfähigkeit respektive widerständige Handlungsfähigkeit des Subjekts trotz seiner Konstituierung durch normative Diskurse aufzuzeigen. „Beratung ist“, so Plößer, „vor dem Hintergrund des Butler´schen Subjektmodells damit immer beides: eine

Praxis der Unterwerfung unter machtvolle Normen, aber auch ein Ort, an dem Subjekte sich mit diesen Normen auseinandersetzen und eine alternative Erzählung von sich aufbauen können“ (2013b, S. 1371–1372). Verdankt sich Foucault die Einsicht, dass Individuen durch diskursive Machtformationen als Subjekte hervorgebracht werden, so ist es die Weiterführung Butlers (2001), die die Machttheorie Foucaults um die Dimension der Psyche ergänzt. Ihr Beitrag ist es, zu konkretisieren, wie das Subjekt jenen Diskursen leidenschaftlich erliegt oder auch widersteht, wie das Individuum also im leidenschaftlich-mit-der-eigenen-Existenz-verhaftet-Sein zum Subjekt wird. Das Konzept der Performativität geht auf den Sprachphilosophen John L. Austin (1972) zurück. Dieser hatte erstmals auf die soziale Wirksamkeit sprachlicher Handlungen hingewiesen. In der Vorlesungsreihe „Zur Theorie der Sprechakte“ zeigt er die Fähigkeit von Sprache auf, soziale Bedeutungen herzustellen. Sprache bildet demnach nicht einfach nur ab, was gesehen wird, sondern bringt vielmehr hervor, was gesprochen wird. „Performativität bezeichnet somit ein Sprechen, das das herstellt, was es bezeichnet, so dass das Gesprochene zur sozialen Tatsache wird“ (Plößer 2013b, S. 1372). In *Das Unbehagen der Geschlechter* entwickelt Butler (1991) das Performativitätskonzept weiter und zeigt anhand der Erzeugung geschlechtlicher Identitäten die performative Wirkmächtigkeit von Sprache auf. Mit dem Ausruf der Hebamme „Es ist ein Mädchen“ bei der Geburt eines Kindes setzt ein performativer Prozess ein, der das Kind zum Mädchen werden lässt. Der Ausruf stellt nicht einfach eine gegebene Geschlechtsidentität fest, sondern er besitzt einen normativen Aufforderungscharakter: „Werde ein Mädchen! Verhalte dich wie ein Mädchen! Kleide dich wie ein Mädchen!“. Solche performativen Äußerungen markieren für Butler einen „Bereich, in dem die Macht *als* Diskurs agiert“ (1997, S. 309). Die Äußerungen wirken jedoch nicht als eine einzelne Äußerung. Ihre Wirkung entfalten sie erst durch ihre beständige Wiederholung. „Erst durch die Wiederholung verdichten sich die zitierten Bedeutungen zu sozialen Normen, die in der Anrufung widerhallen und so deren Wirkmacht verstärken“ (Butler 1993, S. 124; zit. n. Plößer 2013b, S. 1372). Bezeichnungen, wie jene des *Mädchens* oder jene des *Ausländers* entfalten ihre Wirkung über beständige Wiederholungen, die sich wiederum zu gesellschaftlichen Normen (z. B. darüber, was ein Mädchen ist) verdichtet haben (ebd.).

Nun ist es das idealtypische Ziel von Beratung, Anerkennbarkeiten zu schaffen. Erkannt und anerkannt zu werden, setzt jedoch voraus, sich entlang vorgegebener Normen zu positionieren. Um als Subjekt mit Beratungsbedarf erkannt und mit einem bestimmten Problem als beratungswürdig anerkannt zu werden, muss dieses sich der Responsibilisierung durch einen Beratungs- und Therapiediskurs zur Verfügung stellen, und zwar dergestalt, dass es erstens von sich Kenntnis zu erlangen sucht und zweitens dies in einer Art und Weise tut, die auf vorgängige Sprachordnungen und Begriffe zurückgreift (Duttweiler 2007; Plößer 2013b). Subjekte werden also erzeugt, indem sie als solche angesprochen oder adressiert werden. Sie werden angerufen als Frauen oder Männer, als Gesunde oder Kranke, als In- oder Ausländer, beratungsfähige oder unfähige Klient_innen und so aufgefordert, um als solche erkannt und anerkannt zu werden, die aufgerufene Identität anzunehmen. Diese Ansprachen haben ordnenden, disziplinierenden und sozialisierenden Charakter. Sie erweisen sich als produktiv, insofern sie die Individuen als Subjekte erkenn- und anerkennbar werden lassen. Zugleich wirken sie jedoch auch totalisierend und ausschließend. Totalisierend insofern, als durch die Benennung einer bestimmten Identität andere Aspekte der Identität ausgeblendet werden. Diese Ausschließung erfolgt in einer hierarchischen Entweder-oder-Ordnung, in der das Subjekt beispielsweise als hetero- oder homosexuell, als gesund oder behindert betrachtet wird. Dabei wird eine Identität als die normale Position akzeptiert, während die andere als das *nicht-normale andere* etabliert wird (Butler 2001; zit. n. Plößer, 2013b, S. 1373). Mit ihrem Konzept der performativen Handlungsfähigkeit stellt Judith Butler der Unterwerfung der Subjekte unter die diskursiven Normen, die Möglichkeit der Umdeutung, Verschiebung und widerständigen Zitation zur Seite. Sie zeigt darin auf, dass Subjekte nicht einfach den Anrufungen ausgeliefert sind. Vielmehr liegt gerade in der Wiederholung, auf die die Gesetze und Normen angewiesen sind, wollen sie soziale Wirksamkeit entfalten, die Chance, den Diskurs zu verändern und Bedeutungen und Normen zu verschieben.

An diese Überlegungen anknüpfend lässt sich mit Blick auf den Untersuchungsgegenstand (Differenz-)wissen der Beratung fragen, welche_r Klient_in imaginiert und vorausgesetzt und wie diese_r durch die sprachlichen Anrufungen durch die Beratung hervorgebracht wird. Es lässt sich danach fragen, entlang welchen dominanten Wissens *der_die andere Klient_in* adressiert und mit welchen Eigenschaften er_sie ausgestattet wird. Aber auch danach, wie im Sprechen über die professionelle Praxis vielleicht ein anderes Wissen aufgerufen wird, das im Stande ist, Normalitätssetzungen und Hegemonien im Feld zu befragen.

4 Das objektivierte, gesellschaftliche und kollektive Wissen über die Anderen

Muriel González Athenas und Falko Schnicke (2020) beginnen ihren Text zur Durchsetzung des Geschlechterwissens seit der frühen Neuzeit mit der Formulierung „Am Anfang war die Popularisierung". Einen solchen Anfang will auch dieses Kapitel nehmen. Wenngleich der Anspruch – anders als vermutlich der der Herausgeber_innen eines Sammelbandes, der sich aus geschichtswissenschaftlicher Perspektive der Herausbildung des Geschlechterwissens widmet – hier nicht sein kann, eine Genealogie des Wissens über Geschlecht und seine Verstrickungen mit weiteren Ungleichheitskategorien von der Frühgeschichte bis heute vorzulegen. Vielmehr soll, um der Frage nach der Einflussnahme historischer Diskursformationen auf die zeitgenössischen Konstrukte der Berater_innen nachzugehen, die Popularisierung eines an Differenz und Ungleichheit orientierten Wissens exemplarisch anhand einiger für die Anlage und Ausstattung dieser Arbeit grundlegenden Werke dargestellt werden. Die Analyse heute wirksamer Vorstellungen und Bilder über *die Anderen* macht es notwendig, jene historischen Machtmechanismen in den Blick zu nehmen, die an der Entstehung von Wissensordnungen und Wissenssubjekten beteiligt sind. Hierzu werden Beiträge aus der (historischen) Geschlechter-, Migrations-, Rassismusforschung, der post- und dekolonialen Theorie aufgegriffen, um der Frage nachgehen zu können, wie ein objektiviertes, kollektiv vorrätiges Wissen über die *Anderen* zur alltagstheoretischen Gewissheit und damit zur fraglos gewordenen Wirklichkeit werden konnte. Ausgehend von den in diesen Arbeiten sichtbar gemachten dominanzkulturellen Repräsentationen des *Anderen*, sollen die gesellschaftstheoretischen Implikationen und Vorannahmen, Voraussetzungen, Modi und Effekte des Wissens, die von legitimen Sprechenden in gesellschaftlich anerkannten

K. Hazibar, *Im Wissen um die Anderen*,
https://doi.org/10.1007/978-3-658-50658-2_4

Positionen vorgetragen werden, herausgearbeitet werden. Hierfür wird exemplarisch nachgezeichnet, wie die vor allem die Kategorien *race* und *gender* Eingang in die Konzepte von Wissenschaft und Expert_innenschaft gefunden haben, und wie sich dieses Wissen im Laufe der insbesondere letzten beiden Jahrhunderte global verbreitet und popularisiert hat, als ein allgemeiner Wissensbestand in das Alltags- und Erfahrungswissen eingegangen ist und damit als rassistisch-vergeschlechtlichte Wissensordnungen Teil der auch professionellen Wahrnehmungs- und Bewertungsstrukturen wurden.

Im vorausgehenden Kapitel wurde festgestellt, dass in der erziehungswissenschaftlichen Beschäftigung mit Wissen eine epistemologische Perspektivierung, die Wissen als soziales Wissen begreift, das bestimmte Effekte und Wirkungen zeitigt (Höhne 2004, S. 7), vielfach vernachlässigt wurde. Dem entgegen wurde Wissen als Differenzwissen in Anknüpfung an geschlechtertheoretische, praxeologische und diskurstheoretische Überlegungen als ein wirklichkeits-, macht- und ungleichheitskonstituierendes und reproduzierendes Prinzip herausgearbeitet. Der Begriff des Differenzwissens, wie er dieser Studie zugrunde gelegt wird, soll im vorliegenden Kapitel als analytisches Instrument für die Untersuchung des machtvollen Sprechens der Berater_innen über ihre Praxis weiter ausformuliert werden. Hierzu werden nachfolgend die diskursiven differenz- und ungleichheitstheoretischen Voraussetzungen des Beratungswissens herausgearbeitet, um in der empirischen Analyse folgenden (Forschungs-)Fragen nachgehen zu können: Was sind die gesellschaftlichen Voraussetzungen beraterischen Deutens, Sprechens und Handelns? Welche Vorstellungen von Normalität kommen im Sprechen der Berater_innen zum Ausdruck? Wie und welche diskursiv konstruierten Vorstellungen über *die Anderen* werden im Sprechen der Berater_innen aufgerufen? Wie werden Ungleichheiten durch Adressierungen von und Zuschreibungen an die *andere* Beratungsklientel, die über die *legitime Sprache* (Bourdieu 2005, S. 44) der Berater_innen autorisiert werden, hervorgebracht, bestätigt oder transformiert? Wie und wann artikuliert sich ein gegenhegemoniales Wissen, das bestehende Ordnungen überschreitet und dadurch in der Lage ist, pädagogische Selbstverständlichkeiten zu brechen und herauszufordern und darin mögliche Ansatzpunkte für eine andere beraterische Praxis bereithält?

Wenn hier hegemoniale Wissensordnungen in ihrer historischen Kontinuität nachgezeichnet werden, so soll nicht der Eindruck erweckt werden, es handle sich dabei um einen widerspruchsfreien, von allen gleichermaßen geteilten und für alle gleichermaßen zugänglichen Wissensvorrat. Vielmehr unterliegt das objektivierte, kollektive Wissen über die *Anderen* gesellschaftlichen Deutungskämpfen um die legitime Sicht. Wenn also die Rede von legitimen, dominierenden Wissensbeständen ist, so verweist dies auch immer auf andere, marginalisierte,

„disqualifizierte“ (Foucault 1978, S. 61) Formen des Wissens, wie etwa das Wissen *über* Rassismus der Personen, die Rassismus_erfahren sind, das Mark Terkessidis in der Psychologie des Rassismus (1998) und der Banalität des Rassismus (2004) dem rassistischen Wissen gegenüberstellt; oder auf die im euro- und androzentrischen Wissenskanon delegitimierten Formen des Wissens, wie es im Umfeld der postkolonialen, feministischen und indigenen Wissenskritik formuliert wird. Diesem *anderen Wissen*, das in der Lage ist, bestehende Ordnungen zu überschreiten, wird in der Analyse der Empirie begegnet[1]. Es kann nicht davon ausgegangen werden, dass in der Beratung ausschließlich auf hegemoniales Wissen zurückgegriffen bzw. ein solches von den an der Beratung beteiligten Akteur_innen hervorgebracht wird. Vielmehr bewegt sich Beratung immer im Spannungsfeld „die Beschreibungen und das Wissen der Subjekte ernst zu nehmen und zu unterstützen“ (Plößer 2013b, S. 1371) und Räume für „ansonsten unterworfene Standpunkte und marginalisierte Diskurse“ (Schulze et al. 2016, S. 12) zu öffnen; gleichzeitig aber kommt Beratung eine hohe soziale Wirkungsmacht in der Gesellschaft zu, Klassifizierungen und hierarchisierende Differenzlinien durchzusetzen. Etwa in Form etablierter Problembeschreibungsweisen oder organisationaler Begründungen setzt sich ein bestimmtes (Fach-) Wissen als legitimes Wissen durch und sichert statusbezogene Deutungsmacht ab (ebd., S. 13). Dem Sprechen der Berater_innen in Form eines „öffentlichen (Fach-)vokabulars“ (ebd.), kommt hierbei besondere Aufmerksamkeit zu. Das Sprechen der Berater_innen kann insofern als machtvolle soziale Handlung bestimmt werden, der in der Konstruktion von Wirklichkeit eine bedeutende Rolle zukommt.

> „Beratung ist immer auch gesellschaftliche und kulturelle Praxis mit sozialem Herstellungscharakter, in dem Machtverhältnisse, Wissenshierarchien, Zugehörigkeitsdefinitionen und soziale Positionszuweisungen verhandelt werden. Insofern agiert Beratung immer in einer Verquickung von Sprache, Mandat [...] und Macht, wobei stets zu fragen ist: Wer wird gehört, wer hat das Sagen, wer definiert, was ist für wen ein Problem“? (ebd.)

In der Analyse des Sprechens der Berater_innen werden die Diskurse über Migration mit Diskursen über Geschlecht und sozialer Ungleichheit in Verbindung gesetzt und herausgearbeitet, dass sich das Angebot der Erziehungsberatung

---

[1] Wobei das *andere* Wissen hier auch weiterhin das Wissen der Expert_innen meint, nicht das Wissen von Ratsuchenden etwa, die Rassismus_erfahren sind. Da jedoch auch Interviews mit Expert_innen mit tatsächlicher oder zugeschriebener MigrationsFluchterfahrung geführt wurden, kann aus rassismuskritischer Perspektive davon ausgegangen werden, dass auch die Berater_innen Rassismus_erfahren sind.

zwar explizit an alle richtet, zuvorderst aber sogenannte Eltern mit *Migrationshintergrund* adressiert. Eltern mit tatsächlicher oder zugewiesener FluchtMigrationserfahrung werden diskursiv verstärkt in die Verantwortung genommen. Hier zeigt sich, dass die Konstruktion von *problematischen Migrant_inneneltern* mit normativen Konstruktionen guter Elternschaft und *richtiger* Familien- und Geschlechterarragements korrespondieren, die exkludierende Effekte haben können. Diesem und weiteren Zusammenhängen wird in der empirischen Analyse nachgegangen.

Mit Blick auf den gegenwärtigen Umgang mit FluchtMigration und Einwanderung zeigt sich, so Sabine Hess (2014, S. 51 ff.), dass diesem hauptsächlich drei hegemoniale Betrachtungs- und Darstellungsweisen zugrunde liegen. Seit den 1950er Jahren folge die Wissensproduktion zur Migration im sogenannten deutschsprachigen Raum erstens vor allem einem kulturdifferentialistischen Schema, das Migration als Problem begreift, das zweitens als das *Andere* zur nationalen, als sesshaft imaginierten Gesellschaft in Gegensatz gebracht wird – und zwar drittens entlang binärer rassifizierender Kategorien (ebd.; Jäger 2010). Der hier zitierte Text entstand vor den Fluchtbewegungen im Jahr 2015 über die sogenannte Balkanroute. Unter dem Eindruck des „langen Sommers der Migration" – ein Begriff, den unter anderem Hess (ebd. et al. 2017) mitgeprägt hat – nahm der Diskurs über FluchtMigration nochmals deutlich an Fahrt auf. Vielleicht weniger in seiner inhaltlichen Gestalt, allerdings hinsichtlich der Bedingungen, die öffentlich sagbar wurden, auch hinsichtlich der geforderten Restriktionen. Auch in den von mir geführten Interviews wurden Erzählungen generiert, die unter dem Eindruck der medialen und politischen Aufmerksamkeitsökonomien dieser Zeit zu deuten sind. Wesentlich in den Aufmerksamkeitsfokus der wissenschaftlichen Beschäftigung als auch politisch-öffentlichen Debatte rückte dabei spätestens ab Jahreswechsel die Bedeutung der Kategorie Geschlecht im Zusammenhang mit der Anwesenheit der vermeintlich *Fremden.* Die hegemoniale Konzeptualisierung und Thematisierung von FluchtMigration seit 2015 knüpft in ihren Grundannahmen an den von Hess oben skizzierten Diskurspositionen an. FluchtMigration scheint aber deutlicher in der intersektionellen Verschränkung mit Geschlecht, Klasse und in jüngerer Zeit zunehmend auch Generation unter sicherheitspolitischen Vorzeichen diskutiert zu werden. Diese heute dominierenden Bilder über FluchtMigration sind keineswegs zufällig, sondern weisen eine historische Kontinuität auf, eine Kontinuität, die nicht zuletzt auf die Herausbildung moderner Nationalstaaten, der Durchsetzung des Kapitalismus als Wirtschafts- und Gesellschaftsform, der internationalen Arbeitsteilung als Folge des territorialen Imperialismus und Kolonialismus, der Polarisierung der Geschlechter und Etablierung einer heteronormativen Begehrensordnung verweist – umkämpfte Entwicklungen, die vor allem ab Mitte des 18. Jahrhunderts ihren Ausgang nehmen. Die heute wirksamen Vorstellungen über *die Anderen* greifen auf tradierte Wissensbestände zurück, die letztlich das, was zu einer bestimmten Zeit in einem bestimmten Kontext sagbar, denkbar, wahrnehmbar oder darstellbar ist, konturieren. Auch wenn sich das Wissen nicht konkurrenzlos und widerspruchsfrei darstellt, so zeigt sich, wie es in der empirischen Beschäftigung mit den Erzählungen der Berater_innen noch ausgeführt wird, dennoch und gerade in der dominanzkulturellen Bezugnahme auf FluchtMigration eine deutliche Kongruenz in den Thematisierungs- und Konzeptualisierungsweisen von Wissenschaft, Politik und Öffentlichkeit (Hess 2014, S. 52) und pädagogischer Praxis, die an eine Kontinuität letztlich biologistischer und naturalistischer Bedeutungsgebungen anschließen.

4.1 Das Allerweltswissen über Kultur, Nation und Geschlecht

Das Wissen um die Existenz von *Kulturen* (etwa *die Kultur der Muslim_innen*) gehört zur Grundausstattung des *Allerweltswissens* (Berger & Luckmann 2013), des *common sense* (Schütz 1971), ebenso wie die klassifikatorische Unterscheidung in *männlich* und *weiblich* zu den Basisklassifikationen *moderner* Gesellschaften gehört (Dölling 2003, S. 114). Alltagstheoretisch gilt die Zugehörigkeit zu einer Kultur, einer Nation, einer Sprachgemeinschaft oder zu einem Geschlecht als ein askriptives und grundsätzlich unveränderbares Merkmal, das den Personen anhaftet, dessen Zuweisung mit der Geburt – qua Biologie – erfolgt (Müller und Zifonun 2010, S. 11): sei es über die Feststellung sogenannter *Blutsverwandtschaften* oder über die visuelle Identifikation der primären Geschlechtsorgane bei der Geburt, die das Geschlecht – zumindest in den allermeisten Regionen des globalen Nordens – verbürgen (Wetterer 2010)[2].

[2] Zweigeschlechtlichkeit und die Zuordenbarkeit von Menschen zu *einem* Geschlecht bilden eine der „fraglosen und nicht weiter begründungsbedürftigen Selbstverständlichkeiten unseres Alltagswissens" (Wetterer 2010, S. 126). Die Existenz als *Mann oder Frau* gilt als quasi natürlich. An scheinbar biologischen Unterschieden, sowie Körperbau, Stimme oder Bewegungsschemata festgemacht, haben insbesondere die medizinischen Wissenschaften in den letzten beiden Jahrhunderten dazu beigetragen, die Geschlechterdifferenz im Körper der Menschen festzumachen (Laquer 1992). Dass das System der Zweigeschlechtlichkeit derart große gesellschaftliche und politische Bedeutung erhielt und zu einer Gesellschaft strukturierenden Größe wurde, beruht nicht auf einer (vermeintlich) biologischen Entsprechung, sondern auf einer gesellschaftlichen Konvention, die sich in sogenannten westlichen

Als Erklärungs- und Interpretationsangebot sozialer Wirklichkeit liefert das Wissen um Geschlecht, Kultur, Ethnizität und Klasse Gewissheit über die Beschaffenheit von Welt. Wir erkennen einander etwa im Modus der Zweigeschlechtlichkeit, ebenso wie wir über migrationsgesellschaftliche und klassenspezifische Zugehörigkeitsordnungen unseren Platz (Bourdieu 1985, S. 17) im Verhältnis zu dem der anderen Gesellschaftsmitglieder vernehmen. Als „fundamentale Formen der Wahrnehmung, Deutung und Repräsentierung der sozialen Welt [...] sind [sie] keine Dinge in der Welt, sondern Blickwinkel auf die Welt. Dazu zählen ethnisierte und [vergeschlechtlichte] Weisen des Sehens (und Übersehens), des Deutens (und Missdeutens), des Schlussfolgerns (und Ziehens falscher Schlüsse) und des Erinnerns (und Vergessens). Dazu zählen ethnisch [und geschlechtlich] orientierte Rahmen, Schemata und Erzählungen und die situationalen Auslösereize – nicht zuletzt die von den Medien gelieferten – durch die sie aktiviert werden" (Brubaker 2007, S. 32). Wenngleich es sich bei den Kategorien um soziale Konstruktionen handelt, die in ihrer Bedeutungszusammensetzung historisch geworden und veränderlich sind (Lutz & Wenning 2001, S. 21), sind sie nicht weniger wirkmächtig hinsichtlich der sozialen Folgen und Effekte, die von ihnen ausgehen. Als Teilungsprinzipien der sozialen Welt fungieren die Kategorien nicht nur als Instrumente der Vergewisserung, sondern mit ihnen verbinden sich unterschiedliche Rechte und Teilhabechancen im ethnisch, geschlechtlich und klassenhierarchisch stratifizierten sozialen Raum (Scherschel 2010). Ihrer gesellschaftlichen Dimensionen entzogen, treten die subjektiven Vorstellungen und kulturellen Konstruktionen als scheinbar natürliche und fraglos akzeptierte Ordnungen in Erscheinung und manifestieren sich als strukturelle Ungleichheiten und Benachteiligungen, die als unveränderlich wahrgenommen werden. So sind etwa im nationalstaatlich strukturierten sozialen Raum (ebd.)

Gesellschaften ab dem 18. Jahrhundert herausgebildet hat (Sauer 2006). Tatsächlich, so Birgit Sauer (2006, S. 79), war der überwiegende Teil der wissenschaftlichen Bemühungen, die Geschlechterdifferenz zu begründen, von dem Motiv getragen, die Unterlegenheit von Frauen gegenüber Männern zu rechtfertigen und die gesellschaftliche Ungleichheit von Frauen als biologische Ungleichheit auszuweisen. Damit wurde die Biologie gleichsam zum sozialen Schicksal und Zweigeschlechtlichkeit zum einzig vorstellbaren Geschlechterarragement. Wie sehr Zweigeschlechtlichkeit das Wissen der Gesellschaftsmitglieder durchdrungen hat – nicht selten selbst derjenigen, die sich jahrelang mit feministischen Anliegen beschäftigt haben – zeigen aktuelle Auseinandersetzungen um Transidentität (Stichwort: Trans-Exclusionary Radical Feminism). Entgegen alltagstheoretischer Annahmen zeigen insbesondere historische und vergleichende bzw. eurozentrische Geographien überschreitende Untersuchungen den Konstruktionscharakter solcher zugrunde gelegten Annahmen. So verweisen etwa Forschungen aus postkolonial inspirierten Geschlechterforschungen auf die Zweigeschlechtlichkeit als Zwangsmaßnahme und Produkt des Kolonialismus.

der freie Zugang zum Arbeitsmarkt, dem Bildungswesen oder die Anerkennung von Bildungszertifikaten geregelt.

Nationalstaaten, wie wir sie heute kennen und als selbstverständliche und unhinterfragte Bezugsgröße sowohl alltagstheoretisch als auch methodisch-methodologisch einsetzen, haben sich als historisch relativ junge Gebilde erst vor etwa 200 Jahren herausgebildet. Und obwohl der Nationalstaat ein vergleichsweise junges Phänomen in der Geschichte ist, wird er heute im allgemeinen Bewusstsein als die einzig vorstellbare Form der Gesellschaft betrachtet (Heck 2008, S. 237). Nationale Identität basiert auf der Vorstellung einer gemeinsamen Abstammung, Geschichte, Tradition und Kultur (Hazibar 2009, S. 37). Nation erscheint als eine natürliche, fundamentale Ordnung, deren Aufrechterhaltung die kontinuierliche Rekonstruktion und Reproduktion von identitäts- und einheitsstiftenden Bezugssystemen wie Sprache oder gemeinsamer Erzählungen und Geschichten erfordert, um ein kollektives Wir-Bewusstsein zu schaffen. Nationale Identität ist keine vorgegebene Existenz, sondern sie entsteht vielmehr durch ein Netzwerk von Apparaten und alltäglichen Praktiken, das Individuen von ihrer Geburt bis zum Tod durchlaufen (Balibar & Wallerstein 1990, S. 114). Institutionen nationalstaatlicher Sozialisationspraktiken wie Schulen, Denkmäler, Musik und bedeutende meinungsbildende Medien, spielen dabei eine entscheidende Rolle (Singer 1997).

Als *imagined communities* verdanken sie ihren Erfolg dem (subjektiven) Glauben an eine Gemeinschaft, eine Gemeinschaft, in der „die Mitglieder selbst der kleinsten Nation die meisten anderen niemals kennen, ihnen begegnen oder auch nur von ihnen hören werden, aber im Kopf eines jeden die Vorstellung ihrer Gemeinschaft existiert" (Anderson 1998, S. 14–15). Dem Nationalstaat kommt darin nicht zuletzt im Ausschluss des imaginativen *Anderen*, das sich von dem ebenso imaginativen *wir* unterscheide, eine identitätsvermittelnde und identitätsstiftende Bedeutung zu. „Demnach basieren ethnische Differenzen offenbar zunächst einmal auf dem subjektiv gemeinten Sinn menschlicher Handlungen und nicht in der Natur. Es handelt sich also um das Ergebnis von Bewusstseinsprozessen und Sinnzuschreibungen, die erst in einem zweiten Schritt zu sozialen Tatsachen transformiert werden" (Müller und Zifonun 2010, S. 11–12). Obschon Nation also als eine ideelle Konstruktion verstanden werden kann, so erweist sie sich hinsichtlich ihrer institutionellen Realität als nicht minder wirkmächtig (Balibar & Wallerstein 1990, S. 107). Wie aber ist es möglich, um an die Terminologie von Berger & Luckmann anzuschließen, dass aus einem Glauben an Abstammungsgemeinschaften oder aus dem Glauben an die Existenz zweier Geschlechter, objektive Faktizitäten werden: etwa Schlechterstellungen von Migrant_innen am Arbeits- und Wohnungsmarkt oder Benachteiligungen aufgrund der Geschlechtszugehörigkeit? Wie Etienne Balibar betont auch Ilse Lenz (1995, S. 35), dass der Nationalstaat trotz seiner ideellen Konstruktion eine signifikante institutionelle Wirkmacht besitzt. Diese Macht äußert sich vor allem in der Regulierung des Zugangs zu gesellschaftlichen Ressourcen durch die nationale Mitgliedschaft. Dabei spielt die Exklusion *der Anderen* eine zentrale Rolle, die sich beispielsweise in Beschränkungen und Befristungen des Aufenthalts, des Zugangs zu Arbeit und anderen Formen sozialer Schließung manifestiert (Hazibar 2009, S. 19). Ein wichtiges Instrument zur Aufrechterhaltung dieser Ungleichheiten ist die Klassifikation von *In-* und *Ausländer_innen* entlang ethnischer, kultureller und nationaler (geschlechtlicher) Ordnungsfaktoren. Diese Differenzierungen gehen einher mit Ein- und Ausschließungsmechanismen, die den Zugang zu fundamentalen Bürger_innenrechten zwischen *Inländer_innen* und *Ausländer_innen* unterscheiden (Lenz 2008, S. 448). Dabei bedienen sich die Migrations- und Sicherheitspolitiken der Ethnisierung, um eine binäre Anerkennungslogik der nationalen bzw. europäischen Zugehörigkeit zu etablieren, während sie die als außerhalb dieser Gemeinschaft identifizierte und minorisierte Gruppe ausschließen (Gutiérrez Rodríguez 2006). Staatsangehörigkeit wird in Österreich über das Konzept des *jus sanguinis*, der *ethnischen Abstammung*, konstruiert, wodurch Menschen durch ihre Geburt und Abstammung auf einem Territorium zur Grundlage der Nation gemacht werden und alle Menschen- und Bürger_innenrechte an diese Geburt und Abstammung gekoppelt sind (Agamben 2001).

Die Auseinandersetzungen um nationale Identität finden nicht nur im Kontext von Ethnizität und Kultur statt, sondern erstrecken sich auch auf das Feld der Geschlechterpolaritäten. Die Konstruktion spezifischer Geschlechtsidentitäten war und ist eng mit dem Nationalismus verbunden. Im Zuge der Nationenbildung werden männliche und weibliche Stereotypen genutzt, um die nationale Gegensätzlichkeit hervorzuheben. Beispielsweise wird das Deutsche positiv als kriegerisch-männlich dargestellt, während das Französische abgewertet und sexualisiert wird, indem es als weiblich-fremd charakterisiert wird (Planert 2004). In diesem Zusammenhang spielen verschiedene Disziplinen eine Rolle bei der Etablierung eines als *deutsch* imaginierten Weiblichkeitsideals, das auf bürgerlichen Tugenden wie Mäßigung, Ernsthaftigkeit und Innerlichkeit beruht (ebd.). Karin Hausen (1976) zeigt auf, wie nicht nur die Medizin, sondern auch andere Disziplinen wie die Pädagogik oder die romantische Literatur im Prozess der Nationenbildung und des Übergangs von der Agrargesellschaft zur Industriegesellschaft dazu beigetragen haben, das vermeintliche Wissen über

Geschlecht zu formen. Festgeschrieben in Enzyklopädien erhält das darin aufgehobene und legitimierte Wissen nach und nach universale Gültigkeit und schreibt sich in die Köpfe und Körper der Menschen ein: zunächst in die des Bürgertums, schließlich in die der lohnarbeitenden Klassen. In der Überlagerung von „Geschlechtercharaktere" (Hausen 1976) und Nationalcharakter begann „der Geschlechtergegensatz des anbrechenden bürgerlichen Zeitalters […] auch die Auseinandersetzung mit dem ‚Fremden' zu prägen" (Planert 2004; 2000; Weckel 1998).

4.2 Verobjektivierung von Rassismus

Robert Miles (1991, S. 43) verweist darauf, dass Nation und Rassismus eng miteinander verbunden sind. Er argumentiert, dass die Idee der „Rassen" mit der Entstehung der Nationen und der Schaffung einer gemeinsamen europäischen Geschichte zusammenhängt. Im Prozess der Nationenbildung wurden zugeschriebene *rassische* Eigenschaften in nationale Symbole umgewandelt und spielten eine entscheidende Rolle bei der Konstruktion nationaler Ursprungsmythen (ebd.). Diese Darstellungen des *Anderen* wurden maßgeblich von den Wissenschaften geformt, insbesondere von den Humanwissenschaften (Hazibar 2009). Sie trugen dazu bei, rassistische Vorstellungen zu festigen und zu verbreiten.

Dabei bildete gerade die Entkörperung des erkenntnisbildenden Subjekts eine wesentliche Voraussetzung, das Wissen über die *Anderen* losgelöst vom Standort und Standpunkt des erkennenden Subjektes als objektives, neutrales und allgemeingültiges durchzusetzen (Brunner 2020). Mit der Unsichtbarmachung der Forschenden, die als Produzent_innen von Wissen außerhalb jeglicher sozialen, zeitlichen und räumlichen Verortung entworfen wurden, ging auch eine Unsichtbarmachung ihrer Interessen einher (Germaná 2013, S. 82; zit. n. Brunner 2020, S. 53). Das über die *Anderen* produzierte Wissen, insbesondere entlang der Kategorien „Rasse" und „Geschlecht", wurde damit von seinem Herstellungskontext abgetrennt und die grundsätzliche *Situiertheit von Wissen* (Haraway 1988), wie sie im Umfeld feministischer Standpunkttheorien herausgearbeitet wurde, verschleiert. Die imperiale Behauptung von Objektivität und Universalität – Santiago Castro-Gómez spricht von der „Hybris des Nullpunkts" (2005, S. 13) – „meint die Anmaßung, einen freischwebenden, übergeordneten Standort der Beobachtung und damit auch einen universell gültigen Standpunkt einnehmen und von dort aus ›die Wahrheit‹ über alles und vor allem für alle sprechen zu können" (Brunner 2020, S. 53). Die Repräsentation und Beschreibung der sogenannten

Anderen in wissenschaftlichen Werken von Gelehrten, aber auch in Reiseberichten oder der Belletristik geschah, so etwa Saids (1978) Kritik an Konstruktion und Vereinnahmung des Orients, also keineswegs von einem neutralen Standpunkt aus, sondern war und ist immer bereits in ungleichen Machtverhältnissen situiert. So diente der Diskurs über den sogenannten Orient als Gegenbild für eine angenommene westliche Überlegenheit (ebd.).

Die auf der gewaltsamen „VerAnderung" (Reuter 2002, S. 143) von Menschen fußenden Erkenntnisprozesse gingen einher mit dem Prozess der Ver(natur-)wissenschaftlichung von Wissen. Das zunächst religiös-theologisch begründete Wissen über die Menschen wurde abgelöst durch eine zunehmend säkulare und wissenschaftliche Deutung von Welt. „Das sich im Europa des 17. Jahrhunderts etablierende moderne Wissenschaftssystem konnte sich aus dekolonialer Perspektive nur deshalb so erfolgreich durchsetzen, weil Europa zu diesem Zeitpunkt bereits die Kontrolle aller Formen von Subjektivität, Kultur, Wissen und seiner Produktion innegehabt hat" (Brunner 2020, S. 44). Mit der Zuschreibung biologischer Merkmale wurde die Rassifizierung von Menschen zur Legitimationsgrundlage, um Gewalt- und Herrschaftsverhältnisse zwischen Europäer_innen und Nicht-Europäer_innen als naturgegeben zu etablieren und zu festigen (ebd.). Die wissenschaftlich begründeten rassialisierenden und vergeschlechtlichenden Zuordnungsprinzipien, die ihren Ausgang unter anderem in der Gedankenwelt der Aufklärung nahmen und sich bis Anfang der zweiten Hälfte des 20. Jahrhunderts erfolgreich durchsetzten, wurden nicht zuletzt durch Medizin, Anthropologie, Psychologie und schließlich Psychoanalyse *wissenschaftlich fundiert* (Hanke 2000). Durch die koloniale Expansion Europas konnte das naturwissenschaftlich begründete Ungleichheitswissen global verbreitet (Fredrickson 2015, S. 46) und die Voraussetzungen für die gegenwärtige globale ungleiche Verteilung von Arbeit und Ressourcen geschaffen werden (Germaná 2013, S. 80).

Obwohl sich die wissenschaftlichen „Rasse"-Konzeptionen als durchgängig falsch erwiesen haben, besitzen sie weiterhin kulturelle Gültigkeit. Sie treten heute vielfach in subtilerem Gewand auf (Hazibar 2009, S. 36). An die Stelle von „Rasse" wird *Kultur* bzw. *Ethnizität* gerückt, wobei hier dieselben naturalisierenden Mechanismen zur Anwendung kommen. So wird der gesellschaftliche Ausschluss von Migrant_innen etwa dadurch legitimiert, dass die angeblichen *kulturellen Differenzen* ein friedliches Zusammenleben verunmöglichten. Rassismus nimmt hier eine zentrale Rolle ein in der Homogenisierung und Schaffung einer Einheit über die Abgrenzung zu den darüber hierarchisch in Beziehung gesetzten *Anderen* (ebd.).

Rassismus kann – so Maureen Maisha Auma (2017) – als ein eingeschliffenes Wahrnehmungssystem verstanden werden, das unsere Wahrnehmung und

Aufmerksamkeit, ebenso wie die Verarbeitung sozialer Informationen formt. Als Erklärungs- und Deutungssystem sozialer Welt liefert Rassismus Wahrnehmungshilfen und -filter, „die unsere Einschätzung sozialer Gehalte und Situationen lenken und somit strukturieren“ (ebd., S. 2). In einem solchen Verständnis bietet Rassismus Deutungsangebote über Welt- und Selbstverhältnisse an, ebenso wie ein Legitimations- und Begründungswissen, das das Handeln unter Bedingungen von Ungleichheit zu legitimeren vermag. Im Rekurs auf die Idee von „Rassen“ ist Rassismus ein historisch gewachsenes, kollektiviertes und objektiviertes Wissen über die Angehörigen gesellschaftlicher Gruppen eingeschrieben. Diesem Wissen korrespondieren nach Birgit Rommelspacher (2009, S. 29–32) vier konstitutive Merkmale, die Rassismus als gesellschaftliches Verhältnis etablieren: Im Prozess der Naturalisierung werden soziale Differenzen zwischen Menschen in biologisch-kulturelle übersetzt und als unveränderliche und unabwendbar vererbbare Wesensmerkmale den rassistisch markierten Personen eingeschrieben. Dafür bedarf es der Homogenisierung von Menschen in Gruppen, denen ein feststehendes Set an Eigenschaften zugewiesen wird. Als *kulturell, charakterlich, mental, etc. Differente* werden diese so vereinheitlichten Gruppen der vermeintlich eigenen als grundlegend verschieden und unvereinbar gegenübergestellt und damit zugleich in Kategorien der Unter- und Überordnung gefasst. „Beim Rassismus handelt es sich also nicht einfach um individuelle Vorurteile, sondern um die Legitimation von gesellschaftlichen Hierarchien, die auf der Diskriminierung der so konstruierten Gruppen basieren. In diesem Sinn ist Rassismus immer ein gesellschaftliches Verhältnis“ (ebd. 2009, S. 29), das den Ausschluss oder den beschränkten Zugang zu ökonomischem, sozialem, kulturellem und symbolischem Kapital der von Rassismus betroffenen Menschen legitimiert.

4.3 Eurozentrisches Wissen als universales Wissen

Wenn auch unablässig betont wird, Österreich sei kein Einwanderungsland, obgleich der Blick in die Geschichte diese Vorstellung korrigiert, so zeigt sich im gesellschaftlichen und politischen Umgang mit FluchtMigration, wie wirkmächtig rassistische Praktiken im Rahmen westlicher Nationalstaaten sind (Hazibar 2009, S. 35–36). Saskia Sassen (1996, S. 15) zeigt in ihrer Studie zur Geschichte der Fremden in Europa auf, wie sehr europäische Gesellschaften durch Phänomene der Migration bestimmt und gekennzeichnet sind. Diese Geschichte beginnt nicht erst mit der Anwerbung der sogenannten Gastarbeiter_innen in den 1950er und 60er Jahren des vorigen Jahrhunderts. Vielmehr führt sie zurück zu Kolonialismus und den Anfängen der Industrialisierung des ausgehenden 18. Jahrhunderts.

Europa, so haben Postkoloniale Theoretiker_innen herausgearbeitet, ging aus der Kolonisierung Afrikas und Asiens vom 18. bis ins 20. Jahrhundert hervor. Erst durch die koloniale Expansion, Abwertung und Abgrenzung zu den als fremd klassifizierten *Anderen* konnte sich Europa als Einheit erzeugen (Gutiérrez Rodríguez 1996; Hall 1994).

Wie Stuart Hall (1994) aufzeigen konnte, war die Herausbildung der Idee des Westens fundamental auf die Abgrenzung zu den *Anderen* angewiesen. *Den Westen* beschreibt Hall als ein „historisches und kein geographisches Konstrukt" (1994, S. 138)[3], das in Begriffen von *modern, entwickelt, säkularisiert* in Abgrenzung zu den sogenannten nicht-westlichen Ländern gefasst wird. Als eine Art Denkwerkzeug ermögliche es *der Westen*, Gesellschaften zu kategorisieren und klassifizieren und rufe ein bestimmtes Bild vor Augen, wie verschiedene *Völker, Kulturen* etc. beschaffen seien. Als System der Repräsentation von Welt stelle es Wahrnehmungs- und Untersuchungskriterien bereit, mittels derer andere Gesellschaften bewertet und affektiv erfahren werden. Kurz: es stellt eine bestimmte Art von Wissen über einen Gegenstand und bestimmte Haltungen diesem gegenüber bereit (ebd., S. 139). Ausgangspunkt seiner Überlegungen bildet die Feststellung, dass die Vorstellung des Westens nicht einfach auf eine bereits zuvor dagewesene westliche Gesellschaft rekurriere, sondern die Idee des Westens der Erschaffung und Etablierung des Westens vorausging: Das Repräsentationssystem vom *Westen und dem Rest* war wichtig für die Ideen der Aufklärung und Konstituierung europäischer Identität. (ebd.).

Den Ausgangspunkt des westlichen Expansionismus, der den Grundstein für die gegenwärtige kapitalistische und neokoloniale Weltordnung gelegt habe, macht Hall so wie dekoloniale Theoretiker_innen bereits in den frühen portugiesischen Entdeckungsreisen (1430–1498) und Columbus´ Reisen in die *Neue Welt* (1492–1502) aus. Über die Entdeckung der sogenannten *Neuen Welt*, die sich fundamental von ihm selbst unterscheide, beginnt Europa, sich selbst zu entdecken und die kolonisierenden Länder Westeuropas sich trotz der Verschiedenheiten als eine Einheit zu verstehen. Ohne die *Neue Welt*, so Hall, „wäre der Westen nicht fähig gewesen, sich selbst als den Höhepunkt der Menschheitsgeschichte zu erkennen und darzustellen. Die Figur des >Anderen<, der an den äußeren Rand der begrifflichen Welt verbannt und als absoluter Gegensatz, als die Negation all dessen konstruiert war, wofür der Westen stand, tauchte mitten im Zentrum des Diskurses über die Zivilisation wieder auf. >Der Andere< war die >dunkle<, die vergessene, unterdrückte und verleugnete Seite, das Gegenbild

[3] Denn Länder, die durchaus in der westlichen Hemisphäre liegen, etwa *Lateinamerika*, werden nicht zum *Westen* gezählt (ebd.).

der Aufklärung und Modernität" (1994, S. 174). Die spätere Expansion in die Länder des Ostens und Südens, so die dekoloniale Kritik, wäre ohne die massive Ansammlung von Reichtümern in der frühen Phase der Kolonisation durch die Eroberung und Unterwerfung Amerikas nicht realisierbar gewesen (etwa Dussel 2013; Lander 2000; Mignolo 2000, 2009; Quijano 2000, 2007; Quintero & Garbe 2013; Santos 2005).

Auch nach dem formalen Ende des historischen Kolonialismus und der politischen Dekolonisation in der zweiten Hälfte des vorigen Jahrhunderts sind heutige Gesellschaften durch einen anhaltenden Zustand der Kolonialität geprägt, der, so weisen post- und dekoloniale Kritiker_innen hin, die konstitutive Kehrseite der Moderne bilde (Quintero & Garbe 2013; Brunner 2020, S. 39). Die Entstehung und Durchsetzung der modernen Weltordnung ist eng verwoben mit „der Herausbildung der Wissenschaften und der von ihnen gerahmten Metaerzählung der Moderne" (Brunner 2020, S. 41). Die Kontinuität kolonialer Strukturen und eurozentrischer Hegemonien lässt sich daran ablesen, dass die *westliche* historische Entwicklung und Geschichtsschreibung als maßgeblich für Normalität und Universalität betrachtet werden, von der aus die sozialen Entwicklungen und Erfahrungen aller Gesellschaften vermessen und gewertet werden können (Conrad & Randeria 2002, S. 35)[4]. Die westliche Moderne erhält in der behaupteten Linearität, Fortschrittlichkeit, Aufgeklärtheit und zivilisatorischen Überlegenheit dagegen einen mythologischen Status, der die gewaltsamen Prozesse der Moderne verkennt und legitimiert, indem er ihre tiefe Verbindung zum kolonialen Projekt ignoriert, verharmlost oder schönt (ebd.; Brunner 2020). Entgegen dominanter Perspektiven weisen dekoloniale Ansätze darauf hin, wie die gängigen Erzählungen über die modernen Fortschrittsbewegungen selbst in kolonialen Machtstrukturen verankert sind (Dussel 2013, S. 23; Brunner 2020).

[4] Wie Forschungen zur sogenannten Gastarbeitsmigration aufzeigen, hatte die Anwesenheit und Arbeit der sogenannten Gastarbeiter_innen für das Zustandekommen und den gewinnbringenden Verlauf des Wirtschaftswunders in Deutschland enorme historische Bedeutung (Denise Bergold-Caldwell 2020). Und obwohl ihre Arbeit einen derart bedeutsamen Beitrag zum (volks-)wirtschaftlichen Aufschwung auch von Österreich beigetragen hat, wird dieser Beitrag in der offiziellen Geschichtsschreibung nicht erwähnt. Mit Blick auf die Aneignungs- und Vermischungsprozesse, die mit der Migration von Menschen einhergehen und insbesondere Städte immer schon grundlegend geprägt und als solche erst hervorgebracht haben, findet der Beitrag von Migrant_innen in der offiziellen Stadtgeschichtsschreibung als auch Selbstwahrnehmung *autochthoner* Bevölkerung meist nur als Minderheitenphänomen oder Differenzerfahrung Erwähnung (Hess 2014, S. 51).

Der Dimension des Wissens kommt in der Bildung und Aufrechterhaltung dieses Mythos eine wesentliche Bedeutung zu (Brunner 2020). Nicht nur rücken in der Gleichsetzung europäischer Geschichte mit Universalgeschichte (Conrad & Randeria 2002) *nicht-westliche* historische Erfahrungen als partikular, lokal und als Abweichung eines als fortschrittlich entworfenen Westens in den Blick, vielmehr führt es zu einem systematischen Ausschluss anderer globaler Perspektiven aus dem Wissenskanon und zu einer gleichzeitigen Universalisierung eurozentrischen Wissens. Die Aussonderung und Abwertung marginalisierter Perspektiven äußert sich, wie in der Interpretation der Interviews noch gezeigt werden wird, etwa darin, dass die Wahrnehmungen und Deutungen von Menschen mit tatsächlicher oder zugeschriebener Migrationsgeschichte als partikular und kulturell determinierte, und damit als abweichend von und nicht vereinbar mit der als westlich interpretierten Norm, die den objektiven, neutralen und professionellen Standpunkt repräsentiere, identifiziert werden. Die gewaltsame Durchsetzung epistemischer Vorherrschaft und die Versagung epistemischer Handlungs- und Durchsetzungsfähigkeit für bestimmte Akteur_innen wurde von Spivak (1988) in Rekurs auf Foucault unter dem Begriff der epistemischen Gewalt in den Fachdiskurs eingeführt. Epistemische Gewalt schließt dabei ähnlich wie der Begriff der symbolischen Gewalt an einen weiten Gewaltbegriff an, der Gewalt nicht ausschließlich als physisch-materiell begreift, sondern im Zusammenhang mit der Produktion, Durchsetzung und Autorisierung von Wissen. Wer als legitim sprechend in kollektiven Wissens- und Deutungszusammenhängen partizipieren darf und was als autorisiertes Wissen gilt, wird entscheidend von euro- und androzentrischen Diskurspositionen bestimmt. In ihrem Essay „Can the subaltern speak?“ stellt Spivak die Frage danach, wer in einem im Zugang zu Rechten ungleich strukturierten globalen Herrschaftsraum hörbar werden kann. Anhand der bekannten Passage „Der weiße Mann, der die braune Frau vom braunen Mann zu retten habe“ stellt Spivak (2011, S. 81) dar, wie in der autoritativen Wirksammachung des Wissens über die *Anderen* westliche Positionen als objektive Tatsachen und als Norm etabliert werden, von der aus das *Andere* bewertet und bemessen wird. Das Wissen derjenigen, über die etwas gewusst wird, wird dabei marginalisiert und nicht in die westliche Wissensproduktion miteinbezogen. In dieser epistemologischen Vereinnahmung des *Anderen* schreiben sich die kolonial geprägten Möglichkeiten der Durchsetzung des Wissens fort. „White men are saving brown women from brown men“ (ebd.) – ein Satz, indem sich das vergeschlechtlichte und rassialisierte Wissen über die *Anderen* bündelt – wurde somit zu einer strategischen Ressource zur Durchsetzung ökonomischer und politscher Interessen des Westens und zur bedeutenden Legitimationsgrundlage für die koloniale Gewaltherrschaft. Unter dem Banner eines zivilisatorischen Einsatzes, konnte die koloniale Mission als unhintergehbare Notwendigkeit bestimmt werden (Castro Varela & Dhawan 2015, S. 193 ff.).

Der europäische Expansionismus zielte von Anfang an neben der Ausbeutung materieller Ressourcen auch auf die „Beherrschung des mentalen Universums der Kolonisierten“ (Ngũgĩ wa Thiong'o 1981, S. 16), das heißt ihre Wahrnehmungen der Welt, „Muster der Sinnstiftung, ihr symbolisches Universum und ihre Formen des Ausdrucks“ (Quijano 2016, S. 42 f.), die abgewertet und zurückgedrängt wurden. Lander spricht in diesem Zusammenhang von einem kolonialen Wissenssystem, da Europa erfolgreich die Vorherrschaft bei der Definition von *richtigem* und *wahrem* Wissen etabliert habe (Lander 2000, S. 527; Brunner 2020).

Die eurozentrische koloniale Moderne, wie von Quijano beschrieben, war eine ambivalente und widersprüchliche Konstruktion. Einerseits basierte sie auf Idealen von Gleichheit, Solidarität, Freiheit und Autonomie für alle Menschen, andererseits auf einer Einteilung der Bevölkerung entlang rassifizierter (Quijano 2010, S. 36) und heteronormativ sexualisierter Kriterien (etwa Anzaldúa 1987). „Frauen und Versklavte, Angehörige unterer Gesellschaftsschichten, Kinder, körperlich oder geistig Kranke und in zahlreichen Schattierungen rassifizierte ›andere‹ […] galten jedoch keineswegs als subjekt- und erkenntnisfähig und damit auch nicht als potenzielle Produzent_innen von intelligiblem Wissen“ (Brunner 2020, S. 51). Diese Widersprüchlichkeit zu legitimieren, bedurfte der Begründung. In der Naturalisierung und wissenschaftlichen Verobjektivierung von Unterschieden zwischen Menschen und der Konstruktion des gegensätzlich *Anderen*, der außerhalb von Rationalität, Zivilisiertheit und Moralität angesiedelt wurde, konnte sich Europa als Hort der Werte, Normen und des Wissens entwerfen, das den *Anderen* Fortschritt und Modernisierung bringe (Mignolo 2009; Castro-Gómez 2002). Dabei erwies und erweist sich gerade der Widerspruch zwischen der Behauptung eines universellen Menschseins einerseits und der gleichzeitig ausgeübten Praxis der Verweigerung von Rechten für die rassifizierten und sexualisierten *Anderen*, als funktional und höchst erfolgreich für das global durchgesetzte kapitalistische Weltsystem: denn die internationale Arbeitsteilung und Ressourcenallokation konnte sich erst auf Basis einer „kolonialen Matrix der Macht“ (Mignolo 2012, S. 50) entlang rassifizierter und wie Claudia Brunner (2020) in Rekurs auf feministisch-materialistische Theoretiker_innen ergänzt, auch heteronormativ sexualisierter Klassifizierungsweisen durchsetzen.

4.4 Methodologischer Nationalismus und Transnationalisierung der Migration

Die grundlegende epistemologische Kluft zwischen *dem Westen und dem Rest* konstruiert sich nicht nur in der Gleichsetzung europäischer Geschichte mit Universalgeschichte, sondern auch im *methodologischen Nationalismus* (Wimmer/Glick Schiller 2002; Transit-Migration 2007; Kaltmeier 2013, S. 206). Sowohl historische als auch gegenwärtige Forschungen zu Phänomenen der Migration sind vielfach in einer Umgebung realisiert, die Nation als unhinterfragte Bezugsgröße zum Ausgangspunkt nimmt: Nation wird in diesen Forschungen als eine Einheit vorgestellt, die sich durch eine innere Homogenität ihrer Mitglieder und Heterogenität gegenüber anderen Nationen, von denen sie durch quasi naturgegebene Grenzen getrennt sind, auszeichnet. Migration erscheint unter dieser Perspektive als Ausnahmefall, in dem diese Grenze überschritten wird, und zwar mehr oder weniger endgültig und auf Dauer (Gatt et al. 2016). Die Transnationalisierung von Biographien, von Lebens- und Arbeitsbedingungen bleiben so häufig unbeachtet. Kennzeichnend für die aktuellen Entwicklungen in Migrationsprozessen sind – neben der Feminisierung und Informalisierung – die Heterogenisierung von Mobilitätsformen und Lebensentwürfen. Migration kann nicht mehr nur als ein einseitiger Ortswechsel interpretiert werden, bei dem Aus- zu Einwanderung wird (Hazibar 2009, S. 34). Vielmehr resultieren aus den globalen Prozessen der Entgrenzung nationaler, politischer und wirtschaftlicher Räume Veränderungen auf sozialer Ebene, die neue mobile und vielseitige Migrationsformen hervorbringen (ebd.; Young/Hoppe 2004, S. 485; Lutz 2004, S. 480; Hess 2001, S. 198;). Die globalen Restrukturierungen von Produktions- und Arbeitsbedingungen, ebenso wie Umweltzerstörungen in Folge der imperialen Lebensweise (Wissen & Brand 2017) des globalen Nordens bewegen immer mehr Menschen dazu, nach Wegen zu suchen, um ihre Lebensperspektiven zu gestalten, oft indem sie über nationale Grenzen hinweg wandern. Sie verlassen dabei ihre Herkunftsländer, manchmal nur vorübergehend, „um ihr Überleben an mehreren Orten zugleich zu sichern“ (Hess 2001, S. 210). Dabei bewegt sich die überwiegende Mehrheit von Fluchtmigrant_innen entgegen weiterverbreiteten Vorstellungen nicht in Richtung der *westlichen* Länder.

Demgegenüber steht ein zunehmend enger werdendes Netz der Zuwanderungspolitik. Die Restriktionen von Einreise- und Niederlassungsbedingungen und die Verschärfung der Grenzkontrollen der westlichen Nationalstaaten können Einwanderung nicht verhindern. Vielmehr zwingt es Menschen, sich aufgrund der zunehmend enger werdenden legalen Migrationspfade neuer Migrationsstrategien zu bedienen, etwa durch die Inanspruchnahme von Schleuser_innen oder

der Inkaufnahme immer längerer und gefährlicherer Fluchtrouten, wie etwa die über das Mittelmeer (Heck 2004, S. 129; Hazibar 2009, S. 41). So hat sich durch die zunehmenden Beschränkungen und Befristungen von Aufenthalten im Kontext restriktiver Migrationspolitiken „eine breite Palette von mobilen, pendelnden und vielfach undokumentierten Migrationspraxen" herausgebildet (Hess 2001, S. 207).

Die Voraussetzungen nationaler Zugehörigkeit sind in einer, wie dies Jürgen Habermas (1998) nennt, „postnationalen Konstellation" weitgehend unhaltbar geworden. Gesellschaft ist in vielfacher Hinsicht Weltgesellschaft: nicht zuletzt durch kulturelle Austauschbeziehungen zwischen den Herkunfts- und Zielregionen (auch als Erbe des Kolonialismus) sind grenzüberschreitende Wanderungen zum Normalfall geworden und die immer noch national verfassten Subgesellschaften sind durch Kommunikations- und Mobilitätstechnologien heute mehr denn je sozial divers und miteinander verwachsen. Die (Wieder-) Errichtung von Grenzzäunen und -kontrollen innerhalb der EU und entlang der Balkanroute seit Herbst und Winter 2015/16, an der Österreich federführend beteiligt war und ist[5], hat deutlich gezeigt, dass erst die nationalstaatliche Territorialisierungsnorm, die nach einer nationalen Vereinheitlichung von Raum, Gesellschaft und Kultur strebt –, Migration bzw. nationale Grenzüberschreitung als Problem hervorbringen. Eine kritische Migrations- bzw. Grenzregimeforschung trägt dieser Bedingung zusehends Rechnung (Gatt et al. 2016).

4.5 Zur Intersektion von Gechlechterwissen und Rassistischem Wissen

Insbesondere seit dem *langen Sommer der Migration* ist die Zahl an Publikationen, die sich mit (irregulärer) Migration befassen, schlagartig angewachsen. Bis dahin lag der thematische Fokus der meisten Arbeiten der Migrationsforschung vor allem auf Migrant_innen mit legalem Aufenthaltsstatus und etablierten, institutionalisierten Akteur_innen (Schwenken 2006, S. 14–16). In Politikbereichen und im Alltagsdiskurs ist irreguläre Migration spätestens seit dem Zerfall und der Entstehung neuer Staaten in Osteuropa und dem ehemaligen Jugoslawien Ende der 1980er und Anfang der 90er Jahre zu einem breit diskutierten und

[5] Man denke an die regelmäßigen Treffen der österreichischen Innenminister mit (süd-) osteuropäischen Ländern, um bilaterale Abkommen zu schließen, die den Verteilungsschlüssel der EU hintergehen.

kontroversen Thema geworden (Kratzmann 2007, S. 24). Das verspätete wissenschaftliche Interesse an der Analyse der Phänomene der FluchtMigration kann vor allem für den sogenannten deutschsprachigen Raum konstatiert werden (Hazibar 2009, S. 22). In den USA und den europäischen Mittelmeerländern, die aufgrund ihrer geographischen Lage eine besondere Rolle einnehmen, findet eine deutlich längere, auch wissenschaftliche Auseinandersetzung mit dem Phänomen der irregulären Migration statt (Kratzmann 2007, S. 25). Anders als in den sich selbst als Einwanderungsland definierenden Einwanderungsland USA, wo Migration seit den 1920er Jahren ein bedeutsames Thema darstellt, begegnen Politik und Forschung in Österreich und Europa den mit FluchtMigration verbundenen Phänomenen erst ab den 1970er und 80er Jahren, zu einer Zeit als die in den 1960er Jahren angeworbenen Arbeitsmigrant_innen in Folge des Endes des sogenannten Wirtschaftswunders als Problemgruppe entdeckt werden (Preglau 2008, S. 57–58).

Seit dem Diskursereignis *Kölner Silvesternacht* 2015/16 rücken nun auch verstärkt Frauen und die Kategorie Geschlecht in den Aufmerksamkeitsfokus der Migrations- und Fluchtforschung. Das verstärkte wissenschaftliche Interesse an der geschlechtsspezifischen Bearbeitung von FluchtMigration verweist auf eine gesteigerte alltagsweltliche Wahrnehmung sowie mediale und politische Aufmerksamkeitsökonomien, die die gewalttätigen Übergriffe auf Frauen in der Silvesternacht 2015/16 in Köln und anderen deutschen und österreichischen Städten vielfach in Zusammenhang mit den Fluchtbewegungen des vorangegangenen Sommers brachten. Insbesondere in den großen, meinungsbildenden Medien zielte die Berichterstattung auf das Täterprofil *männlich* und *nordafrikanisch* ab (Neuhauser et al. 2016). Die Bedrohungsszenarien, die in Zusammenhang mit Flucht- und Migrationsbewegungen medial und politisch konstruiert wurden, bildeten vielfach die Grundlage für politische Restriktionen: beispielsweise wurden in einigen österreichischen Gemeinden Hausverbote für Geflüchtete in Schwimmbädern oder Gaststätten erlassen, Wertekurse angeordnet, Sozialleistungen gekürzt und das Asylgesetz vorübergehend durch Notstandsverordnungen außer Kraft gesetzt (Hazibar & Maldoner-Jäger 2016); ebenso wie 2018 das Integrationsresort mit dem Frauenresort zusammengebracht und damit die Vorstellung von der besonderen Gefahr, die von den als rückständig und mit westlichen Werten unvertraut konstruierten *fremden Männern* gegenüber *autochthonen* Frauen ausginge, weiter bestärkt wurde. Dabei wurde der öffentliche Raum als ein Ort konstruiert, der für Frauen aufgrund der Anwesenheit der *anderen Männer* als gefährlich betrachtet wurde. Ein Ort, an dem Frauen vor der vermeintlichen Bedrohung durch die Präsenz der *Anderen* geschützt werden müssten. Auf diese

Weise wird die Gewalt, die an vielen Orten gegen Frauen verübt wird, externalisiert, ethnisiert und den als bedrohlich wahrgenommenen *anderen* Männern zugeschrieben (ebd.). Mit Blick auf Gewaltstatistiken korrigiert sich das Bild jedoch. Die ausschließliche Thematisierung mit der Herkunft der Männer verhindert eine differenzierte Auseinandersetzung mit Gewalt gegen Frauen. Vielmehr führt eine solche Fokussierung dazu, Gewalt gegen Frauen insgesamt zu dethematisieren und zu bagatellisieren. Hier sei zum Beispiel auf die Mord- und Vergewaltigungsdrohungen gegen Geschlechterforscher_innen, die von rechten Gruppierungen in sozialen Netzwerken verbreitet wurden, verwiesen oder auf das zunehmende Erstarken rechtsterroristischer, christlich-fundamentalistischer frauen- und LGBTIQ + -feindlicher Tendenzen (ebd.). Genannt seien hier auch die sexuellen Übergriffe auf geflüchtete Frauen in Flüchtlingsunterkünften in Deutschland durch das dortige Wach- und Sicherheitspersonal (ebd.).

Seit den Ereignissen in der Kölner Silvesternacht konnte vermehrt eine rassistische Gleichsetzung von Gewalt, Männlichkeit und Migration in öffentlichen und politischen Diskussionen sowie in alltagsnahen Gesprächen und der medialen Berichterstattung wahrgenommen werden (ebd.). Besonders deutlich zeigte sich dies in der rassistischen Bildsprache großer meinungsbildender Nachrichtenmagazine, in denen etwa ein weißer, als rein markierter Frauenkörper zu sehen war, der von schwarzen Händen begrapscht wurde (ebd.). Indem die männlichen Geflüchteten als besonders zahlreich und aggressiv beschrieben wurden, trug die mediale Verbreitung der Bilder der Ankunft vor allem junger, männlicher Geflüchteter zur Wahrnehmung ihrer Anwesenheit als öffentliches Problem bei. Auf diese Weise beförderten sie Ängste, die in der Figur des bedrohlichen Fremden, dem Orientalen, der ganz und gar anders zu sein hat als ‚wir' gipfeln. „Die Wucht, mit der das Sprechen über ‚arabische bzw. nordafrikanische Männer' im öffentlichen Raum aufgetreten ist, lässt sich", so Arzu Çiçek und Astrid Messerschmidt, möglicherweise damit erklären, dass „die orientalistische Projektion [...] eigene nicht erfüllte Sehnsüchte nach dem Genießen weiblicher Körper auf einen männlichen Repräsentanten, der ‚nicht ich' ist – kulturell fremd und geografisch fern" übertragen wird (2018, S. 119).

In Anschluss an *Köln* wurde nicht nur der Schutz der Frauen vor dem Zugriff der *anderen Männer* zum Thema, sondern auch der Schutz anderer diskriminierter Gruppen wie etwa Homosexuelle. Homonationalismus, ein von der Geschlechterforscherin Jasbir Puar (2007) geprägter Begriff, beschreibt die Vereinnahmung der Forderung von LGBTIQ + -Rechten zu nationalistischen Zwecken. Im Wahlkampf um das Berliner Stadtparlament warb etwa die rechtsextreme AfD im Sommer nach der Kölner Silvesternacht mit Plakaten, auf denen zwei Männer zu sehen waren mit folgendem Bildtext: „Mein Partner und ich legen keinen Wert auf die Bekanntschaft mit muslimischen Einwanderern, für die unsere Liebe eine Todsünde ist“. Im Bild und im Bildtext wurde die Botschaft transportiert, dass die Einstellung, Homosexualität sei eine Todsünde, ein Problem ausschließlich muslimischer Einwanderung sei. Die Verlagerung frauen- und queerfeindlicher Einstellungen in ein imaginiertes Außen ermögliche es, so Çiçek und Messerschmidt (2018), den nationalen Innenraum als rein und unschuldig zu entwerfen. Sein Machtanspruch leitet sich auch daraus ab, dass er für sich beansprucht, die Emanzipation der Frauen und der Homosexuellen längst realisiert zu haben. Geschlecht wird dabei zu einem Instrument nationaler Selbstvergewisserung (ebd.). Die migrationsfeindliche Vereinnahmung orientalistischer Männlichkeitsbilder führt zu einer „identitären Abgrenzung“, in der der „fremde Mann als Täterfigur, der national zugehörigen und somit unausgesprochen weißen Frau entgegengestellt“ wird (Çiçek & Messerschmidt 2018, S. 119; Messerschmidt 2016).

Die Gegenüberstellung von männlicher Täterschaft und weiblicher Vulnerabilität im Diskurs über die vermeintliche Gefährdung des öffentlichen Raums durch männliche Geflüchtete bedient sich eines traditionellen Geschlechterwissens. Das sogenannte Gefahrenpotenzial männlicher Geflüchteter im hegemonialen Diskurs erklärt sich nicht allein durch ihr Geschlecht, sondern – so Johanna Neuhauser, Sabine Hess und Helen Schwenken (2016, S. 180) – erst in Verbindung mit ihrer sogenannten kulturellen Herkunft. In ihrem Aussatz zur Über- und Unterbelichtung von Geschlecht in fluchtbezogenen Diskursen stellen die Autor_innen dem Geschlechterwissen die Dimension des rassistischen Wissens zur Seite. In Anschluss an Foucaults Konzeption von Macht/Wissen-Komplexen und Berger & Luckmanns wissenssoziologischen Grundlegungen entwickelt Mark Terkessidis (1998) das Konzept des rassistischen Wissens, das als ein verinnerlichtes Wissen die Art und Weise bestimmt, wie Menschen ihre Lebenswirklichkeit sinnvoll ordnen und ihr Bedeutung zuweisen, andere Menschen kategorisieren und als Begründung für ihr vermeintliches So-Sein einsetzen. Das rassistische Wissen versteht Terkessidis dabei als eine die gesamte Gesellschaft durchwirkende, hegemoniale Wissensform, das seine Bedeutung in den gesellschaftlichen Institutionen wie dem Arbeitsmarkt, dem Bildungswesen oder der Staatsbürger_innenschaft entfaltet. Das rassistische Wissen bedient sich dabei der Prozesse der Rassifizierung, Hierarchisierung und Stereotypisierung. Mittels bestimmter Merkmale wird zunächst eine Gruppe von Menschen als natürliche Gruppe festgelegt. Gleichzeitig wird *die Natur* dieser Gruppe ins Verhältnis zur eigenen Gruppe gesetzt (ebd. 1998, S. 77). Das heißt, Menschen werden entlang vermeintlich natürlicher, sozialer, kultureller oder imaginärer Merkmale differenziert, um sie dann in einem nächsten Schritt in Kategorien der Unter- oder

Überordnung zu hierarchisieren. Als solche mit Bedeutung aufgeladenen sichtbaren oder unsichtbaren Merkmale fungieren bspw. religiöse Praktiken, Sprache, Kleidung und Symbole wie das Kopftuch oder die Hautfarbe. Als vermeintliches Indiz für die *Abstammung* und Gruppenzugehörigkeit einer Person erhalten diese Markierungen analytischen Wert und universale Gültigkeit. Im Vorgang der Stereotypisierung werden mit den Kategorisierungsmarkern „kollektive »Kulturen«, »Mentalitäten«, »Intelligenz«, charakterliche Eigenschaften, Fähigkeiten, Verhaltensweisen usw. so verknüpft, dass diese kollektiven Eigenschaften als natürliches Wesen der konstruierten Gruppen erscheinen" (Seng & Warrach 2020, S. 9). Stereotypisierung bringt die *Anderen* im Verhältnis zum *Eigenen* als *abweichend*, *gewalttätig* und *sexuell übergriffig* hervor, worüber das eigene Selbstbild als implizite Norm stabilisiert wird (ebd.). Stereotypisierung bedient sich dabei aber nicht ausschließlich negativ konnotierter Eigenschaften, so wird der *Andere* auch in Form von Exotisierung und Idealisierung repräsentiert, wie dies Stuart Hall (2004) in seinem Aufsatz „Das Spektakel des Anderen" eindrucksvoll aufzeigt.

In der medialen und politischen Diskursivierung von FluchtMigration zeigt sich die Überlagerung von Geschlechterwissen und rassistischem Wissen besonders deutlich in der Verknüpfung der seit der Aufklärung typischen Geschlechterkodierung von weiblich und männlich mit der grundlegenden und hierarchischen Unterscheidung zwischen dem *Eigenen* und dem *Anderen* (Terkessidis 1998; Neuhauser et al. 2016). Während Passivität, Opferschaft und Verwundbarkeit als weiblich und damit besonders schützenswert assoziiert wird, trifft dies nicht auf die Negativfolie zu diesem Bild zu, das männlich konnotierte FluchtMigration in Begriffen von Täterschaft, Gefährdung, Aktivität übersetzt. Die Entgegensetzung von weiblich konnotierter und männlich assoziierter FluchtMigration gipfelt in der prototypischen Konstruktion von „victims and villains" (Massol de Rebetz 2020, S. 52). Vor dem Hintergrund der diskursiven Verschränkung von Geschlecht, FluchtMigration und Sicherheit wird ersichtlich, wie die unterschiedlichen gesellschaftlichen Akteur_innen „in verschiedenen Praxisfeldern symbolische Kämpfe um die Legitimität bzw. Dominanz von Deutungen und Klassifizierungen sozialer Wirklichkeit [führen], sodass die Verfügung über verschiedene Formen von [Differenz-]Wissen zu einer strategischen Ressource [...] dafür werden kann, politische, berufliche u. a. Positionen zu sichern bzw. zu verbessern" (Dölling 2005, S. 50). Vor allem in Zeiten erhöhter Aufmerksamkeiten in Bezug auf FluchtMigration finden diese Zuschreibungen an den fremden Mann/ die fremde Frau Anklang. Stereotypisierung dient dabei als politische Strategie, um die Debatte zu Einwanderung zu verschärfen und anzuheizen. Der Ruf nach einem stärkeren staatlichen Eingreifen, der Resultat dieses Diskurses ist, wird begleitet von Forderungen nach erleichterten Abschiebungen, erschwerten Einreisebedingungen etc. Dies geschieht letztlich im Rahmen eines Bedrohungsszenarios, das Flucht und Migration als Sicherheitsrisiko darstellt, dem mit verstärkter staatlicher Kontrolle begegnet werden müsse (Castro Varela & Dhawan 2016, S. 25).

Die eingewanderten Frauen wurden demgegenüber vor allem als Opfer des Migrationsprozesses beschrieben und damit als eine potentielle sozialpädagogische Klientel entdeckt (Apostolidou 1980). 1986 erscheint ein an die pädagogisch-beraterische Praxis gerichteter Sammelband unter dem Titel „Ausländerberatung" (Jaede & Portera 1986). Einer der darin versammelten Beiträge beschäftigt sich mit der sogenannten „*spanischsprachigen Frau*". Wer damit gemeint ist, ob es sich auf eine bestimmte geographische Herkunft oder die tatsächlich gesprochene Sprache bezieht, bleibt unbeantwortet. Die *spanischsprachige Frau* als Synonym für *das signifikant Andere* reicht offenbar, um ihren Status als die der *autochthonen, hochentwickelten* entgegengesetzten Frau zu markieren. Im Beitrag, der hier auszugsweise zitiert wird, wird ein Bild dieser *anderen Frau* gezeichnet, das sie als abhängig, unterwürfig, gar identitätslos erscheinen lässt.

> „Die spanischsprachige Frau lebt in einem festen Gefüge moralischer, sozialer und religiöser Normen. Ihre extreme Abhängigkeit von Gesellschaftsnormen gründet nicht auf einem freiwilligen, bewußten Entschluß. Sie entwickelt kein eigenes Gedankengut, [...], sie ist für ihren Lebensunterhalt vom Mann abhängig, und sie gehört nicht nur zu ihm, sie gehört ihm. Mehr als durch die gemeinsamen Merkmale, die sie mit den Frauen in hochentwickelten Ländern teilen mag, zeichnet sich die spanischsprachige Frau dadurch aus, daß sie leicht im gemeinschaftlichen Wir untertaucht, das ihr nicht erlaubt, Ich zu sein. Sie ist nicht sie selbst, sondern das, was die Gesellschaft, in der sie lebt, von ihr erwartet. [...] Um in ihrer Gemeinde als ‚gute Frau' zu gelten, nimmt sie es auf sich, abends nicht alleine auszugehen, nur minderwertige Arbeiten zu verrichten, keiner politischen Vereinigung anzugehören. Die ‚andere' ist ihre potentielle Feindin, der man mißtrauen muß, denn sie ist klatschsüchtig und womöglich darauf aus, den Ehemann oder den Verlobten auszuspannen. [...] Aus diesen und anderen Gründen spreche ich vom ‚undifferenzierten Wir' der spanischsprachigen Frauen. Sie besitzen keine ausgeprägte Identität". (de Laskowski 1986, S. 166)

Die Ausführungen verweisen nicht nur auf ein Geschlechterwissen, indem Frauen und Männer einander kontrastiv und stereotyp gegenüberstehen. Vielmehr verschiebt sich der Diskurs über die vermeintlich naturgegebene Gegensätzlichkeit von Frau und Mann auf einen Diskurs über die in vermeintlich besonders patriarchal dominierten Gesellschaften traditionelle Entgegensetzung von migrantischem Mann und migrantischer Frau und damit implizit (oder explizit) auf einen femonationalistischen Diskurs über diejenigen mit patriarchalen und denjenigen mit emanzipatorischen Geschlechterbeziehungen. Die stereotypen Darstellungen von Migrantinnen basieren auf der Vorstellung eines Dualismus von Tradition und Moderne sowohl in den Herkunfts- als auch in den Zielländern: Auf der einen Seite eine *westliche, hochtechnisierte Industrienation,* der auf der anderen Seite die Herkunftsländer als *rückständig, unzivilisiert, archaisch und traditionell patriarchal* in Bezug auf Geschlechterfragen entgegengestellt wurden (Huth-Hildebrandt 2002, S. 100). Entlang dieses *Modernitäts-Differenz-Paradigmas* wurde vielfach die Lebensrealität von Migrantinnen im Einwanderungsland beschrieben (Hazibar 2009, S. 12).

Das Buch Ausländerberatung steht hier exemplarisch für eine Reihe an Texten, die in den 1980er Jahren erscheinen und die nicht unwesentlich an der Popularisierung des Stereotyps *der Migrantin* (im Singular) mitwirken. Während die spezifischen Lebensumstände von Migrantinnen zunehmend Beachtung in den Erziehungs- und Geisteswissenschaften finden, greifen viele Studien auf bereits etablierte Bilder *der anderen Frau* zurück. Sedef Gümen (1998) und Christine Huth-Hildebrandt (Huth-Hildebrandt 2003, S. 93–95) beschreiben, wie in dieser Zeit Studien und Bildbände über das Leben von Frauen in ihren Herkunftskontexten – vornehmlich der Türkei – entstehen und Frauen darin in den immergleichen stereotypen Bildern portraitieren, ebenso wie sie die Geschlechter- und Familienbeziehungen *der Anderen* fortwährend in den Themen Geschlechtersegregation, Ehre, etc. abhandeln. Ausgehend von einer Kulturdefizitperspektive werden die zugewanderten Frauen aus den Anwerbeländern in zahlreichen Publikationen mit klischeehaften Darstellungen konfrontiert (Gümen 1996, S. 82). Indem sie sich auf vermeintliche Defizite wie die oft zugeschriebene mangelnde Ausbildung von Migrantinnen oder das Fehlen deutscher Sprachkenntnisse und die Annahme einer universellen Unterdrückung und Unterordnung muslimischer Frauen stützen, bleiben diese Veröffentlichungen zwangsläufig reduktionistisch (Hazibar 2009, S. 12).

Zur gleichen Zeit entstehen in vielen Städten Beratungsangebote, deren formuliertes Ziel es ist, Migrantinnen aus der ihnen zugeschriebenen Ohnmacht und Abhängigkeit zu befreien und sie in ihrer *Emanzipation zu unterstützen.* Huth-Hildebrandt (2003, S. 95) beschreibt, wie diese Einrichtungen aus unterschiedlichen Initiativen und Institutionen heraus entstanden sind, als wissenschaftlich begleitete Modellversuche oder dem Engagement einzelner. Gemeinsam ist ihnen jedoch die Annahme, Migrantinnen seien die besonderen Opfer des Patriarchats, die der Hilfe der deutschen Sozialpädagoginnen bedürfen. Wenngleich in Deutschland aufgewachsene migrantisierte Frauen in die Projektarbeit miteinbezogen wurden, oblag die Leitung ausschließlich den deutschen Frauen (ebd., S. 96). Auch wenn die in der Beratung tätigen Sozialpädagoginnen jener Zeit das stereotype Bild der unterdrückten, migrantischen (heute vor allem muslimisch assoziierten) Frau verstärkt haben, greifen sie jedoch – so Huth-Hildebrandt

(2003) – auf Bilder zurück, die längst vorhanden sind. Angesichts zahlreicher vorheriger Veröffentlichungen korrigiert sich die Vorstellung von der *Entdeckung der Migrantin* in den 1980er Jahren. Vielmehr greift bereits in den 1960er Jahren das Bild *der unzivilisierten, körperlich Anderen*, in einer Zeit als die Anwesenheit von Migrantinnen in der Öffentlichkeit (noch) nicht wahrgenommen wurde. Während es zu Geschlecht als solchem keine direkte wissenschaftliche Auseinandersetzung gab, wurde andererseits das Geschlechterverhältnis herangezogen, um vermeintliche kulturelle Unterschiede zu begründen (Hazibar 2009, S. 13). Huth-Hildebrandt begegnet damit auch der unter anderem von Radtke und Diehm (1999) formulierten These, dass es vor allem die Sozialpädagogik sei, die an der Entstehung des Bildes der Migrantin mitgewirkt habe, die in der Zeichnung der Opferfigur, dazu neige „die Probleme ihrer potentiellen Klientel dramatisierend zu vergröbern, um damit die Bedeutung der eigenen Arbeit zu unterstreichen" (Diehm & Radtke 1999, S. 76). Vor dem Hintergrund vereinseitigter Vorstellungen wurde noch bevor die Pädagogik *die Migrantin als besonders bedürftige Klientin* geschaffen hat (ebd., S. 90–91), ein Bild von Frauen konstruiert, das sie „mittels biologistisch-kulturalistischer Begründungen [...] einem *niederen Kulturkreis"* (Huth-Hildebrant 2002, S. 103; Herv. i. O.) zuordnete und aufgrund patriarchaler Geschlechterbeziehungen *„als dem Manne untergeordnet"* platzierte. Auch wenn sich nur wenige Texte dieser Zeit explizit auf Frauen beziehen, wird das Bild der Migrantin bereits zu jener Zeit mit biologistischen und kulturalistischen Annahmen verknüpft (Hazibar 2009, S. 8). So trugen etwa medizinisch-psychiatrische Studien (etwa von Risso & Böker 1964) nicht unwesentlich dazu bei, wie auf Migration und Geschlechterverhältnisse in späteren sowohl wissenschaftlichen als auch pädagogisch-professionellen Kontexten Bezug genommen werden sollte.

Huth-Hildebrandt (2002, S. 102) zeigt auf, wie sich die Debatte um vermeintliche körperliche Unterschiede Ende der 1970er Jahre auf eine Debatte um *mentale* Unterschiede verschiebt. Als Begründungen für die angenommene körperliche Verschiedenheit der Frauen wird nun auf deren *„psychologische, soziale, religiöse sowie rassisch-geographische Besonderheiten"* (Beck et al. 1971) verwiesen. „Diese Vorstellung eines zivilisatorischen Stufenmodells legitimiert wiederum, in Untersuchungen erneut nachzuprüfen, ob nicht doch körperliche Verschiedenheiten vorherrschend seien" (Huth-Hildebrandt 2002, S. 103). Somit wird gegen Ende einer Zeit, in der migrationsgesellschaftliche Phänomene kaum, und wenn, dann defizitär in den Blick geraten „eine Brücke von der biologistisch-rassistischen hin zu einer kulturalistisch-rassistischen Argumentation geschlagen, wobei das biologische Denken nicht einfach abgelöst wird" (ebd.), sondern durch die Rede über die angebliche *Kulturgebundenheit der Anderen* ersetzt wird.

Methodisches Design 5

Dieses Kapitel bildet den Prozess und das methodologische Umfeld ab, in dem die Forschung angesiedelt ist. Zunächst werden die Bedeutung und Spezifika des gewählten Erhebungsverfahrens theoriegenerierender Expert_inneninterviews erläutert. Es wird der Begriff des Deutungswissens im Umfeld des Expert_innenwissens ausgearbeitet und in Beziehung zum symbolischen Raum des Interviews sowie zu der in Kapitel drei und vier vorausgehenden theoretischen Begriffsarbeit gesetzt. In Entlehnung einzelner Werkzeuge interpretativer Verfahren wird ein Auswertungskonzept entwickelt, das im letzten Abschnitt vorgestellt wird. Schließlich werden die Herausforderungen im Zugang zum Feld, der Interviewkommunikation, Interpretation und Darstellung diskutiert, die sich an eine Forschung stellen, die am Prinzip der Offenheit orientiert, nicht vorausschauend geplant werden und nur bedingt die im Prozess auftretenden Herausforderungen antizipieren kann.

5.1 Rekonstruktive Sozialforschung

Die vorliegende Forschung beruht auf dem methodologischen Grundverständnis qualitativer bzw. rekonstruktiver Sozialforschung, das nach Wilson (1973) als interpretatives Paradigma bezeichnet werden kann. Qualitativ ausgerichteter Forschung geht es darum, „die Prozesse der Sinnstiftung und Bedeutungsaushandlung von bzw. zwischen Individuen“ (Mecheril & Rose 2012, S. 118) zu rekonstruieren, durch die soziale Wirklichkeit hergestellt wird. Soziale Wirklichkeit bzw. der Gegenstandsbereich der Forschung wird daher nicht als objektiv

K. Hazibar, *Im Wissen um die Anderen*,
https://doi.org/10.1007/978-3-658-50658-2_5

vorgegeben aufgefasst, sondern als durch Interpretationsleistungen und Bedeutungszuweisung konstruiert verstanden (Berger & Luckmann 2013). Als eine grundlagentheoretische Position, geht das interpretative Paradigma davon aus, dass jede Form von „Interaktion ein interpretativer Prozeß ist, in dem die Handelnden sich aufeinander beziehen durch sinngebende Deutungen dessen, was der andere tut oder tun könnte" (Matthes, 1976, S. 201).

Wenn also Deutungen die gesellschaftliche Konstruktion der Wirklichkeit formen (Berger & Luckmann 2013), so ergibt sich daraus die methodologische Konsequenz, auch die Theorierevision über diesen Gegenstandsbereich als interpretativ-rekonstruktiven Prozess anzulegen (Lamnek & Krell 2016, S. 44). Dies beinhaltet einen systematisch offenen Zugang zum untersuchten Themenbereich, der die Entdeckung von Neuem ermöglicht. Die Fallauswahl erfolgt im rekursiven Wechsel zwischen Datenerhebung, Datenauswertung und Theorierevision anhand theoretischer Kriterien mit dem Ziel eines systematischen Fallvergleichs (Kleemann et al. 2013, S. 14). Grundlage und Ausgangspunkt der Interpretation bilden die die soziale Wirklichkeit dokumentierenden textförmigen Daten. Qualitativer Sozialforschung im engeren Sinne geht es dementsprechend „um eine Logik des Entdeckens, das heißt der Generierung von Hypothesen bis hin zu gegenstandsbezogenen Theorien" (Rosenthal 2015, S. 13), die eine gewisse Distanz gegenüber bereits etablierten Annahmen bewahrt.

Methodologisch ist die Untersuchung an der theoriegenerativen Maxime der Grounded Theory orientiert (etwa Glaser & Strauss 2010). Anselm Strauss (2004) nennt drei grundlegende Essentials, die zum Einsatz gelangen müssen, um von einem Grounded Theory geleiteten Vorgehen sprechen zu können:

> „Erstens die Art des Kodierens. Das Kodieren ist theoretisch, es dient also nicht bloß der Klassifikation oder Beschreibung der Phänomene. Es werden theoretische Konzepte gebildet, die einen Erklärungswert für die untersuchten Phänomene besitzen. Das Zweite ist das theoretische Sampling … [das heißt], dass es darauf ankommt, schon nach dem ersten Interview mit der Auswertung zu beginnen, Memos zu schreiben und Hypothesen zu formulieren, die dann die Auswahl der nächsten Interviewpartner nahelegen. Und das Dritte sind die Vergleiche, die zwischen den Phänomenen und Kontexten gezogen werden und aus denen erst die theoretischen Konzepte erwachsen". (Legewie & Schervier-Legewie 2004)

Die Bedeutung der Grounded Theory im Rahmen dieser Untersuchung besteht jedoch weniger darin, ein elaboriertes Design für die Forschung zu liefern als vielmehr darin, einen bestimmten Zugang zur sozialen Welt zu markieren. Als offener, sinnverstehender Zugang, der sich im Rahmen interpretativ-rekonstruktiver Sozialforschung verorten lässt, kommt die Grounded Theory

Methodologie in der vorliegenden Untersuchung im Sinne eines Forschungsstils, einer Forschungshaltung und weniger im Sinne einer konkreten Auswertungsmethode zum Einsatz (Mey & Mruck 2011, S. 22). So folgt die Forschungsanlage nicht deren Grundhaltung einer theorielosen Annäherung an den zu untersuchenden Gegenstand und ebenso wenig einem ausschließlichen, an der Grounded Theory orientierten methodischen Vorgehen. Vielmehr wird in der Auswertung und auf der Ebene der Darstellung auf zwei grundlegende Formen der Auswertung qualitativer Daten zurückgegriffen: auf die „die Kodierung von Material mit dem Ziel der Kategorisierung und/oder Theoriebildung" einerseits und sequentielle Analysen „mit dem Ziel der Rekonstruktion der Fallstruktur" andererseits (Flick 1995, S. 196).

In Abgrenzung zu einem deduktiven Vorgehen in der Theorierevision, das sich an einem naturwissenschaftlichen Ideal orientiert, folgt die Grounded Theory ebenso wie die Interpretation des Einzelfalls einem induktiven Ansatz, der auf der Basis von Einzelbefunden zu generalisierenden Aussagen gelangt (Bogner et al. 2014). Das Interesse richtet sich auf die Rekonstruktion überindividueller, gesellschaftlicher Sinn- und Deutungsmuster. Die GeWissheiten und Ansichten der Berater_innen, die Aufschluss über die handlungsrelevanten Wissensbestände des Feldes geben, werden dabei anhand von theoriegenerierenden Expert_inneninterviews untersucht. Die Annäherung an den Untersuchungsgegenstand „Deutungswissen von Berater_innen und Beratungsstellenleiter_innen in der Erziehungsberatung als Hinweis auf umfassendere gesellschaftliche Wissensordnungen und Handlungsorientierungen im Feld der Erziehungsberatung" soll damit im Rahmen eines Forschungsansatzes geschehen, der gleichzeitig offen und theoriegeleitet ist und der als „spiralförmige Hin- und Herbewegung zwischen theoretisch angeleiteter Empirie und empirisch gewonnener Theorie" (Dausien 1996, S. 93) beschreibbar ist. Dieses Prinzip strukturiert den Forschungsprozess, indem es Datenerhebung und -auswertung verknüpft und es somit möglich macht, Vorwissen im Forschungsprozess zu differenzieren und zu revidieren. Das bedeutet zum Beispiel, dass Erkenntnisse aufgrund erster Datenauswertungen wieder in die Auswahl weiterer Kontexte einfließen. Ebenso ist umgekehrt der Prozess der Theoriegenerierung von diesem sukzessiven Vorgehen geprägt: Theoretische Konzepte (etwa das Wissen um allgemeine und beratungsspezifische Widerspruchsstrukturen pädagogischen Handelns) gehen als sensibilisierende Konzepte in den Forschungsprozess ein und werden im Laufe des Forschungsprozesses differenziert oder revidiert. Als Resultat der beständigen *Hin- und Herbewegung* zwischen theoriegeleiteten Hypothesen und empirischem Material wurde der Begriff des *Differenzwissens* ausgearbeitet und für die Interpretation der Interviewdaten methodisch eingesetzt, um den Differenzsetzungen in den Äußerungen der Interviewpartner_innen, ihrer Voraussetzungen, Bedingungen und institutionell verankerten Bedeutungsstrukturen *verstehend* (Bourdieu 2005) nachzugehen.

5.2 Theoriegenerierende Expert_inneninterviews

Wenngleich Expert_inneninterviews in den unterschiedlichen sozialwissenschaftlichen Disziplinen längst zur Grundausstattung qualitativer Forschung gehören, so ist ihr Einsatz dennoch weiterhin nicht unumstritten. Dies zeigt sich umso mehr, wenn Expert_inneninterviews als eigenständige Methode und nicht im Rahmen ergänzender Erhebungen zum Einsatz kommen. Dies hat vermutlich damit zu tun, dass Expert_inneninterviews zwar vielfach in der Praxis zur Anwendung kamen, die Reflexion des Stellenwertes und der methodischen Herausforderungen aber lange Zeit eine nachgeordnete Rolle spielte (etwa Bogner & Menz 2001; Meuser & Nagel 2008).

Mittlerweile jedoch scheint diese Methode der Datenerhebung innerhalb der sogenannten deutschsprachigen qualitativ orientierten Forschungscommunity an Legitimität zu gewinnen und Eingang in Methodentreffen und Methodenlehrbücher (etwa Bohnsack, Marotzki & Meuser 2010) zu finden. Wichtige methodologische Reflexionen liefern etwa Ulrike Nagel und Michael Meuser (1994; 2005; 2008; 2013), Jochen Gläser & Grit Laudel (2004), Michaela Pfadenhauer (2007), Alexander Bogner & Wolfgang Menz (2001) und Beate Littig, Bogner & Menz (2014). Einigkeit finden die unterschiedlichen Beiträge in der Funktion von Expert_inneninterviews: sie alle zielen letztlich auf die Rekonstruktion von Expert_innenwissen ab. Wie dieses konzipiert wird, ob als eine Art gesonderten Wissens, ob als explizit oder implizit vorrätiges, ist inkonsistent und wird im Folgenden überblicksartig abgebildet.

Bogner und Menz (2001, S. 479) unternehmen den Versuch einer Differenzierung der in Methodendebatten dominanten Formen von Expert_inneninterviews in Abhängigkeit ihrer Erkenntnis leitenden Funktion. Insbesondere im Rückgriff auf Meusers und Nagels (1994; 2005; 2013) Arbeiten unterscheiden sie das „explorative", das „theoriegenerierende" und das „systematisierende" Interview (ebd.), wobei sich Spezifika der einen Form in den anderen wiederfinden können.

Explorative Interviews kommen in sogenannten Voraberhebungen zum Einsatz in der Funktion, das Forschungsfeld zu erschließen, sich darin zu orientieren und den Leitfaden und Gegenstand zu explizieren.

Das *systematisierende* Interview zielt vor allem auf Informationsgewinnung ab. Der_die Interviewpartner_in taucht hier in der Figur eines_er Ratgebers_in auf, der_die über ein bestimmtes, den Forschenden nicht zugängliches Fachwissen verfügt und über vermeintlich objektive Tatbestände aufzuklären vermag.

Die dritte Interviewform, die Bogner und Menz spezifizieren, ist jene Form des Expert_inneninterviews, das durch Meuser und Nagel (1994; 2005; 2013) methodisch-methodologisch begründet wurde. Das *theoriegenerierende Interview* hebt nicht mehr auf Information, Abklärung und Exploration des Forschungsfeldes ab, vielmehr steht die „kommunikative Erschließung und analytische Rekonstruktion der subjektiven Dimension' des Expert_innenwissens" im Mittelpunkt (Bogner & Menz 2001, S. 480). Ausgangspunkt der Theoretisierung bilden hier die subjektiven, impliziten Handlungs- und Entscheidungsorientierungen der Expert_innen aus bestimmten fachlichen Funktionsbereichen (ebd.).

Die innerhalb dieser Forschungsarbeit zum Einsatz kommende Variante des Expert_inneninterviews lässt sich innerhalb der rekonstruktiven Sozialforschung verorten. Im Unterschied zu Expert_inneninterviews, die in erster Linie darauf abzielen, Kontextwissen zu erschließen, werden hier die subjektiven Deutungen und Interpretationen in ihrer diskursiven und sozialräumlichen Einbindung der Interviewten erhoben und rekonstruiert. Diese Form des Expert_inneninterviews ist explizit im „interpretativen Paradigma" nach Wilson (1973) anzusiedeln. Entsprechend dieser methodologischen Verortung lässt sich der Gegenstand der Bearbeitung nicht als sozialer Tatbestand verstehen, ebenso wenig wie die Produktion von Wissen über diesen als Ergebnis einer objektiven Erfassung verstanden werden kann (Durkheim 1961; Bogner & Menz 2001). „Vielmehr korrespondiert dieser Haltung eine wissenssoziologische Perspektive, die die soziale Realität als durch Interpretationshandlungen hergestellte Konstruktion von Wirklichkeit begreift und wissenschaftliche Forschung, die die soziale Ordnung auf der Grundlage von Bedeutungen und Relevanzen analysiert, als aktiv-konstruktiven Herstellungsprozess" (Schütz 1971; zit. n. Bogner & Menz 2001, S. 478).

5.2.1 Wer gilt als Experte_in?

Im Gegensatz zu anderen qualitativen Erhebungsverfahren zeichnet sich das Expert_inneninterview weniger durch eine bestimmte methodische Vorgehensweise aus. Vielmehr leitet sich der Anspruch von Expert_inneninterviews über ihren Gegenstand her. Expert_inneninterviews lassen in ihrer Denomination bereits das Interesse ihres Gegenstandes anklingen: den_die Expert_in. Was jedoch unter dem Begriff des_der Experten_in verstanden wird, ist nicht einheitlich bestimmt. Bogner und Menz (2001, S. 481) machen in den Diskussionen um die methodologische Grundlegung von Expert_inneninterviews drei Zugänge zur Bestimmung des_der Expert_in aus. Als Expert_innen des eigenen Lebens gerät unter einem *voluntaristischen* Expert_innenbegriff sozusagen der „Alltagsmensch" ausgestattet mit besonderen Fähigkeiten und Informationen für die Bewältigung des eigenen Alltagslebens in den Blick (ebd.). Als „Expert_innen für ihre eigenen Bedeutungsgehalte", wie dies Philipp Mayring (1996, S. 49) formuliert, kritisieren Meuser und Nagel (2013, S. 461) diesen an eine unspezifische Wissensasymmetrie gebundenen Expert_innenbegriff, der virtuell jede_n zur_m Experten_in macht. Die Rekonstruktion von Alltagswissen verorten sie im Zuständigkeitsbereich narrativer und problemzentrierter Interviews.

Eine derartige Ausdehnung des Expert_innenbegriffs weisen Meuser und Nagel (2010) auch aus analytischen Gründen zurück, lässt sich einem solchen Verständnis folgend die soziale Wirkmächtigkeit von Expert_innenwissen nur schwer interpretieren. Zumindest zwei Dilemmata werden bei der Begriffsklärung des Expert_innen(interviews) deutlich: die Rede vom Experten[1] beinhaltet implizit sein Gegenstück: den Laien, und dieser erscheint zumindest qua nomen dem Experten hierarchisch entgegengesetzt. Eine solche Entgegensetzung ist aber nicht nur nicht geeignet, die qualitative Differenz der unterschiedlichen Wissensformen (hierzu etwa Wetterer 2009; Beck & Bonß 1989; Stehr & Grundmann 2010) herauszuarbeiten. Sie setzt überdies ein quasi natürlich begründetes Herrschaftsverhältnis unhinterfragt voraus, dem zu Folge das Wissen der Expert_innen über dem der Lai_innen anzusiedeln sei. Gleichzeitig ergibt sich aus der Nivellierung des Gefälles zwischen Lai_innen und Expert_innen die Schwierigkeit, das Wissen eines mit Deutungshoheit ausgestatteten Status des_der Expert_in zu erforschen. So wenig also eine solche Differenzierung von Lai_in und Expert_in angebracht ist, so Menz und Bogner, „so wenig fruchtbar ist ein Voluntarismus, der sich subjektiv als emanzipativ und herrschaftskritisch versteht, aber letztlich nur real existierende Hierarchien per begrifflicher Willensanstrengung einzuebnen versucht" (2001, S. 482). Mit Blick auf Beratung (unter Bedingungen migrations-, klassen- und geschlechtsbedingter Differenz verstärkt sich dieser Eindruck) erwiese sich ein solcher Begriff als nicht unproblematisch, da mit diesem die

[1] Wenn im Folgenden die männliche Form verwendet wird, so verweist dies auf den Status quo der Literatur, die zu Begriff, Wesen und Funktion *des Experten* arbeitet. *Der Experte* taucht fast ausschließlich im Begriff des Männlichen auf. Der an dieser Stelle bewusste Einsatz der männlichen Form verweist auf die historische Dissoziation der Geschlechterrollen (hierzu etwa Hausen 1978) und die vergeschlechtlichte Ausdifferenzierung von Berufsrollen, die eine geschlechtlich ungleich verteilte Ausstattung mit Kompetenzen nach sich zieht (es sind immer noch deutlich mehr Männer in gesellschaftlichen Machtpositionen als Frauen) und auf geschlechterhierarchische Aufmerksamkeitsökonomien, die Expertentum als vorwiegend männlich codieren.

der Beratungskommunikation immanenten Asymmetrien – man denke an das Verhältnis hilfegebende Professionelle versus *hilfsbedürftige* Klient_innen – nur unzureichend in den Blick gerieten.

Expert_in ist, wer durch Zuschreibung der Forschenden dazu gemacht wird, so ein zweiter *konstruktivistischer* Bestimmungsversuch von Bogner und Menz (2001), den bereits Meuser und Nagel (2013 [1997]) mit Blick auf die soziologische Literatur zu Wissen, Funktion und Begriff der_des Expert_in herausarbeiten. Dieser reflektiert die Tatsache, dass der Expert_innenstatus ein durch das jeweilige Forschungsinteresse verliehener Status ist – insofern als davon ausgegangen wird, dass Expert_innen – als solche im Forschungsprozess adressiert und aufgefordert sich als solche kenntlich zu machen – über ein forschungsrelevantes, nicht jedem_r zugänglichen Wissen in diesem interessierenden Handlungsfeld verfügen. Auf dieses Wissen hebt das Expert_inneninterview ab. Gleichwohl ist diesem methodischen Konstrukt ein materielles Fundament untergelegt. Expert_innen existieren also nicht unbedingt von „soziologischen Gnaden" (Meuser & Nagel 2013, S. 461). Vielmehr ergibt sich der Status auch durch gesellschaftliche Zuweisungsprozesse. Forschungsseitig werden jene als Expert_in angerufen, die gesellschaftlich zu Expert_innen gemacht, das heißt gesellschaftlich als solche repräsentiert und durch eine „institutionalisierte Kompetenz zur Konstruktion von Wirklichkeit" (Hitzler et al. 1994) ausgezeichnet sind. So bleibt letztlich auch die Auswahl der Interviewpartner_innen auf das, was gesellschaftlich in Begriffen *des Expertisen* repräsentiert ist, verwiesen.

Insbesondere in wissenssoziologischen Auseinandersetzungen wurde der Expert_innenbegriff bereits früh aufgegriffen und diskutiert. Ein konsistenter Begriff liegt dennoch nicht vor, zu zahlreich sind die Ansätze. Gemeinsam ist ihnen jedoch, dass sie den Status des_der Experten_in über die spezifische Struktur seines_ihres Wissens ableiten (Bogner & Menz 2001, S. 483).

Eine Systematisierung der Zugriffsweisen auf den Expert_innenbegriff – weniger aus der Methodenliteratur als vielmehr aus der soziologischen Literatur zu Wissen, Funktion und Begriff der_des Experten_in – nehmen Meuser und Nagel (2013) vor. Neben der methodologischen Bestimmung des Expert_innenbegriffs – wie bei Bogner und Menz bereits unter dem Label konstruktivistisch diskutiert – unterscheiden sie modernisierungstheoretisch orientierte Auseinandersetzungen über die sogenannte Expertokratisierung der Gesellschaft von stärker wissenssoziologisch orientierten Diskussionen über die Entgegensetzung von Expert_in und Lai_in, dem Verhältnis beider zu Spezialist_innen und Professionellen und der Beschaffenheit der unterschiedlichen Wissensformen, die spätestens seit Alfred Schütz' (1972) Aufsatz über den „gut informierten Bürger" in Gang gebracht wurden. Der_die Expert_in tritt also weniger als abstrakte_r Funktionsinhaber_in, sondern als konkrete_r soziale Akteur_in mit spezifischen Handlungs- und Professionslogiken in den Fokus sozialwissenschaftlicher Forschung (Bogner et al. 2014, S. 4).

Eine begriffliche Schärfung des_der Experten_in wurde vor allem in Abgrenzung zu Begriffen des_der Spezialisten_in, den Professionalist_innen, Intellektuellen oder Eliten erreicht (hierzu Hitzler et al. 1994). Insbesondere letzterer scheint sich als plausibles Abgrenzungsmoment zum Begriff des_der Experten_in durchgesetzt zu haben. Ist im Begriff der Elite vor allem die soziale Privilegierung bestimmter Gesellschaftsmitglieder angezeigt, so verweist der Begriff des_der Expert_in demgegenüber verstärkt auf ein meritokratisches Prinzip, „steht hier doch – anders als bei der Elite – der Wissensaspekt im Vordergrund" (Bogner et al. 2014, S. 13). Gleichwohl gibt es Gemeinsamkeiten, sei es die Bekleidung bestimmter, mit gesellschaftlicher Einflussnahme und Macht ausgestatteter Positionen. Auch jene Expert_innen, die sich in weniger einflussreichen Positionen wiederfinden, verfügen „qua ihres in einem Professionskontext relevanten Spezialwissens über Macht", so die implizite oder explizite Annahme, die die Anreize zur Durchführung jener Art von Interviews schafft (ebd.). An der Schnittstelle von Wissen und Macht grenzen Littig, Menz und Bogner eben den Begriff des_der Experten_in vom Begriff der Elite ab. Das, was den_die Experten_in vom Spezialisten unterscheidet, so Hitzler, ist, dass er_sie sich nicht allein auf technische Kenntnisse, auf Sonderwissen in Form fachspezifischer Kompetenzen stützt. Vielmehr charakterisiert er_sie sich dadurch, Mehr-Wissen als das beanspruchbare Wissen zu haben, über Rat- und Hilfekompetenz zu verfügen (ebd. 1994, S. 26).

Als soziologische Figur bildet sich der Experte im Laufe des 19. Jahrhunderts heraus (Stehr & Grundmann 2010). Im Angesicht fortschreitender Industrialisierung etablieren sich gesellschaftliche Teilbereiche aus Technik und Wissenschaft samt zugehörigen fachkundigen Expert_innen. Expert_innenwissen kann unter postmodernen Vorzeichen nicht mehr auf die gesellschaftlichen Bereiche der Technik und Wissenschaft beschränkt gedacht werden. Vielmehr haben Expert_innenwissen und Expertise längst sämtliche Bereiche des Lebens durchdrungen (Giddens 1991; Bogner et al. 2014). Stichwort: Wissensgesellschaft. Insofern werden Expert_innen auch nicht mehr nur in der Wissenschaft geboren, sondern werden in den unterschiedlichsten Bereichen der Gesellschaft hervorgebracht, sei es in Think Tanks, NGOs oder Unternehmen (Nowotny et al. 2001; Bogner et al. 2014). Auf Schütz rekurrierend resümieren Bogner, Littig und Menz: „Experten besitzen die Möglichkeit zur (zumindest partiellen) Durchsetzung ihrer Orientierungen. Experten zeichnen sich dadurch aus, dass sie maßgeblich bestimmen, aus welcher Perspektive und mithilfe welcher Begrifflichkeiten in der Gesellschaft über bestimmte Probleme nachgedacht wird" (2014, S. 15).

5.2.2 Das Wissen der Expert_innen

Schütz (1972) entwirft *den Experten* als jemanden, der mit sicherem und eindeutigem Wissen ausgestattet ist, das ihm jederzeit kommunikativ und reflexiv zur Verfügung steht. An Schütz´ Konzeptionen anschließend kennzeichnet Walter Sprondel (1979) das Expert_innenwissen als eine Art Sonderwissen. Dieses unterscheidet er vom Allgemeinwissen dadurch, dass er das Expert_innenwissen einerseits als konstitutiv für die Ausübung eines bestimmten Berufes versteht, andererseits als eines, das sich in seiner Komplexität vom Allgemeinwissen abhebt.

Meuser und Nagel (2013) kritisieren sowohl die berufsförmige Verengung als auch die Sprondels´ Expert_innenbegriff zugrunde gelegte Annahme, Expert_innenwissen zeichne sich durch seine reflexive Anwesenheit und Explizierbarkeit aus. Sie sind es, die das Expert_innenwissen der Vorstellung seiner Explizitheit entheben und in den Bereich des impliziten Wissens überführen und damit das Expert_inneninterview letztlich im Kontext der interpretativen Sozialforschung verankern. Die grundlegenden Relevanzen des_der Expert_in, die ungeschriebenen Gesetze und Entscheidungsmaximen entziehen sich einer unmittelbaren Verfügbarkeit. Methodisch bedeutet dies, dass „die impliziten Regeln des Routinehandelns, die Gewohnheiten und […] [Gewissheiten; K. H.] nicht direkt abfragbar sind" (Bogner et al. 2002, S. 15), sondern aus dem im Interviewkontext interaktiv hervorgebrachten herausgearbeitet und rekonstruiert werden müssen.

Wenngleich Meuser und Nagel das Expert_innenwissen um die Dimension des Impliziten erweitern, so rekurrieren sie in ihrer Konzeption des_der Expert_in dennoch auf eine Art gesonderte Wissensstruktur oder Wissensform. An diesem Rekurs lassen sich zumindest drei Kritikpunkte festmachen, die im Folgenden ausgeführt werden. Wenn sich erstens der Expert_innenstatus aus seiner spezifischen, besonderen Wissensstruktur herleitet, dann wird der_die Expert_in als jemand bestimmt, der – wie Bogner & Menz (2001, S. 383) es formulieren – als losgelöst von den gesellschaftlichen Bedingungen seiner Anerkennung erscheint. Dabei ist aber weniger dieses besondere oder mehr an Wissen von Relevanz. Vielmehr ist es die *soziale Relevanz seines_ihres Wissens* (ebd.), die Bedeutung erhält. Durch die Konzeption des Expert_innenwissens als Sonderwissensbestand erscheint dieses zweitens als ein homogenes, vom Alltagswissen unbehelligtes. Die habituellen, *privaten*[2] Anteile, die in den Äußerungen der Expert_innen ebenso Platz nehmen, geraten dabei aus dem Blick[3] – ganz so als „ließen sich die subjektiven Deutungen und Relevanzen als lebensweltlich und systemisch rein geschieden denken“ (ebd.). Und schließlich setzt die Idee, aus den Äußerungen der Expert_innen ließe sich „reines“ Expert_innenwissen destillieren, eine am Ideal erfolgreicher Interviewführung orientierte störungsfreie Interviewkommunikation voraus.

Die Kontrastierung expertenhaften Sonderwissens und alltäglicher Wissensbestände findet sich auch in qualitativen Studien der Beratungsforschung wieder, wenn etwa Dewe & Schwarz (2011) und Dewe (2001, S. 43) danach fragen, ob sich das Handlungswissen der Alltagspraktiker_innen dem Wissenschaftswissen gegenüber als resistent erweist und umgekehrt mit der Substitution des Handlungswissens durch Wissenschaftswissen eine Entwertung der subjektiven Problemsicht durch empirisch gewonnene Erkenntnisse einhergeht.

Quer zur traditionellen Entgegensetzung von Alltags- und Expert_innenwissen differenzieren Bogner & Menz (2001, S. 384–385) bzw. Bogner, Littig & Menz (2014, S. 17–19) drei zentrale Dimensionen von Wissen, die mit den eingangs skizzierten methodischen und theoretischen Ansprüchen des Expert_inneninterviews korrespondieren:

Erstens das *technische Wissen,* das als Fachwissen im engeren Sinne explizit verfügbar, unmittelbar abrufbar ist und von den Träger_innen des Wissens abstrahiert werden kann (ebd.). In Rekurs auf die geläufige Hierarchisierung von Wissen konzeptualisieren sie diesen Wissensbereich als denjenigen, in dem noch am ehesten „ein spezifischer Wissensvorsprung vorliegt, wo sich Expert_innenwissen aufgrund der Systematik und inhaltlichen Spezifität vom Alltagswissen unterscheiden lässt“ (ebd.). Mit Blick auf Beratung ließe sich ein solches Fachwissen als eines bestimmen, das sich auf das konkrete Feld bezieht, in dem das Beratungsangebot angesiedelt ist (etwa in der Suchtberatung ein Wissen um die Wirkung von Suchtmitteln). So liefert ein Faktenwissen oder feldspezifisches Wissen – wie es Nestmann et al. (2007) mit Blick auf eine doppelte Verortung

---

[2] Zu Recht verweisen Bogner und Menz (2001) auf die für Geschlechterverhältnisse folgenschwere Unterscheidung von Privat und Beruflich-Öffentlich, in der die Dissoziation von Erwerbs- und die ihr untergeordnete Reproduktionsarbeit und sie legitimierende Geschlechterstereotype aufgehoben sind.

[3] Zur ausführlichen Diskussion des um die Dimension der sozialräumlichen Positionierung erweiterten Expert_innenwissensbegriffs siehe vorangegangenes Kapitel drei „Der Untersuchungsgegenstand“.

von Beratung zwischen feldspezifischem Wissen und feldunspezifischer Kompetenzbasis formulieren – zur jeweiligen Problemlage, zu gesetzlichen Grundlagen, etc. die notwendige fachliche Orientierung.

Vom technischen Wissen grenzen Bogner & Menz zweitens das *Prozesswissen* als eine Art praktisches Erfahrungswissen ab, das sich aus der Eingebundenheit der Expert_innen in ihr Handlungsfeld und der darin eingelagerten Handlungsabläufe, Organisationsroutinen und Interaktionsmuster speist. Aufgrund der Erfahrungen im Feld und in der Nähe zum Feld verfügen die Expert_innen über ein Wissen über die Regeln im Feld. Dieses Wissen ist anders als das technische Wissen standort- und personengebunden, da Erfahrungen nur von den Personen selbst gemacht werden.

Und schließlich hebt das theoriegenerierende Expert_inneninterview auf die Erhebung und Rekonstruktion von *Deutungswissen* ab, das sich nicht allein aus dem funktionalen Kontext der Expert_innen generiert, sondern ebenso aus der sozialräumlichen Verortung der Expert_innen, die die jeweilige Erfahrung und die Wahrnehmung der sozialen Welt strukturieren. Damit hebt das Expert_inneninterview auf all jene subjektiven Relevanzen, Interpretationen, Deutungen, Sinnentwürfe, Erklärungsmuster und normativen wie sozialen Dispositionen ab, in denen die Befragten „ihre eigene Sichtweise von sich selbst und der Welt konstruieren, und jenen Punkt innerhalb dieser Welt fest[..]legen, von dem aus sie sich selbst und die Welt sehen, von dem aus ihr Handeln verständlich und gerechtfertigt ist, und zwar zuallererst für sie selbst" (Bourdieu et al. 2005, S. 400–403). Subjektiv meint jedoch nicht individuell. Vielmehr interessiert sich eine Rekonstruktion des Deutungswissens entsprechend der Rekonstruktiven Sozialforschung für die überindividuell-geteilten, kollektiven Wissensbestände und Deutungsperspektiven, die sich aus dem spezifischen Kommunikationsformat Beratung einerseits und der Verortung der Interaktant_innen im sozialen und diskursiven Raum andererseits ergibt.

Ebenso aber erschließt sich das Deutungswissen aus der spezifischen kommunikativen Anordnung im Interview und der Interpretations- und Deutungsleistungen im Nachgang der Interviews durch die Forscherin. So wird das Expert_innenwissen als Deutungswissen erst durch die Erhebung und Auswertung als solches hergestellt. „In diesem Sinne ist es immer eine Abstraktions- und Systematisierungsleistung des Forschers, eine 'analytische Konstruktion'" (Bogner & Menz 2001, S. 484). Ebenso wie die Zuordnung der Äußerungen der Interviewten zu einer Kategorie von Wissen weniger aus dem empirischen Material selbst entschieden wird, als vielmehr dem Interesse und Aufmerksamkeitsfokus der Forschenden geschuldet ist.

Resümierend kann das Expert_innenwissen also nicht als eindeutig, systematisch, kommunikativ und reflexiv verfügbares entworfen werden, das sich dem Lai_innenwissen gegenüber als überlegen erwiese, wie dies in den frühen wissenssoziologischen Auseinandersetzungen gefasst wurde. Expert_innenwissen lässt sich deshalb nicht nur als alleinig dem professionellen Handlungsfeld entsprungenes Wissen – wenngleich es auf dieses bezogen ist – konzipieren. Vielmehr begegnen Expert_innen dem Handlungsfeld auch im Modus der Alltagserfahrungen, gesellschaftlichen Sagbarkeits- und Wahrnehmungsbedingungen, in das durchaus unterschiedliche und widersprechende Deutungs-, Wahrnehmungs- und Entscheidungsmaximen eingelassen sind. Die Erhebung und Rekonstruktion von Expert_innenwissen ist also nicht allein deswegen von Interesse, weil Expert_innen über ein vermeintlich anderes, besonderes Wissen verfügen. Von Interesse ist dieses Wissen vielmehr, weil es in besonderem Maße praxiswirksam wird; weil die Handlungsroutinen, das Wissen und die Klassifikationen der Expert_innen die Handlungsbedingungen anderer Akteur_innen in entscheidender Weise (mit-)strukturieren; weil es die Option bereithält, in einem bestimmten organisationalen Funktionskontext hegemonial zu werden, das heißt der_die Expert_in die prinzipielle Möglichkeit zur Durchsetzung ihrer_seiner Orientierungen hat (Bogner et al. 2002, S. 46; Bogner & Menz 2001; Bogner et al. 2014).

Ein auf Expert_innentum gründendes Wissen gewinnt zunehmend an Bedeutung in sogenannten modernen Gesellschaften. Zugleich kann jedoch nicht davon ausgegangen werden, dass dieses Wissen unhinterfragt durch Lai_innen übernommen wird. Vielmehr relativiert sich angesichts der Möglichkeit, unterschiedliche Expert_innen zu konsultieren, der Status der Expert_innen, ihrer erhobenen Wahrheitsansprüche, Verfahren und Apparate (Bogner et al. 2014, S. 4). In jenem Spannungsverhältnis aus steigender Nachfrage und gleichzeitiger „Entmystifizierung des Experten“ (ebd.) siedeln Littig, Menz und Bogner die gesteigerte Bedeutung des Expert_inneninterviews an: „Zu einem Zeitpunkt, an dem die ‚natürliche‘ Autorität der Experten immer stärker untergraben wird, werden Experten als Gegenstand der empirischen Forschung zunehmend wichtiger“ (ebd.).

5.3 Symbolischer Raum des Interviews

Das Expert_innenwissen wurde in vorigen Kapiteln als praxisrelevantes und häufig nicht explizit vorliegendes Deutungs- und Begründungswissen konzeptualisiert. In methodischer Hinsicht bedeutet dies, im Prozess der Auswertung von der manifesten Ebene des Textes auf die dahinterliegenden, latenten Sinnstrukturen zu schließen, zu analysieren, was sich an impliziten Handlungsorientierungen und Wissensbeständen hinter den Aussagen der Expert_innen verbirgt (Bogner et al. 2014, S. 75).

5.3.1 Konstruktionen ersten und zweiten Grades und Standortgebundenheit

Die in den vorausgegangenen Kapiteln skizzierten Überlegungen von Berger & Luck-mann (2013) an dieser Stelle nochmals aufgreifend, lassen sich jene Deutungen, in denen Menschen einander im Alltag unter dem Handlungsdruck des Alltages begegnen und das Bild der sie umgebenden Welt vollziehen, als Konstruktionen ersten Grades benennen. „In sie gehen subjektive Wahrnehmungsweisen, Wertungen und Relevanzsetzungen ein, aber ebenso übersubjektive und gesellschaftlich verankerte Deutungsmuster, Erfahrungen und Wissensbestände. Mit Hilfe dieser sozial geprägten Sinnstrukturen erfahren die Menschen nicht nur die Welt, sondern strukturieren auch ihr praktisches Alltagshandeln" (Kleemann et al. 2013, S. 18). Die Wahrnehmung der sozialen Welt ist abhängig von der eigenen Position im sozialen Raum. Durch die Zugehörigkeit zu einem bestimmten sozialen Milieu, Geschlecht, etc. verfügen die Akteur_innen über eine implizite Vorstellung davon, wo ihr Platz ist, im Verhältnis zu dem der anderen – Bourdieu spricht von *sens du placement* (Bourdieu 1985). Dieser Sinn für die eigene Position in Abgrenzung, zu der der anderen ist in die Wahrnehmungs- und Bewertungsmuster sowie Vorstellungen, die die Akteur_innen von der sozialen Welt haben, eingegangen.

Eine Analyse, die die Äußerungen der Interviewpartner_innen als Hinweis auf die Struktur des gesellschaftlichen Raumes versteht, „liest in den Diskursen nicht nur die aktuelle Struktur der Interaktion als marktmäßigen Austausch, sondern auch die unsichtbaren Strukturen, die sie organisieren" (Bourdieu et al. 2005, S. 403). Gleichwohl soll dies nicht im Sinne eines „positionalen Fundamentalismus" (Hark & Villa 2017, S. 26) missverstanden werden, der – wie es Bourdieu durchaus zu Unrecht vorgeworfen wird – „aus jeder Positionierung im sozialen Raum eine unausweichliche Position zur Welt ableitet" (ebd.). Das heißt die Äußerungen der Interviewten geraten nicht deterministisch als Ausführungen gesellschaftlicher Strukturen in den Blick, die einem vorgegebenen und ihnen bekannten Skript folgen und nur zur Aufführung gebracht werden müssen. Vielmehr werden die sozialen Akteur_innen in Hervorhebung der Handlungsperspektive sowohl als sozialräumlich und diskursiv konstituierte als auch interpretierend Handelnde, als aktive Produzent_innen und Rezipient_innen von Diskursen verstanden, die zu den sozialen Positionen eine Haltung einnehmen können (Keller 2011, S. 11; Hark & Villa 2017, S. 26). So werden die Interviewäußerungen in ihrer Abfolge gleichsam unter Hinzuziehung soziologischer Ungleichheits- und Machttheorien als Hinweis auf ihren gesellschaftlichen Standort gelesen. Diese Standortgebundenheit gilt gleichermaßen für die Forschungsbeziehung, wie für die Forschenden selbst. Da die Forschenden in der Regel keinen unmittelbaren Zugang zu den spezifischen Lebenswelten der Beforschten haben, diese jedoch gleichwohl in ihrer Eigensinnigkeit und Komplexität verstehen wollen, bedarf es eines methodisch angeleiteten Fremdverstehens.

Analytisch – als Konstruktionen zweiten Grades – wird den komplexen sozialen Konstruktionsleistungen der Interviewten auf drei Ebenen begegnet, die eine Art Codierparadigma/Heuristik zur Verfügung stellen: Erstens in der Frage nach dem sozialen Kontext und den feldspezifischen Anforderungen und Anerkennungsbedingungen. Zweitens auf der Ebene der Sagbarkeitsbedingungen innerhalb von Gesellschaftsordnungen. Und drittens in der Rekonstruktion der Wissensbestände im symbolischen Raum des Interviews. Letzteres umfasst auch die Frage nach dem Sinn des Gesagten in der interaktiven Herstellung im Interview: Was wird gewusst? Und welche Funktion hat dieses erzählte Wissen in der konkreten Interviewsituation?

5.3.2 Feldzugang und Sample

Erziehungsberatung erweist sich als ein einigermaßen schwieriges empirisches Forschungsfeld. Dies aus mehrerlei Gründen: Zum einen ist der Feldzugang aufgrund der institutionell festgeschriebenen Grundsätze der Verschwiegenheit, der Vertraulichkeit und der Schutz der Daten der Klient_innen erschwert. Das ursprüngliche Forschungsvorhaben, Interviews auch mit Ratsuchenden zu führen, musste aufgegeben werden, da die Anfrage, Kontakt zu den Klient_innen aufzunehmen, in allen angefragten Einrichtungen abgelehnt wurde. Ein weiterer sicherlich nicht zu vernachlässigender Grund für die geringe Bereitschaft, an der Forschung teilzunehmen, liegt in den engen zeitlichen Spielräumen und dem Zeitdruck, dem Berater_innen vielfach in ihrer Alltagspraxis unterliegen. Zum anderen scheint das konkrete Feld – anders als etwa im bundesdeutschen Raum, wo es eine stärkere institutionelle Verankerung und forschungsseitige Beschäftigung mit Erziehungsberatung gibt – relativ unvertraut zu sein mit der Beforschung dessen, was in der Beratung geschieht. Dieser Eindruck bestärkt sich durch die einigermaßen große Zurückhaltung der angefragten Berater_innen, sich für ein Interview bereit zu erklären und den verunsicherten Nachfragen danach, was denn mit den Interviews geschehe. Sich für ein Interview bereitzustellen, Auskunft über sich und das eigene Handeln zu geben, um das Gesagte anschließend der Interpretation und Objektivierung der Forschenden zu überlassen, setzt Vertrauen voraus. Anders als etwa in biographischen Interviews, die sich häufig durch ein mehrfaches in Kontakt-Sein vor dem eigentlichen Interview auszeichnen, um eine entsprechende Vertrauensbeziehung aufzubauen, ist das Vorgehen in Expert_inneninterviews vielleicht aus Gründen begrenzter zeitlicher Ressourcen der Interviewpartner_innen, vielleicht auch aus Gründen des spezifischen Kommunikationsformates, das in einem als beruflich-funktional (an-)erkannten Kontext angesiedelt ist und durch die gegenseitige Statuszuweisung der Expert_innen bestärkt wird, eines, das ein *langsames Herantasten* nicht vorsieht. Trotz und vielleicht auch gerade wegen der *Homologie der Positionen* (Bourdieu et al. 2005), der gesellschaftlichen Nähe und Vertrautheit zwischen Interviewten und Interviewerin – beide erkennen sich als in pädagogischen Handlungsfeldern Tätige, die sich eines gemeinsamen Sprech- und Verstehensraumes bedienen – ergeben sich besondere Herausforderungen an die Interviewbeziehung, die in der Rekonstruktion der Interviews aufgenommen und hier nur kurz umrissen werden sollen.

An die Auseinandersetzung mit dem Interviewmaterial, mit dem, was gesagt wurde, wie es von der Forscher_in mithervorgebracht, von ihr gehört und schließlich bearbeitet und sortiert wird, daran schließen eine Reihe forschungsethischer Fragestellungen an, die nicht zuletzt auch mit der Positionierung der an der Forschung Beteiligten zu tun haben. Dies umfasst die kritische Reflexion von Machtverhältnissen in Interviewsettings ebenso wie Fragen der (Re-)Präsentation des *Anderen* (Siouti 2018) und Fragen nach der Auswertung und Darstellung der als *different* repräsentierten *Anderen* in den Aussagen der Interviewpartner_innen. Insbesondere dieser letzte Punkt erwies sich als besonders herausfordernd. Wie „kann man von rassistischen Äußerungen in einer solchen Weise berichten, dass derjenige, der sie macht, verständlich wird, ohne, daß man jedoch Rassismus legitimiert?" (Bourdieu et al. 2005, S. 408). Und wie lassen sich rassistische Äußerungen von Interviewpartner_innen aufgreifen und darstellen, ohne den Eindruck zu erwecken, es handle sich hierbei um eine moralische Fehlleistung Einzelner?

Interpretative Sozialforschung interessiert sich weniger für das faktische Handeln der konkreten Person, also dafür, was die untersuchte Person jeweils subjektiv mitteilen will. Von Interesse ist vielmehr, herauszuarbeiten, wie die untersuchten Akteur_innen dem eigenen Handeln Bedeutung zuweisen und in welcher Weise die fallbezogenen Erkenntnisse verallgemeinerbar sind. Die dokumentierten Einzeläußerungen sind als Hinweis auf überindividuelle, gruppen- bzw. milieuspezifische Sinnstrukturen zu verstehen. „Es geht um die Rekonstruktion von sozial typischen Mustern respektive Regelmäßigkeiten, die gleichsam hinter den konkreten Absichten der Einzelnen liegen" (Kleemann et al. 2013, S. 17). Im konkreten Fall geht es also weniger darum, was die einzelne Person äußert, als vielmehr um die Frage(n), wie und unter welchen Bedingungen Berater_innen als Repräsentant_innen ihres Feldes im Sprechen über ihr Praxisfeld auf Repräsentationen von Differenz zurückgreifen? Mit welcher Funktion? Welches gesellschaftlich geteilte Grundverständnis von Normalität kommt darin zum Ausdruck? Und welche gesellschaftlich vorrätigen und geteilten Wissensbestände, Deutungsmuster sowie Wert- und Normenvorstellungen? Welche milieuspezifischen oder sozialräumlich verortbaren, habituellen Denk- und Deutungsmuster äußern sich darin?

Besondere Aufmerksamkeit gilt dabei den folgenden forschungsethischen Aspekten: die Herangehensweise bei der Kontaktaufnahme, die Entscheidung darüber, wieviel Information und Einblick in die eigene Forschung vorweg gegeben wird, das Abwägen zwischen *informed consent* und dem Risiko der Beeinflussung der Interviewpartner_innen durch zu viel Vorabinformation, der Vorwegnahme und Setzung der Themen, ebenso wie die Anonymisierung der Daten und die Wahl der Falldarstellung, die Rückschlüsse auf die interviewten Personen zulassen wie letztlich auch die Gestaltung der Interviewkommunikation selbst. Das, was Fritz Schütze „Zugzwänge des Erzählens" (1977, S. 35) nennt, eine am Ideal erzählgenerierender Interviewführung orientierte Strategie, die darauf abhebt, die Erzählenden mehr erzählen zu lassen, als sie beabsichtigt hatten (Rosenthal 2015), wirft Fragen eines angemessenen Umgangs auf. In Rekurs auf Hella von Unger (2018, S. 685), Ingrid Miethe und Gerhard Riemann (2007) problematisiert Irini Siouti (2018) jene Gesprächsführungstechniken, weil mit ihnen die Gefahr verbunden ist, dass Forscher_innen ihr intuitives oder explizites Wissen im Sinne einer Überlistungshaltung ausnutzen und plädiert stattdessen für eine selbstkritische Reflexion und Begleitung des Forschungsprozesses in Forschungswerkstätten. Die hier umrissenen Problematiken und Herausforderungen im Forschungsprozess, wurden in der vorliegenden Arbeit mehrfach in Forschungswerkstätten thematisiert und mit Kolleg_innen reflektiert.

Interpretative Verfahren arbeiten mit Vergleichen zwischen den Einzelfällen des Samples. Allerdings unterliegt die Auswahl der Interviewpartner_innen keiner vorab festgelegten und unveränderlichen Systematik. Im Gegenteil, die von Barney Glaser und Anselm Strauss (1998) begründete theoriegeleitete Fallauswahl (theoretical sampling), sieht eine an der Revidierung und Weiterentwicklung der ursprünglichen Vorannahmen orientierte sukzessive Samplebildung vor. Dementsprechend sind Datenerhebung, Datenanalyse und Theorierevision über den gesamten Forschungsprozess hinweg ineinander verschränkt. Die Fallauswahl erfolgte im Sinne des *theoretical sampling* (Glaser und Strauss 1998) vor dem Hintergrund der theoretischen Vorannahmen und Überlegungen. Die Auswahl der Interviewpartner_innen ergab sich zunächst aus ihrer Position im untersuchten Forschungsfeld Erziehungsberatung sowie weiteren Kriterien, die minimale und maximale Kontraste ermöglichten (Geschlecht, natio-ethno-kulturelle Zugehörigkeit, berufliche Position in der Einrichtung, Berufsalter, Standort der Einrichtung: Bundesland und Stadt-Land). Ausgehend von der Annahme, dass Berater_innen über ein spezifisches auf das Handlungsfeld bezogenes Praxis- und Erfahrungswissen verfügen, das in der Lage ist, die Handlungsbedingungen der Ratsuchenden in entscheidender Weise (mit-) zu strukturieren, wurden in einem ersten Schritt Leiter_innen von Erziehungsberatungseinrichtungen in Österreich kontaktiert. Über sie als *Gatekeeper_innen* sollte ein Zugang zum Feld erschlossen werden. Die Anfragen erfolgten größtenteils telefonisch, wenige per E-Mail, in denen über Anliegen und Kontext der Forschung, ebenso wie über Verwendung der Interviewdaten als auch Anonymisierung Auskunft gegeben wurde.

Parallel dazu wurden sensibilisierende Konzepte erarbeitet, die als Grundlage des flexibel einsetzbaren Interviewleitfadens dienten. Der Leitfaden wurde detailliert ausgearbeitet und hatte solchermaßen vor allem eine Orientierungsfunktion für die Interviewerin. Das bedeutet, der Leitfaden kam vor allem als *Gedächtnisstütze* und nicht als *Redeskript* zum Einsatz, an dem die Interviewerin Frage um Frage abarbeitet (Bogner et al. 2014, S. 28). Je nach Interaktionssituation und je nach Position, die die Interviewten in ihren jeweiligen Einrichtungen einnehmen, und mit der bestimmte Erfordernisse sowie Herausforderungen verbunden sind, die zugleich jedoch bestimmte Gestaltungsräume eröffnet, wurden die Detailfragen in Gestalt und Ausmaß variiert und im Gespräch spontane, von den vorformulierten Fragen abweichende Fragen gestellt. Der Hauptzweck bestand darin, Gesprächssituationen zu schaffen, die die Befragten dazu ermutigten, ihre Relevanzen und Einschätzungen zu entwickeln und offenzulegen hinsichtlich der forschungsrelevanten Fragestellung. Der Forschungsprozess wurde dabei offen und flexibel gehalten, sodass sich die Fragestellungen weiterentwickeln und verändern konnten (ebd.).

Eingangs wurde an alle Interviewpartner_innen die Aufforderung gerichtet, aus ihrer Expert_innenperspektive das Feld der Erziehungsberatung zunächst mal mit Blick auf die Aufgabenbereiche zu skizzieren: Was sind die Aufgaben im Feld? Welche Aufgabenbereiche umfasst Erziehungsberatung? Welche Strukturen gibt es, die hilfreich sind, den Aufgaben der Erziehungsberatung nachzugehen? Welche Strukturen erschweren die Bewältigung der Aufgaben?

Die Fragen nach den Aufgaben im Fortgang der Interviews wurden um Fragen nach dem Zugang, den Adressat_innen und den Anlässen, mit denen die Ratsuchenden die Beratung aufsuchen, den Handlungsaufträgen und professionellen Selbstverständnissen, der Finanzierung der Einrichtungen, sowie Herausforderungen und Bewältigungsstrukturen des Feldes allgemein und unter Bedingungen von FluchtMigration ergänzt: Wer nimmt Erziehungsberatung in Anspruch? Wer ist die Zielgruppe? Aus welchen Gründen nehmen Menschen Erziehungsberatung in Anspruch? Mit welchen Problemen und Themen kommen Ratsuchende an? Und welche Aufgaben ergeben sich daraus? Wie gestaltet sich der Zugang? Welche Zugangshindernisse und Probleme ergeben sich im Beratungskontext? Gibt es konkrete Angebote, um gesellschaftlich marginalisierte Gruppen zu erreichen? Wie ist das Team zusammengesetzt? Wie sind die Aufgaben im Team verteilt?

Hier kamen etwa auch Fragen zu den gesellschaftlichen und politischen Entwicklungen, die auf das Feld einwirken, zum Einsatz: Wie wirken sich veränderte gesellschaftliche Bedingungen und Anforderungen, die an Familien, Kinder, und mit der Obsorge betraute Professionelle herangetragen werden, auf die Arbeit, den Kontext, das Angebot, die Konzepte und Methoden der Erziehungsberatung aus? Was werden als die zentralen Herausforderungen im Feld benannt? Mit welchem gesellschaftlichen Auftrag ist Erziehungsberatung betraut? Wie ist Erziehungsberatung mit sozialpolitischen Zielbestimmungen verstrickt? An welchen Erfordernissen ist Erziehungsberatung orientiert? Welche Herausforderungen ergeben sich aus den nicht immer deckungsgleichen Anforderungen der Politik, der Mitarbeitenden, den Bedürfnissen der Klientel? Mit welchen Begrenzungen und Schwierigkeiten wird das Feld konfrontiert gesehen? Welche Spannungsverhältnisse gibt es in der Bewältigung der (unterschiedlichen) Aufgaben? Wie wird das Verhältnis der formellen Aufgaben und Vorgaben zur konkreten Praxis beschrieben? In welcher Rolle und Funktion sieht sich die interviewte Person in diesem Spannungsfeld? Wie wirkt sich die öffentliche Finanzierung auf die Gestalt der Erziehungsberatung, das Selbstverständnis der Institution, die Mitarbeiter_innen, die Methodenwahl, das Setting etc. aus? Welche Ergebnisse werden seitens des Fördergebers eingefordert? Welche Handlungsaufträge ergeben sich daraus?

In einem zweiten Teil des Interviews wurde danach gefragt, wie sich die Aufgaben von Erziehungsberatung durch Einwanderung, Flucht, transnationale Migrationsbewegungen und Urbanisierung ändern werden und was unter diesen Bedingungen als die zentralen Aufgaben von Erziehungsberatung gesehen wird.

Am Ende der jeweiligen Interviews wurde allen Interviewpartner_innen die Frage gestellt, was sie sich an Veränderungen oder Veränderungsmöglichkeiten im Feld wünschen würden. In diesem letzten, abschließenden Teil wurde der Raum für Fragen und Themen geöffnet, die die Interviewten einbringen wollten und die im bisherigen Gesprächsverlauf aus Sicht der Interviewten nicht (ausreichend) Raum hatten.

In einer ersten Interviewphase zwischen Oktober 2015 und Jänner 2016 wurden drei Beratungsstellenleiter_innen und zwei Berater_innen zu ihren Erfahrungen im Umgang mit migrationsgesellschaftlichen Phänomenen in der Erziehungsberatung befragt. Die Interviews dauerten zwischen 60 und 120 Minuten. Geführt wurden die Gespräche in den Praxisräumen der Beratungseinrichtungen. Eine weitere Erhebungsphase erfolgte ein Jahr später. Hier wurden zwei weitere Interviews geführt. Beide Interviews wurden mit einem Beratungsstellenleiter geführt, wobei beim ersten dieser beiden Gespräche eine weitere Person in der Funktion einer Praktikantin anwesend war. Eine dritte Erhebungsphase erfolgte im Pandemiejahr 2021 mit zwei Mitarbeiter_innen von Erziehungs- beratungseinrichtungen. Die Interviews wurden Pandemiebedingt online über eine Videokonferenzplattform geführt.

In der fortlaufenden Explikation des Erkenntnisinteresses und des Gegenstandes im Laufe des Forschungsprozesses ergaben sich in der theoretischen Annäherung an das Material neue Einsichten, die wiederum an die Datenerhebung neue Herausforderungen stellten.

So wurde jeweils ein Interview mit einer Leiterin und vier Interviews mit Leitern von Erziehungsberatungen geführt. Ein weiteres Interview wurde mit einem männlichen Mitarbeiter geführt, sowie drei mit weiblichen Mitarbeiterinnen. Von den insgesamt neun Interviewten sind vier der Befragten überwiegend mittleren Alters, allesamt zumindest seit vielen Jahren in der Erziehungsberatung tätig und bis auf einen Interviewpartner, der bald die Pension antritt, noch – zumindest hinsichtlich des gesetzlich geregelten Mindestpensionsalters – einige weitere Jahre im Berufsleben tätig. Zwei der Interviewten sind erst seit einigen Jahren in der Erziehungsberatung tätig. Die Einrichtungen, in denen die Interviews geführt wurden, sind in verschiedenen österreichischen Bundesländern, sowohl im städtischen als auch im ländlichen Raum angesiedelt.

Sieben der Interviews wurden mit mehrheitsgesellschaftlich situierten Personen geführt. Nicht weil dies angestrebt oder beabsichtigt war; das Sample war vorab nicht auf Mehrheitsangehörige festgelegt. Viel eher zeigt sich – schaut man auf die Ebene der Mitarbeitenden von Beratungseinrichtungen, die keine explizit zielgruppenspezifische Klientel adressieren –, dass diese überwiegend durch Angehörige der Mehrheitsgesellschaft besetzt sind. Dieser Begrenzung des

Samples wurde durch eine gezielte kontrastierende Rekrutierung von Gesprächspartner_innen begegnet. So konnten in der dritten Erhebungsphase zwei weitere Interviews mit zwei Frauen mit FluchtMigrationserfahrung geführt werden.

Ohne auf die Ergebnisse aus der Analyse im symbolischen Raum des Interviews allzu sehr vorzugreifen, soll an dieser Stelle zumindest in einigen wenigen Sätzen die Bedeutung umrissen werden, die sich für die Produktion von Wissen im Kontext einer Befragung ergibt, die durch die sozialräumliche Positionierung der an der Forschung Beteiligten maßgeblich beeinflusst wird: An den Stellen der Interviews, an denen *die andere Hautfarbe, die andere sozio-kulturelle Zugehörigkeit* thematisiert wurde, konnten die mehrheitsgesellschaftlich positionierten Interviewten von einem mehrheitsgesellschaftlich geteilten und legitimierten Einverständnis über die Darstellung der *Anderen als Andere* ausgehen. Mit Sicherheit haben die teilweise geteilte Position als Weiße, der Mehrheitsgesellschaft angehörige Forscherin und Interviewpartner_in den Kommunikationsverlauf in den Interviews erheblich beeinflusst. Und sicherlich hätte ich andere Erzählungen erhalten, wäre ich als der Mehrheit nicht zugehörig identifiziert worden. Auch die Gespräche mit den Interviewpartner_innen mit FluchtMigrationshintergrund wurden, wie noch herausgearbeitet werden wird, durch die mehrheitsgesellschaftliche Positionierung der Interviewerin und das Wissen um eine mehrheitsgesellschaftliche Autorisierung und Verfügungsmacht von Wissen grundlegend beeinflusst.

5.3.3 Befragungseffekte

Die Äußerungen der Interviewten sind immer auch Äußerungen, die an die konkreten in spezifischer Weise wahrgenommenen Interviewenden gerichtet sind. Als unausweichlich *soziale Beziehung* – wenngleich sie die *reine* Erkenntnis zum Ziel hat – übt die Befragungssituation Effekte auf die Ergebnisse aus (Bourdieu et al. 2005, S. 394); Effekte, die sich einerseits aus der asymmetrisch angelegten Befragungssituation selbst ergeben: die Interviewende definiert die Verwendungsweisen des Interviews und den – zumindest eingangs formulierten – Gegenstand des Interesses. Sie ist es, die zumindest idealtypisch die Gesprächsführung in der Hand hält und die Spielregeln definiert. Die Asymmetrie der spezifischen Interviewsituation wiederum kann sich durch eine gesellschaftliche Asymmetrie verstärken, die sich aus der Verfügbarkeitshierarchie der verschiedenen Kapitalsorten ergibt (ebd.). Gerade auch im Kontext von Expert_inneninterviews – einem spezifisch angelegten Gesprächsformat – kann davon ausgegangen werden, dass das Wissen, das im Interview artikuliert wird, auf eine bestimmte (homologe aber auch heterologe) positionale Anordnung im symbolischen und sozialen

Raum des Interviews verweist, die durch die Spezifika des (zugewiesenen) Expert_innenstatus evoziert werden. Im Sinne eines *doing expertise* begegnen Interviewende und Interviewte einander im Modus *der Wissenden* und der gegenseitig *Er-Kennenden.* Die Interviewpartner_innen wurden von mir dezidiert als Expert_innen adressiert und somit angehalten, sich als Wissende in ihrem spezifischen Handlungsfeld auszuweisen. Ebenso wie das *Protokoll* des Expert_inneninterviews von den Interviewenden verlangt, als kompetentes Gegenüber in Erscheinung zu treten, etwa durch eine vermittels des Einsatzes eines Leitfadens zum Ausdruck gebrachte Strukturiertheit. Letzthin sind es auch die institutionelle universitäre Anbindung der Interviewenden und das Versprechen der akademischen Weihung (Bourdieu 2004) im Gepäck der Dissertation, die die Erwartungserwartungen der Interviewten mitstrukturieren und die soziale Distanz, etwa die Gegensätze in Geschlecht und Alter nach dem Motto „Qualifikation schlägt Geschlecht und Alter" nivellieren vermögen. So gesehen sind die Äußerungen der Interviewten immer auch als situative Äußerungen zu begreifen, die von den Befragten – sei es bewusst oder auf der Ebene des praktischen Bewusstseins (Giddens 1988) – mitreflektiert und von den Interviewenden in Reaktion darauf mithervorgebracht werden (Bogner & Menz 2001).

Der „Markt der sprachlichen und symbolischen Güter", der so in den Interviews hervorgebracht wird, „variiert seiner Struktur nach in Abhängigkeit von der objektiven Beziehung zwischen dem Interviewer und dem Interviewten oder, was auf dasselbe hinausläuft, in Abhängigkeit von der Relation zwischen dem einem jeden von ihnen verfügbaren Kapital jeglicher, insbesondere aber sprachlicher Art" (Bourdieu et al. 2005, S. 395). Den Äußerungen der Interviewpartner_innen *verstehend* nachzugehen, bedeutet „sich gedanklich an den Ort zu versetzen, den der Befragte im Sozialraum einnimmt" (ebd., S. 398) und „die untrennbar verwobenen physischen und sozialen Prägungen, die mit der Position und dem biographischen Werdegang dieser Person im Sozialraum einhergehen" (ebd.), aufmerksam in den Blick zu nehmen.

Für die Gestaltung der Interviewkommunikation sowie des Einsatzes des Leitfadens bedeutet diese beiden Eigenschaften der Interviewbeziehung reflektierend, eine „Beziehung des aktiven und methodischen Zuhörens" (ebd., S. 395) zu schaffen, die vom postulierten Ideal der Offenheit der Gesprächsführung und Neutralität der Interviewenden ebenso weit entfernt ist wie von einer Engführung der Interkommunikation durch ein stark strukturiertes Vorgehen. Formal betrachtet entspricht das leitfadengestützte Interview zwar einer dialogisch angelegten Kommunikationssituation, in der sich Interviewende und Befragte wechselseitig aufeinander beziehen. Die spezifische Interviewsituation aber bedingt eine

Asymmetrie zwischen den Beteiligten dahingehend, dass die Interviewende Fragen stellt, auf die die Befragten Antworten geben. „Die Sprechenden gestalten also in unterschiedlicher Weise den Diskurs“ (Kleemann et al. 2013, S. 208). Um einer allzu starken thematischen Zentrierung und strukturierten Gesprächsführung zu entgehen – ein Kritikpunkt, der an leitfadenbasierte Expert_inneninterviews häufig herangetragen wird – und Erzählungen anzureizen, kam der Leitfaden nur als Hintergrundfolie, an der die Interviewerin sich orientierte, zum Einsatz. Die Gespräche wurden möglichst offen geführt, um den Relevanzsetzungen und Erzählungen der Interviewpartner_innen Raum zu geben.

5.4 Deutungswissensanalyse

Um die (impliziten) Wissensbestände und Wahrnehmungsroutinen als Hinweis auf überindividuelle-feldspezifische, standortgebundene und gesellschaftliche Wissensvorräte zu lesen, wurde eine Vergleichbarkeit der Expert_innenäußerungen angestrebt, die methodisch im flexibel einsetzbaren Leitfaden und praktisch durch die gemeinsame organisatorisch-institutionelle Anbindung der Expert_innen gesichert ist (Bogner & Menz 2001). Theoriegenerierung geschieht hier über die interpretative Entwicklung generalisierender Aussagen auf der Basis von Einzelbefunden, die angelehnt an Glaser & Strauss´ Überlegungen zur Methodologie der Grounded Theory über das theoretische Sampling und die vergleichende Analyse entwickelt wird, an dessen Ende die Formulierung einer Theorie steht. Konkret werden im Material Kategorien gesucht und im Sinne der Forschungsfragen zueinander in Beziehung gesetzt. Datenerhebung und Datenauswertung sind im Sinne des theoretical samplings und des Prinzips der Sukzession (Glaser & Strauss 2010) aufeinander bezogen. Die Interpretation der Daten beruht jedoch nicht nur auf dem durch die Grounded Theory begründeten Verfahren der Kodierung und Kategorienbildung, sondern ebenso auf einer sequenziellen Annäherung an den Einzelfall. Der Einzeltext ist also sowohl in seiner Sequenzialität und Besonderheit von Interesse als auch in seiner Vergleichbarkeit aufgrund jener thematisch relevanten Passagen, in denen die Berater_innen als Repräsentant_innen des Feldes Auskunft über die Funktionalität und Logik des praxisgenerierenden Wissens geben. Dies ermöglicht Rückschlüsse über die allgemeinen Bedingungen und Anforderungen des Handlungsfeldes. So wurden in der vorliegenden Forschungsarbeit einzelne Kategorien ausgewählt und einer detaillierteren Interpretation zugeführt. Jene Stellen, die „als besonders typische Verläufe, besonders dichte Beschreibungen, besonders sprechende Interviewpassagen“ ausgemacht wurden, wurden auf die „Struktur des Falles, nach den immanenten Regeln, denen ein Verlauf folgt“ (Breidenstein & Kelle 1998, S. 150), befragt. Für ein solches Vorgehen ist das Prinzip der Sequenzialität maßgebend (ebd.).

Im Mittelpunkt der Auswertung theoriegenerierender Expert_inneninterviews steht, wie in vorausgegangen Kapiteln ausführlich dargelegt, die Rekonstruktion des Deutungswissens der Expert_innen. Also jene Relevanzen, Regeln, Prinzipien und normativen wie sozialen Dispositionen, die die Deutungen und die Wahrnehmung der Expert_innen entscheidend bestimmen. Die Bedeutungsgebungen von Expert_innen in den Mittelpunkt der Analyse zu stellen, ist insofern von Interesse, als davon ausgegangen werden kann, „dass sich das Handeln der Expert_innen durch den Rekurs auf jene Bedeutungen erklären lässt, die den jeweiligen Dingen und Prozessen zugeschrieben werden“ (Bogner et al. 2014, S. 76). Gleichwohl vermag die vorliegende Untersuchung nur theoretische Überlegungen zum konkreten Handeln der Interviewpartner_innen anstellen. Denn ebenso wenig, wie der Wirkung eines bestimmten im Interview zum Einsatz kommenden Wissens auf die Beratungsaufsuchenden nur theoretisch beantworten lässt, bleibt auch die konkrete Beratungskommunikation der Forschung vorenthalten.

Die Auswertung ist von einer an die Grounded Theory Methodologie (Glaser & Strauss 1998) angelehnten Forschungshaltung getragen, die vom Prinzip der Offenheit und der Entdeckung von Neuem strukturiert ist. Anstatt die Daten in vordefinierte Konzepte oder Theorien zu zwängen, mit dem Ziel, bereits bestehende Hypothesen lediglich empirisch zu testen, geht es darum, ausgehend von den Daten und angesichts der Vielzahl an Interpretationsmöglichkeiten eine überzeugende und theoretisch anspruchsvolle Interpretation der sozialen Logik von Expert_innenpraktiken zu entwickeln (Bogner et al. 2014, S. 77; Kleemann et al. 2013, S. 19). Von den Daten und ihrer Vielzahl an Interpretationsmöglichkeiten auszugehen und die eigenen theoretischen Vorannahmen zurückzustellen, birgt auch immer die Gefahr, sich in diesen Suchbewegungen zu verlieren. Dem begegnen explorative Forschungsdesigns mit zweierlei Analysestrategien: Erstens mit einem sequenziell-formalsprachlichen Analyseverfahren, das die Reihenfolge der sprachlichen und nichtsprachlichen Äußerungen und jeweiligen Relevanzsetzungen berücksichtigt. Dies ist insofern von Bedeutung, als jede Äußerung im Zusammenhang mit dem zuvor Gesagten steht und dadurch eine spezifische Bedeutung für die Struktur des Gesamttextes erhält. Damit soll verhindert werden, dass einzelne Elemente willkürlich aus ihrem sequenziellen Zusammenhang herausgerissen werden und ihnen ein anderer Sinngehalt zu-interpretiert wird (Kleemann et al. 2013, S. 24). Ausgehend von einer Haltung der Offenheit gegenüber dem empirischen Material wurden zweitens neue Thesen generiert, die fortlaufend am empirischen Material überprüft und gegebenenfalls weiterentwickelt wurden. Dieses abduktive Vorgehen zielt darauf ab, neue Erklärungen für Phänomene aufzudecken, die bisher im bestehenden theoretischen Rahmen nicht verstanden oder nicht erklärt werden konnten (ebd.).

In der Analyse von Expert_inneninterviews kommen in der Regel kaum sequenzanalytisch-sinnverstehende Analyseinstrumentarien zum Einsatz. In der Mehrzahl werden sie inhaltsanalytisch oder mithilfe des Kodierens der Grounded Theory ausgewertet (Kleemann et al. 2013, S. 204). Die Sequenzialität des Textes soll durch das Kodieren aufgebrochen und neu gegliedert werden. „Auf dieser Grundlage besteht aber die Gefahr, eigene kategoriale Raster an die Interviews heranzutragen, ohne den von den Befragten selbst zum Ausdruck gebrachten Sinngehalt angemessen zu erfassen" (ebd.). Deshalb wurde für die vorliegende Untersuchung eine Vorgehensweise gewählt, bei der das Textmaterial sowohl entsprechend der Grounded Theory als auch rekonstruktiv-sequenziell ausgewertet wurde. In Entlehnung *einzelner Werkzeuge* rekonstruktiv-sequenzanalytischer wie gegenstandsbegründeter Verfahren wurde in Anlehnung an Meuser und Nagels (2005) Vorschlag zu einer an der Grounded Theory orientierten Auswertung von Expert_inneninterviews und in Anlehnung an methodisch explorativ angelegte Forschungsdesigns, in denen sequenzanalytische Auswertungsstrategien mit der Grounded Theory oder inhaltsanalytischen Vorgehensweisen kombiniert wurden, wie etwa Georg Breidenstein und Helga Kelle (1998) oder Gabriele Rosenthal (2015), eine Auswertungsstrategie für die im Rahmen dieser Untersuchung geführten Expert_inneninterviews gewählt, die sich dem Forschungsvorhaben und der Spezifik ihres Gegenstandes anpasst. Anliegen ist es, die Mechanismen und Funktionsweisen zu erfassen, nach denen die Interviewpartner_innen im Rückgriff auf sozial geteilte Wahrnehmungs- und Deutungsschemata Geschlechter-, Klassen- und Fremdheitskonstruktionen einzubeziehen, wenn sie über ihre beruflichen Erfahrungen sprechen. Das Ziel der Auswertung in der vergleichenden Dimension der vorliegenden Expert_inneninterviews quer zu den Einzelfällen und den Befragungspersonen unter gleichzeitiger Berücksichtigung der Spezifik des Einzelfalls ist das Überindividuell-Gemeinsame der Expert_innendeutungen herauszuarbeiten, das heißt: „gemeinsam geteilte, gewissermaßen typische Wissensbestände, Relevanzstrukturen und Deutungsmuster" (Meuser und Nagel 2005, S. 80), die es im Lichte der sozialen Positionierung der am Interview Beteiligten zu verstehen gilt, um die den kontext- und situationsbedingten, im Rahmen von Interviews hervorgebrachten Äußerungen immanenten (Sinn-)strukturen an die Oberfläche zu bringen (Bourdieu et al. 2005, S. 403). Um vom rohen Transkript zu datenbasierten und theoretisch anspruchsvollen Aussagen zu gelangen, wird ein Vorgehen in mehreren Schritten vorgeschlagen. Die einzelnen Auswertungsschritte folgen dabei keiner streng linearen Logik, sondern sind rekursiv aufeinander verwiesen.

5.4.1 Transkription und Sequenzialität

Zunächst wurden alle Interviews vollständig transkribiert. Die Transkription stellt bereits einen Schritt des Interpretationsprozesses dar. Die Niederschrift des auf Band aufgenommenen Interviewgesprächs unterliegt zwei, einander widerstrebenden Ansprüchen: zum einem dem Anspruch der Lesbarkeit und Nachvollziehbarkeit und zum anderem dem Anspruch möglichst nah an dem zu bleiben, das sich während des Interviews an sprachlichen und nicht-sprachlichen Aktivitäten zeigt – etwa die Stimme, Aussprache, Betonungen, Mimik und Gestik. So wurden Verzögerungen, Unterbrechungen, Betonungen etc. in der Niederschrift vermerkt. Passagen, die Rückschlüsse auf die interviewte Person zuließen, wurden in den Transkriptionen anonymisiert. Auch dialektale Färbungen wurden der Anonymität und Verstehbarkeit wegen – soweit darin kein besonderer, nicht ins Schriftdeutsche zu übersetzender Bedeutungsgehalt zum Ausdruck gebracht werde sollte – weitgehend ins Schriftdeutsche übersetzt. Somit wurde aus Gründen der Wahrung der Anonymität, Praktikabilität und Lesbarkeit von mir bei der Vertextlichung mal mehr, mal weniger in die im Interview hervorgebrachten Äußerungen eingegriffen. In diesem Sinne bedeutet „transkribieren [...] also immer auch schreiben im Sinne von neu schreiben“ (Bourdieu et al. 2005, S. 407).

Meuser und Nagel (2005) empfehlen für ihr an den Maximen der Grounded Theory orientiertes Auswertungskonzept für Expert_inneninterviews, das (teil)transkribierte Interview zunächst einmal zu paraphrasieren, um Komplexität zu reduzieren und um einen *handhabbaren* Textkorpus herzustellen. Darauf wird hier verzichtet. Denn das, was sich als für das Verstehen der Sinngehalte wichtig und was als unergiebig erweist, zeigt sich oft erst in späteren Interpretationsschritten. Um der Gesamtgestalt des Textes, seinem Entstehungszusammenhang und den von den Befragten zum Ausdruck gebrachten Sinngehalten angemessen nachspüren zu können, wurde der Interviewtext zunächst in seiner sequenziellen Struktur rekonstruiert (Rosenthal 2015, S. 230). Mit Blick darauf, in welcher Weise ein Thema ein- oder fortgeführt wird, galt es zunächst zu überprüfen, inwieweit das von der Interviewerin vorgegebene Thema für die Befragten überhaupt relevant ist und – in Berücksichtigung der einzelnen aufeinander bezugnehmenden Sequenzen – von wem, welches Thema, wie und wann eingebracht wurde. Von größerem Interesse war zunächst nicht, was die Interviewten sagten, sondern wie sie über einen bestimmten Gegenstand sprechen. „Eine solche Analyseperspektive eröffnet einen systematischen Zugang zur Bedeutung des Gesagten (und damit zu den Denk- und Handlungsweisen der Untersuchten), ohne dass die Forschenden verleitet werden, den eigenen Annahmen und Deutungen ‚aufzusitzen'" (ebd., S. 20–21). Es ging also darum, zu verstehen, welche Deutungen die Interviewten den erzählten Situationen zugrunde legten – „welche Konstruktion der Wirklichkeit erster Ordnung sie also bes[aß]en" (ebd., S. 21).

5.4.2 Portraits der Einzelinterviews und Kodieren

Um Wissensformationen in den einzelnen Interviewtexten zu identifizieren, wurden Portraits der einzelnen Interviews in Form von *Wissenslandschaften* angefertigt. Anliegen dieses Interpretationsschrittes war es, das Datenmaterial möglichst vollständig mithilfe dieser Portraits zu fassen und zu systematisieren, um es schließlich der Rekonstruktion eines Gesamtbildes zuzuführen. Die Interpretation des Materials erfolgte in mehreren rekursiv aufeinander bezogenen Schritten, weniger im Sinne einer linearen Abfolge als vielmehr in der Logik einer zirkulären Auswertung, in der oft noch in späteren Auswertungsphasen der Weg zurück in die Interviewtexte führte, „um die Interpretationen anhand des Bedeutungskontextes zu prüfen, in dem bestimmte Aussagen entstanden sind" (Bogner et al. 2014, S. 83).

Zunächst wurde das Textmaterial in seiner Sequenzialität mit *in vivo-Codes* gesichtet, die dem Material selbst entnommen wurden. Einzelnen Passagen der Interviews wurden so einzelne oder mehrere Begriffe zugeordnet, wenn sich in dem jeweiligen Textabschnitt mehrere thematisch relevante Aspekte überlagerten. Um die Äußerungen der Befragten nicht vorschnell und subsumtionslogisch Kategorien zuzuordnen und „um für Interpretationsmöglichkeiten offen zu bleiben, die sich jenseits der etablierten Konzepte und Theorien bewegen" (ebd., S. 78), wurde eine textnahe Titulierung von Abschnitten gewählt und soziologische Begriffe zunächst vermieden. Die Kategorisierungen wurden jedoch nicht der Sequenzialität des Textes entrissen und „aus der Ordnung, die sich gleichsam natürlich durch den Gesprächsablauf ergibt, gebracht", wie dies das Kodieren gemäß der Grounded Theory nahelegt (ebd., S. 77), sondern bezogen sich jeweils auf die gesamte Einheit eines Interviews. Die Textabschnitte wurden also zunächst nicht in eine neue Ordnung gebracht. Denn eine kategoriale Zuordnung kann der Rekonstruktion des Bedeutungsgehaltes einzelner Passagen, die besonders aussagekräftig für die Struktur des Gesamttextes sind, nur bedingt gerecht werden (Rosenthal 2015, S. 237).

Erst in einem daran anschließenden Auswertungsschritt wurden die unter Kategorien zusammengefassten Interviewabschnitte neu sortiert und thematisch gebündelt. Anliegen dieses Interpretationsschrittes war es, die Expert_innenaussagen in Form von *Wissenslandschaften* zu kategorisieren und zu verdichten, um die Spielarten, Objekte, Felder und Modi des Wissens in den Einzeltexten identifizieren zu können. Das Textmaterial wurde zunächst mit Blick auf die unterschiedlichen Wissensbestände und Darstellungsweisen von Differenz gesichtet. Die so gewonnenen Kategorisierungen galten nur als eine interimistische Zuordnung, zumal sich Äußerungen, die an ein differenz- und ungleichheitsaffirmierendes Deutungswissen von Welt anschließen, „oft nur zwischen den Zeilen in recht widersprüchlichen Argumentationen und vor allem in vagen Andeutungen zeigt" (ebd., S. 231). Dabei ging es jedoch nicht um das *Aufsuchen* und *Nachweisen* von Differenzsetzungen oder um deren bloße Beschreibung. Vielmehr verband sich dieser Auswertungsschritt bereits mit den analyseleitenden Fragen nach der Funktionalität und den Kontexten, in denen das Wissen hervorgebracht und relevant gesetzt wird. In der daran anschließenden vergleichenden und späteren feinanalytischen Auswertung von exemplarisch ausgewählten Texten „konnten diese ersten Kategorisierungen verworfen, verfeinert und vor allem in ihren Querverbindungen entschlüsselt werden" (ebd.).

5.4.3 Vergleich der Wissensformationen und Intersektionalität als sensitizing concept

Die so in den vorhergehenden Auswertungsschritten angefertigten Wissenslandschaften wurden übereinandergelegt und zugunsten einer Sortierung inhaltlich und strukturell verwandter Wissensformationen aus den verschiedenen Interviews überschritten und in ihrer Verallgemeinerbarkeit betrachtet. Aufgabe dieses Auswertungsabschnittes war es, vergleichbare Wissensformationen quer zu den Einzeltexten ausfindig zu machen. Um vorschnellen Generalisierungen vorzubeugen, galt es dem Prinzip des abduktiven Schließens und der Offenheit folgend, füreinander widersprechende Hinweise und vom bisherigen Wissensstand abweichende Phänomene im Datenmaterial offen zu bleiben. „Da dieser Kodierschritt auf Basis des thematischen Vergleichs eine immense Verdichtung der Daten zur Folge hat, gilt es zur Vorbeugung gegen allzu schnelle Generalisierungen auch immer wieder zu fragen, an welchen Stellen sich Unterschiede und Widersprüche ergeben“ (Bogner et al. 2014, S. 79). Um Gemeinsamkeiten, aber auch Unterschiede und Ambivalenzen der Expert_innenaussagen erfassen zu können, ging es auch in diesem Auswertungsschritt nicht darum, Differenzkategorien im Material aufzufinden und zu belegen bzw. das Datenmaterial entlang der gesetzten Differenzkonstruktionen neu zu gliedern. Von Interesse war vielmehr, wann, wie, durch wen und unter welchen Bedingungen etwas zum Thema gemacht wurde und welche Funktionalität die Thematisierung oder auch Auslassung hat.

Den komplexen sozialen Konstruktionsleistungen der Befragten wurde auf drei Ebenen begegnet, die eine Art Codierparadigma und heuristisches Instrument zur Verfügung stellen: Erstens in der Frage nach dem sozialen Kontext und den feldspezifischen Anforderungen und Anerkennungsbedingungen. Zweitens auf der Ebene der Sagbarkeitsbedingungen innerhalb von Gesellschaftsordnungen. Und drittens in der Rekonstruktion der Wissensbestände im symbolischen Raum des Interviews. Dies umfasst auch die Frage nach dem Sinn des Gesagten in der interaktiven Herstellung im Interview: Was artikuliert sich wie im Kontext des Interviews und gibt Hinweis auf die spezifische sozialräumlich-intersektionelle Positionierung der am Interview Beteiligten? Welche Funktion hat dieses erzählte Wissen in der konkreten Interviewsituation? Was sind die gesellschaftlichen Bedingungen dieses Sprechens? Was sind die (anerkennungswürdigen) Bedingungen des Sprechens im konkreten Feld der pädagogischen Beratung? Wie wird darin die eigene Professionalität erzählt? Welche Legitimations- und Plausibilisierungsstrategien kommen zum Einsatz?

Um den Thematisierungsweisen nachzuspüren, wurden die vielgestaltigen, komplexen, einander widersprechenden Dimensionen des Expert_innenwissens aus einer intersektionellen Analyseperspektive in den Blick genommen und gebündelt. Quer zu den einzelnen Interviews wurde nach gemeinsamen oder ähnlichen Relevanzen, Typisierungen, Deutungen gesucht (Bogner et al. 2014). „Standen in den vorhergehenden Auswertungsschritten vor allem die Kategorisierung und Verdichtung von Expert_innenaussagen im Mittelpunkt, so geht es jetzt um die Entwicklung plausibler Lesarten der Äußerungen in Hinblick auf ihre soziologische“ Relevanz, die eine theoretische Beschreibung bestimmter Überzeugungen oder Werthaltungen der Expert_innen als Repräsentant_innen ihres Feldes ermöglichen (ebd., S. 79). Im Fokus stehen also die Logiken des Expert_innendiskurses, die nicht unbedingt bewusst gewusst das Handeln und die Wahrnehmung der Expert_innen orientieren (ebd.).

Als theoretische Hintergrundfolie für die empirische Untersuchung (Riegel 2016, S. 137) wurden die Aussagen der Interviewten aus einer intersektionellen Perspektive in den Blick genommen. Intersektionalität kam hier als heuristisches Instrument – im Sinne der Grounded Theory – als *sensitizing concept* (Davis

2008; Phoenix 2010), als eine bestimmte Sicht auf den Forschungsgegenstand (Riegel 2016, S. 138) zum Einsatz und weniger als ein methodisch oder methodologisch konkretisiertes Vorgehen, mit dem sich eine bestimmte Forschungs- oder Auswertungsmethode verbindet[4]. Als eine offen fragende sowie gesellschaftliche Verhältnisse kritisch befragende Perspektive (ebd.) hält Intersektionalität nicht nur eine bestimmte theoretische Blickrichtung auf das Material bereit, mittels dieser das Material gesichtet und analysiert wird. Vielmehr verbindet sich mit einer Analyse, die um gesellschaftlich wirksame asymmetrische Macht- und Ungleichheitsverhältnisse weiß, auch im Sinne feministischer, post- und dekolonialer Wissenschaftskritik das Wissen um die eigene Standpunktabhängigkeit und Perspektivität und die eigene Beteiligung an der Hervorbringung von Wissen (etwa Harding 1991, 1995; Haraway 1995; Riegel 2016, S. 137). In diesem Sinne lassen sich die Überlegungen zur Bedeutung des Konzeptes der Intersektionalität mit den in Abschnitt 5.2.2 angestellten Überlegungen von Bogner und Menz (2001) zum Expert_innenwissen zusammenbringen, die das rekonstruierte Expert_innenwissen auch als Ergebnis einer Abstraktions- und Systematisierungsleistung der Forschenden fassen, das im Nachgang durch die Forscherin als solches ausgewiesen und (mit-)hervorgebracht wird.

In der konkreten Analyse des empirischen Materials galt es, den Forschungsblick offen zu halten für die unterschiedlichen Relevanzsetzungen von Differenzkategorien. Wenngleich jedoch aufgrund der theoretischen Vorarbeiten und aufgrund der dezidierten Anfrage und Aufforderung an die Expert_innen, Auskunft über ihr Handlungsfeld unter Bedingungen von Migration zu geben, davon ausgegangen werden konnte, dass insbesondere die Trias *race – class – gender* im Rahmen des Untersuchungsvorhabens von Relevanz sein werden, so wurde nicht im Vorhinein deduktiv festgelegt, dass ausschließlich diese drei Differenzlinien in den Analysefokus gerückt werden würden. Obschon weitere Differenzkategorien, wie etwa Behinderung an einzelnen Stellen der Interviews thematisch wurden, bestätigte sich in der Arbeit am konkreten empirischen Material die Vorannahme, dass insbesondere die Kategorien FluchtMigration und Geschlecht sowie Klasse in den Äußerungen der Interviewten aufgerufen wurden, wenn sie über ihre professionelle Praxis sprechen.

---

[4] Zu den sowohl methodischen als auch methodologischen Auseinandersetzungen, ebenso auf die Auseinandersetzungen um die Möglichkeiten und Herausforderungen, die sich mit dem Konzept der Intersektionalität ergeben, sei überblickend etwa auf Leslie McCall 2005 oder Helma Lutz et al. 2010 verwiesen; spezifischer in Hinblick auf das konkrete methodische Vorgehen etwa Winker und Degele (2009), die eine mehrschrittige Umsetzung auf unterschiedlichen Analyseebenen vorschlagen.

5.4.4 Feinanalyse ausgewählter Sequenzen

Um die impliziten oder expliziten, sichtbaren und weniger sichtbaren Differenzsetzungen, Normalitätskonstruktionen und Grenzziehungen in ihrem Zusammenspiel rekonstruieren zu können, wurden einzelne Interviewsequenzen einer empirischen Feinanalyse unterzogen. Da es vor allem auch in diesem Auswertungsschritt forschungsmethodisch nicht lediglich darum ging, das empirische Material systematisch in Hinblick auf das Vorkommen oder die Explikation eines an Differenz anschließenden Wissens hin zu untersuchen, sondern auch auf Fragen nach der Thematisierung und De-Thematisierung, nach Themensetzungen und Auslassungen, war es notwendig, „auch solche [Thematisierungsweisen], die unter dem Deckmantel von Normalitätskonstruktionen und Dominanzverhältnissen verborgen sind und (deshalb) nicht explizit benannt werden" (Riegel 2016, S. 139) mit in die Analyse einzubeziehen. Eine sequenzielle, feinanalytische Auswertung einzelner Passagen „ermöglicht die Rekonstruktion des latenten Sinngehalts und der Merkmale bestimmter Argumentationsfiguren. Bei der Analyse ist dabei ganz entscheidend [...] darauf zu achten, an welchen Stellen in einem Gesamttext bestimmte Inhalte formuliert oder auch vermieden und z. B. [...] [alltagsrassistische] Statements angedeutet oder geäußert werden" (Rosenthal 2015, S. 241). Dieser Auswertungsschritt verbindet sich mit Fragen, an welchen Stellen des Interviewtextes bestimmte Themen wie Alltagsrassismus „kopräsent sind und mit welchen Strategien diese Themen vermieden werden" (ebd.). Für „die Analyse der Abwesenheit von bestimmten Themen und der Strategien des Ausweichens bedarf ebenso wie die von Andeutungen, von vagen und diffusen Aussagen eines sequenziellen und feinanalytischen Vorgehens" (ebd., S. 237). Denn „es sind oft gerade jene Stellen in einem Text, die sich vor einer gründlicheren Betrachtung und der Rekonstruktion des latenten Bedeutungsgehalts kaum Kategorien zuordnen lassen, die besonders aussagekräftig für die Struktur des Gesamttextes sind" (ebd.). So sollten in diesem Auswertungsschritt jene Stellen in den Blick gerückt werden, die im vorherrschenden Diskurs häufig unsichtbar bleiben oder als abweichend, problematisch und anders konstruiert werden, wie beispielsweise die vermeintliche Beratungsresistenz von Menschen mit zugewiesener oder tatsächlicher FluchtMigrationsgeschichte. In den Strategien der Umgehung oder Responsibilisierung *der Anderen*, wie in Kapitel sechs und sieben noch aufgezeigt werden wird, können die sie bedingenden und ermöglichenden asymmetrischen Machtverhältnisse aus dem Blick gerückt werden.

Einige Passagen, die als besonders *sprechende Sequenzen* ausgemacht wurden, wurden in ihrer Sequenzialität im Kontext von Forschungswerkstätten interpretiert. Dabei wurde zunächst kaum etwas über den Kontext erzählt, in dem das Interview stattfand, um so möglichst verschiedene und vom Effekt der Befremdung profitierende und *unverstellte* Lesarten aufs Material zu entwickeln.

5.4.5 Theoretische Generalisierung

In einem letzten Schritt steht die eigentliche soziologische Theorierevision an. Hier werden die empirisch entwickelten Kategorien und Konzepte systematisiert und in ihren Zusammenhängen interpretiert. Die zunächst noch unverbundenen im vorhergehenden Schritt erarbeiteten Konzepte werden in einem größeren Theorem gebündelt und in ihren Relationen bestimmt, um schließlich die identifizierten Sinnzusammenhänge mit einer umfassenderen These in Verbindung zu bringen (ebd.). Aus den rohen Interviewtexten werden so nach und nach Konzepte entwickelt, die als „analytische Kondensate von Sinndeutungen und Interpretation zu verstehen" sind (ebd., S. 80). Aus den Beschreibungen und Erzählungen der befragten Personen über Handlungen, Entscheidungen und Verläufe wird ein „Gesamtbild" (ebd.) rekonstruiert, das in einigen wenigen Kategorien oder – in den Worten der Grounded Theory – eine Kernkategorie destilliert, die die Logiken des Feldes und der darin in ihren Sinnbezügen handelnden Akteure erfasst.

6 Auskünfte über das different Andere

Die folgenden Analysen erfassen einzelne Argumentationsfiguren, Darstellungs- und Plausibilisierungsstrategien in Zusammenhang mit der Thematisierung migrationsbedingter, geschlechtlicher und klassenspezifischer Differenz. Im Rückgriff auf im vorherrschenden Diskurs angebotene, kollektive Wahrnehmungs- und Deutungsschemata wird von den Interviewpartner_innen vor allem das Verhältnis zwischen Mehrheit und Minderheit wiederkehrend problematisiert und diskursiv bearbeitet. Die Interviews sind deutlich von Normalitäts- und Differenzsetzungen durchzogen. Im Sprechen über ihre professionellen Erfahrungen setzen die Interviewten unterschiedliche (alltags-)theoretische Begründungen, vergeschlechtlichende und ethnisierende Klassifikationen und Bilder über die als fremd wahrgenommenen Ratsuchenden ein. Anhand der Betrachtung ausgewählter Interviewausschnitte werden einige spezifische argumentative Handhabungen der Kategorien FluchtMigration, Kultur, Geschlecht und Klasse herausgearbeitet und aufgezeigt, welches Wissen und welche Funktion dem Sprechen über *das different Andere* zugrunde liegen.

Die Darstellung der Äußerungen der Berater_innen erfolgt in zwei Schritten: Zunächst werden längere Ausschnitte aus Interviews mit einzelnen Berater_innen herausgegriffen und in ihrem Argumentationsverlauf im Detail nachgezeichnet. Die Interviewpassagen werden ausführlich zitiert und interpretiert, um den Umgang mit dem erhobenen Material nachvollziehbar zu machen und die in der Interviewkommunikation (mit-)hervorgebebrachten Relevanzsetzungen und Bedeutungsproduktionen sichtbar werden zu lassen. Anschließend (7.2) werden die Einzelanalysen mit Betrachtungen aus dem Gesamtkorpus der Interviews, aus dem exemplarisch weitere Äußerungen zitiert werden, zusammengebracht und verallgemeinernde Überlegungen angestellt. In dem an die Einzelanalyse anschließenden Schritt werden diese Stellen auf ihre Gemeinsamkeiten und

K. Hazibar, *Im Wissen um die Anderen*,
https://doi.org/10.1007/978-3-658-50658-2_6

Widersprüche hin betrachtet, um vor dem Hintergrund der theoretischen Ausarbeitungen die gemeinsam geteilten, gewissermaßen typischen Wissensbestände, Relevanzstrukturen und Deutungsmuster der befragten Akteur_innen rekonstruieren zu können. Dabei geht es weniger um das faktische Handeln der konkreten Person, als vielmehr darum, herauszuarbeiten, in welcher Weise die untersuchten Personen dem eigenen Handeln Sinn zuschreiben und in welcher Weise die fallbezogenen Erkenntnisse verallgemeinerbar sind. So verstanden, lassen sich *Einzeläußerungen*, welche in einem ersten Schritt dargestellt werden, als Hinweis auf überindividuell-gesellschaftliche und milieu- bzw. feldspezifische Sinnstrukturen lesen.

6.1 Der Zugang zur Beratung als eine Frage von Bildung und Kultur

In allen Interviews stellt der Zugang zur Beratungseinrichtung einen zentralen Topos dar. Die Interviewpartner_innen sprechen über Möglichkeiten und Behinderungen, bestimmte Bevölkerungsgruppen zu erreichen, darüber, wer als Klient_in vorausgesetzt, als idealtypische Klient_in imaginiert wird und über die Aufgaben und Herausforderungen, die mit bestimmten Klient_innen verbunden sind ebenso wie über die Anlässe, Beratung aufzusuchen und die Themen, die verhandelt werden. Die Thematisierungsweisen unterscheiden sich dabei sowohl innerhalb des jeweiligen Interviews als auch zwischen den einzelnen Interviews. Die Deutungen der Berater_innen zu den Ursachen des erschwerten Zugangs sind von Widersprüchen, Brüchen und Gleichzeitigkeiten gekennzeichnet. Auffallend ist, dass auch innerhalb des einzelnen Interviews einander widersprechende Erklärungen für denselben Sachverhalt eingesetzt werden.

6.1.1 Das Wissen um Expert_innenzentrierung, Barrieren und Mittelschichtsorientierung von (Erziehungs-)beratung

Der folgenden Interviewpassage geht eine Gesprächssequenz voraus, in der der Interviewte über sein Verständnis von Beratung in Abgrenzung zu einem *„Experten-Laien-Verständnis"* von Beratung und der für ihn damit einhergehenden Aufgabe der *„Beteiligung"* von Klient_innen spricht. Als den Ratgebenden *„gleichberechtigten"*, hätten sie, die Ratsuchenden, *„das Recht [...], in unsere*

Dokumentation (..) Einschau zu erhalten". Der Sprecher stellt fest, dass es *„ungewohnt"* sei, *„erst noch Zeit brauche"*, denn *„da sind Grenzen und ähm das ist eine innere Haltung, die man da hat und das braucht einfach ein bisschen Zeit. [...] ich find's aber* grundsätzlich *extrem wichtig und auch ein gutes Recht"*. Die Interviewende entgegnet: *„Aber das heißt, es setzt schon auch- ich sag mal, einen gewissen Typ von Klient/Klientin voraus. Also jemand ähm- einen sehr- unter Anführungszeichen- mündigen Klienten"*. Der Gesprächspartner erwidert und verneint zugleich die Aussage der Interviewerin, indem er festhält, dass es diejenigen Ratsuchenden gäbe, die sagten: *„ja, will ich gar nicht wissen, wie ist das, wie wir so reden"* und jene, die ihre Zustimmung und positive Überraschung darüber äußerten, in die Dokumentation einbezogen zu werden, jene, die *„noch nie erlebt"* haben, *„dass das jemand gemacht hat"*. Wichtig sei jedoch, *„dass die Verantwortung für das Setting hier bei mir liegt und nicht bei den Klienten und Klientinnen"*. An dieser Stelle setzt nun das folgende Zitat ein:

FALLBEISPIEL 1

> *IP*[1] *„Wir sind sicher irgendwo, könnte man sagen, so eine Mittelschichtseinrichtung, wie Sie das vorhin so gesagt haben. Mündig haben Sie es genannt. Hoch- oder motivierte Eltern, die äh Fragen haben und die bei uns schon irgendwas- kleine Unsicherheit und gehen da halt hin ähm wo Beratung auch extrem gut wirkt, ge! Und ähm in dem Sinne sind wir für bestimmte Bevölkerungsschichten über die Jahre nicht niederschwellig genug. Also, wir haben uns da ein bisschen, wie soll man sagen, in einen elfenbeinernen Turm entwickelt, so ohne, dass wir das gemerkt haben, sondern da war einfach so viel zu tun. Ähm aber es war wirklich für eine bestimmte Gruppe und dadurch natürlich ein überwiegend extrem angenehmes Arbeiten. Mit motivierten Klientinnen ist das einfach toll und ähm muss auch sagen, Gott sei Dank, dadurch habe ich die Chance gehabt, ganz viel zu lernen auch über Beratung [...]"*
>
> *I: „Genau, also gibt's ähm (.)- gibt's konkrete Angebote, um jetzt vielleicht auch gesellschaftlich marginalisierte Gruppen zu erreichen"?*

---

[1] Die Kürzel IP und I stehen für Interviewpartner_in und Interviewerin. Auf eine numerische Zuordnung der einzelnen Zitate zum je konkreten Interview wurde im Interesse der Anonymisierung verzichtet. Passagen, die Rückschlüsse auf die interviewte Person zulassen, wurden durch ein X ersetzt und unkenntlich gemacht. Die Interviewzitate wurden unter Anführungszeichen gesetzt und kursiv geschrieben. Um Lesbarkeit zu gewährleisten, wurden die Transkriptionszeichen weitestgehend entfernt. Markiert werden Abbrüche (Beispiel: Ich glaube, dass vie-). Unverständliche Äußerungen sind mit () gekennzeichnet. Anmerkungen, z. B. das Lachen der am Interview Beteiligten, sind in (Klammern) gesetzt. Ein kurzes Absetzen oder eine Pause ist mit (.) gekennzeichnet. Dialektale Einfärbungen wurden ins *Standarddeutsche* bzw. *Standardösterreichische* übersetzt.

IP: „Ja! Also, wir nennen das im Moment so bildungsfernere (.) Bevölkerungsgruppen. Ähm und das sind Familien mit Migrationshintergrund ganz eindeutig. Das sind äh Familien, die (.) äh von Armut bedroht sind oder schon in Armut leben. Ähm die haben einfach andere Sorgen (räuspern) und anderen kulturellen Hintergrund, aber auch zum Teil Bildungshintergrund, wo man gar nicht auf die Idee kommt in Beratung zu gehen. [...] Als Einrichtung mit einer Kommstruktur (..) ähm einfach- man muss erst auf die Idee kommen, zu uns zu kommen, man muss erstmals wissen, dass es uns gibt. Und es gibt uns jetzt schon weit über X Jahre[2] *und immer wieder, wenn ich mal so einen Vortrag mach oder beim Elternabend bin oder was oder auch sogar bei Vernetzungstreffen dabei bin, staun ich, wie wenig auch Profis in dem Bereich von uns wissen, manche überhaupt gar nicht wissen, dass es uns gibt. Und da finden eben, glaub ich, (..) Familien mit einem höheren Bildungsniveau einfach mehr Zugang. [...]"*

I: „Was glauben Sie ist der Grund, dass vor allem – Sie haben es vorhin als Mittelschichtsfamilien bezeichnet – das vor allem die das in Anspruch nehmen? Und jetzt Personengruppen, die jetzt äh sozusagen einer anderen Schicht angehören ähm bzw. Menschen mit Migrationshintergrund, wie Sie erzählt haben, dass die das weniger in Anspruch nehmen"?

IP: „(räuspern) Ich glaub ähm, ein Grund liegt (..) bei den Familien, dass die mal auf die Idee kommen, ‚ich hol mir jetzt Hilfe, was gibt's da'? Also, das ist auch- erstens ist es der Umgang mit sich selbst, was merk () ich, und (räuspern) wenn ich dann irgendwann nicht mehr weiter weiß, hol ich mir dann Hilfe oder mach ich weiter () oder ich merk gar nicht, dass es nicht geht, weil ich gar keine Zeit hab, weil ich eh immer damit beschäftigt bin, den Alltag zu meistern, ge! ‚also das hat keinen Platz'. Und das ist für mich schon auch eine Bildungsfrage. Vielleicht möglicherweise gar nicht so sehr Schulbildung und sowas, sondern Herzensbildung, was darf sein, welches Selbstbild habe ich und da ist- ja, also das spielt einen Grund".

In dieser Passage thematisiert der Interviewpartner die Mittelschichtsorientierung der Angebote seiner Einrichtung. Mit Blick auf die soziale Zusammensetzung der Klientel gibt der Sprecher zu verstehen, dass vor allem *„hoch- oder motivierte Eltern"* durch die Einrichtung erreicht würden. Für *„bestimmte"* andere *„Bevölkerungsschichten"* seien die Angebote über die Jahre *„nicht niedrigschwellig genug"* gestaltet gewesen. Seine Äußerungen geben zunächst noch keinen konkreten Hinweis darauf, wer mit den bestimmten Bevölkerungsgruppen jenseits der Mittelschicht gemeint ist. Ins Zentrum seiner Ausführungen stellt er zunächst die Wirksamkeit von Erziehungsberatung bei Angehörigen der Mittelschicht. Mittelschicht wird in seiner Ausführung mit *motiviert*-sein übersetzt. Beratung wirke in diesem Kontext *„extrem gut"*. Um die zielgruppenspezifische Engführung seiner Einrichtung zu illustrieren, zieht er die Metapher des

[2] Um keine Rückschlüsse auf die Institution zuzulassen, wurde die genaue Jahreszahl durch ein X ersetzt.

„elfenbeinernen Turms“ heran, ein Bild mit dem gemeinhin akademische, mit dem Vorwurf der elitären Abgehobenheit belegte Einrichtungen beschrieben werden. Diese negativ konnotierte Selbstbeschreibung seiner Einrichtung schwächt er jedoch im darauffolgenden Nebensatz ab, indem er als einen der Gründe für diese Entwicklung zunächst die hohe Arbeitsbelastung anführt, die, *„ohne, dass wir das gemerkt haben“*, zu dieser Entwicklung geführt habe. Im folgenden Satz bekräftigt er erneut die zielgruppenspezifische Adressierung und stellt retrospektiv fest, dass die Beratung der Mittelschicht von einem *„überwiegend extrem angenehmen Arbeiten“* getragen war: *„Mit motivierten Klientinnen ist das einfach toll und ähm muss auch sagen, Gott sei Dank, dadurch habe ich die Chance gehabt, ganz viel zu lernen auch über Beratung“.* Motivierte Eltern, so die zum Ausdruck gebrachte Normalitätsannahme, seien vor allem in der Mittelschicht zu finden. Beratung wirke bei Motivation und die Mitwirkungsbereitschaft am Beratungsprozess sei vor allem in der Mittelschicht zu finden. Der eigene Professionalisierungsprozess wird als überwiegend von der Arbeit mit der Mittelschicht getragen beschrieben.

„Als Einrichtung mit einer Kommstruktur“ ist das Angebotsformat derart beschaffen, dass es, um in Anspruch genommen werden zu können, zunächst ein Wissen über das Angebot braucht. Ein Wissen, über das, so der Gesprächspartner, selbst *„Profis in dem Bereich“* häufig nicht verfügten. Er beendet seine Ausführung mit dem Fazit: *„Und da finden eben, glaub ich, (..) Familien mit einem höheren Bildungsniveau einfach mehr Zugang“.* Auf meine Nachfrage nach den Gründen für die erschwerte Erreichbarkeit der Einrichtung antwortet er, dass *„man erstmal auf die Idee kommen müsse, sich Hilfe zu holen“.* Die Idee, sich Hilfe zu holen führt er zunächst auf einen spezifischen *„Umgang mit sich selbst“* zurück. *„Auf die Idee zu kommen, sich Hilfe zu holen“*, verweist auf das soziale Arrangement von Beratung. Die Ratsuchenden sind aufgefordert, Einsicht in ihr Problem zu erlangen, sich einen Beratungsbedarf zuzuschreiben, gleichzeitig glaubhaft zu machen, „sich in einer Krise zu befinden, die sie nicht selbsttätig überwinden können [...] und damit ihre Beratungsfähigkeit [zu; K.H.] signalisieren“ (Duttweiler 2007, S. 265). Die Rede vom *„Umgang mit sich selbst“* verweist in Foucaultscher Lesart auf die strukturelle Voraussetzung von Beratung, es mit Klient_innen zu tun zu haben, die in der Lage sind, ihre Lebens- und Selbstführung mittels Beratung selbstbestimmt und selbstverantwortlich auszurichten und zu organisieren (ebd. S. 264). Selbstsorge und der Wille, Selbsterkenntnis zu erlangen, werden zur Vorbedingung von Beratung. Den Ratgebenden wird komplementär die Fähigkeit zugesprochen, über ein überlegenes und legitimiertes Wissen zu verfügen, über das die Ratsuchenden noch nicht verfügen. Ihnen kommt die Aufgabe zu, die Ratsuchenden mit diesem in den Institutionen der Beratung autorisierten Wissen auszustatten. Das von Kant beschriebene pädagogische Paradoxon der Erziehung

zur autonomen, also vernünftigen Selbstbestimmung durch Fremdbestimmung gilt für diejenigen, die sich als *beratungsmündig* erweisen. *Noch-nicht-mündig* und zugleich *beratungseinsichtig*, darauf richtet sich das beraterische Verhältnis. Noch-nicht-mündig und zugleich beratungsverständig kann aber nur derjenige sein, der_die in die Position der_ des *gebildeten* Ratsuchenden gelangt, der_die sich als fähig erweist, seine_ihre Gefühle, seine_ihre Lebensführung, Motive, Zukunftserwartung oder Beziehungen in der Sprache der Beratung zu deuten und zu artikulieren (ebd., S. 264). Nicht in die Lage gelangen diejenigen, die mit den Anforderungen des Alltags zu kämpfen haben, die *„gar keine Zeit"* haben, weil sie *„eh immer damit beschäftigt"* sind, *„den Alltag zu meistern"*. Hier setzt nun ein neue Begründungsfigur ein. Auffallend an den Äußerungen des Sprechers sind die unterschiedlichen, einander widersprechenden Argumentationsfiguren, die in kurzer Abfolge als Erklärung für die Zugangshindernisse zum Einsatz gelangen: steht eingangs das Wissen um die Mittelschichtsorientierung und die kritische Inblicknahme der Entwicklung der eigenen Einrichtung im Vordergrund der Ausführungen, verschiebt sich die Argumentation hin zu einer die Eigenverantwortlichkeit und Mündigkeit der Klientel adressierenden Logik.

Diese wird durchbrochen von der Schilderung der Prekarität des Lebensalltages von Ratsuchenden, die eine aktive und selbstbestimmte Teilnahme am Beratungsprozess verhindere. Die mit *„gar keine Zeit haben"* angedeuteten neoliberalen Anforderungen an die Bewältigung des Lebensalltags, die es verhinderten, Beratung in Anspruch zu nehmen, werden im anschließenden Satz mit Bildung verknüpft: *„Und das ist für mich schon auch eine Bildungsfrage. Vielleicht möglicherweise gar nicht so sehr Schulbildung und sowas, sondern Herzensbildung, was darf sein, welches Selbstbild habe ich"*. Nicht formelle Bildung, die über die Vergabe von Bildungstiteln und die habituelle Ausstattung ihrer Träger_innen den Zugang zu gesellschaftlichen Ressourcen und Teilhabeoptionen regelt, steht im Zentrum der Argumentation, sondern *„Herzensbildung"*. Die zunächst als strukturell thematisierten Zugangshindernisse werden an dieser Stelle durch eine aktivierungspädagogische Begründungsfigur ersetzt. *„Herzensbildung"* fungiert in dieser Lesart als vager, bedeutungsoffener Begriff, der die Interpretation einer impliziten Orientierung an aktivierungsstaatlichen Prinzipien der Selbstentfaltung und Lebensgestaltungsverantwortung nahelegt.

Den von der Interviewerin eingeführten und angebotenen Begriff der *gesellschaftlich marginalisierten Gruppen*, der eine thematische (Wieder-)öffnung zuließe, wird vom Interviewpartner nicht aufgegriffen. Indem der Interviewpartner den von der Interviewerin gesetzten Begriff der Marginalisierung zurückweist und durch den Begriff der *„Bildungsferne"* korrigiert, bestärkt er diese Lesart. *Gesellschaftlich marginalisiert* stellt den umfassenderen Begriff dar, ist in ihm doch ein sozialer Prozess angezeigt, bei dem unterschiedliche Bevölkerungsgruppen an der Teilhabe am wirtschaftlichen, kulturellen und politischen Leben behindert werden. Mit dem Begriff der Marginalisierung verbindet sich ein potentiell machtkritisches Bewusstsein über die Exklusionsrisiken von Beratung aufgrund ihrer mittelschichtsverankerten Problemdefinition und Wissensbestände (Schulze 2018, S. 31) und der voraussetzungsreichen Beschaffenheit der Beratungskommunikation selbst, die durch eine nicht-direktive Gesprächsführung und der Erarbeitung von Lösungen durch Selbstreflexion (Gaitanides 2006, S. 225) gekennzeichnet ist. Der Gesprächspartner schränkt diese umfassende Bedeutung ein. Er impliziert mit seiner gewählten Benennung, dass Erziehungsberatung mit Bildungsaffinität zu tun habe. Die soziale Lage der Ratsuchenden wird als *Bildungsfrage* respektive *Herzensbildung*, als eine dieser Lesart nach selbst zu erbringende Leistung verhandelt.

Im Fortgang des Interviews wird deutlich, wer nicht mit Mittelschicht assoziiert wird: Menschen mit tatsächlicher oder zugeschriebener FluchtMigrationserfahrung. Der Interviewte spricht von bildungsferneren Gruppen und stellt fest: *„das sind Menschen mit Migrationshintergrund ganz eindeutig"*. Migration wird in dieser Äußerung mit nicht-gebildet übersetzt. Bildungsferne wird dabei an der vermeintlich *anderen Kultur* oder Religion der migrantisierten Klientel festgemacht. Die mit der tatsächlichen oder zugeschriebenen Migrationserfahrung häufig einhergehende Deklassierung und Dequalifizierung wird den Menschen selbst eingeschrieben. Migrantische Ratsuchende oder diejenigen, die als solche wahrgenommen werden, scheinen aufgrund ihrer sozialen Herkunft den mittelständischen Normalitätserwartungen der Beratungsinstitution nicht zu entsprechen. Auch in anderen Interviews werden im Sprechen über den Zugang und die Klientel Differenzkonstruktionen, die an ethnisierende Kategorien anschließen, aufgerufen, um das institutionelle Handeln zu begründen. In den Interviews wird der Zugang zur Beratung von den Interviewten in Zugangshindernisse von *Migrant_innen und Nicht-Migrant_innen* differenziert und mit Fragen von Bildung, Milieuzugehörigkeit und Geschlecht verknüpft. So werden für die eine, *autochthone* Adressat_innengruppe, vor allem strukturelle (auch bauliche) Barrieren und Hindernisse im Zugang zur Beratung beschrieben. Mit Blick auf diese Klientel thematisieren insbesondere die *autochthonen* Berater_innen die Notwendigkeit aufsuchender Angebote für eine zielgruppenadäquate Ansprache und Umsetzung der Angebote, die in der Lage ist, soziale Zugangsbarrieren abzubauen und Familien zu erreichen, die bislang keine oder nur wenige Erfahrungen mit vorsorgenden Hilfsangeboten haben. Für die migrantisch gelesene Klientel scheint eine andere Erklärung einzusetzen: Die migrantisierte Klientel wird, wenn sie den Zugangsvoraussetzungen und den damit verbundenen institutionellen

Anforderungen nicht gerecht wird, als nicht beratungsfähig qua Herkunftskultur gelesen. Die Nicht-Inanspruchnahme von Erziehungsberatung gilt als Ausdruck defizitär empfundener kultureller Differenz, als Ausdruck mangelnder Bildung und Selbstbildung. Weniger thematisiert werden dabei strukturelle und institutionelle Zugangshindernisse.

6.1.2 Erziehungsberatung als *„eine Sache von Integration"*: Entlastendes Differenzwissen und die Krise der Handlungsfähigkeit

Ausgangspunkt der nachfolgenden Interviewpassage bildet eine Gesprächssequenz, in der die nicht immer deckungsgleichen Aufträge von Politik, Mitarbeitenden und Klient_innen, die an die beraterische Arbeit herangetragen werden, thematisiert werden. Die Interviewerin bittet den Interviewten, die Herausforderungen im Umgang mit diesen Anforderungen zu beschreiben. Der Interviewte antwortet zunächst damit, dass die Politik aktuell *„überwiegend mit der Flüchtlingsthematik beschäftigt"* sei, und *„der Bereich der UMF*[3] *extrem anwachse"*. Er stellt fest, dass die in diesem Bereich tätigen Einrichtungen zu den *„wenigen Einrichtungen"* zählten, die *„laufend neue Leute"* dazu bekämen. Auf der anderen Seite lokalisiert er seine Einrichtung, die ebenfalls groß sei und entsprechend Ressourcen habe und sich *„natürlich Überlegungen macht, unbegleitete Kinder und Jugendliche in die Beratung zu nehmen"*. Auf die Frage der Interviewerin, worin er die zentralen Aufgaben der Erziehungsberatung unter Bedingungen von Flucht und Migration sehe, antwortet der Interviewte, dass sich diese verändern würden und zum Teil auch schon verändert hätten durch die in bestimmten Gegenden hohe Zahl *„von Personen mit Migrationshintergrund, hauptsächlich aus der Türkei, zum Teil in zweiter, dritter Generation"*. *„Zum Beispiel ja- in den letzten zwei Jahren drei türkische- also Frauen- schon Österreicherinnen, aber mit türkischstämmigem Hintergrund, die sich von ihren Männern scheiden lassen haben. Und ähm das ist einfach ein Riesenschritt ähm, was da passiert. Auch diesen Mut zu haben, aber das geht ganz, ganz langsam"*.

Seine Ausführung bricht er an dieser Stelle ab und führt in ein neues Thema ein. Er berichtet nun von den Schwierigkeiten im Umgang mit Sprachbarrieren, der Problematik des Übersetzens durch die in der Beratung anwesenden Kinder: *„Erstens ist es oft eine riesen sprachliche Barriere, immer noch. Ich lass es nicht zu, dass die Kinder mit dabei sind, die alle perfekt deutsch reden- zweisprachig sind,*

[3] Unbegleitete minderjährige Flüchtlinge.

dass die da übersetzen. Das geht nicht. Das mach ich auch nicht". „*Im Bereich des Türkischen*", folgert er, ginge es „*inzwischen mit dem Dolmetschen einfacher*", hier gäbe es mittlerweile „*eine Menge Dolmetscher und Dolmetscherinnen*". Aber für bestimmte andere Sprachen – hier nennt er tschetschenisch und usbekisch – gäbe es keinen „*hochprofessionellen bundeslandweiten Dolmetscherpool*". An dieser Stelle setzt nun das folgende Zitat ein:

FALLBEISPIEL 2

IP: „und dazu kommt, dass gerade aus diesen ähm Ländern Erziehungsberatung in dem Sinne gar nicht in Anspruch genommen wird. Das hat aber auch, wie soll ich sagen, schon auch kulturelle Hintergründe und da stößt man dann schon zum Teil auf massive Grenzen und ich seh's als Teil von Integration inzwischen an. Ich hab da auch ein bisschen Selbstbewusstsein über die Jahre gewonnen. Früher hab ich mir ja schon ein schlechtes Gewissen gemacht, wenn ich jemanden mit Migrationshintergrund irgendwie- wenn ich einen Hass darauf gekriegt hab, wie sich so jemand benimmt mir gegenüber, also ich hab- einfach meine Grenzen überschreitet. Ähm und inzwischen- einen Teil von Integration ist für mich auch zumuten, dass ich mich zumute mit meinen Grenzen und das wirkt, aber nur jetzt im ganz Kleinen, im im Großen herrschen schon noch sehr, sehr, wie soll man sagen, ganz andere Vorstellungen von Familie, von Männer- und Frauenselbstverständnissen vor und das macht's dann schon schwierig. Aber das ist ein Prozess, der dauert. Ich glaube, Integration ist ein ganz- eine riesengroße Geschichte, die Zeit braucht (.) für alle Beteiligten. Und ich glaub nicht, dass- ich mein, es viele haben derzeit Angst (.) mit dem, was so abläuft, aber auch zum Teil Angst, weil, weil's keine Informationen gibt wirklich, also man kriegt das da ja gar nicht mit, wie groß ist der Strom, wie viel sind das. Die haben Angst und wenn man Angst hat, ist man natürlich empfänglich leider für diese ganzen (.) rechten Geschichten, die dann aufblühen. Das erleben wir ja derzeit. Und diese Angst ist berechtigt. Die muss man auch ernstnehmen. Denn Angst haben auch Leute, die selbst ähm irgendwo mit- um ihre Existenz kämpfen. Das hat ja ()- so ein Drittel der Bevölkerung (räuspert sich) ist ja schon das Prekariat. Das heißt, die sind aus den gesellschaftlichen Prozessen draußen schon oder kommen gar nicht rein. Und ah früher hat man immer gesagt, so halb halb die Schere. Es ist viel schlimmer, ein zweites Drittel ist davon- äh ist gefährdet, also das ist im Prekariat wohl einfach () Das geht bis hin in Mittelschichtsfamilien, sag ich jetzt schon, wo's jederzeit sein kann, dass man den Job verliert über Nacht. Und da macht das Angst. Und damit muss man was tun. Und das Wichtigste ist für mich, dass die Angst sein darf, ähm und das braucht Zeit. Und dass das nicht gleich rassistisch ist oder ausländerfeindlich oder was weiß ich was, sondern es ist einfach Angst. Und dafür bleibt keine Zeit. Denn diese Herzlichkeit zwar auf der einen Seite, die ich da so medial mit- das ist aber nicht nur das- mitkriege, ähm das hat mich dann auch irritiert. Da hat für mich was nicht gestimmt. Also jetzt nur für mich, ich hab nicht für für die Leute gesprochen, ist das- also das hat aber- mich hat das das angefangen- also ich hab noch keine innere Haltung, wenn ich Ihnen das so sagen darf".

I: „Aber was hat Sie daran irritiert"?

IP: „ (...) Mich hat irritiert, weil ich bei mir auch- ich hab irgendwie bei auch so Sorgen irgendwie gespürt: „Wie geht das weiter? Wie viele sind das? Wie viel Millionen?" Also so auch Ängste hab ich gespürt und ähm und die hatten das alle nicht. Das hat mich irritiert. Aber das heißt jetzt nicht, dass die das haben müssen, verstehen Sie, denn das ist meins! Und ich, wie ich es vorhin formuliert hab, ich hab noch meine innere Haltung noch nicht gefunden, weil ich unsicher bin und weil ich eigentlich sehr wenig weiß und auch nicht- (.) versuch's ja aber, ich krieg keine Informationen, mit denen ich was tun kann irgendwie (.) ah ja (.) also aber ich bin nicht ausländerfeindlich oder so was und auch nicht für Grenzen und Zäune, das find ich schreckliche Geschichten. Und trotzdem gibt's das Andere auch und das hat seine Berechtigung".

I: (...) „ist die... also spüren Sie das aktuell in der Erziehungsberatung die Fluchtbewegungen"?

IP: „Also, ich spür's nicht. Und was ich so vom Team irgendwie mitbekommen hab, eigentlich nicht, nein. Aber schauen Sie mal, fahren Sie mal durch Bundesland X, spazieren's durch Ortschaften, man kriegt gar nichts mit (.) im Grunde genommen".

Die Ausführung des Gesprächspartners beginnt mit der Feststellung, dass Erziehungsberatung *„aus diesen Ländern gar nicht in Anspruch genommen"* werde. Welche Länder mit *„diesen Ländern"* gemeint sind, wird nicht ausgeführt. Vielmehr scheint der Interviewte darauf zu schließen, dass es ein Einverständnis mit der Interviewerin darüber gibt, um welche Länder es sich handelt. Die Selbstverständlichkeit, mit der der Sprecher das gegenseitige Einverständnis über die konkreten Länder voraussetzt, verweist auf öffentliche Aufmerksamkeitsökonomien, die bestimmte Länder, aus denen Menschen nach Österreich kommen, stärker in den Fokus rücken als andere. Insbesondere jene Länder, die mit den Fluchtbewegungen der letzten Jahre in Zusammenhang gebracht und als muslimisch identifiziert werden, sind ausgemachter Anlass und Projektionsgegenstand gesellschaftlicher Aufregung. Der Redner scheint zu implizieren, dass Personen aus bestimmten Ländern *beratungs-* respektive *integrationsresistenter* seien als andere. Er verknüpft damit implizit den Zugang zur Beratung mit dem gesetzten Soll-Zustand *integriert zu sein.* Die Äußerung des Beraters verweist auf eine Konstruktion gradueller Abstufungen, in der die Herkunftsländer der Ankommenden oder Anwesenden in ein hierarchisches Verhältnis gesetzt werden: in diejenigen Länder, die den Integrationserfordernissen im Zugang zur Beratung schon eher entsprechen (Türkei) und denjenigen Ländern, die diesen (noch) nicht genügen.

Auffallend an dieser Passage ist zunächst nicht nur die Leerstelle, die mit der Annahme des beiderseitigen Wissens über das *So-Sein* der Länder gefüllt wird, sondern ebenso die Dramaturgie seiner Ausführungen: zunächst scheint der Interviewte vorsichtig an die Begründung seiner Feststellung, Erziehungsberatung werde von diesen Ländern nicht in Anspruch genommen, heranführen zu wollen.

Er sucht nach den richtigen Worten *„wie soll ich sagen"*, um dann *„kulturelle Gründe"* als Erklärung für die Nichtinanspruchnahme von Erziehungsberatung auszumachen. Durch die Ergänzung *„schon auch"* wird die Engführung auf kulturelle Gründe zunächst etwas eingeschränkt. *„Schon auch"* könnte als ein Hinweis darauf gelesen werden, dass für den Interviewten auch andere, weitere Gründe für die Nicht-Inanspruchnahme von Erziehungsberatung jenseits kultureller Gründe denkbar wären. Er folgt jedoch weiterhin einer kulturalisierenden Begründung. Seine Argumentation baut sich in ihrer Theatralik kontinuierlich auf: *„Das hat aber auch, wie soll ich sagen, schon auch kulturelle Hintergründe und da stößt man dann schon zum Teil auf massive Grenzen"*. Durch den Einsatz von *„man"* gewinnt seine Aussage allgemeinen Status, allgemeine Gültigkeit. Nicht allein er, sondern der unbestimmte Allgemeine stößt an Grenzen. Das Subjekt bleibt unbestimmt und zugleich allgemein. Gleichzeitig schränkt er die Allgemeingültigkeit seiner Aussage durch die Ergänzung *„zum Teil"* ein. Redet er sich inhaltlich wie in Rage, bleibt sein Tonfall ruhig, erläuternd, einer sachlichen Auskunft gleich.

Durch die Aussagen *„Und ich seh's inzwischen als Teil von Integration an"* und *„Ich hab da auch ein bisschen Selbstbewusstsein über die Jahre gewonnen"* bekräftigt er seine Position. *„Früher hab ich mir ja schon ein schlechtes Gewissen gemacht, wenn ich jemanden mit Migrationshintergrund irgendwie- wenn ich einen Hass darauf gekriegt hab, wie sich so jemand benimmt mir gegenüber, also ich hab- einfach meine Grenzen überschreitet"*. Früher als er – so kann die Aussage verstanden werden – noch jung in Berufsjahren war, hat er sich *„ja schon ein schlechtes Gewissen gemacht"*, wenn er Gefühle wie *„Hass"* verspürt hat. Durch die langzeitliche Perspektive erzählt er seine Perspektivverschiebung gleichsam als professionelle Entwicklungsgeschichte. Retrospektiv ist er mit Blick auf seine lange Berufslaufbahn nun in die Lage versetzt, seinen Professionalisierungsprozess zu betrachten und zu beurteilen. In der Position des Leiters angekommen, blickt er auf eine lange berufliche Biographie zurück, die sein Sprechen autorisiert. Seine im Laufe der Berufsjahre gemachten Erfahrungen weist er als Evidenz für seine Überzeugung aus. Die Wucht und Selbstverständlichkeit, mit der sein Sprechen an dieser Stelle einsetzt, lässt sich auch vor dem Hintergrund der am Interview beteiligten Akteur_innen lesen. Als Fachkollege, der in Berufs- und Lebensjahren die Interviewerin deutlich überragt, spricht er zu ihr aus einer Position, die seinem Sprechen Legitimität und Autorität verleiht. Er spricht zu ihr aus einer mehrheitsgesellschaftlichen Position und weiß um deren mehrheitsgesellschaftliche Position. Im selbstverständlichen Einsatz kulturalisierender Wissensbestände kann er sich in der Solidargemeinschaft der Mehrheitsangehörigen beheimatet fühlen, muss er doch nicht fürchten, für seine Äußerungen von der mehrheitsgesellschaftlichen Referenzgruppe angegriffen oder bloßgestellt zu werden (Wachendorfer 1998, S. 54).

Setzt seine Argumentation zunächst noch zögerlich ein, verändert sich diese im Verlauf seiner Ausführungen in Form und Gestalt und nimmt einen explizit hohen Grad an Affektivität an. Dies äußert sich unter anderem im Wechsel vom unbestimmten und allgemeinen Subjekt zum *Ich.* Immer häufiger setzt er sich an die Stelle des Subjekts: *„einfach meine Grenzen überschreitet“, „ich seh's als einen Teil von Integration, mich zuzumuten“.* Die imaginierte oder reale Begegnung mit dem *Anderen* ist emotional besetzt, der Ort der Begegnung und die konkrete Erfahrung bleiben aber unbestimmt.

„Ähm und inzwischen- einen Teil von Integration ist für mich auch zumuten, dass ich mich zumute mit meinen Grenzen und das wirkt, aber nur jetzt im ganz Kleinen, im- im Großen herrschen schon noch sehr, sehr, wie soll ich sagen, ganz andere Vorstellungen von Familie, von Männer- und Frauenselbstverständnissen vor und das macht's dann schon schwierig“. Als Beleg für die Wirksamkeit *im Kleinen* seiner als professionell im Umgang mit dem problematischen Fremden ausgewiesenen Strategie *„Grenzen zuzumuten“*, zieht der Sprecher die großen gesellschaftlichen Verhältnisse heran. Es wird nicht klar, worauf sich *„klein“* bezieht, ob auf die konkrete beraterische Praxis oder private alltagsweltliche Begegnungen mit dem *Anderen.* Der Empörung des Interviewten scheint weniger eine konkrete Begebenheit zugrunde zu liegen als vielmehr eine abstrakte Überzeugung von der Existenz des *grenzverletzenden Anderen.* Mit der Feststellung *„im Großen herrschen ganz andere Vorstellungen von Familie, von Männer- und Frauenselbstverständnissen“* leitet er über auf eine Makroebene. Ohne dass die *„ganz anderen Vorstellungen“* ausgeführt werden, scheint es naheliegend, dass diese sich grundlegend von denen unterscheiden, die er dem eigenen Kollektiv zuschreibt. Durch die Zuweisung der ganz *anderen* Vorstellungen erfolgt implizit eine Selbstpositionierung des Beraters. Der Interviewte scheint zu implizieren, als Repräsentant für die *österreichische Normalgesellschaft* zu sprechen. Plausibilisiert wird diese Interpretation durch die im Sprechen eingenommene Wir-Perspektive, die weniger explizit im *wir* vielmehr implizit im Neutrum *man* aufgerufen wird, und suggeriert aus einer vermeintlich neutralen Perspektive zu sprechen. Das *„man“* fungiert an dieser Stelle als Norm, von der aus das *Andere* entworfen, bemessen, bewertet und beschrieben wird.

Die ganz *anderen* Vorstellungen von Familie und Geschlecht bedürfen nicht der Explikation. Auch an dieser Stelle wird ein mehrheitsgesellschaftlich geteiltes Wissen der am Interview beteiligten Akteur_innen über die *anderen* Familien- und Geschlechterarrangements vorausgesetzt. In der Vagheit der Argumentation wird die Gewissheit über die *Anderen* deutlich. Nicht explizit zu werden, bedeutet, sich nicht ganz zu zeigen. Gleichzeitig bedarf es der Explikation nicht, weil der Interviewte davon ausgehen kann, dass die Interviewerin über dasselbe mehrheitsfähige Wissen verfügt wie er. Beide sind aufgrund der Homologie ihrer Positionen (Bourdieu 2007) dazu befähigt, dieses Wissen abzurufen, es als selbstverständlich zu beanspruchen und sich darin selbstgewiss sowie selbstvergewissernd zu verständigen. Als eine Art (mehrheits)gesellschaftlicher Konsens, der sich auf ein historisch gewachsenes, kollektives Wissen über die Anderen stützt, wird es den Interviewpartner_innen als vermeintlich objektives Wissen verfügbar gemacht. Dass innerhalb gegenwärtiger *westlicher* Debatten über FluchtMigration die Geschlechter- und Familienarragements im Zentrum stünden, so Castro Varela und Dhawan (2006, S. 427; 2016, S. 15), sei nicht verwunderlich, „gelten die Geschlechterbeziehungen der *Anderen* dem Westen doch bereits seit der Kolonialzeit als *das* Symbol für die Rückständigkeit und den Barbarismus der Kolonisierten". *Die anderen* Familien- und Geschlechterarrangements werden als wesentliche Differenz zwischen einem vermeintlichen *wir, wir Österreicher_innen* und einem *die*, das *nicht-wir* ist, ausgemacht. In der Rede über die Geschlechterbeziehungen der *Anderen* wird ethnisch-kulturelle Differenz rekonstruiert. Das ethnisierend-vergeschlechtlichende Sprechen über die *Anderen* knüpft sowohl an politisch-mediale als auch sozial- und erziehungswissenschaftliche Debatten über FluchtMigration an, in denen der Thematisierung von Geschlecht und Sexualität die Bedeutung zukommt, das Verhältnis zwischen Mehrheit und Minderheit als eines der ausschließlichen Unterschiedlichkeit und Ungleichwertigkeit darzustellen. Bereits in den 1970er Jahren, in der Zeit der sogenannten Ausländerpädagogik, standen die öffentlichen, sozialpolitischen Diskussionen um die vermeintlich patriarchalen Geschlechterbeziehungen der *Anderen* im Mittelpunkt des damaligen assimilativen Integrationskonzeptes (Gemende et al. 2007). Aussagen über das Geschlechterverhältnis der *Anderen* dienen der Gegenüberstellung von Tradition und Moderne: die Familien- und Geschlechterordnungen der *Anderen* werden in Gegensatz zu einer vermeintlichen gesellschaftlichen Normalität gebracht, in der die Gleichberechtigung der Geschlechter – in Verkennung der Persistenz patriarchaler Verhältnisse – längst verwirklicht sei. Migrantische Männlichkeiten und Weiblichkeiten werden als davon abweichend und mit den als westlich assoziierten Werten der Geschlechteregalität unvertraut und unvereinbar gezeichnet (Spindler 2016). Die Repräsentation der *Anderen* als abweichend und rückständig scheinen für das europäisch-westliche Selbst geradezu psychopolitische Notwendigkeit zu haben (Castro Varela & Dhawan 2006, S. 427). Die Geschlechter- und Familienbeziehungen der *Anderen* werden der dominanten

Norm, die in der Rede über die *Anderen* aufgerufen und bestätigt wird, gegenübergestellt. Im Sprechen wird damit implizit eine Unterscheidung zwischen der *normalen, einheimischen* Klientel und der *nicht-normalen, fremden Klientel* vorgenommen und hergestellt. Beratung ist hier, so Melanie Plößer (2013a, S. 205) in Rekurs auf Judith Butlers Subjektivierungsverständnis, in Normalisierungspraxen verstrickt – insofern als entlang vorgängiger Normen immer auch ein Bereich entworfen wird, der als das *Andere*, das *Nicht-Normale* gilt. Das migrantisierte ratsuchende Subjekt wird als problematisches, nicht-intelligibles, als ein zu veränderndes und disziplinierendes Subjekt erkannt, das den beraterischen und gesellschaftlichen Normalitätsanforderungen nicht entspricht.

An die Feststellung der *ganz anderen Familien- und Geschlechtervorstellungen* knüpft der Interviewte die Schlussfolgerung *„das macht's dann schon schwierig"*, *„das ist ein Prozess, der dauert"*, um dann neuerlich das Thema der Integration einzuführen: *„Ich glaube, Integration ist eine ganz- riesengroße Geschichte, die Zeit braucht (.), für alle Beteiligten"*. Integration wird an dieser Stelle als ein normativer Begriff eingeführt und mit der Grundforderung, der schrittweisen Anpassung und Assimilation des *different Anderen* verknüpft. *„Für alle Beteiligten"* kann als Hinweis der Notwendigkeit des gegenseitigen auf sich Zugehens verstanden werden: *beide Seiten* müssten sich bewegen, damit Integration gelingen könne. Durch die Anerkennung des *Anderen* als *Anderen* einerseits und die Assimilation des *Andern* andererseits, könne die „problematische Fremdheit überwunden bzw. erträglich und pragmatisch-handhabbar gemacht werden" (Höhne 2003, S. 204). Wobei die *Bringschuld* hauptsächlich auf Seiten der *Anderen*, der *Neuankommenden* verortet zu werden scheint. Die, die nicht zu den *Alteingesessenen* gehören, müssten sich der sogenannten *Leitkultur* anpassen. Den *Etablierten* wird in dieser Lesart die Zeit zugestanden, die Anwesenheit der *Neuankommenden* zu akzeptieren. Als normative Verhaltensaufforderung an Menschen mit zugeschriebener oder tatsächlicher Migrationserfahrung ist der Diskurs über Integration, ein Diskurs der Mehrheit über Minderheiten, an dem sich die solcherart Adressierten höchstens defensiv beteiligen können.

Die Äußerungen des Interviewten sind in einem historischen Umfeld zu verstehen, die auf eine sich verändernde Weise des öffentlichen Sprechens über FluchtMigration hindeutet. Das Interview wurde am Beginn des Winters 2015 geführt, also nach dem sogenannten langen Sommer der Migration (Hess et al. 2017), der zunächst zivilgesellschaftlich und medial bejahend begleitet wurde, ehe sich mit Herbst desselben Jahres eine deutliche Verschiebung des Sagbarkeitsfeldes in Diskursen um Flucht und Migration (ebd. S. 15; Vollmer/ Karakayalı 2018) abzuzeichnen begann. Zu beobachten war, wie die Ankunft der Menschen zunehmend unter sicherheitsstaatlichen Vorzeichen diskutiert wurde. Die Verschränkung von FluchtMigration mit Diskursen um Sicherheit und Grenzschutz knüpfte dabei an bereits etablierte Sicherheits- und Bedrohungsnarrative an. Insbesondere im Gefolge der Ereignisse des 11. September 2001 wurden in der medialen und politischen Berichterstattung anknüpfend an tradierte orientalistische Diskurse und Stereotype, antimuslimische Bedrohungsszenarien konstruiert (Qualmann et al. 2021; Attia 2009; Brunner 2011; Nachtigall 2012: 256 ff.). Damit haben sich schrittweise die Wahrnehmungsweisen und rechtlichen Rahmenbedingungen von einem Fokus auf den Schutz flüchtender Menschen hin zu einem vermeintlich notwendigen Schutz des Staates und seiner Bürger_innen vor flüchtenden Menschen verlagert (Qualmann et al. 2021; Holzberg/Kolbe/Zaborowski 2018; Jäger/Wamper 2017; Lewicki 2017). Die zeitliche Referenz *„es haben derzeit viele Angst (.), mit dem, was so abläuft“* zeigt eine Phase an, in der der gesellschaftliche Diskurs sich zunehmend in Richtung Versicherheitlichung verändert. Durch die quantitative Benennung *„viele“* kann der Interviewte seine Angst als eine Angst der vielen und damit berechtigten Angst ausweisen. Im Sprechen über die vielen, die Angst haben, kollektiviert er seine Angst und distanziert sich zugleich von den vielen. Er spricht in der Rolle des Experten; ihm ist es möglich, differenziert über die gesellschaftlichen Verhältnisse Auskunft zu erteilen. Er spricht über die Angst der Anderen, der vielen anderen. Die vielen anderen sind in ihrer Quantität gleichsam Beleg für seine Aussage. Von den *vielen* anderen wechselt er pronominal zum *man. „Aber auch zum Teil Angst, weil-weil's keine Informationen gibt wirklich, also man kriegt das da ja gar nicht mit, wie groß ist der Strom, wie viel sind das“*. Das Indefinitpronomen *„man“* scheint ihn nun mit einzuschließen. *„Man“* nimmt an dieser Stelle eine Brückenfunktion ein, die von der Angst der Anderen, über die Angst des Kollektivs zur eigenen, persönlichen Angst überführt.

Der Gegenstand, auf den sich die Angst bezieht, bleibt zunächst vage *„mit dem, was so abläuft“*, erfährt aber im daran anschließenden Nebensatz eine Präzisierung. Die Angst erklärt er zunächst mit Informationsdefiziten in Hinblick auf die Zahl der Ankommenden *„wie groß ist der Strom, wie viele sind das“*. Mit dem Begriff des Flüchtlingsstroms wird über eine ausgeprägte Metaphorik eine Nähe zwischen Geflüchteten und Naturkatastrophen hergestellt. Die Naturalisierung von Bewegungen von Menschen aus dem globalen Süden in den globalen Norden in Sprachbildern von Naturkatastrophen suggeriert eine große, beängstigende Masse an anlandenden Menschen. Weder in der Erziehungsberatung noch im öffentlichen Raum ist die Ankunft der Geflüchteten zu sehen, dennoch formuliert der Berater seine Angst *„wie viel sind das“*. Durch seine Angst scheinen die medialen Bilder von der Ankunft Geflüchteter in großer Zahl im Sommer 2015 zu sprechen.

Um seine Argumentation zu plausibilisieren, wechselt er die (Subjekt)ebene und erläutert sachkundig: *„Die haben Angst und wenn man Angst hat, ist man natürlich empfänglich leider für diese ganzen (.) rechten Geschichten, die dann aufblühen. Das erleben wir ja derzeit. Und diese Angst ist berechtigt. Die muss man ernstnehmen. Denn Angst haben auch Leute, die selbst ähm irgendwo mit- m ihre Existenz kämpfen. Das hat ja ()- so ein Drittel der Bevölkerung (räuspern) ist ja schon das Prekariat. Das heißt, die sind im gesellschaftlichen Prozess draußen schon oder kommen gar nicht rein. Es ist viel schlimmer, ein zweites Drittel ist davon- äh ist gefährdet, also das ist im Prekariat wohl einfach (). Das geht bis in Mittelschichtsfamilien, sag ich jetzt schon, wo's jederzeit sein kann, das man den Job verliert über Nacht"*. Mit dem *„leider"* drückt er Bedauern über den gesellschaftlichen Rechtsruck aus. Gleichzeitig erfolgt damit eine Selbstpositionierung. Durch die Selbstverortung auf der anderen, der *richtigen* Seite definiert er Rassismus als ein Phänomen sozial benachteiligter Milieus. Als Angehöriger eines klassenprivilegierten Milieus könne er demzufolge als nicht empfänglich für die rassistischen Versuchungen der Deutung von Welt gelten. Als Erklärung für das Erstarken rechter Tendenzen in der Gesellschaft greift er auf ein soziologisches Wissen zu Prekarität zurück. Der Interviewpartner spricht über die Prekarität und die damit verbundene Angst, die viele Menschen haben, ihren Job zu verlieren. Er stellt fest, dass ein Drittel der Bevölkerung bereits dem Prekariat angehöre und ein weiteres Drittel gefährdet sei. Die Angst vor dem Unbekannten sei letztlich als Abstiegsangst zu deuten und vor diesem Hintergrund nur allzu verständlich. Durch die Verortung von Rassismus in deprivilegierten Milieus wird Rassismus als ein gesamtgesellschaftlich relevantes und wirkmächtiges Phänomen dethematisiert. Der Rückgriff auf ein wissenschaftliches Deutungsmuster hat angesichts seiner vorab getroffenen starken Aussagen eine distanzierende und gleichsam legitimierende Funktion. Sein Sprechen changiert zwischen expliziter Deutlichkeit und einer gleichzeitigen Vorsicht. Diese Vorsicht lässt sich als Hinweis darauf lesen, dass der Interviewte zunächst um einen bestimmten Diskurs und Sprachduktus im Feld weiß. Er weiß um die anerkannten Sprechweisen in pädagogisch-beraterischen Kontexten. Sein Sprechen kann insofern auch im Kontext der Anforderungen beleuchtet werden, die im Diskurshabitus des akademisch-pädagogisch-beraterischem Milieus (Scherschel 2006, S. 126) zum Ausdruck kommen. In der wissenschaftlich fundierten Explikation der Ursachen für gesellschaftliche Phänomene – in diesem Fall das Erstarken rechter Tendenzen in der Gesellschaft – zeichnet sich der akademisch-beraterische Diskurshabitus aus. Er spricht als Repräsentant seines Feldes und damit für sein Feld. Als Vertreter der Institution, für die er spricht, hat er Teil an deren symbolischem Kapital. Er ist befähigt, die eigene, artikulierte Sichtweise in expliziter Weise als legitime Deutung der Alltagswelt durchzusetzen. Er spricht selbstbewusst und appelliert mit dem spontanen soziologischen Befund an den sens commun (Bourdieu 1985), der wie eine Art *Haftungsausschluss*, das, was im Fortgang des Interviews noch artikuliert werden wird, entlasten soll.

Der Sprecher verlässt die Ebene der soziologischen Erklärungen und führt über auf die Ebene der Empfindungen. Seine subjektive Empfindung, die er zunächst noch als unbestimmte, entsubjektivierte Angst umschreibt, mit der etwas zu tun sei, bildet den zentralen Gegenstand seiner weiteren Argumentation: *„Und da macht das Angst. Und damit muss man was tun. Und das Wichtigste ist für mich, dass die Angst sein darf, ähm und das braucht Zeit"*. Die Bekundung der Notwendigkeit des *Tuns* mit der Angst und ihre Daseinsberechtigung können als Hinweis auf den Einsatz psychologischen Wissens verstanden werden. Die Angst wird in dieser Passage als eine selbstverständliche, gleichsam natürliche Empfindung ausgewiesen, die – so kann diese Sequenz übersetzt werden – nicht verdrängt, sondern akzeptiert werden müsse. *„Und dass das nicht gleich rassistisch ist oder ausländerfeindlich oder was weiß ich was, sondern es ist einfach Angst. Und dafür bleibt keine Zeit."* Die Rede von der Angst tritt an die Stelle der Rede vom gesellschaftlichen Rechtsruck. Indem die Angst an die Stelle der Thematisierung von Rassismus rückt, kommt ihr eine entlastende Funktion zu: sie dient der Dethematisierung von Rassismus. Die Betonung der Notwendigkeit eines gewissenhaften, psychologisch angemessenen Umgangs mit Phänomenen der Angst, der die Existenz dieser würdigt, soll den antizipierten Rassismusvorwurf vorwegnehmen.

Hier äußert sich ein Widerspruch, den Ursula Wachendorfer (1998, S. 55) für die therapeutische Beziehung beschreibt: Die Verpflichtung zu den demokratischen Werten von Gleichheit und Gerechtigkeit steht im Widerspruch zu einer rassistischen Unterscheidungspraxis, die Menschen hierarchisch positioniert und ihnen den Zugang zu gesellschaftlichen Ressourcen ungleich gewährt. Insbesondere in den Institutionen der Pädagogik und Sozialen Arbeit, deren Selbstverständnis und Arbeitsgrundlage auf den Prinzipien von Gleichheit und Antidiskriminierung beruhen, erzeugt das Wissen um die eigene Verstrickung in gesellschaftliche Macht- und Hierarchieprozesse – auch wenn dieses nicht zwingend bewusst reflektiert wird – ein Gefühl von Unbehagen und Irritation. Die argumentative Verschiebung auf die Angst, deren Ursprung im *So-Sein der Anderen* verortet wird, kann als Strategie gelesen werden, dieses Unbehagen von sich zu weisen. Die Auflösung der Dissonanz in diese Richtung ist um so leichter möglich, als die problematisierenden und kulturalisierenden Zuschreibungen an die *Anderen* durch das mehrheitsgesellschaftlich verfügbare Wissen über die *different Anderen* gestützt werden.

Die Angst der Anderen konkretisiert sich nun zunehmend als eigene Angst. So thematisiert der Interviewte nun zunehmend aus der Ich-Perspektive seine Empfindungen, seine Irritation über die Willkommensstimmung. Er berichtet von der Irritation, die bei ihm einsetze, vermittelt durch die medial gezeichneten Bilder der *Herzlichkeit* gegenüber den *ankommenden* Geflüchteten: *„Denn diese Herzlichkeit zwar auf der einen Seite, die ich da so medial mit- das ist aber nicht nur das- mitkriege, ähm das hat mich dann auch irritiert. Da hat für mich etwas nicht gestimmt“*. Mit der Feststellung *„da hat für mich was nicht gestimmt“*, deutet der Interviewpartner im psychologisch-beraterisch autorisierten Vokabular ein Misstrauen gegenüber der Flucht bejahenden Reaktion von Teilen der in Österreich lebenden Bevölkerung. Er schränkt die Allgemeingültigkeit seiner Aussage ein, indem er sich korrigiert, *„also jetzt nur für mich, ich hab nicht für die Leute gesprochen- ist das- also das hat aber- mich hat das, das angefangen- also ich hab noch keine innere Haltung, wenn ich das so sagen darf“*. Auf meine Nachfrage, was ihn daran irritiert hat, antwortet er: *„ich hab irgendwie bei- auch so Sorgen irgendwie gespürt. Wie geht das weiter? Wie viele sind das? Wie viel Millionen?“*. In seiner Angst äußern sich die von Politik und Medien kolportierten Verzerrungen im Sinne einer Überschätzung der Zahlen, deren häufig nicht evidenzbasierte Interpretation emotional aufgeladen wird.

Er identifiziert diese Angst aus psychoanalytischer Perspektive als Gegenübertragung, indem er sagt: *„Also so auch Ängste hab ich gespürt und ähm und die hatten das alle nicht. Das hat mich irritiert. Aber das heißt jetzt nicht, dass die das haben müssen, verstehen Sie, denn das ist meins!* “ An dieser Stelle tritt nun seine Angst in den Vordergrund. Aus der anfangs thematisierten Angst der Anderen, wird nun seine Angst, die der *Nicht-Angst* der vielen gegenübersteht. In der Rhetorik der Zurückhaltung formuliert der Interviewte seine Unsicherheiten: *„Und ich, wie ich es vorhin formuliert hab, ich hab noch meine innere Haltung noch nicht gefunden, weil ich unsicher bin“*. Das Bekenntnis des Nicht-Wissens und der Verunsicherung professioneller Handlungsfähigkeit steht in vermeintlichem Widerspruch zu den vorab formulierten starken Aussagen, in denen *die Ziehung, Einhaltung und Zumutung der Grenzen* als Teil seiner professionellen Identität ausgewiesen werden. *Die innere Haltung noch nicht gefunden zu haben*, betont die Subjektivität der eigenen Anschauung und zugleich die abwägende, reflexivsuchende und damit professionelle Haltung des Experten. Die daran anknüpfende Formulierung, *„weil ich eigentlich sehr wenig weiß und auch nicht- (.) versuch's ja aber, ich krieg keine Informationen, mit denen ich was tun kann irgendwie (.) ah ja (.) also aber ich bin nicht ausländerfeindlich oder so was und auch nicht* *für Grenzen und Zäune, das find ich schreckliche Geschichten. Und trotzdem gibt's das Andere auch und das hat seine Berechtigung"* unterstützt diese Lesart. Der Berater wiederholt und bekräftigt abermals seine Unsicherheit, die er in Verbindung zu den Informations- und Wissensdefiziten in Hinblick auf die Ankunft von FluchtMigrant_innen setzt. Er äußert sein Bemühen um den Erhalt von Informationen, *„mit denen er was tun kann"*. *„Etwas damit tun können"*, bezieht sich auf die Ebene von Handlungsfähigkeit. Über keine Informationen zu verfügen, ist hier gleichbedeutend mit Handlungsohnmacht. Die Ungewissheit wird zur Angst. Wissen verspricht in diesem Zusammenhang Handlungssicherheit, Handhabbarmachung der Angst. Das Wissen versetzt den Experten in die Position des Handlungsbefähigten.

Mit der Aussage, weder *„ausländerfeindlich"* zu sein noch die Errichtung von Zäunen an den europäischen Außengrenzen zu befürworten, markiert der Sprecher eine Distanzierung von Rassismus und positioniert sich explizit als nicht rassistisch. Das Sprechen über Rassismus ist dabei institutionell tabuisiert, da es im Widerspruch zum Selbstverständnis demokratischer Institutionen und der in ihnen handelnden Akteur_innen steht. Redeweisen, in denen rassistisches Wissen zugleich dethematisiert, verschleiert und aktualisiert wird, verweisen auf ein Sagbarkeitsfeld, das durch explizite oder implizite Verbote, Anspielungen und Implikate reguliert, was zu einem bestimmten Zeitpunkt in einer bestimmten Gesellschaft und in einem spezifischen gesellschaftlichen Handlungsfeld sagbar oder nicht sagbar ist. Um das nicht Sagbare dennoch äußern zu können, bedarf es bestimmter Strategien (Jäger & Jäger 2007, S. 35). In der Auseinandersetzung und im Umgang mit Rassismus arbeitet Astrid Messerschmidt verschiedene Strategien heraus, die eine Distanzierung von Rassismus ermöglichen sollen und darauf abzielen, „ein unbeschädigtes Bild von sich selbst zu etablieren. Rassismusdiagnosen wirken darauf bezogen unangebracht und unpassend" (2010, S. 41–42). Eben weil der Rassismusbegriff in Deutschland und Österreich historisch stark belastet ist, wird er bewusst und systematisch vermieden, während an seiner Stelle „Ersatzdiskussionen" geführt werden (ebd., S. 47).

6.2 (Ent)professionalisierung und Responsibilisierung

Der Gesprächssequenz geht die Frage nach den Herausforderungen im Berufsfeld voraus. Die Interviewte schildert zunächst die Quantität an Beratungen, mit der ihre Einrichtung konfrontiert sei. So stehen den Berater_innen deutlich mehr Klient_innen gegenüber, die eine *„intensive Fallarbeit"* nur teilweise zuließen. Als eine zweite Herausforderung führt die Sprecherin das Thema der Migration ein.

„Kopftuchfrauen kommen in meinen Bereich nicht"
FALLBEISPIEL 3

IP: „das ist, glaub ich, eine der größten Herausforderungen: die Quantität und (.) und weil ich ja weiß, dass es auch um die Frage der Migration geht- ich selber habe nicht so großes Problem- Sprachproblemen- mit Leuten, die mit Sprachproblemen kommen. Aber da kann man viel drüber nachdenken, warum kommen sie denn nicht. Äh, es hat sich in den letzten 3 Jahren verändert, dass Leute kommen, ich sag, aus der türkischen Community und zwar die zweite und manchmal auch dritte Generation. Die jungen Frauen, auch Eltern kommen mittlerweile, aber die können mittlerweile ganz gut deutsch. Die, die nicht gut Deutsch können, die – ich sag's unter Anführungszeichen – orthodox sind, sehr abgeschottet sind, die kommen nicht zu uns. Kopftuchfrauen kommen in meinen (Betonung) Bereich nicht. Nicht dass in den Kindergärten nicht welche wären, aber sie kommen nicht hier her. Das ist zu hochschwellig. Im Kindergarten eventuell noch, aber selten. Wenn die wirklich sehr viel daheim sind mit den Kindern, dann ist es der Mann, der sich die Beratung holen würde. Und das habe ich sehr selten".

I: „Und warum glauben Sie, dass äh die Personen nicht kommen"?

B: „Ich glaube, es ist zu hochschwellig und auch zu fremd: ‚was ist Beratung überhaupt'? Wir haben ja mehrsprachige Folder. Auch auf Türkisch. Die habe ich vor 2 Jahren verteilt an die Leiterinnen. Sie gehen nicht. Sie werden nicht abgeholt. Weil wir draufschreiben, wir können keine muttersprachliche Beratung anbieten.

(...)

Serbokroatisch (.) die können alle gut deutsch. Die sind schon so lange im Bundesland X. Das ist eine andere- das ist ein anderes Umfeld".

I: „Wie meinen Sie, ein anderes Umfeld"?

B: „Die sind nicht- zum Teil nicht so abgeschottet".

Liegt der Fokus der Ausführungen der Interviewten zunächst auf den mit der Quantität verbundenen Herausforderungen, führt sie an dieser Stelle des Interviews über zum Thema Migration. Da sie um das Interesse der Forscherin weiß, nennt sie als eine zweite Herausforderung *„die Frage der Migration"*. Sie antwortet damit zunächst im Sinne der zu erwartenden sozialen Erwünschtheit im Interview. In einem mehrfachen Sinne kann ihr Sprechen als Hinweis auf soziale Erwünschtheit gelesen werden: zunächst weiß die Gesprächspartnerin um die spezifische Themensetzung der Forschung und antwortet dieser. Sie weiß aber auch um eine (mehrheits-)gesellschaftliche Erwünschtheit. Im Modus des *doing experte* führt sie das Thema Migration als eine der großen Herausforderungen unserer Zeit ein und gibt damit einen gesellschaftlich anerkannten Diskurs wieder. Die

Gleichsetzung von Migration mit Problem – zunächst der Rekurs auf Sprachprobleme – kann vor dem Hintergrund gesellschaftlicher Auseinandersetzungen um das Thema gedeutet werden. Sie schließt darin an einen öffentlichen Diskurs an, der Migration in Formeln des Problematischen diskursiviert. Migration wird darin als Problemfeld für das gesellschaftliche Zusammenleben ausgemacht.

Durch die Assoziation handlungsfeldspezifischer Herausforderungen mit Migration verortet die Sprecherin das Thema im Bereich des Problematischen. Gleichzeitig schränkt sie diese Zuordnung ein: *„ich selber habe nicht so großes Problem"*. Mit der Aussage wird eine Distanzierung vorgenommen. *„Nicht so"* zeigt ein Verhältnis an und verweist auf eine externe Größe. Wer oder was diese äußere Referenz repräsentiert, an der sich das *große Problem* bemisst – ob es die Kolleg_innen, die Gesellschaft, die Klient_innen selbst sind – bleibt unbeantwortet. Die Formulierung *„ein Problem haben"* gibt zunächst keinen Hinweis auf ein technisch-praktisches Problem. Eher – folgt man den anschließenden Ausführungen – scheint diese Redeweise auf eine moralische Ebene abzuheben. Die Interviewte gibt darin zu verstehen, um die Problematisierung von Migration in öffentlichen Debatten oder um die Problematik der Migration selbst zu wissen. Mit ihrer Aussage positioniert sie sich jedoch jenseits dieses (moralischen) Problemdiskurses: sie selbst habe kein Problem mit der Anwesenheit der sogenannten Fremden. Der Einschub *selbst kein Problem zu haben* noch bevor der Satz zu Ende geführt wird, indem Migration erstmals thematisch wird, bereitet auf das nachfolgende problematisierende Sprechen vor und übernimmt solchermaßen die Funktion der Vorwegnahme möglicher Einwände durch die Interviewende und die Leser_innenschaft.

An dieser Stelle bricht die Sprecherin ihren Satz ab und führt von der abstrakten Rede *„ein Problem haben"* hin zu einer die Gleichsetzung von Migration mit Problem legitimierenden Konkretisierung: *„und weil ich ja weiß, dass es auch die Frage der Migration geht- ich selber habe nicht so großes Problem-Sprachproblemen- mit Leuten, die mit Sprachproblemen kommen"*. In der Rede über Sprachprobleme äußert sich die Annahme, dass der Erwerb der deutschen Sprache zugleich Ergebnis und Eintrittsvoraussetzung von Integration und Teilhabe sei. Der Erwerb der deutschen Sprache wird somit zur Bedingung für Partizipation, insbesondere für die Inanspruchnahme der Dienstleistungen und Angebote der Einrichtungen. Das „Sprachproblem" wird dabei als individuelles Defizit konstruiert und den Ratsuchenden zugeschrieben. Sie sind es, die *„mit Sprachproblemen kommen"*, das Sprachproblem mitbringen. Es ist nicht die Institution, die in ihrer monolingualen Verfasstheit Sprachdefizite aufweist.

Die nachfolgende Aussage *„Aber man kann da viel drüber nachdenken, warum kommen sie denn nicht"* unterstützt diese Lesart. Der Blick scheint nicht auf die Institution und ihre Angebotsstrukturen gerichtet, vielmehr auf vermeintliche Defizite der Ratsuchenden. Deutlich wird dies in der passiven Formulierung *„man kann"*. *„Man kann"* ist nicht gleichbedeutend mit *man tut, man denkt* viel darüber nach als Teil professioneller Organisationsentwicklung. Die Verwunderung darüber *„warum kommen die Leute nicht"*, scheint weniger eine reflexive Sicht auf die eigene Praxis widerzuspiegeln, als vielmehr einer rhetorischen Frage gleichzukommen, die als eine rhetorische Figur der Inszenierung von Professionalität und Selbstversicherung gelesen werden kann. Als Bereichsleitung fällt es unter anderem in ihren Verantwortungs- und Zuständigkeitsbereich, Prozesse der Reflexion und Organisationsentwicklung anzustoßen, die sich mit Fragen institutioneller Zugangshindernisse und der Schaffung öffnender Angebote auseinandersetzen. Die Unterrepräsentation von Menschen mit tatsächlicher oder zugewiesener FluchtMigrationsbiographie im Kontext der Erziehungsberatung ist Gegenstand aller Interviews. Die Notwendigkeit der migrationsgesellschaftlichen Öffnung von Institutionen hat im Fachdiskurs an Selbstverständlichkeit gewonnen. Dabei wird insbesondere Interkulturelle Kompetenz, verstanden als Anforderungsprofil an die individuellen Mitarbeitenden der Einrichtungen, auf dem wachsenden Markt der Fort- und Weiterbildungen verstärkt nachgefragt. Die Gesprächspartnerin weiß um die Notwendigkeit struktureller und institutioneller Veränderungen ihrer Einrichtung. Als Leiterin muss sie ihr professionelles Handeln im Kontext dieser Anforderungen legitimieren. Diese Interpretation stützen weitere Gesprächssequenzen aus dem Interview, in denen einzelne Bemühungen um interkulturelle Öffnung aus den anderen Tätigkeitsfeldern der Organisation angeführt werden, um den Nachweis der migrationsgesellschaftlichen Öffnung der Einrichtung zu erbringen. Im Versuch, die Projekte inhaltlich zu beschreiben, scheint es, als habe mit diesen keine inhaltliche Beschäftigung stattgefunden. Die Beschreibungen bleiben vage und unspezifisch. Die Aufzählung der Projekte scheint den Zweck einer Referenzerzählung zu erfüllen, so als sollten damit die eigenen institutionellen Versäumnisse kompensiert werden. Für ihren konkreten Zuständigkeitsbereich, dem sie als Leiterin vorsteht, führt sie keine Beispiele an. Das legt die Vermutung nahe, dass es bereichsintern bislang keine dementsprechenden Organisations- und Personalentwicklungsprozesse gab, in denen eine Auseinandersetzung mit Fragen der Interkulturalität oder Rassismuskritik im Leitbild und Konzept, in der zielgruppenorientierten Ausrichtung der Angebote, der Öffentlichkeitsarbeit und Außenpräsentation oder in der Vernetzung mit Migrant_innenselbstorganisationen und Zusammensetzung des professionellen Teams stattfand. Die im Interview thematisierten Professionalisierungsbestrebungen der Organisation, in der die eigene Organisationskultur, die Normen, Gewohnheiten und Strukturen (Foitzik 2016) zum Gegenstand der Auseinandersetzung werden, scheinen sich in der De-Thematisierung migrationsgesellschaftlicher und einer unhinterfragten Ausrichtung an einer mehrheitsgesellschaftlichen Normalität in erster Linie auf die *autochthone* Klientel auszurichten.

Wie auch schon in der vorhergehend zitierten Interviewpassage ist auch in dieser Interviewsequenz das Sprechen von einer doppelten Dynamik gekennzeichnet: von Uneindeutigkeit und Nicht-Positionierung bei gleichzeitig starker Aussagen. *„Ich habe nicht so ein großes Problem"* kann zunächst als eine Selbstpositionierung der Interviewpartnerin gelesen werden, in der diese zum Ausdruck bringt, mit dem dominanzkulturellen Problemdiskurs über Migration nicht mit übereinzustimmen. Die Äußerung kann aber auch als Nicht-Positionierung gedeutet werden. Als eine Form uneindeutigen Sprechens wird es möglich, Migration in einer defizitfokussierenden und problemorientierten Weise zu thematisieren, ohne für dieses Sprechen zur Verantwortung gezogen zu werden. Das *„ich"* kann so in Komparation zum Außen entlastet werden. *„Äh, es hat sich in den letzten drei Jahren verändert, dass Leute kommen, ich sag, aus der türkischen Community und zwar die zweite und manchmal auch dritte Generation. Die jungen Frauen- auch Eltern kommen mittlerweile, aber die können mittlerweile ganz gut deutsch. Die, die nicht gut Deutsch können, die – ich sag's unter Anführungszeichen – orthodox sind, sehr abgeschottet sind, die kommen nicht zu uns"*. Mit dem Einschub *„ich sag's unter Anführungszeichen"* verdeutlicht sich die Herausforderung des ostentativen und expliziten Sprechens bei gleichzeitiger Vorsicht. Das Sprechen aus der Position der Expertin steht vor der strukturellen Aufgabe, politisch inkorrekte Aussagen zu vermeiden und sie zugleich dennoch subtil zur Sprache zu bringen. Durch das Sprechen *„unter Anführungszeichen"* wird eine Distanzierung und bewusste Nicht-Festlegung gegenüber dem Gesagten markiert. In der mehrheitsgesellschaftlichen Komplizenschaft des Interviews gereicht das Anführungszeichen zu einer Art reflexiver Schleife, die es ermöglicht, das Nicht-Sagbare unter Anführungszeichen und damit gleichsam durch die Hintertür dennoch auszusprechen. Wissend um die Sagbarkeitsbedingungen des Feldes, wird es möglich, im Vokabular des Expertisen, weg zu kommen von einem offenkundig vorurteilshaften Sprechen. Im Sprechen über Migration im Modus etablierter Problembeschreibungsweisen, referiert in den sich beständig wiederholenden Formeln *„nicht gut Deutsch können, orthodox und abgeschottet sein"* entfalten diese ihre Machtwirkung. Durch ihre fortwährende Wiederholung erzeugen sie Wirklichkeit und „treten den Handelnden als selbstverständliche, objektiv erfahrbare, sinn- und identitätsstiftende Gegebenheiten gegenüber" (Müller & Zifonun 2010, S. 13). Als eine Form institutionalisierten Wissens (Berger & Luckmann 2013) bietet es durch seine Zitierbarkeit und Abrufbarkeit Erwartungssicherheit und ermöglicht Entlastung durch die Etablierung von Routinen (Müller & Zifonun 2010,

S. 14 ff.). Die sprachlichen Festschreibungen *„nicht gut Deutsch können, orthodox und abgeschottet sein"* werden als etablierte Sprechweisen aktualisiert und legitimiert von den in den Institutionen der Beratung – ebenso wie im mehrheitsgesellschaftlichen Konsens des Interviews – autorisierten Sprecher_innen. Als objektivierter Wissensvorrat, in dem „Rollen- und Verhaltenszuschreibungen sowie deren moralische Bewertung in Form von Stereotypisierungen" (ebd., S. 15) eingelagert sind, ist er für alle zugänglich und vergegenständlicht. Die Ratsuchenden werden als außerhalb der Norm, als anders konstruiert (Plößer 2013a, S. 206).

Die Rede von der Abgeschottetheit greift das in den vergangenen Jahrzehnten zunehmend in wissenschaftliche und öffentliche Integrationsdebatten eingegangene hegemoniale Narrativ der Parallelgesellschaften auf, das die Vorstellung eines ethnisch und religiös segregierten Milieus, ausgestattet mit eigenen Werten und abgegrenzt von der Mehrheitsgesellschaft, transportiert. Die Feststellung des Abgeschottet-Seins kann jedoch auch als eine Adressierung der Verantwortung auf die *Anderen*, die nicht in die Beratung kommen, interpretiert werden. Die argumentative Verschiebung der Verantwortung auf die *Anderen* eröffnet die Möglichkeit, den Fokus von den eigenen institutionellen Notwendigkeiten, etwa der Schaffung öffnender Angebote zur Erreichung einer breiteren Klient_innengruppe, hin zu den Ratsuchenden zu verlagern. Dadurch werden Zugangserschwernisse, die in der national ausgerichteten Organisation begründet liegen, in den Verantwortungsbereich der Migrant_innen selbst verschoben. Das Sprechen der Beraterin kann vor diesem Hintergrund auch im Kontext der Anforderungen des Feldes betrachtet werden, in dem eine individualisierte Verantwortungslogik sichtbar wird.

Die Erzählung des Versäumnisses *„warum kommen die nicht"* wird durchbrochen von einer positiven Referenzerzählung. *„Äh, es hat sich in den letzten 3 Jahren verändert, dass Leute kommen, ich sag- aus der türkischen Community und zwar die zweite und manchmal auch dritte Generation. Die jungen Frauen-, auch Eltern kommen mittlerweile. Aber die können mittlerweile ganz gut deutsch"*. Die Feststellung, dass in den letzten Jahren zumindest ein Teil der *kulturell differenten Anderen* die Beratung aufsuche, knüpft an das obige Begründungsmuster an. Im Sprechen über die Veränderungen der letzten drei Jahre wird die individualisierende und defizitorientierte Begründungsfigur fortgesetzt. Diejenigen, die sich als *integrationswillig* erweisen, die *„mittlerweile ganz gut Deutsch können"*, die kommen – die *anderen* nicht. In der Fortführung ihrer Argumentation: *„Die, die nicht gut Deutsch können, die – ich sag's unter Anführungszeichen – orthodox sind, sehr abgeschottet sind, die kommen nicht zu uns. Kopftuchfrauen kommen in meinen (Betonung) Bereich nicht"* wird implizit die eingangs formulierte rhetorische

Frage, *„warum kommen die nicht"*, beantwortet. Diejenigen, die nicht kommen, bleiben aufgrund ihrer Lebensweise fern. Zu fern und unvertraut sei ihnen die Art und Weise der beraterischen Selbstthematisierung und Problembearbeitung. Sprachbeherrschung, respektive die Beherrschung der deutschen Sprache, wird zum Ausdruck bzw. Marker für gelungene Integration. Die Nicht-Beherrschung der deutschen Sprache, wobei nicht ausgeführt wird, an welchem Niveau sich die Beherrschung des Deutschen bemisst, gilt umgekehrt als symptomatisch für eine nicht gelungene Integration. Die Ursachen für die Unterrepräsentation von Ratsuchenden mit FuchtMigrationserfahrung in der Einrichtung werden nicht befragt, nicht geprüft, vielmehr in Bildern über *die different Anderen,* die nicht kommen, begründet. Der Rekurs auf Schemata, die gesellschaftlich zur Verfügung stehen, scheint die Antwort auf die Frage, *„warum kommen die nicht",* zu liefern und als solche zu genügen.

Mit der entwertenden Rede von den *„Kopftuchfrauen"* geht eine Entsubjektivierung von migrantisierten Frauen einher. Nicht die einzelne Ratsuchende, ihr Handeln, ihre individuellen Lebensentwürfe und Selbstverortungen sind im Fokus der beraterischen Aufmerksamkeit, vielmehr wird sie in der homogenisierenden und ethnisierenden Attribuierung zum Teil eines Kollektivs. Frauen mit zugeschriebener oder tatsächlicher FluchtMigrationserfahrung verschwinden in dieser Aussage. Sie werden durch die ethnisisierende und vergeschlechtlichende Zuordnung zur *türkischen Kultur* objektiviert. Das Kopftuch steht hier als Synonym für *orthodox, abgeschottet und nicht gut deutschsprechend* und fungiert solchermaßen als prototypisches Problembeschreibungsmuster, das ikonenhafte Züge aufweist (Diehm & Radtke 1999, S. 23). Im Sprechen über *die andere Frau* wird eine doppelte Differenzsetzung sichtbar: zunächst wird die junge, moderne Frau, die sich als integrationswillig respektive integriert zeigt, eingeführt. Von der unterscheidet sie die *„Kopftuch-Frau",* als Synonym für die rückständige, bildungsferne und unterdrückte Migrantin. Sie wird der häuslichen Sphäre zugeordnet, in deren Stellvertretung der Mann in Erscheinung tritt: *„Nicht, dass in den Kindergärten nicht welche wären, aber sie kommen nicht hier her. Das ist zu hochschwellig. Im Kindergarten eventuell noch, aber selten. Wenn die wirklich sehr viel daheim sind mit den Kindern, dann ist es der Mann, der sich die Beratung holen würde. Und das habe ich selten".* Die Rede von der beratungsaffinen, emanzipierten und *aufgeklärten* Migrantin tritt in der Kontrastierung und Hervorhebung zur *„Kopftuchfrau"* als Ausnahme in Erscheinung. Erst über den Abgleich über *die andere, die noch mehr andere* ergibt ihre Figur Sinn.

Inwieweit solchen Vorstellungen eigene Projektionen zugrunde liegen und inwieweit diesem mehrheitsfähigen Sprechen die Absicherung eigener Privilegien vorausgeht, darauf haben postkolonial-feministische Debatten hingewiesen. Die

Festschreibung *der anderen Frau* als rückständig, unemanzipiert und bildungsfern hat im sogenannten Westen lange Tradition und knüpft an viktimisierende, koloniale Diskurse *der anderen Frau* an (Mohanty 1988). „Sie dient als Folie gegen die sich die europäisch-christliche Frau und Gesellschaft als ausnehmend emanzipiert abheben kann" (Castro Varela und Dhawan 2006, S. 427). Im Sprechen über die Kopftuchfrauen wird es möglich, sich selbst als emanzipiert, westlich, aufgeklärt zu konstruieren. Dieses Bild wird von einem westlich säkulären Feminismus gestützt (Mohanty 1988): auf der einen Seite die westlich-säkuläre, aufgeklärte Beraterin, der auf der anderen Seite die nicht-emanzipierte, rückständige *Kopftuchfrau* entgegensteht. Der soziale Akt des Sprechens über *die Geschlechterverhältnisse der Anderen* gerät dabei nicht in den Blick. Dabei schafft erst das Verkennen des Einsatzes solcher Fremdheits- und Geschlechterkonstruktionen die Voraussetzungen für die Ethnisierung, Vergeschlechtlichung und Essentialisierung sozialer Gruppen. Das Bild *der anderen Frau* wird dabei nicht als Produkt von Selbst- und Fremdkonstruktionen erkennbar, sondern als kollektive, naturalistische Wesenheit.

Die andere Frau wird als nicht handlungsfähiges und passives Subjekt entworfen: Sie ist sehr viel daheim; der Mann kommt an ihrer Stelle. Frauen, insbesondere muslimische Frauen werden darin als Opfer ihrer Kultur und ihrer Religion gezeichnet. In diesen stereotypen Darstellungen kommt es zu einer Homogenisierung und Dekontextualisierung von muslimischen Frauen, in der nicht die Komplexität der Probleme, mit denen Ratsuchende ankommen oder die Lebenswelten, in denen Frauen leben, zur Kenntnis genommen werden. Castro Varela und Dhawan (2016, S. 22) sprechen in Anlehnung an Said (1978) von einer asymmetrischen Ignoranz, die die historischen, klassenspezifischen oder regionalen Praktiken der Subjekte in der Bezugnahme auf den Islam ignoriert und stattdessen eine orientalistische und dekontextualisierte Darstellung des Islam und der ihm zugerechneten Menschen favorisiert. Eine solche Asymmetrie verstärkt sich unter den strukturellen Bedingungen der Beratungskommunikation, die die Beratenden mit Deutungshoheit in Bezug auf die Problembeschreibungen der Klientel ausstatten.

Für *die andere Frau* ist das Format der Beratung schlichtweg zu fremd: *„es ist zu hochschwellig und auch zu fremd. Was ist Beratung überhaupt"?* Die hohe Schwelle, die es zu überwinden gilt, wird in *der Fremdheit der anderen Frau* verortet. An die Einsicht in die Hochschwelligkeit des Angebotes knüpft sich jedoch nicht die konsequente Auseinandersetzung mit dem mehrheitsgesellschaftlich ausgerichteten Beratungsangebot. Die Frage danach, wie das Beratungsangebot *vertraut* gemacht werden kann, bleibt vage. *„Wir haben ja mehrsprachige Folder. Auch auf Türkisch. Die habe ich vor 2 Jahren verteilt an die Leiterinnen. Sie gehen* *nicht. Sie werden nicht abgeholt. Weil wir draufschreiben, wir können keine muttersprachliche Beratung anbieten*". An dieser Stelle des Interviews wird erstmals ein konkretes Angebot, das des mehrsprachigen Folders, thematisiert. Es werden jedoch keine darüberhinausgehenden Schritte gesetzt oder befragt, wie das Angebot, das als zu hochschwellig wahrgenommen wird, niedrigschwelliger gestaltet werden könnte. Die Bemühungen der migrationsgesellschaftlichen Öffnung der Einrichtung, so scheint es, werden mit dem abschließenden Statement „*es ist zu hochschwellig*" abschließend besprochen und beigelegt.

Problematisiert wird vor allem die türkische Kultur. Die türkische Kultur erscheint in dieser Perspektive als traditionell, bildungsfern und mit Praxen beraterischer Selbstbearbeitung unvertraut. Serbokroatisch wird hier zur Gegenfolie des Türkischen. „*Serbokroatisch (.) die können alle gut deutsch. Die sind schon so lange im Bundesland X. Das ist eine andere- das ist ein anderes Umfeld. [...] die sind nicht- zum Teil nicht so abgeschottet*". Im Sprechen über die *Türken* und den dazu ins Verhältnis gesetzten *Serbokroaten* werden symbolische Grenzziehungen vorgenommen und die derart Symbolisierten einem zivilisatorischen Stufenmodell gleich auf einer Landkarte der kulturell-ethnischen Zugehörigkeiten und zivilisatorischen Entwicklungsstadien verteilt. Die Beherrschung der deutschen Sprache fungiert solchermaßen als Verteilungsschlüssel. Sprachbeherrschung respektive die Beherrschung und der Erwerb des Deutschen wird zum Gradmesser, an dem sich gelungene Integration demonstriert. Wenngleich die sprachliche Verständigung zweifelsohne eine wesentliche Voraussetzung für eine gelingende beraterische Kommunikation darstellt, so kann, wie dies Annette Sprung (2015, S. 14) formuliert, dennoch danach gefragt werden, inwieweit dies erstens notwendigerweise mit der deutschen Sprache auf einem bestimmten Niveau verknüpft sein muss und zweitens bestimmte Einwanderungs- oder Sprachgruppen stärker responsibilisiert als andere. Als defizitär thematisiert werden vor allem bestimmte Sprachen. Denn während beispielsweise Sprachen wie Französisch oder Englisch (vorwiegend Kolonialsprachen) im gesellschaftlichen Diskurs positiv unter dem Label der Mehrsprachigkeit konnotiert werden, werden Personen, deren Sprache mit weniger Prestige ausgestattet ist, stärker in die Verantwortung genommen und deren Mehrsprachigkeit als störend wahrgenommen.

So formuliert Sprung mit Bourdieu (2005):

> „In einer durch spezifische Zugehörigkeitsordnungen strukturierten Gesellschaft, in der die Positionen im sozialen Raum wesentlich auch durch Machtverhältnisse und symbolisches Kapital bestimmt werden, geht es vielfach eben nicht um die makellose Beherrschung von Grammatik und Vokabular, sondern darum, wer in einer Gesellschaft zu sprechen legitimiert ist und wer darin Gehör findet. Sprache wäre somit also

nicht nur als Sprachvermögen, sondern auch als Kapital im Bourdieu'schen Sinne zu betrachten". (2015, S. 14)

Die ungleiche gesellschaftliche Bewertung von Sprache äußert sich auf rechtlicher Ebene etwa darin, dass ein Teil der nach Österreich migrierenden Personen per Gesetz zum Nachweis von Deutschkenntnissen – mittels der sogenannten Integrationsvereinbarung – verpflichtet wird, während ein anderer Teil davon unbehelligt bleibt (ebd.).

6.3 Markierte Sprecher_innen

Die hier präsentierten Auszüge stammen aus Interviews mit Berater_innen mit FluchtMigrationserfahrung. Auffallend an beiden Interviews ist, dass die Gesprächspartner_innen zunächst – ähnlich wie in den vorausgegangenen Interviewpassagen – die Ursachen für die Probleme, mit denen Ratsuchende in die Beratungspraxis kommen ebenso wie die institutionellen Zugangsschwierigkeiten vorzugsweise in der Herkunft und Kultur der Klient_innen lokalisieren. Es wird hier zunächst ebenfalls auf ein Differenzwissen über die vermeintliche kulturgebundene Andersheit der migrantisierten Klientel zurückgegriffen, dieses wird aber bereits an früherer Stelle um ein Wissen über institutionelle und strukturelle Ausschlüsse differenziert. Die kulturalisierenden Deutungen der Berater_innen mit zugewiesener oder tatsächlicher FluchtMigrationserfahrung treten im Verlauf der Interviews in den Hintergrund. An die Stelle der mehrheitsgesellschaftlichen Erwünschtheit tritt die Thematisierung eigener Erfahrungen rassistischer Platzanweisungen und Ausschlüsse.

6.3.1 „Schwierig, […] eine Einrichtung auf[zu]suchen, wenn sie die Sprache nicht können"

Den Ausgangspunkt der Ausführungen der Berater_in bildet die Frage der Interviewerin nach den Strukturen, die hilfreich sind, den Aufgaben in der Erziehungsberatung nachzugehen. Die Interviewte nennt als grundlegende Voraussetzung für eine gelingende Beratungsbeziehung die Beherrschung der von den Klient_innen gesprochenen Sprachen. Als ebenso bedeutend nennt sie die niedrigschwellige und zeitnahe Terminvergabe ferner ein Wissen um den kulturellen Hintergrund der Klientel. Als ich die Beraterin danach frage, was sie mit dem Wissen um den kulturellen Hintergrund meine, antwortet diese damit: *„Das*

Wissen einfach, wie es- wie eine türkische Mutter ticken könnte, der türkische Vater oder ihre Familie oder was auch immer. Was natürlich sehr unterschiedlich ist. Es gibt nicht die türkischen Familien und Menschen und es ist jeder individuell und unterschiedlich". Das zunächst gesichert scheinende Wissen um das vermeintliche So-Sein der türkischen Mutter, des türkischen Vaters oder der türkischen Familie wird korrigiert durch ein beweglicheres Wissen um die Pluralität und Individualität der Lebenslagen der Klientel.

Das Wissen um den kulturellen Hintergrund der Klientel wird im weiteren Verlauf als grundlegende Voraussetzung für den Aufbau einer vertrauensvollen Beratungsbeziehung ausgewiesen. *„Aber es ist halt so- ja, die meisten sagen dann: Na, du weißt, wie es bei uns ist. Und ich merke, dass das Vertrauen schneller da ist in die Arbeit. Dieses Vertrauen aufbauen usw. Sie sagen: ‚Ja wir waren auch da und dort in der Beratung, aber die wissen halt nicht, wie es-' obwohl es ein Vorurteil ist. Ich weiß auch nicht immer, wie es bei einer Familie zugeht oder nicht. Jeder hat so seine eigenen Codes und Umgangsformen"*. Die Möglichkeit, sich auf geteilte Erfahrungen zu beziehen, bildeten die Grundlage für den *„schnelleren"* Aufbau von Vertrauen und Verständnis in der beraterischen Beziehung und Kommunikation. Die minderheitsangehörigen Berater_innen, die potentiell selbst lebensgeschichtlich mit Themen befasst sind, die die spezifischen Lebenslagen von Menschen mit zugewiesener oder tatsächlicher FluchtMigrationserfahrung betreffen, können die Marginalisierungserfahrungen der Klientel nachvollziehen, ohne dass diese befürchten muss, erneut mit diskriminierenden Zuschreibungen und Annahmen konfrontiert zu werden.

Die Interviewpartnerin betont das Misstrauen, das migrantisierte Ratsuchende gegenüber den Berater_innen als Repräsentant_innen der Mehrheitsgesellschaft und vermeintliche Vertreter_innen von Institutionen wie dem Jugendamt empfänden. Die Furcht der Ratsuchenden vor dem Eingreifen des Jugendamtes wird von den Interviewpartner_innen mit FluchtMigrationserfahrung bei denjenigen Ratsuchenden als ausgeprägter beschrieben, die als nicht-österreich gelten. Auf meine Nachfrage, warum sie glaubten, dass diese Furcht bestehe, verweisen beide Gesprächspartnerinnen auf kollektive Erfahrungen von Benachteiligung und Diskriminierung und dem damit einhergehenden geringen Vertrauen in die Parteilichkeit der Berater_innen. Aufgrund der Erfahrungen von Diskriminierung und rassistischer Ausgrenzung zeige sich bei minderheitsangehörigen Klient_innen Skepsis gegenüber den vorwiegend mehrheitsangehörigen Berater_innen hinsichtlich ihrer Vertrauenswürdigkeit, ihres Verständnisses für ihre Lebenssituation und ihrer Empathie. In indirekter Rede gibt die im Folgenden zitierte Sprecherin die Äußerungen ihrer Klient_innen wieder und nennt als Erklärung für diese Furcht *„das Gefühl, von dieser Gesellschaft nicht akzeptiert zu werden […] Wenn sie die*

Gelegenheit sehen, uns umzumodeln, ergreifen sie sie und nehmen uns unsere Kinder weg". Hier äußert sich, was Gaitanides (2006) als Kolonialisierungsabsichten beschrieben hatte: Die Angst vor einer eingreifenden, kontrollierenden Hilfseinrichtung, die möglicherweise nicht nur aufenthalts- und arbeitsrechtlich relevante Informationen an Behörden weitergeben könnte, und damit den Aufenthaltsstatus ebenso wie die ökonomische Lebensgrundlage der Menschen gefährde, sondern ebenso die Angst vor Umerziehung oder gar Wegnahme der eigenen Kinder. Die von beiden Interviewpartnerinnen thematisierte Furcht kann als Hinweis darauf gelesen werden, dass migrantisierte Menschen aufgrund rassistischer Erfahrungen mit Behörden ein allgemeines Misstrauen gegenüber Institutionen entwickeln. Mehrheitsangehörige Erziehungsberater_innen werden als verlängerter Arm, als linke Hand des Staates wahrgenommen. *„Es ist keine Mauer- wäre übertrieben, aber es ist ein direkter Zugang schneller da, als wenn man jetzt zwei, drei Termine braucht, bis die Menschen Vertrauen fassen können, habe ich das Gefühl, da geht's schneller, wenn sie sagen'okay, die kommt ja aus unserem Kulturkreis oder zumindest kann sie unsere Sprache'. Die Sprache ist halt doch ein ganz, ganz wichtiger Aspekt bei dem Ganzen"*. Auf meine Nachfrage, weshalb sich das Vertrauen leichter aufbauen lasse, antwortet die Gesprächspartnerin:

FALLBEISPIEL 4

> *IP: „In erster Linie denkt man, wenn man alles mitteilen kann, was einen bedrückt, dann braucht man die Sprache. Es ist schwierig, da sich vor allem Eltern, die nicht in der Lage waren, die Sprache zu lernen, weil sie nur berufstätig waren oder weil sie nur zu Hause waren oder weil sie nur in Kreisen verkehren, wo es nicht gut möglich war, dass sie die Sprache lernen. Da auch noch eine Sprachbarriere zu haben, denk ich mir- ist erstens- ist es schwierig, überhaupt generell- dann überhaupt eine Einrichtung aufsuchen, wenn sie die Sprache nicht können. Also was? Es ist nicht für alle geeignet. Viele die, die hier aufgewachsen sind und Generationen, die hier sind, denen ist es lieber, sie nehmen jemanden aus der Mehrheitsgesellschaft. Aber vor allem die, die erst seit ein paar Jahren da sind oder sehr fest in ihrer Kultur verhaftet sind, nicht assimiliert sind, die sind eher, tendieren eher zu jemand, der die Sprache kennt oder zumindest den kulturellen Hintergrund- eine Ahnung davon hat. Und ich merke, dass wirklich viele Eltern denken- es ist natürlich großteils die Frauen sprachlich".*

Die Interviewpartnerin schildert die Schwierigkeiten im Zugang zur Erziehungsberatung. Sie stellt fest, dass Erziehungsberatung *„nicht für alle geeignet"* sei. Insbesondere dann, wenn die Klientel die in der Erziehungsberatung gesprochene Sprache nicht spreche, sei es schwierig eine Einrichtung aufzusuchen. Sie thematisiert damit die Mehrheitsorientierung von Erziehungsberatung. Die in den Einrichtungen gesprochene mehrheitsgesellschaftliche Sprache beschreibt sie als eine der zentralen Eintrittsschwellen in die Beratung. Der monolinguale Habitus (Gogolin 1994) der Beratungseinrichtungen behindere den Zugang zur Beratung. *Fremdsprachigkeit* oder Mehrsprachigkeit erscheint darin als Problem der *Anderen* und steht in Kontrast zur einsprachig organisierten Beratungseinrichtung.

Die Interviewpartnerin differenziert die Klientel in diejenigen, die hier aufgewachsen sind, die *„lieber jemanden aus der Mehrheitsgesellschaft nehmen"* und diejenigen, die die deutsche Sprache nicht lernen konnten. Als Gründe für das Nichterlernen der deutschen Sprache scheint die Interviewte anfangs soziostrukturelle Kontextfaktoren anzudeuten. Dies äußert sich in der Formulierung *„nicht in der Lage waren, die Sprache zu lernen"*. *„Lage"* kann hier zunächst als Hinweis auf die soziale Lage der Ratsuchenden verstanden werden, deren Lebensalltag aufgrund von aufenthaltsrechtlichen, integrations- und sozialpolitischen Rahmenbedingungen von der Notwendigkeit der Überlebensführung strukturiert ist. *„Weil sie nur berufstätig waren"* zeigt die strukturelle Unmöglichkeit des Spracherwerbs an und weist zugleich eine individualisierende und problematisierende Betrachtung des Nicht-Erlernens der Sprache als individuelles Unvermögen im Sinne einer mangelnden Sprachlernmotivation zurück. Mit *„weil sie nur zu Hause waren"* wird andeutungsweise eine weitere Dimension eingeführt, die des Geschlechts und der geschlechterstereotypen Arbeitsteilung, die Frauen in die häusliche Sphäre verweist und sowohl Quantität als auch Qualität der Sprachkontakte begrenzt. Als ein zusätzliches Argument für das Nicht-Erlernen der Sprache der Einrichtung führt sie das *„Verkehren in Kreisen" an, „wo es nicht gut möglich war, die Sprache zu lernen"*. Diese Begründungsfigur kann zunächst als Hinweis auf die ethnische (und geschlechtliche) Segregation des Arbeitsmarktes verstanden werden. Die Möglichkeit des Spracherwerbs korreliert mit der Tatsache, dass Migrant_innen überproportional in dequalifizierte Arbeitsmarktsektoren verwiesen werden, die durch geringes ökonomisches und symbolisches Kapital gekennzeichnet sind. Durch die begrenzte Interaktion mit der Mehrheitsbevölkerung sind die Möglichkeiten zur praktischen Anwendung der *Landessprache*, einer Sprache, die mit gesellschaftlichem Prestige verknüpft ist, eingeschränkt. Die *Nationalsprache* fließend zu sprechen und sich in den jeweiligen Kontexten auszudrücken, ist jedoch entscheidend für die gesellschaftliche Anerkennung, den beruflichen Aufstieg und den Zugang zu Bildungschancen.

„Nicht gut möglich, die Sprache zu lernen" kann aber auch als ein vorsichtiges Herantasten und Hinführen zu einer neuen Begründungsfigur gelesen werden. Stellt die Interviewte zunächst noch strukturelle Ursachen in den Vordergrund ihrer Argumentation, führt sie nun eine neue Betrachtungsweise ein, indem sie als Erklärung für das Nichterlernen der Sprache auf ein mehrheitsgesellschaftlich vorrätiges Wissen über die vermeintliche *Abgeschiedenheit der Anderen,*

insbesondere *der anderen Frau* zurückzugreift. Deutlich gemacht wird dies an stereotypen Begriffen, in denen das vermeintlich *Andere* im hegemonialen Diskurs repräsentiert wird: *„sehr fest in ihrer Kultur verhaftet"* und *„nicht assimiliert"*. Im Begriff des *Verhaftet-Seins* ist eine Vorstellung von Kultur aufgehoben, die Kultur als eine das Handeln von Menschen determinierende und unhintergehbare Größe versteht. Kultur *haftet* den Personen an und bestimmt ihre Einstellungen, Verhaltensweisen, Wahrnehmungs- und Handlungsweisen. Als voneinander klar abgrenzbare und homogene Gebilde wird Kultur als ein festes Gefüge mit spezifischen und für alle gleichermaßen verbindlichen Wert- und Normvorstellungen entworfen. Kultur erfährt dabei eine Naturalisierung und Essentialisierung, wird sie nicht als eine historisch und lokal spezifische wie variable Praxis, sondern als *Natureigenschaft* (Kalpaka 2004) von Menschen verstanden. Durch die Praxis der Kulturalisierung werden Menschen auf eine vermeintliche Gruppenidentität festgeschrieben. In der kulturalisierenden Interpretation gesellschaftlicher Wirklichkeit gerät die Komplexität des sozialen Raums, in dem Menschen aufgrund ungleicher Kapitalausstattung unterschiedliche Orte zugewiesen werden und sich darin selbst verorten, aus dem Blick.

In der Übertonung von Kultur treten etwa sozioökonomische oder aufenthaltsrechtliche Verhältnisse, die wesentlich Einfluss auf Lebensgestaltungsbedingungen, Lebensstil und (Über-)Lebensführungsmöglichkeiten nehmen, in den Hintergrund. Der Begriff der Assimilation schließt, wie er hier von der Interviewpartnerin aufgerufen wird, an die Essentialisierung von Kultur und Religion an. Werte erscheinen darin als fixiert und unbeweglich, die Heterogenität sozialer Praxen gerät ins Hintertreffen. Migrant_innen aus islamisch geprägten Ländern werden als traditionell-konservativ in Konflikt mit der *westlichen Werteordnung* dargestellt. Maßgeblicher, normativer Bezugspunkt einer solchen Betrachtung bildet die Vorstellung einer *österreichischen/europäischen Leitkultur*, an die eine An- und Einpassung zu erfolgen habe.

Schildert die Interviewpartnerin zunächst noch die Schwierigkeiten, Einrichtungen aufgrund von Sprachbarrieren selbsttätig aufzusuchen, hält sie ein paar Zeilen später fest, dass Familien, die am Zugang zu den Einrichtungen behindert würden, über Kindergarten und Schule allesamt erreicht werden könnten. Alle Interviewpartner_innen thematisieren den Weg über die staatlichen Einrichtungen, in der alle Kinder qua Schulpflicht bzw. verpflichtendes Kindergartenjahr erfasst sind. Aber nicht alle messen der Präsenz ihrer Einrichtung in den Kindergärten und Schulen dieselbe Bedeutung zu. Einige der Interviewten thematisieren die Notwendigkeit der Erweiterung der Angebotsarchitektur in der aufsuchenden Beratung als eine beschwerliche Zusatzaufgabe. Die im Folgenden zitierte

Gesprächspartnerin stellt fest, dass es *„spätestens, wenn das Kind im Pflichtschulalter ist und in der Schule landet, im Kindergarten genauso"*, einfach sei, *„an diese Familien ranzukommen. Da sollte man auch diese Personen hinsetzen, die diese Brücken bauen können"*.

An dieser Stelle setzt die nachfolgende Interviewsequenz ein.

6.3.2 Der Blick *„von oben herab"*

FALLBEISPIEL 5

IP: „Die, die vermitteln können, die beide Seiten sehr gut kennen, da kann man Brücken ganz leicht setzen. Weil kein Kind sollte eigentlich vom Kindergartensystem und vom Schulsystem irgendwie durchschlüpfen können. Und wenn da die richtigen Personen sitzen, gut Geschulte, von ihren Berufserfahrungen profitieren können, könnte die das- Natürlich wird's die Eltern immer geben, die komplett verweigern und sagen: ‚Nein'. Ich höre auch immer das Argument: ‚das ist ein Kind, das wächst sich raus. Das Problem- wir müssen nur zuwarten'. Aber ich denke mal, wenn ein Mensch den Zugang hat zu diesen Familien, den Respekt hat- und das ist halt auch oft das Problem, dass sie Erfahrungen machen, so von oben herab: ‚Ihr seid'. Das wird nie direkt den Eltern so gesagt, aber man braucht nur bei den Gesprächen zuzuschauen, wenn Pädagogen- also das ist jetzt sehr verallgemeinert, aber leider ist es großteils meine Erfahrung, dass die von oben herab mit den Eltern reden, wie auffällig ihr Kind ist und wie schlimm das ist. Und das ist sicher darauf zurückzuführen, weil sie aus der Kultur- oder weil sie sich so und so verhalten und nicht zuerst mal ankommen lassen, annehmen und dann überlegen gemeinsam, was können wir tun. Weil unser Ziel ist, das Kind zu begleiten auf seinem Bildungsweg und mein Interesse ist genau dasselbe und nicht jetzt- ähm sich daran ähm- ein Problem daraus machen, weil der Papa die Hand der Frau Lehrerin nicht gibt oder sie nicht anschaut beim Reden. Das sind so nebensächliche Dinge. Das sind Dinge, wo meistens die Beraterinnen mit sich Probleme haben. Und da gehört wirklich eine Persönlichkeit her, die dem standhalten kann. Es hat nichts mit der Person zu tun, so ist dieser Mensch gestrickt. So ist einfach seine Art. Aber dann, das zu nehmen und- dann schafft man nicht den Zugang, das Vertrauen der Eltern und dann zu sagen

okay, jetzt kann ich noch Angebote machen. Sondern die werden geholt und: ‚das und das und das stimmt nicht. Und das und das müsst ihr alles machen'.
Die Ausführung der Interviewten schließt an die Feststellung an, dass der Zugang zu den Ratsuchenden mit zugewiesener oder tatsächlicher FluchtMigrationserfahrung über die staatlichen Bildungs- und Betreuungseinrichtungen gelegt werden könne: *„Weil kein Kind sollte eigentlich vom Kindergartensystem und vom Schulsystem irgendwie durchschlüpfen können"*. Nicht allein die Niedrigschwelligkeit und Erreichbarkeit des Ortes, auch die professionelle Haltung der Beratenden, die Pluralität der Klientel anzuerkennen, sei für den Zugang zu den Personen entscheidend. Für die Beschreibung einer gelingenden Beratungskommunikation setzt die Interviewpartnerin die Metaphern des Vermittelns und der Brücken ein: *„Die, die vermitteln können, die beide Seiten sehr gut kennen, da kann man Brücken ganz leicht setzen"*. Das Sprechen der Beraterin im Sprachduktus der Interkulturellen Pädagogik, der Interkulturellen Kommunikation ist ein verständiges, versöhnliches Sprechen. Die Interkation zwischen den beiden zu vermittelnden Seiten wird implizit als eine interkulturelle Situation entworfen, in der, wie dies Georg Auernheimer (2013, S. 38) formuliert, die spezifischen "Anforderungen an diese Kommunikation in der Bewältigung kulturell bedingter Differenzen" gesehen würden. In der Annahme einer durch kulturelle Differenz erhöhten Stör- und Konfliktanfälligkeit (ebd.) gereicht die Metapher der Brücke zur ausgleichenden und aussöhnenden Geste. Die Grundlage für eine gelingende *interkulturelle* Beratungskommunikation wird nicht als gegeben vorausgesetzt, sondern muss erst durch eine dazu befähigte Person geschaffen werden. Die Beratenden nehmen die Position eines_r Mittlers_in ein. Vermitteln steht hier synonym für *Dazwischentreten.* Die Fähigkeit des Dazwischentretens setzt die Kenntschaft *beider Seiten* voraus. Was unter beiden Seiten verstanden wird, wie die Seiten jeweils beschaffen sind, wird nicht expliziert. Von Bedeutung scheinen sie vor allem in ihrer Kontrastierung zu sein. Das Wissen um die vermeintliche Gegensätzlichkeit und die nicht-explizierte, aber vorausgesetzte spezifische Beschaffenheit beider Seiten und die Fähigkeit diese zu vermitteln, weist die Sprecherin als Grundbedingung für eine professionelle beraterische Haltung aus. Was zunächst eine essentialistische und kulturalistische Gegenüberstellung anklingen lässt, wird in der daran anschließenden Ausführung sichtbar als Verhältnis der Dominanz.

Von der Notwendigkeit des Wissens über die Verschiedenheit der Kulturen als Voraussetzung einer gelingenden Beratung leitet sie nun über auf eine grundlegende Haltung von Berater_innen, die um die potentiell mit der migrationsgesellschaftlichen Positioniertheit ihrer Klientel einhergehenden Benachteiligungen und Zugangserschwernisse weiß: *„Und wenn da die richtigen Personen sitzen,* *gut Geschulte, von ihrem Berufserfahrungen profitieren können, könnten die das-*". Beraterische Professionalität wird nun ein anderes Fundament unterlegt. Die richtigen Personen sind nun nicht mehr die Kulturvermittler_innen mit essentialisierendem Wissen, sondern diejenigen, die „*Berufserfahrungen haben und gut geschult sind*". An dieser Stelle thematisiert die Sprecherin die Bedeutung der Beratungsausbildung für das Beratungsgeschehen und die Beratungsbeziehung: „*Gut geschult*" kann mit Blick auf den beraterischen Umgang mit migrationsbedingter Differenz als Hinweis auf die in der traditionell methodenorientierten und schulverpflichteten Beratungsausbildung (Schulze 2018) vernachlässigten Auseinandersetzung mit Fragen der Machtförmigkeit von Beratung gelesen werden, d. h. der kritischen Hinterfragung gesellschaftlicher Machtstrukturen, der Involviertheit der Beratung sowie der eigenen Praxis darin.

An dieser Stelle bricht die Sprecherin ihre Ausführungen ab. Sie relativiert den nicht ausgeführten Satz, indem sie die in den Einrichtungen tätigen (mehrheitsangehörigen) Berater_innen entlastet und die Adressat_innen an die Stelle der Verantwortlichen für das Zustandekommen und Gelingen der Beratung setzt, indem sie feststellt: „*Natürlich wird's die Eltern immer geben, die komplett verweigern und sagen: Nein. Ich höre auch immer das Argument: „das ist ein Kind, das wächst sich raus. Das Problem- wir müssen nur zuwarten*". Um erneut ihre Argumentation aufzugreifen und zu bekräftigen: „*Aber ich denke mal, wenn ein Mensch den Zugang hat zu diesen Familien, den Respekt hat*". An dieser Stelle bricht sie den Satz abermals ab, um ein neues Argument einzuführen. Die Sprecherin berichtet von ihren empirischen Beobachtungen aus dem Feld. Sie stellt fest, dass die als fremd geltende Klientel häufig „*Erfahrungen machen, so von oben herab. ‚Ihr seid-'. Das wird nie direkt den Eltern so gesagt, aber man braucht nur bei den Gesprächen zuzuschauen, wenn Pädagogen- also das ist jetzt sehr verallgemeinert, aber leider ist es großteils meine Erfahrung, dass die von oben herab mit den Eltern reden, wie auffällig ihr Kind ist und wie schlimm das ist. Und das ist sicher darauf zurückzuführen, weil sie aus der Kultur- oder weil sie sich so und so verhalten und nicht zuerst mal ankommen lassen, annehmen und dann überlegen gemeinsam, was können wir tun*". „*Von oben herab*" zeigt ein Dominanzverhältnis an, indem die asymmetrische Begegnung zwischen mehrheitsgesellschaftlichen Beratenden und migrantisierten Klient_innen thematisiert wird. „*Ihr seid-*" verweist auf Zuschreibungen an die als fremd geltende Klientel.

Die Sprecherin thematisiert die Bedeutung von Sprache in Zusammenhang mit Wissen und Macht. In indirekter Rede gibt die Interviewpartnerin stellvertretend ihre Sichtweise des mehrheitsgesellschaftlichen Sprechens des Feldes und der darin zum Ausdruck gebrachten Herabsetzungspraxis wieder. Durch die sprachliche Benennung *„ihr seid-“* erfolgt eine Festsetzung und Festschreibung der *allochthonen* Klientel als *Andere.* In der Ansprache wird den so Angesprochenen ein inferiorer Platz zugewiesen. In der Formulierung *„ihr seid“* wird die hierarchische Anordnung des Beratungsgeschehens deutlich. Dies geschieht durch die implizite Selbstpositionierung als mehrheitsangehörige und mit geo-ethno-nationaler Wissens-, Definitions-, Deutungs- und Zuschreibungsmacht (Schulze et al. 2016) ausgestattete Professionelle und der gleichzeitigen Zuweisung einer minderwertigen Position und Inferiorisierung der *Anderen,* denen bestimmte Eigenschaften zugeschrieben werden. Durch die entmächtigende und inferiorisierende (Sprech-)handlung, entfaltet die Adressierung, die nicht ausformuliert wird, in den beiden Wörtern *„ihr seid-“* die umfassende Bedeutung von Sprache als sozialer Herstellungsakt. Das Sprechen der Beratenden erhält seine Bedeutung als Mitgestalter sozialer Realität, da es im Namen einer gesellschaftlich legitimierten Instanz erfolgt, die die ganze hierarchische Kraft einer Gesellschaft und ihrer Geschichte mobilisieren und gegen die Adressatin einsetzen kann (Herrmann & Kuch, 2007, S. 12). Die Abwertung und Positionierung der Ratsuchenden und die Selbstverständlichkeit, die diskriminierenden Identitätszuweisungen durchzusetzen, gelingt folglich nur, wenn die im migrationsgesellschaftlich, klassenhierarchisch und geschlechtlich segregierten sozialen Raum vorhandenen und anschlussfähigen Klassifikationen (Scherschel 2008, S. 91) von legitim Sprechenden gesprochen werden.

Die Sprecherin schränkt die allgemeine Gültigkeit ihrer Aussage mit *„also das ist jetzt sehr verallgemeinert“* ein, um diese im nachfolgenden Nebensatz erneut mit ihren empirischen Beobachtungen zu bekräftigen. *„Die, die Pädagogen“* sprächen mit den Eltern über ihre Kinder von oben herab. Die herabsetzende Rede der Berater_innen begründet die Interviewpartnerin in dem den Ratsuchenden zugewiesenen Status der *kulturell Anderen*: *„das ist sicher darauf zurückzuführen, weil sie aus der Kultur-“*. Die Interviewte verweist darin auf kulturrassistische Klassifikationen, die den Beratenden als Teil eines rassistischen Apparats und einer sprachlichen Praxis des Rassismus (Terkessidis 1998) als Deutungs- und Wahrnehmungsoption (Scherschel 2006) zur Verfügung stehen. Im Rückgriff auf kulturrassistische Schemata, in denen eine Gruppe konstruiert wird, die als mit problematischen Verhaltenseigenschaften ausgewiesen wird, *„weil sie sich so und so verhalten“* wird das herabsetzende Verhalten der Berater_innen legitimiert. An dieser Stelle bricht die Sprecherin ihre Ausführungen ab, um erneut eine Abschwächung ihrer Argumentation einzuführen, indem sie von *„ankommen lassen, gemeinsam überlegen“* spricht. Auch hier wird der Sprachduktus der interkulturell verständigen Expertin deutlich. Das Changieren zwischen der

Thematisierung rassistischer Benachteiligungen und Ortsverweise und der gleichzeitigen Relativierung kann als Hinweis auf den gesellschaftlichen Kontext, in den auch die spezifische Interviewkommunikation eingebettet ist, gelesen werden. Im Sinne sozialer Erwünschtheit gibt die Sprecherin einen gesellschaftlich anerkannten Diskurs über die *Anderen* wieder. Ihre Vorsicht lässt sich dahingehend deuten, die mehrheitsgesellschaftliche Positioniertheit der Interviewerin zu erkennen und anzuerkennen.

An die Stelle der Rede über die mehrheitsgesellschaftlich Beratenden rückt die Sprecherin ein *„uns"*. Sie spricht in der Rolle der Expertin als Vertreterin der professionellen Berater_innen. Im Mittelpunkt des gemeinsamen Interesses, so formuliert sie, sollte *„das Kind zu begleiten auf seinem Bildungsweg"* stehen. Das Sprechen im Namen von und für die professionell in der Beratung Tätigen im Plural wird nun zu einem Sprechen im Singular, in der sie ihr Interesse als *„dasselbe"* ausweist. Worauf sich dasselbe bezieht, bleibt zunächst offen, da sie die Ausführungen abbricht. Im nachfolgenden Satz wird das, worauf sich *dasselbe* bezieht, ausgeführt. *Dasselbe* Interesse bezieht sich auf die grundlegenden und uneingeschränkten Professionalitätsbestrebungen, die nicht nur selbstverständlich der *autochthonen* Klientel, sondern ebenso der *allochthonen* Klientel zuteilwerden müssen. Als Beispiel eines entprofessionalisierten Umgangs führt sie den *„Papa"* an, der der *„Frau Lehrerin [...] nicht die Hand gäbe oder sie nicht anschaut beim Reden"*. Die Sprecherin greift hier eine Figur auf, die häufig angeführt wird, wenn es darum geht, das Verhältnis von Mehrheit und Minderheitsangehörigen zu kontrastieren und zu problematisieren. Sie schlussfolgert, dass diese *„Dinge nebensächlich"* seien und verlagert die Ursache des Problems in die Berater_innen: *„Das sind Dinge, wo meistens die Beraterinnen mit sich Probleme haben"*. An dieser Stelle erfolgt eine grundlegende Perspektivverschiebung: nicht die *Anderen* seien aufgrund ihres vermeintlichen Andersseins das Problem, sondern die *Nicht-Anderen, die mit sich selbst ein Problem haben*, der Anwesenheit der *Anderen* nicht standhielten. *„Da gehört wirklich eine Persönlichkeit her"* verweist auf eine den *Autochthonen* zugeschriebene mehrheitsgesellschaftliche Befindlichkeit, die der beraterischen Professionalität im Umgang mit der Klientel im Wege stünde. Sie mahnt die Notwendigkeit professioneller Distanzierung ein, das als *falsch* erkannte Verhalten der Klientel nicht zu sich zu nehmen oder dem Menschen anzuhaften: *„Es hat nichts mit der Person zu tun, so ist dieser Mensch gestrickt"*. Mit der neuerlichen Bekräftigung *„So ist einfach seine Art"* konstatiert sie, dass die Erörterung der Gründe für sein Handeln bzw. die Skandalisierung über das Benehmen *des anderen Mannes* unerheblich sei.

Sie fährt fort: *„wenn das nicht einfach hingenommen werde, sondern daraus etwas gemacht werde"*. An dieser Stelle bricht die Interviewpartnerin wieder ab, um dann ihre Argumentation erneut aufzugreifen, dass der Zugang zu den Menschen damit verwirkt werde. Statt der Setzung konkreter Angebote für die diversifizierten Adressat_innen der Beratung, so stellt sie fest, würden die Ratsuchenden aber *„geholt“* und ihnen gesagt *„was alles nicht stimme und was alles gemacht werden müsse“*. An dieser Stelle thematisiert die Interviewpartnerin die Asymmetrie in der Kommunikation zwischen meist *autochthonen* Professionellen und *allochthonen* Ratsuchenden: erstere sind mit institutionellen Machtmitteln und überlegenem Expert_innenwissen ausgestattet. Die Klient_innen sind strukturell in der schwächeren Position hinsichtlich der Verfügbarkeit von Sprache und Ausdrucksmitteln und hinsichtlich des Wissens über Institutionen, der Routinen, oder rechtlicher Prozeduren. Diese prinzipielle Asymmetrie wird überlagert von dominanzkulturellen Ungleichheitsverhältnissen, in denen mehrheitsgesellschaftlich gestützte Zuschreibungen die migrantisierte, als mit falschen Werten ausgestattete Klientel als beratungsschwierig und nicht passend erscheinen lassen.

Kam zu Beginn der Ausführungen noch mehrfach ein dominanzkulturelles Differenzwissen zum Einsatz, um das professionelle Handeln zu beschreiben, scheint im Fortgang des Interviews die mehrheitsgesellschaftliche Erwünschtheit im Interview in den Hintergrund zu treten und die im Verhältnis von Mehrheits- und Minderheitsgesellschaft begründete Asymmetrie, die in die Beratung hineinwirkt, tritt in den Vordergrund.

6.3.3 „Und dann kommt noch natürlich die Problematik dazu, dass diese Familien meistens einen ganz anderen sozialen Status haben“

FALLBEISPIEL 6

IP: „Und ja, und dann kommt noch natürlich die Problematik dazu, dass diese Familien meistens einen ganz anderen sozialen Status haben. Die kämpft mit komplett anderen Dingen als ein ja gut behütetes Elternhaus, wo natürlich ein Problem ist, wenn man das Mitteilungsheft nicht liest. Aber für die Eltern ein Mitteilungsheft ist so was Unnötiges. (lacht) Aber darauf hängen sich manchmal Pädagogen auf und sagen, keine gespitzten Bleistifte im Federpenal. Dabei kämpft die Familie mit- damit, dass sie kein Visum mehr bekommt und Aufenthaltsbefristungen- und ständig Verlängerungen und ständige Arbeitslosigkeit- kriegen sie es einfach nicht mit, weil die Eltern das nicht kommunizieren. Das liegt natürlich nicht nur an den Pädagogen, aber die Eltern kommunizieren das nicht, weil sie sagen: ‚Ja, wie soll ich das machen'? Die Sprachbarriere. Und wenn sie es tun? Dann ist- kommt das nicht richtig rüber".

Die Interviewpartnerin thematisiert die soziale Schlechterstellung von Familien mit zugewiesener oder tatsächlicher FluchtMigrationserfahrung. Hier überlagert sich das Sprechen über Migration mit einem Sprechen über Klasse. Das *„gut behütete Elternhaus"*, wo das Mitteilungsheft Referenzpunkt familiärer Auseinandersetzungen ist, steht im Gegensatz zu den existenziellen Problemen, mit denen FluchtMigrationsfamilien befasst sind, deren Lebensgrundlage und Aufenthalt prekär ist. Die Sprecherin wechselt von der Perspektive der Eltern auf die Perspektive der *„Pädagogen"*, die sich am *„nicht gespitzten Bleistift im Federpenal"* störten. Die nicht gespitzten Bleistifte im Federpenal stehen hier für eine Figur, in der die Mittelschichts- und Mehrheitsorientierung der Einrichtungen zum Ausdruck gebracht wird. Während die Pädagog_innen das eigentliche Problem der Familie, deren Leben im Provisorium und der Prekarität befristeter Aufenthaltstitel und Arbeitslosigkeit, aus ihrer privilegierten, mittelschichtsverankerten Position heraus verkennen, kämpfen die Familien um Bleibeperspektiven.

Die Interviewpartnerin schränkt ihre Aussage über die Verantwortung der Pädagog_innen ein, indem sie nun die Eltern an die Stelle der Verantwortlichen setzt, die die Berater_innen nicht ausreichend über deren Lebenssituation aufklärten, weshalb die Berater_innen nicht in der Lage seien, die existenziell bedrohliche Situation der Familien erkennen zu können. Sie bekräftigt diese Einschränkung und erweitert ihr Argument, indem sie formuliert, *„das liegt natürlich nicht nur an den Pädagogen, sondern auch an den Eltern"*. Um dann ein weiteres Mal die Perspektive zu wenden und wiederum die Perspektive der Eltern ins Zentrum zu rücken und auf die Schwierigkeiten in der Kommunikation zu verweisen, die sie zum einen in Sprachbarrieren, zum anderen aber – und hier greift sie wieder ihr Argument von oben auf – in der asymmetrischen Kommunikation verortet.

7 Im Wissen um die *Anderen*

„Wissend, dass eine afrikanische Familie andere Erziehungsvorstellungen hat als eine österreichische […] aber Afrika ist nicht gleich Afrika“. Diese einem der mit Berater_innen und Beratungsstellenleiter_innen geführten Interviews entnommene Sequenz veranschaulicht beispielhaft allgemeine Strukturmerkmale des Wissens, wie es in dieser Untersuchung zum Gegenstand gemacht wurde. Das im Sprechen über ihr Handlungsfeld artikulierte Wissen der Beratenden wurde darin als soziale Praxis mit Herstellungscharakter sowie interaktiv hergestellte und verfügbare Wahrnehmungs- und Deutungsressource gefasst, die – vermittelt und vorstrukturiert von einem historisch und gesellschaftlich verfügbaren Wissen über die als *different* und fremd wahrgenommenen *Anderen* – kontext- und situationsspezifisch in Anspruch genommen werden kann. Die Interviewpassage verdeutlicht gleichsam die Gewissheit und Gebrochenheit des artikulierten Wissens. In seiner Explizitheit schließt das dominante Wissen über die vermeintliche Kulturgebundenheit von Erziehung an ein kollektiviertes und selbstverständlich zur Verfügung stehendes Wissen an. In der gleichzeitigen Relativierung und Zurückweisung des gesichert scheinenden und objektivierten Wissens über die *Anderen* äußert sich seine Fragilität und Konstruiertheit ebenso wie seine Persistenz, Funktionalität und Wirkungsmacht.

Die Widersprüchlichkeit und Konkurrenz der zum Einsatz gelangenden Wissensbestände sind konstitutiv für ein Handlungsfeld wie das der Erziehungsberatung, deren Selbstbild und Arbeitsgrundlage an den Grundsätzen der Gleichheit und Antidiskriminierung ausgerichtet ist, gleichzeitig jedoch in Geschichte und Gegenwart auf Differenz angewiesen ist als Gegenstand, auf den das beraterische Handeln gerichtet ist und der durch sie bearbeitet werden kann. In ihrer sozialen Beschaffenheit und gesellschaftlichen Funktion ist Beratung in wirkmächtige, häufig „unsichtbare überindividuelle und gleichwohl situative Machtverhältnisse“

K. Hazibar, *Im Wissen um die Anderen*,
https://doi.org/10.1007/978-3-658-50658-2_7

(Schulze 2018 et al., S. 11) eingelassen. Das aus den Äußerungen der Beratenden rekonstruierte Wissen, das Hinweis gibt, auf das in der Beratung zum Einsatz gelangende, (über-)situativ ausverhandelte und interaktiv hergestellte, handlungsleitende Wissen kann nicht hinreichend bestimmt werden, ohne einer Analyse der für eine machtreflexive Beratungspraxis notwendigen Ortsbestimmung von Beratung. Um den Prozess der Ausarbeitung und Bestimmung des Wissensbegriffes nachzuvollziehen und aufzuzeigen, wie er als analytischer Begriff für die Untersuchung von praxisrelevanten Wissensbeständen und Handlungsorientierungen im Feld der Erziehungsberatung zum Einsatz kam, soll der Gedankenverlauf der ersten fünf Kapitel nochmals nachgezeichnet werden. Die Darstellung und Diskussion der Ergebnisse vor dem Hintergrund der theoretischen Ausarbeitungen erfolgt im daran anschließenden Schritt.

7.1 Eine machttheoretische Bestimmung des Wissens der Beratung

Ausgangspunkt der Untersuchung bildete die Frage nach dem in der Beratung praxiswirksamen Wissen, das das professionelle Handeln wie die Selbst- und Fremdthematisierungen- und wahrnehmungsweisen der an der Beratung beteiligten Akteur_innen, so die dem Projekt zugrunde gelegte Annahme, in maßgebender Weise orientiert und organisiert. Beratung wurde hierbei als ein Ort bestimmt, der grundlegend durch pädagogisch und gesellschaftlich vermittelte Spannungs- und Machtverhältnisse strukturiert ist und auf diese zurückwirkt. Vor dem Hintergrund gesellschaftlicher Diversifizierungs- und Pluralisierungsprozesse, die längst auch die Beratungspraxis erreicht haben, lag der Fokus der Untersuchung auf der Analyse von Fremdheitskonstruktionen im Zusammenhang mit weiteren Klassifizierungen und normierenden Deutungen, die im sozialen Kontext der Beratung Wirksamkeit entfalten. Diesem Verständnis nach wurde Beratung als „gesellschaftliche und kulturelle Praxis mit sozialem Herstellungscharakter" (Schulze et al. 2018, S. 13) bestimmt, insofern als im wissenshierarchisch strukturierten Beratungsraum Zugehörigkeitsdefinitionen und soziale Positionszuweisungen verhandelt werden (ebd.). Beratung agiert grundlegend „in einer Verquickung von Sprache, Mandat […] und Macht, wobei stets zu fragen ist: Wer wird gehört, wer hat das Sagen, wer definiert, was ist für wen ein Problem"? (ebd.). Diesem Verständnis nach wurde die Bedeutung des Wissens der Beratung jenseits der Fokussierung und Simplifizierung auf Methoden und Techniken einer machttheoretischen Perspektivierung zugeführt, die Frage(n) nach der Durchsetzungsfähigkeit und Wirksammachung des Wissens aufwarfen.

Ein wichtiger Teil der Forschungsarbeitet bildeten die Interviews mit Berater_innen und Beratungsstellenleiter_innen im Praxisfeld der Erziehungsberatung. In der Auswertung der Interviews ging es vor allem darum, zu analysieren, wie, unter welchen Bedingungen und mit welcher Funktion die interviewten Berater_innen im Auskunftgeben über ihr Handlungsfeld auf Differenzkonstruktionen zurückgriffen. Im Aufmerksamkeitsfokus standen dabei vor allem die Differenzlinien FluchtMigration, Geschlecht und Klasse.

Aus den theoretischen Vorarbeiten ergaben sich folgende Forschungsfragen, die an das Material herangetragen wurden:

- Wann und wie werden Erfahrungen von Berater_innen im Kontext der Erziehungsberatung implizit oder explizit auf die Differenzkategorien Migration, Geschlecht und Klasse artikuliert? Welches dominanzgesellschaftlich geteilte Normalitätsverständnis äußert sich darin?
- Welche Geschehnisse werden mittels des Rückgriffs auf Migration, Geschlecht und Klasse erklärt und plausibilisiert? Welche Funktion hat dieser Rückgriff?
- Wie wird dieses Wissen als gültig und wahr präsentiert? Welche Strategien der Wirksammachung gelangen dabei zum Einsatz?

Der Studie wurden die konzeptionellen Überlegungen zugrunde gelegt, dass das aus den Erzählungen der Berater_innen rekonstruierte Wissen über die vermeintliche Differenz der als fremd wahrgenommenen Familien, ihren Geschlechterbeziehungen und des ihnen eigenen Erziehungsstils als Teil eines historisch gewachsenen gesellschaftlichen Wissensvorrates verstanden werden kann, der als eine Art Deutungs- und Begründungswissen den professionellen Berater_innen zur Verfügung steht und insofern im Stande ist, das professionelle Handeln grundlegend zu orientieren. Als wissenschaftliches, popularisiertes und/oder alltagsförmig angelegtes Wissen nimmt es jedoch nicht nur Einfluss auf die GeWissheiten der Beratenden, sondern kann ebenso normierende und ungleichheitsgenerierende Wirkungen auf die Adressat_innen von Erziehungsberatung selbst haben, das heißt auf Eltern, Kinder und Jugendliche und andere mit der Erziehung betraute Personen. Nicht nur weil die meist (impliziten) Normalitätskonstruktionen, Vorstellungen und Bilder über die *different Anderen* eine zentrale Orientierungsfunktion für die professionellen Berater_innen übernehmen, indem sie zur Folie für deren Einordnung und Bewertung werden, sondern gerade, weil sie die zu Beratenden in spezifischer Weise adressieren, von diesen angeeignet und für die Beschreibungen des Selbst eingesetzt werden können, sind diese Wahrnehmungs- und Deutungsschemata von Berater_innen im Stande, das konkrete Handlungsfeld sinnhaft und die Handlungsbedingungen von Ratsuchenden handlungsleitend mitzustrukturieren. Insbesondere durch die institutionell legitimierte und autorisierte Sprecher_innenposition sind professionelle Berater_innen in der Lage, vielmehr aufgefordert, Handlungsempfehlungen an die Erziehungsaufgaben der zu Erziehenden auszusprechen, die in den Lebensvollzug der Familien hineinreichen. Zu Expert_innen *gemacht*, sind Berater_innen mit einer „institutionalisierte[n] Kompetenz zur Konstruktion von Wirklichkeit" (Hitzler et al. 1994) ausgestattet. Das Wissen, das von den Berater_innen aufgerufen wird, wenn sie über ihre professionellen Erfahrungen sprechen, kann als ein machtförmiges bestimmt werden, das sich aus der statusbezogenen und feldimmanenten Struktur seiner Verteilung und Wirksammachung einerseits und aus der ungleichen Verfügbarmachung von Kapitalien und der damit einhergehenden ungleichen Durchsetzungsfähigkeit von Wissen andererseits ergibt.

Eine Untersuchungsperspektive, die einen machttheoretischen Zugang zum Forschungsgegenstand des *Wissens der (Erziehungs-)beratung* eröffnet und in seinen Machtdimensionen in doppelter Weise theoretisiert, bleibt in der traditionellen Beratungsforschung bislang eher unberücksichtigt. Aufgabe war es, *das Wissen der Beratung* in den gesellschaftlich erzeugten, oftmals widersprüchlichen, (über-)situativen Machtwirkungen zu konturieren und damit der empirischen Analyse zugänglich zu machen. Mit Blick auf den Forschungsstand zeigte sich, dass die Beschäftigung mit Wissen innerhalb der Erziehungswissenschaft überwiegend in der Kompetenz-, Professions- als auch Expertiseforschung meist in Auseinandersetzungen um die Professionalität pädagogischen Handelns stattfindet. Wissen und Kompetenz geraten in einschlägigen professionstheoretischen Arbeiten vor allem mikrologisch in den Blick. Eine macht- und ungleichheitstheoretische Bearbeitung und Verknüpfung mit übergreifenden gesellschaftlichen Prozessen bleibt dabei randständig. Wissen, wie es im pädagogisch-beraterischen Fachdiskurs konzeptionalisiert wird, scheint in der Untersuchung der alltagspraktischen und professionellen Wissensbestände der pädagogischen Akteur_innen vordergründig auf die Mikrobeziehungen gerichtet. Ein machttheoretischer Zugang, wie er für das vorliegende Forschungsprojekt gewählt wurde, ermöglicht hingegen, Beratung als soziale Handlungsform in ihren Machtdimensionen zu thematisieren, die sowohl in sie hineinwirken als auch durch sie hervorgebracht werden (Schulze et al. 2018). So beschränkte sich vorliegende Untersuchung nicht auf die Analyse der Wissensbestände individueller Akteur_innen im professionellen Handlungskontext der Erziehungsberatung. Vielmehr wurden unter Hinzunahme wissenssoziologisch-praxeologischer und diskurstheoretischer Überlegungen die Deutungs- und Wahrnehmungsschemata der Akteur_innen im institutionellen

Feld der Beratung untersucht, die die gesellschaftlichen Wissensordnungen abrufen, erzeugen, stabilisieren aber auch transformieren (Keller 2011a, S. 17). Damit wurde es möglich, über mikrosoziologische Betrachtungen des Beratungswissens hinauszugehen und die einzelnen Äußerungen der Berater_innen als Teil einer umfassenderen Diskursstruktur zu verstehen, um schließlich über Fragen nachzudenken, wie Wissen gesellschaftlich produziert, in Institutionen verfestigt, subjektiv angeeignet und von den individuellen Akteur_innen zum Einsatz gebracht wird (ebd.).

Das Wissen, wie es dieser Untersuchung konzeptionell zugrunde gelegt wurde, ist von einer doppelten Asymmetrie gekennzeichnet:

1. Als Expert_innen sind Berater_innen aufgrund der die Beratungskommunikation allgemein kennzeichnenden Asymmetrie autorisiert, ein Wissen bereitzustellen, über das die Ratsuchenden (noch) nicht verfügen. Vermittels ihrer sozialen Position erlangen die Berater_innen Zugang zur Sprache der Institution der Erziehungsberatung und damit Teilhabe an deren Autorität; ihnen wird die Fähigkeit zugesprochen, offiziell richtig und repräsentativ für die Gruppe der Expert_innen zu sprechen, deren Bevollmächtigte sie sind (Bourdieu 2005, S. 103). Die AnErkennung der Berater_innen als Expert_innen, die über spezialisiertes Mehr-Wissen verfügen, durch die Ratsuchenden – ebenso wie die AnErkennung der Ratsuchenden als mit weniger Wissen ausgestattet durch die Berater_innen –, hält die strukturelle Möglichkeit bereit, die beraterischen Problemdeutungen und Bearbeitungsmodi „expertokratisch als alternativlos" darzustellen (Scherr 2014, S. 107). Das heißt, die spezifische Anordnung der Beratungskommunikation lädt Berater_innen mitunter dazu ein, eigene Normalitätsvorstellungen von der richtigen Erziehung, den richtigen elterlichen Kompetenzen, den richtigen Geschlechterverhältnissen, der richtigen natio-ethno-kulturellen Zugehörigkeit durchzusetzen und damit über rechtliche Normierungen hinausgehende Interventionen in die Lebensführung und die Selbstverständnisse der Adressat_innen zu legitimieren (ebd.).
2. Als Akteur_innen, die über ungleiche Ressourcen an Kapitalausstattung verfügen, sind die im ethnisch, vergeschlechtlicht, klassenhierarchisch stratifizierten sozialen Raum (Scherschel 2010; 2016) positionierten Gesellschaftsmitglieder mit ungleichen Chancen ausgestattet, „Wissen zu produzieren, gesellschaftlich durchzusetzen oder sich individuell anzueignen" (Keller 2011a, S. 41). Die ungleiche Verteilung von Wissen verweist nicht nur auf das soziale Arrangement der Beratung (Duttweiler 2007), in der sich Beratende als Hilfegebende und Ratsuchende als Hilfeempfangende komplementär gegenüberstehen. Vielmehr zeigt sich die Hierarchisierung des Wissens auch in der ungleichen

Durchsetzungsfähigkeit und Verfügbarmachung von Wissen der befragten Berater_innen selbst. In Gesellschaften, die auf dem zumindest theoretischen Postulat formal-rechtlicher Gleichheit aller fußen, scheint es formal allen zugänglich zu sein. Nicht allen steht es aber in gleicher Weise zur Verfügung. Nicht alle vermögen sich das komplexe und teilweise widersprechende gesellschaftlich produzierte Wissen in seiner Gesamtheit anzueignen (Dölling et al. 2003, S. 115–116). Je nach geschlechtlicher, klassen-, altersspezifischer und/oder natio-ethno-kultureller Zugehörigkeit verfügen die gesellschaftlichen Akteur_innen über einen unterschiedlichen Zugang zu sozialen Feldern und Positionen, die mit ungleich verteilten Ressourcen der Artikulation und Resonanzerzeugung (Keller 2011b, S. 67) einhergehen.

Die in den Interviews besetzten Sprecher_innenpositionen und das in den Interviews zur Sprache gebrachte Wissen wurde daher als Hinweis auf die Logiken des Feldes, seinen Anforderungen und Anerkennungsbedingungen gelesen. „Die in ihm akzeptierten [und anerkannten] Kapitalsorten entscheiden darüber, wer Geltungsansprüche formulieren und seine Sicht der Welt durchsetzen kann" (Scherschel 2016, S. 70). In der habituellen Aneignung und Anerkennung der Teilung der sozialen Welt, der Verortung der verschiedenen Akteur_innen darin – sei es die Teilung in *In- und Ausländer_innen,* in *Frauen und Männer,* in *beratungsfähige oder beratungsschwierige Ratsuchende* – und in Verkennung ihrer Entstehungsvoraussetzungen (ebd.; Dölling et al. 2003) sind unterschiedliche, meist unsichtbare Durchsetzungsmöglichkeiten des Sprechens, Deutens, Repräsentierens und Gehörtwerdens vorhanden. Der Einsatz eines bestimmten Wissens kann demnach als symbolischer Kampf „sozialer Gruppen um die Legitimität und Dominanz […] [von] Deutungen und Klassifizierungen sozialer Wirklichkeit" verstanden werden (Dölling et al. 2003, S. 115). „Die unterschiedlichen Formen von […] Wissen können dabei zu einer strategischen Ressource werden" (ebd.), die gesellschaftliche Akteur_innen einsetzen, um ihre Positionen zu verbessern, das eigene Handeln zu legitimieren und Privilegien zu sichern. Ausgehend von diesen theoretischen Überlegungen wurden aus den Interviews die legitimen, dominanten und meist unhinterfragt anerkannten Wissensbestände rekonstruiert, die in der situativen Interaktion der am Interview Beteiligten (mit)hervorgebracht wurden, vor dem Hintergrund feldspezifischer Anforderungen und gesellschaftlicher Machtverhältnisse, Privilegierungen und Positionierungen. Als konsensuelle Wahrnehmungs- und Deutungsangebote der sozialen Welt im Feld, „die ihre Legitimität aus den Ausdrucksmitteln und Regeln des Sprachgebrauchs bevollmächtigter Institutionen ziehen" (Bischoff & Betz 2015, S. 268), sind sie imstande, allgemein anerkannt zu werden und Realität zu erzeugen. Weil es – bezogen auf die Praxis unterschiedlich positionierter gesellschaftlicher Akteur_innen – in ungleicher Weise Wissen über die jeweils positionierten Gesellschaftsmitglieder bereithält, diese als solche erst hervorbringt, ist das legitime und häufig unhinterfragte Wissen, als historisch Gewordenes, herrschaftsförmig angelegt. Wissen schafft Asymmetrien zwischen denjenigen, die über ein vermeintlich gesichertes und dominanzkulturell autorisiertes Wissen verfügen und denjenigen, über die etwas gewusst wird. In dieser Perspektive verbinden sich mit der Analyse der Wissensbestände von Beratenden im Feld der Erziehungsberatung Fragen nach epistemischer Durchsetzungs- und Handlungsfähigkeit: Wer kann Wissen wie autoritativ wirksam machen? Wer wird gehört? Wessen Deutungen werden als legitime Deutungen im Feld vernommen?

Gleichwohl dem Wissen und Sprechen der Berater_innen eine hohe soziale Wirkmacht zugewiesen werden kann, insofern als sich durch die autorisierte Sprecher_innenposition der Berater_innen Klassifizierungen, hierarchisierende Differenzlinien und statusbezogene Deutungsmacht in besonderer Weise durchzusetzen vermögen, kann Beratung als ein Ort verstanden werden, an dem Räume für benachteiligte Sichtweisen und Diskurse geöffnet werden können (Schulze et al. 2018, S. 12–13). Der Rückgriff auf das im vorherrschenden Diskurs über die als fremd identifizierten *Anderen* angebotene, dominante Differenzwissen erfolgt insofern nicht ungebrochen, wie dies aus den Interviews rekonstruiert werden konnte und in Abschnitt 7.2 nachfolgend abschließend diskutiert wird. Vielmehr ist Beratung, so Melanie Plößer in Rekurs auf Foucaults Normalisierungsmacht und Butlers Konzept der Performativität, „immer beides: eine Praxis der Unterwerfung unter machtvolle Normen, aber auch ein Ort, an dem Subjekte sich mit diesen Normen auseinandersetzen und eine alternative Erzählung von sich aufbauen können" (2013, S. 1371–1372). In dieser Lesart kann das Untersuchungsfeld Beratung als eine Regierungsweise verstanden werden, die das Wissen und das Verständnis der Subjekte von sich machtvoll formt, indem sie auf die Selbstverständnisse und Entscheidungen der Subjekte machtvoll einwirkt, diese formt und bestimmte Handlungsweisen hervorbringt (ebd. 2013). Durch das Verantwortlichmachen der Beratungsklientel, ihre Probleme mittels Beratung eigenverantwortlich zu lösen einerseits und die Hervorbringung und Wirksammachung eines spezifischen Wissens andererseits, so Stefanie Duttweiler „verbinden sich die Techniken der Herrschaft mit denjenigen der Selbstführung der Individuen" (2007, S. 263). Gerade weil das in der Beratung interaktiv und konsensual erzeugte Wissen von den Klient_innen mitproduziert und mitgetragen wird, ist es in der Lage, spezifische Wirkungen zu zeitigen und zu Nötigungen und Anreizungen fähig (ebd. 2007, S. 269); weil es nicht nur des autorisierten und legitimen

Sprechers bedarf, der dem Wissen seine Autorität verleiht, sondern – um es mit Bourdieus (2005, S. 107) Theorem der symbolischen Macht zu formulieren – auch des Einverständnisses und der Kollaboration der Regierten. Gleichzeitig aber kommt der Beratung die Aufgabe zu, „die Beschreibungen und das Wissen der Subjekte ernst zu nehmen und zu unterstützen" (Plößer 2013b, S. 1371). Und so kann auch das in den Interviews zum Einsatz gebrachte und in der Interviewkommunikation durch die Interviewerin mithervorgebrachte Wissen, das Aufschluss gibt über das im konkreten Beratungsgeschehen zum Einsatz gebrachte Deutungs- und Begründungswissen als widersprüchlich, konkurrenzierend und ambivalent verstanden werden.

Das nicht widerspruchsfreie Ineinandergreifen unterschiedlicher Formen des Wissens über *die Anderen*, hervorgebracht in den Institutionen der Wissenschaft und Expert_innenschaft, verbreitet in Medien, Ratgebern, Verbänden oder in sozialen Bewegungen, das eingegangen ist in das *Allerweltwissen* der Menschen, und Deutungsangebote für deren Sinnproduktionen bereitstellt (Dölling 2003, S. 115; Wetterer 2008), wurde in der vorliegenden Arbeit aus einer macht- und differenzkritischen Perspektive konturiert, um danach zu fragen, wie die unterschiedlichen gesellschaftlichen Akteur_innen daran mitgewirkt haben, was, wann und durch wen zum Problem gemacht wird (Keller 2008; Hess 2014). Für eine machtsensible Inblicknahme des in der Beratung (re-)produzierten und legitimierten Wissens galt es, das Verhältnis zwischen handlungsrelevantem Wissen und der sozialen Positionierung der Akteur_innen im Praxisfeld der Beratung auszuloten. Ein solches Vermittlungskonzept, das Wissen in seinen handlungsrelevanten Dimensionen „zwischen […] medialisierten Diskursen, ihren (impliziten) normativen und normierenden Wissens- und Wahrheitsregimen und dem (institutionalisierten) Handeln und seine [potentiell ungleichheitsgenerierende] Effekte" (Neuhauser et al. 2016, S. 180) begreift, stellt das Konzept des Geschlechterwissens dar. In Döllings und Wetterers Konzeption von Geschlechterwissen gerät Wissen nicht allein auf diskursiver Ebene in den Blick, sondern auch im Zusammenhang mit Handeln (Wetterer 2009; Dölling 2003, 2005). Das objektivierte, gesellschaftliche und kollektive Wissen, als der sozialen Praxis der Geschlechterdifferenzierung – oder wie in der vorliegenden Arbeit kulturalisierender und klassenspezifischer Unterscheidungen – zugrundeliegende Basiswissen, ebenso wie das subjektiv-individuelle Wissen, mit diesem jene Differenzierungen „bewertet, legitimiert, begründet bzw. als selbstverständliche, quasi ‚natürliche' Tatsache genommen" (Dölling 2005, S. 49) werden, verortet Dölling in einem konkreten Handlungskontext. Als ein feldspezifisches Wissen sind in ihm die „Unterscheidungs- und Hierarchisierungsweisen, die in einem bestimmten sozialen Feld dominieren und konsensfähig sind" (Wetterer 2008, S. 31) aufgehoben.

Das handlungsrelevante Wissen, das die Berater_innen als konkrete und spezifisch positionierte Akteur_innen aktualisieren und (strategisch) einsetzen, wenn sie über ihr Handlungsfeld der Beratung sprechen, in der Analyse zu berücksichtigen, ermöglichte, nach der Funktionalität und den Bedingungen seiner Inanspruchnahme, unter denen je verschiedenes gewusst und relevant gesetzt wird, zu fragen.

Die Klassifikation von Wissen, wie sie im Konzept des Geschlechterwissens nach Dölling und Wetterer ausgearbeitet wurde, wurde um einen Begriff von Expert_innenwissen erweitert, der dieses nicht jenseits des Alltagswissens als eine Art *habituell unberührten* und explizierbaren Sonderwissensbestand konzipiert. Vielmehr wurde das Expert_innenwissen als *Deutungswissen* (Bogner & Menz 2001) gefasst, das sich nicht allein aus dem funktionalen Kontext der Expert_innen generiert, sondern ebenso aus ihrer sozialräumlichen Verortung. Um die Funktionsweisen und Mechanismen zu ermitteln, nach denen die untersuchten Personen im Rückgriff auf kollektive Wahrnehmungs- und Deutungsmuster Differenzkonstruktionen einsetzten, wenn sie über ihre professionellen Erfahrungen sprachen, wurde auf eine strikte Entgegensetzung von Expert_innenwissen, popularisiertem und Alltagswissen – die das Expert_innenwissen als rein geschieden versteht, wie dies im Umfeld früherer wissenssoziologischer Auseinandersetzungen formuliert wurde– verzichtet. Wie Julia Reuter (2013) dies in Rekurs auf Edward W. Said für die wissenschaftliche Wissensproduktion formuliert, kann das wissenschaftliche Wissen nicht automatisch als *rein*, das heißt objektiv, neutral, un- oder überparteilich und damit unpolitisch gelten. Denn ebenso wie der_die Wissenschaftler_in lässt sich auch der_die Expert_in nicht von seinen_ihren Lebensbedingungen trennen, „von seiner (bewussten wie unbewussten) Zugehörigkeit zu einer Klasse, einer Glaubensrichtung, einer sozialen Position oder reinen Tatsache, Mitglied einer Gesellschaft zu sein. Dies alles fährt fort auf ihn Einfluss zu nehmen, auf das, was er beruflich tut“ (Said 1978, S. 18).

Um der Frage nachgehen zu können, wie ein objektiviertes, kollektiv vorrätiges Wissen über die *Anderen* zur alltagstheoretischen Gewissheit und damit zur fraglos gewordenen Wirklichkeit werden konnte, war es notwendig, jene historischen Machtmechanismen in den Blick zu nehmen, die an der Entstehung von Wissensordnungen und Wissenssubjekten beteiligt sind. Für die Analyse heute wirksamer Vorstellungen und Bilder über *die Anderen* wurde exemplarisch anhand einiger für die Anlage und Ausstattung dieser Arbeit grundlegenden Beiträge der (historischen) Geschlechter-, Migrations-, Rassismusforschung, der post- und dekolonialen Theorie die Einflussnahme historischer Diskursformationen auf die zeitgenössischen Konstrukte der Berater_innen beleuchtet. Mit dem Ziel, Verbindungen lesbar zu machen und wirkmächtige Dilemmata aufzuzeigen, die auch die professionell-beraterische Praxis in ihren ambivalenten Anforderungen und Widersprüchen in ihrer Professionalität und Handlungsfähigkeit herausfordern, wurde das historische Geworden-Sein dieser Annahmen nachgezeichnet.

Gegenstand der daran anschließenden Analyse war dabei nicht die_der individuelle Beratende, sondern vielmehr das gesellschaftlich vorhandene Wissen über *den_die andere_n Ratsuchende_n* und der Kontext, in dem das Sprechen über das *differente Andere* evoziert und ermöglicht wurde. Das Sprechen über das *Andere* wurde als Teil *okzidentaler* Denktraditionen und Wissenssysteme interpretiert, wobei das scheinbar fundierte Wissen über das *different Andere* vom institutionellen Kontext, in dem es entstanden ist, abgekoppelt wird. Ohne seine historischen und sozialen Ursprünge angemessen anzuerkennen, erscheint das Wissen über *die andere Klientel* als natürlich gegeben. Dennoch wird seine Legitimität durch den institutionellen Rahmen begründet, indem es thematisiert wird (vgl. Gutiérrez Rodríguez 1998, S. 99–100). Daher war es notwendig, den historischen und sozialen Kontext, in dem dieses Wissen entstanden ist, zu berücksichtigen, um die Einbindung von Beratung in Macht- und Herrschaftsverhältnisse zu verdeutlichen. Der Einsatz ethnisierender, geschlechtsspezifischer und klassenhierarchischer Wissensbestände wurde dabei – wie nun abschließend diskutiert werden wird – als individuelle und strategische Ressource betrachtet, die im professionellen Handeln im Feld der Erziehungsberatung als Mittel der (Problem-)wahrnehmung, -deutung und -bearbeitung dienen kann (Dölling 2003, S. 113). Im Rückgriff auf Differenzwissen wurde es möglich, das eigene professionelle Handeln zu begründen und zu legitimieren. Die Problembeschreibungen und Schilderungen der Befragten über ihre beruflichen Handlungen und Entscheidungen waren häufig von kollektiv akzeptierten Kategorisierungen des *Anderen* geprägt. Dadurch wurde eine mehr oder weniger akzeptierte Ordnung von Interpretationsangeboten und Interpretationsroutinen reproduziert, die einen vermeintlich reibungslosen Ablauf der Handlungen in der Institution und somit Handlungssicherheit gewährleisten sollten (ebd.).

7.2 Strategisches und funktionales Differenzwissen – Interpretation und Diskussion der Ergebnisse

In der Rekonstruktion der Interviews zeigte sich, dass die Befragten im Auskunftgeben über ihre Praxis sowohl implizit als auch explizit Differenzkonstruktionen aufriefen. In den Äußerungen der Interviewten erfolgte an zahlenreichen Stellen ein Rückgriff auf ein nichtintendiertes alltagsrassistisches, vergeschlechtlichtes und klassenhierarchisches Vokabular, das die Ratsuchenden mit tatsächlicher oder zugewiesener FluchtMigrationserfahrung als *die andere Klientel* positionierte. In der interpretativen Annäherung an diese Klassifikationen galt es, – wie dies Irene Dölling (2005, S. 48–49) für ihr damaliges Forschungsprojekt zum Geschlechterwissen beschreibt –, herauszufinden, wie die Akteur_innen kontext- und situationsabhängig Differenzkonstruktionen einsetzten und durch ihre Sprachhandlungen herstellten. Ziel der Interpretation ausgewählter Interviewsequenzen war es, die soziale Logik zu verstehen, nach der die Akteur_innen auf kollektive Wahrnehmungs- und Deutungsmuster zurückgriffen, wenn sie über ihre professionellen Erfahrungen sprachen, um etwas über die subjektiven, gesellschaftlichen sowie milieu- und feldspezifischen Sinnstrukturen zu erfahren.

Im Folgenden sollen im Anschluss an die exemplarischen Analysen einzelner Interviewsequenzen allgemeine Strukturmerkmale der Thematisierung migrationsgesellschaftlicher, geschlechtlicher und klassenspezifischer Differenz verdeutlicht werden. In Anknüpfung an die in Kapitel sechs dargelegte feinanalytische und sequenzielle Auswertung, werden vor dem Hintergrund der Auswertung der weiteren Interviews die aus den Interviews rekonstruierten Wissensbestände auf ihre Verallgemeinerbarkeit hin gelesen, um darüber Funktionen und Bedingungen ihres Einsatzes zu beleuchten.

Die Äußerungen der Berater_innen über ihre konkrete Beratungspraxis in Hinblick auf die mit migrationsbedingter Heterogenität verbundenen Aufgaben im Praxisfeld Erziehungsberatung bewegen sich in der einen oder anderen Form alle in einem Spannungsverhältnis zwischen der Explikation von Differenz und ihrer gleichzeitigen Relativierung. Die allgemeinen Aussagen über migrationsbedingte Differenz stehen im Widerstreit mit professionsethischen Ansprüchen, Selbstbeschreibungen und Grundsätzen. Die Schilderungen des Anders-Seins der als mit FluchtMigrationshintergrund identifizierten Klientel stehen unter der normativen Vorgabe, den eigenen und feldspezifischen Ansprüchen gerecht zu werden und gleichzeitig die eigene Handlungsfähigkeit zu begründen. Der Topos des *Anders-Seins* der Klientel mit tatsächlichem oder zugewiesenem Migrationshintergrund und der damit vermeintlich verbundenen *besonderen* Herausforderungen für die pädagogischen Einrichtungen kommt in den Interviews vor allem als Kontrast zur sogenannten Mehrheitsgesellschaft zum Ausdruck. Der eigene Standort des Sprechens und Deutens ist meist im Modus der Selbstverständlichkeit und Normalität gegeben. Die eigene Positioniertheit bleibt – so sie den mehrheitsgesellschaftlichen Standort repräsentiert – unmarkiert. Es sind die als *different* wahrgenommenen *Anderen*, die aus der vorwiegend unmarkierten und autoritativen Sprecher_innenposition, als davon abweichend gekennzeichnet werden. Das

Andere wird in den Interviews meist in Begriffen des *Konfliktären* oder Unverständlichen umschrieben. Die aus den Interviews in Kapitel sechs rekonstruierten Aussagen über die als *different* markierte Klientel sind vielfach im Modus des Definitiven und Gewissen formuliert. Die imaginierte oder reale Begegnung mit dem *Anderen* scheint häufig emotional besetzt, der Ort der Begegnung und die konkrete Erfahrung bleiben aber unbestimmt. Der Gewissheit über *die beratungsschwierigen, weil kulturell Anderen* scheint weniger eine konkrete Begebenheit zugrunde zu liegen als vielmehr eine abstrakte Überzeugung von der Existenz dieses *Anderen.* So bewegt sich das Sprechen der Interviewpartner_innen insgesamt zwischen expliziter Deutlichkeit und Zurückhaltung. Das Sprechen im Gestus der Vorsicht und des wiederkehrend Abwägenden bei gleichzeitiger Gewissheit wurde vor dem Hintergrund professionsethischer, wie feldspezifischer Anforderungen und gesellschaftlich gerahmter Verständigungsverhältnisse im Interviewkontext beleuchtet.

Als ein von Anfang an deutlich auftretendes Merkmal in den Interviews zeigte sich der Bruch von einem vergleichsweise hohen Reflexionsgrad auf einen vergleichsweise niedrigen, wenn FluchtMigration thematisch wurde. Gleichzeitig nahm das in den Interviews artikulierte Wissen an etlichen Stellen eine bewusste Distanzierung zu Normalitäts- und Differenzkonstruktionen ein. Der divergente Zugriff auf unterschiedliche Formen von Differenzwissen warf Fragen danach auf, wann, unter welchen Bedingungen, mit welcher Funktion die Interviewten welche Klassifizierungen, welche sprachlichen Darstellungen oder auch (alltags-)theoretischen Begründungen migrationsgesellschaftlicher, geschlechtlicher und klassenspezifischer Differenz aufriefen. Weshalb beriefen sich die Interviewten beispielsweise ausnahmslos auf das Konstrukt des migrationsgesellschaftlich *Anderen,* wenn sie über ihre professionellen Erfahrungen sprachen, während sie andere Normalitätskonstruktionen, wie etwa entwicklungspsychologische Modelle *kindlicher Normalentwicklung* zurückwiesen? Für eine Annäherung an diese Fragen erwies sich die theoretische Konzeption des Geschlechterwissens als hilfreich. Mit diesem wurde es möglich, sowohl unbewusst und unintendiert eingesetzte Normalitäts- und Differenzkonstruktionen, ebenso wie argumentative Begründungen und kognitive und reflektierte Wissensformen als eine „individuelle und strategische Ressource" (Dölling 2005, S. 47–50) zu verstehen, die den Befragten zur Verfügung stand, um Anforderungen an das beraterische Handeln zu plausibilisieren, berufliche Positionen zu sichern oder zu verbessern. Welches Wissen die Befragten einsetzten, wenn sie über ihre professionellen Erfahrungen sprachen, hängt also auch von den Klassifikationen ab, die im Feld dominieren und konsensuell akzeptiert und anerkannt werden, und davon, was passiert, wenn sie diesen Konsens stören (ebd., S. 52). Die Verfügung über verschiedene Formen von Wissen korrespondiert mit den in den unterschiedlichen Praxisfeldern geführten Auseinandersetzungen um die legitime Sicht (ebd.).

Die nachfolgenden abschließenden Interpretationen greifen nun jene in der Analyse der einzelnen Interviewsequenzen ermittelten Formate, Modi und Funktionen des Wissens auf, die – vor dem Hintergrund der Auswertung der weiteren Interviews – als Resultate eines Abstraktionsprozesses bestimmt werden können. Die im vorherrschenden Diskurs angebotenen Wahrnehmungs- und Deutungsschemata, auf die sowohl Berater_innen mit als auch ohne zugeschriebener oder tatsächlicher FluchtMigrationserfahrung im Sprechen über ihre professionelle Praxis zurückgriffen, konnten als unterschiedlich funktional ausgemacht werden. Der Einsatz von Differenzwissen im Auskunftgeben über ihre professionellen Erfahrungen wurde als Versuch des Umgangs der Expert_innen mit den widersprüchlichen Handlungs- und zunehmenden Legitimationsanforderungen des Feldes ebenso wie mit den eigenen unhinterfragten und unbewussten Handlungspraxen interpretiert. Mit der Inanspruchnahme eines gesellschaftlich vorrätigen Wissens über die *Anderen* verbindet sich das Versprechen von, wenn auch begrenzter, Handlungsfähigkeit: Der Einsatz unterschiedlicher Strategien der Wirksammachung und Autorisierung differenzierenden Wissens, die mit dem Standort der Sprechenden korrespondieren, wurde als Versuch der Herstellung professioneller beraterischer Handlungsfähigkeit und Handlungsentlastung auf individueller, wie organisationsstruktureller Ebene analysiert. Die aus den Interviews destillierten Konzepte *Responsibilisierung, Externalisierung, Umgehung und Habhaftwerdung, Sprechen und Nicht-Aussprechen, Mehrheitsgesellschaftliche Verständigungsverhältnisse und Erwünschtheit* ebenso wie *Differenzwissen als Strategie der Ermächtigung* wurden miteinander in Beziehung gesetzt und in Hinblick auf ihre Bedeutung der Herstellung und Aufrechterhaltung von Handlungsfähigkeit interpretiert.

Im Sprechen über die als fremd konstruierten Ratsuchenden äußerte sich an zahlreichen Stellen eine – wenn auch nicht intendierte – rassifizierende Praxis. Die in den konkreten Sprechhandlungen vollzogenen diskriminierenden Identitätszuweisungen (Schulze 2018, S. 16) traten meist weniger als offenkundig verletzende Rede in Erscheinung. Vielmehr artikulierten sich die an alltagsrassistische Wissensrepertoires anschließenden Klassifizierungen und praxisrelevanten Annahmen in Form rhetorischer Umgehungsdiskurse. Im Neutralisieren der Begriffe, in der wissenschaftlichen Explikation und im Rückgriff auf ein fachlich autorisiertes Erfahrungswissen, in Strategien der Externalisierung und Responsibilisierung der Beratungsklientel oder der individuellen Mitarbeiter_innen entfalteten die alltagsrassistischen Argumentations- und Begründungsmuster ihre

Wirksamkeit. Die teilweise explizit zum Ausdruck gebrachten und gleichzeitig zurückgewiesenen Normalitätskonstruktionen, durch die die zu Beratenden kategorisiert und sprachlich an einem spezifischen – nicht selten inferioren – Ort platziert wurden, werden durch das in den Institutionen der Beratung anerkannte und validierte Wissen unterstützt. In den Interviews konnten unterschiedliche Strategien und Funktionsweisen ermittelt werden, die eigene artikulierte Sichtweise in expliziter oder impliziter Weise als legitime Deutung durchzusetzen und darin das eigene professionelle Handeln zu begründen.

7.2.1 Sprechen und Nicht-Aussprechen im Spannungsfeld professionsethischer und feldspezifischer Ansprüche

Das Sprechen der Befragten zwischen expliziter Deutlichkeit und einer gleichzeitigen Vorsicht wurde als Hinweis auf einen bestimmten Diskurs und Sprachduktus im Feld gelesen. Im Wissen um die anerkannten Sprechweisen in pädagogisch-beraterischen Kontexten wurden die Äußerungen der Interviewten im Kontext der Anforderungen beleuchtet, die im Diskurshabitus des akademisch-pädagogisch-beraterischen Milieus (Scherschel 2006, S. 126) zum Ausdruck kommen und Aufschluss über die Anerkennungsbedingungen im Feld geben. Das Sprechen der in den Interviews befragten Berater_innen war auffallend von einer doppelten Dynamik gekennzeichnet: von Uneindeutigkeit und Nicht-Positionierung bei gleichzeitig starken Aussagen.

In der Feinanalyse einzelner Interviewpassagen wurde deutlich, wie mit Andeutungen und Auslassungen, Themen relevant gesetzt wurden und der Interviewerin Interpretationsschemata angeboten wurden, die auf der manifesten Ebene nicht mitgeteilt wurden. Als eine Art uneindeutiges Sprechen wurde es möglich, über Migration in einer defizitfokussierenden und problemorientierten Weise zu sprechen, ohne für dieses Sprechen verantwortlich gemacht zu werden. Deutlich wurde dies etwa mit Blick auf die Aussage *„ich sag's unter Anführungszeichen"* in der Analysesequenz *(Ent-)professionalisierung und Responsibilisierung* (vgl. 6.2.1), in der sich die Herausforderung des ostentativen und expliziten Sprechens bei gleichzeitiger Vorsicht konkretisierte. Das Sprechen aus der Position der Expert_innen stand vor der strukturellen Aufgabe, nichts *politisch Inkorrektes* zu sagen und es zugleich dennoch zu sagen. Mit dem Sprechen *„unter Anführungszeichen"* konnte eine Distanzierung, eine bemühte Vorläufigkeit, Nicht-Festlegung zum Gesagten vorgenommen werden. Als eine Art reflexive Schleife gereichte das Anführungszeichen unter den mehrheitsgesellschaftlichen

Verständigungsverhältnissen des Interviews zu einem strategischen Griff, das Nicht-Sagbare *unter Anführungszeichen*, quasi *unter der Hand* dennoch auszusprechen. Mit der Vagheit, den Andeutungen und Auslassungen wurde es möglich, antizipierte Vorwürfe über problematische Aussagen zurückzuweisen und sich selbst darin zu vergewissern, nichts *Falsches* gesagt zu haben. Dieser sich in den ambivalenten Haltungen und Äußerungen der Beratenden äußernde Widerspruch markiert eine grundlegende Herausforderung für das professionelle Handeln: Die Verpflichtung zu den demokratischen Werten von Gleichheit und Gerechtigkeit steht in Unvereinbarkeit zu einer rassistischen Unterscheidungspraxis, die Menschen hierarchisch positioniert und sie im Zugang zu gesellschaftlichen Ressourcen unterschiedlich ausstattet. Gerade in den Institutionen der Pädagogik und Sozialen Arbeit, deren Selbstbild und Arbeitsgrundlage an den Grundsätzen der Gleichheit und Antidiskriminierung ausgerichtet ist, führt das Wissen um die eigene Involviertheit in gesellschaftliche Macht- und Hierarchieprozesse – wenn auch nicht unbedingt im Modus eines bewusst gewussten und reflektierten Wissens – zu Unbehagen und Irritation (Wachendorfer 1998, S. 55). Das kommunikative Spiel mit dem Unausgesprochenen, ebenso wie die argumentative Verschiebung in ein Außen oder auf die *Angst vor dem Fremden*, wie im Folgenden noch gezeigt werden wird, konnten als Strategien ermittelt werden, dieses Unbehagen von sich zu weisen. Die Auflösung der Dissonanz in diese Richtung schien um so leichter möglich, als die problematisierenden und kulturalisierenden Zuschreibungen an die *Anderen* durch das mehrheitsgesellschaftlich verfügbare Wissen über die *different Anderen* gestützt werden.

Das dominanzkulturell geteilte und stabilisierte Wissen über die *Anderen*, das in den Interviews aufgerufen wurde, bedurfte auch deshalb an zahlreichen Stellen der mit mehrheitsangehörigen Beratenden geführten Interviews nicht der Explikation, weil ein Einverständnis zwischen den am Interview beteiligten Akteur_innen vor dem Hintergrund eines geteilten dominanzkulturell verfügbaren Verstehens-, Wahrnehmungs- und Kommunikationsraumes vorausgesetzt werden konnte. Sowohl die Interviewerin als mehrheitlich die Interviewten waren aufgrund der Homologie der Positionen (Bourdieu 2007) in der Lage, dieses Wissen aufzurufen, selbstverständlich darüber zu verfügen und sich darin selbstgewiss und selbstvergewissernd zu verständigen. Als eine Art mehrheitsgesellschaftlicher Konsens, der sich auf ein historisch gewachsenes, kollektives Wissen über die *Anderen* stützt, stand es als vermeintlich objektives den am Interview beteiligten Akteur_innen zur Verfügung.

Deutlich wurde die mehrheitsgesellschaftliche GeWissheit etwa in der Rede über die Geschlechterbeziehungen der *Anderen*. Die *„ganz anderen Vorstellungen von Geschlecht und Familie“* (vgl. 6.1.2) wurden als wesentliche Differenz zwischen einem vermeintlichen *wir, wir Österreicher_innen* und einem *die*, das *nicht-wir* ist, ausgemacht. Im Sprechen über *die Geschlechter- und Familienarragements der Anderen* wurde ethnisch-kulturelle Differenz rekonstruiert und gleichzeitig die eigene Position als emanzipiert und fortschrittlich hergestellt und bekräftigt. Die *anderen Vorstellungen von Familie und Geschlecht* bedurften nicht der Explikation. An dieser Stelle, wie auch an anderen, wurde ein mehrheitsgesellschaftlich geteiltes Wissen der am Interview beteiligten Akteur_innen über die *anderen Familien- und Geschlechterarrangements* vorausgesetzt. In der Vagheit der Argumentation wurde die Gewissheit über die *Anderen* offenbar. Ohne die *„ganz anderen Vorstellungen von Geschlecht und Familie"* ausführen zu müssen, schien es naheliegend, dass diese sich grundlegend von denen unterscheiden, die dem eigenen Kollektiv zugeschrieben wurden. Durch die im Sprechen häufig eingenommene Wir-Perspektive, die vielfach weniger explizit im *wir* als vielmehr implizit im Neutrum *man* aufgerufen wurde, wurde es möglich, aus einer vermeintlich neutralen Perspektive zu sprechen, von der aus das *Andere* entworfen, bemessen und beschrieben werden konnte. Die dominante Position, von der aus diese Klassifikationen erfolgten, wurde dabei nicht als Privileg deutlich, „weil sie in der Selbstverständlichkeit der Normalität verborgen ist" (Schulze et al. 2016, S. 198).

Die Geschlechterbeziehungen der *Anderen* wurden der dominanten Norm, die in der Rede über die *Anderen* aufgerufen und bestätigt wurde, gegenübergestellt und damit implizit eine Unterscheidung zwischen der *normalen, einheimischen Klientel* und der *nicht-normalen, fremden Klientel* vorgenommen. Das migrantisierte ratsuchende Subjekt wurde dabei als problematisches, nicht-intelligibles, als ein zu veränderndes und disziplinierendes erkannt und hervorgebracht, das, außerhalb der Norm liegend, den beraterischen und gesellschaftlichen Normalitätserwartungen nur unzureichend entspräche.

In der Adressierung der Adressat_innen als In- oder Ausländer_innen, als beratungsfähige oder beratungsschwierige Klient_innen entfalten die im defizitorientierten und normierenden Sprechen über Migration etablierten Problembeschreibungsweisen ihre Machtwirkung. In ihrer kontinuierlichen Wiederholung erzeugen diese Wirklichkeit und „treten den Handelnden als selbstverständliche, objektiv erfahrbare, sinn- und identitätsstiftende Gegebenheiten gegenüber" (Müller & Zifonun 2010, S. 13). Als eine Art institutionalisierten Wissens (Berger & Luckmann 2013) schafft es in seiner Zitierbarkeit und Abrufbarkeit Erwartungssicherheit und Entlastung durch die Entstehung von Routinen (Müller & Zifonun 2010, S. 14 ff.). Die sprachlichen Festschreibungen *„nicht gut Deutsch können, orthodox und abgeschottet sein"* werden als etablierte Sprechweisen aktualisiert und legitimiert von den in den Institutionen der Beratung – ebenso wie im mehrheitsgesellschaftlichen Konsens des Interviews – autorisierten Sprecher_innen. Als objektivierter Wissensvorrat und den darin eingelagerten „Rollen- und Verhaltenszuschreibungen sowie deren moralische Bewertung in Form von Stereotypisierungen" ist er für alle zugänglich und vergegenständlicht (ebd., S. 15).

7.2.2 Distanzierung und Externalisierung im Rückgriff auf wissenschaftliches Wissen

Die normierenden Zuschreibungen an die als fremd markierten Ratsuchenden geben immer auch Auskunft über das Selbstverständnis der Sprechenden. In den Äußerungen der Befragten erfolgte eine deutliche Distanzierung zu den unterschiedlichen Erscheinungsformen von Rassismus. Rassismus wurde als etwas kommuniziert, das andere *haben.* Im Rückgriff auf ein wissenschaftliches Wissen konnte Rassismus als etwas definiert werden, das im Außen zu lokalisieren sei. Die Strategie der Externalisierung und Zurückweisung von Rassismus und seiner gleichzeitigen Inanspruchnahme, um die eigenen alltagsweltlichen wie professionellen Erfahrungen und Handlungsweisen zu deuten und zu legitimieren, dokumentierte sich etwa in der Analysesequenz *Erziehungsberatung als eine Sache der Integration* (vgl. 6.1.2). In dieser Passage argumentierte der Sprecher, dass Rassismus aufgrund wirtschaftlicher Verwerfungen als Ausdruck von Abstiegsängsten vor allem in einkommensschwachen und bildungsbenachteiligten Milieus auszumachen sei. Mit der Lokalisierung von Rassismus in deprivilegierten Milieus wurde Rassismus als ein gesamtgesellschaftlich bedeutsames und wirkmächtiges Phänomen dethematisiert. Der Rückgriff auf ein wissenschaftliches Deutungsmuster hatte angesichts der in den vorausgehenden Interviewabschnitten getroffenen starken Aussagen eine distanzierende und gleichsam legitimierende Funktion. Gleichzeitig erfolgte damit eine Selbstpositionierung. Durch die Selbstverortung auf der anderen, der *richtigen* Seite konnte Rassismus als ein Phänomen sozial benachteiligter Milieus definiert werden. Implizit vermittelte der Sprecher damit, als Angehöriger eines klassenprivilegierten Milieus könne er, der in der Position eines Beraters geradezu idealtypisch die gesellschaftliche Mitte symbolisiere, demzufolge als nicht empfänglich für die *rassistischen Versuchungen* der Deutung von Welt gelten. Mit der Aussage nicht *„ausländerfeindlich"* zu sein oder für die *„Errichtung von Zäunen an den europäischen Außengrenzen"* einzustehen, distanzierte sich der Sprecher von Rassismus. Er positionierte sich damit als explizit nicht rassistisch. Das Sprechen über Rassismus ist institutionell tabuisiert, steht es doch im Widerspruch zum

Selbstverständnis demokratischer Institutionen und den darin wirkenden Akteur_innen. So verweisen Redeweisen, in denen rassistisches Wissen dethematisiert und verschleiert, zugleich aktualisiert wird, auf ein Sagbarkeitsfeld, das durch explizite oder implizite Verbote, Richtlinien, Anspielungen, Implikate, Konventionen, Inkorporierungen und sonstige Einschränkungen darüber anordnet, was zu einem bestimmten Zeitpunkt in einer bestimmten Gesellschaft, in einem bestimmten gesellschaftlichen Handlungsfeld sagbar oder nicht sagbar ist, und bestimmter Strategien bedarf, will man das nicht Sagbare dennoch äußern (Jäger & Jäger 2007, S. 35). In der Auseinandersetzung und im Umgang mit Rassismus zeigt Astrid Messerschmidt unterschiedliche Strategien auf, die eine Distanzierung von Rassismus sicherstellen und dafür sorgen sollen, „ein unbeschädigtes Bild von sich selbst zu etablieren. Rassismusdiagnosen wirken darauf bezogen unangebracht und unpassend" (2010, S. 41–42). Gerade weil der Rassismusbegriff in Deutschland und Österreich historisch belastet sei, werde er aktiv und konsequent umgangen und an seiner Stelle „Ersatzdiskussionen" geführt (ebd., S. 47).

7.2.3 Die Rede von der Angst als Strategie der Umgehung und Habhaftwerdung

Als eine solche *Ersatzdiskussion* wurde das Sprechen über die mit der Anwesenheit oder Ankunft *der Fremden* verbundenen Angst ermittelt. Die Rede von der Angst – sei es die persönliche oder die der eigenen Referenzgruppe – bildete einen weiteren Topos in den Interviews. Die Äußerungen der Interviewten wurden vor dem Hintergrund öffentlicher Aufmerksamkeitsökonomien und der sich verändernden Weise des öffentlichen Sprechens über FluchtMigration analysiert. Die Interviews wurden nach dem sogenannten langen Sommer der Migration geführt und standen teils unmittelbar unter dem Eindruck der FluchtMigrationsbewegungen und der im Gefolge geführten Diskussionen. Zunächst zivilgesellschaftlich und medial bejahend begleitet, zeichnete sich nur wenige Zeit später eine deutliche Verschiebung des Sagbarkeitsfeldes in Diskursen um Flucht und Migration ab. Die Wahrnehmungsweisen und rechtlichen Rahmenbedingungen verschoben sich weg vom Schutz flüchtender Menschen hin zu einem angeblich notwendigen Schutz des Staates und seiner Bürger_innen vor flüchtenden Menschen (Qualmann et al. 2021; Holzberg/Kolbe/Zaborowski 2018; Jäger/Wamper 2017; Lewicki 2017).

Die Rede von der Angst zeigt eine historische Phase an, in der der gesellschaftliche Diskurs sich zunehmend in Richtung Versicherheitlichung verändert. Zum Ausdruck kam dies etwa in der Interviewpassage *„Und dass das nicht* *gleich rassistisch oder ausländerfeindlich oder was weiß ich was- sondern es ist einfach Angst“* (vgl. 6.1.2) Die Angst wurde in dieser Passage als eine selbstverständliche, gleichsam natürliche Empfindung ausgewiesen. Die Rede von der Angst ersetzte die Rede vom gesellschaftlichen Rechtsruck. Die Angst trat an die Stelle der Thematisierung von Rassismus. Der Rückgriff auf ein sozialpsychologisches Vokabular – in Form der Thematisierung der Angst vor dem Fremden – kann als eine Strategie der Umgehung fungieren. Die Thematisierung der Angst ermöglichte die Dethematisierung von Rassismus. Das Sprechen über die mit der Ankunft und Anwesenheit der *different Anderen* verbundenen individuellen und kollektiven Angst nahm solchermaßen eine entlastende Funktion ein. Die Ahnung der eigenen Involviertheit in einen gesellschaftlich verankerten Rassismus trat in Form einer rhetorischen Zurückweisung (Messerschmidt 2010, S. 43), Umgehung und Neutralisierung seiner Begriffe auf. Dies war umso leichter möglich, als das sozialpsychologische Vokabular aufgrund der großen Nähe von Beratung zu Psychotherapie anschlussfähiger an den Beratungsdiskurs zu sein scheint.

Die Rede von den Ängsten richtet den Fokus auf sozialpsychologische Ursachen und Vorurteile auf individueller Einstellungsebene. Politische, strukturelle und institutionelle Dimensionen treten dabei in den Hintergrund, ebenso wie Fragen nach historischen Kontinuitäten. Sozialpsychologische Rassismustheorien scheinen schon eher in das Professions- und Alltagswissen eingegangen zu sein als etwa ideologietheoretische Rassismuskonzeptionen. Erstere hatten aber auch mehr Zeit, in die Praxis einzusickern, wurden diese im sogenannten deutschsprachigen Raum schon früher rezipiert als letztere. Für ein Feld, das auf Werkzeugwissen setzt und unter den unmittelbaren Legitimations- und Handlungszwängen der Praxis häufig setzen muss, ist ein ideologietheoretisches Wissen über Rassismus möglicherweise zu unsicher, da es nicht vergewissert, sondern dazu auffordert, Spannungsverhältnisse und Nicht-Wissen auszuhalten. Professionelle Handlungsfähigkeit scheint unter diesen Bedingungen schwieriger gegeben. Der Fokus auf Angst enthält das Versprechen der Wiederherstellung von Handlungsmacht. Angst lässt sich als Gegenstand der Beratung fassen und bearbeiten. Die Veränderung gesellschaftlich verankerter Ideologien und Strukturen liegt außerhalb der Möglichkeit beraterischer Intervention. Sie zeigen die Grenzen der Beratung an. In Form von Pädagogisierung und Kulturalisierung sozialer Verhältnisse – etwa die mit dem rassistischen Platzverweis einhergehenden Benachteiligungen im Zugang zu den Einrichtungen – werden die institutionellen und strukturellen Funktionslogiken von Rassismus ausgeblendet und die in der Beratung verhandelten Themen, die die Beratung aufsuchenden bzw. zu adressierenden Adressat_innen in einer spezifischen Weise konstruiert.

Die Rede von der Angst hat eine doppelte Entlastungsfunktion: einerseits stellt sie in der Handhabbarmachung ihres Gegenstandes beraterische Handlungsfähigkeit wieder her; sie versichert sich der *Grenzen*, innerhalb derer Beratung agiert. *Der grenzverletzende Andere* (6.1.2) wird zur Demarkationslinie, an der Beratung an ihre Grenzen stößt. Andererseits entlässt sie aus dem Vorwurf und der Auseinandersetzung mit der eigenen Involviertheit in rassistische Verhältnisse. Die Angst vor dem Fremden wird so zu einer dem Menschen ureigenen Angst, zu etwas Ursprünglichem, Natürlichem: *Angst haben wir alle. Angst* – anthropologisch gedeutet – *schützt uns.* Angst ist eine neutrale Formulierung. Wenn gesagt wird, dass Angst nichts mit Rassismus zu tun hat, werden rassistische Zuschreibungen mit einem anderen, vermeintlich neutralen Begriff umschrieben. Rassismus und Rassismuskritik werden abgewehrt, entnannt und externalisiert – Rassismus ist das, was die anderen *haben*; Rassismus wird als Problem an den rechten Rand der Gesellschaft verbannt –, um das Bild von sich selbst nicht zu beschädigen (Messerschmidt 2009, 180 ff.).

In der empirischen Annäherung an eine meist unsichtbare, weil selbstverständliche soziale Praxis von Differenzsetzungen ging es aber eben gerade nicht darum, den einzelnen Berater_innen ob des in den Strategien der Abwehr und Zurückweisung zur Sprache gebrachten Differenzwissens Rassismus nachzuweisen. Viel eher galt es, die Allgegenwart und Alltäglichkeit von Rassismus in den gesellschaftlichen Strukturen und Institutionen in den Fokus der Analyse zu rücken und die darin aufgehobenen und erzeugten, nichtintendierten, aber subtil wirkenden alltagsrassistischen Deutungs- und Handlungsmuster auszuleuchten, die im Auskunftgeben über die professionellen Erfahrungen zum Einsatz gelangen.

Für die Analyse von Differenzkonstruktionen war es also unzureichend, allein die individuellen Einstellungen oder mögliche Diskriminierungsabsichten von Individuen oder sozialen Gruppen in den Blick zu nehmen. Von Interesse war vielmehr, diese – im Sinne Radtkes und Gomollas (2008) – in ihrem Verankertsein in den organisatorischen Strukturen, Regeln, Routinen, feldspezifischen Logiken sowie in kollektiv verfügbaren Begründungen zu erfassen. Der meist nicht-intendierte Rückgriff auf ein alltagsrassistisches Vokabular und Wissen ist deshalb möglich, weil Rassismus im Wahrnehmungsfundus der Gesellschaftsmitglieder als Option zur Verfügung steht (Scherschel 2006); weil er sich als ein habitualisiertes und doxisches Deutungsangebot von Welt in den unterschiedlichen institutionellen, organisationalen, interaktiven und individuellen Praktiken und Diskursen abgelagert hat und als Modus der (Problem-)wahrnehmung, -deutung und -bearbeitung fungiert (Dölling 2003, S. 113).

Rassismus stellt Wahrnehmungs- und Deutungsschemata bereit, die auf diskriminierende und verallgemeinernde Identitätszuschreibungen zugreifen, die aber von den Angehörigen der Mehrheitsgesellschaft meist nicht als Rassismus identifiziert, sondern als selbstverständliche und unhintergehbare Tatsache vorausgesetzt werden. Insofern als er sich strukturierend auf Institutionen, wie etwa der Bildung, Medien oder pädagogische Einrichtungen wie der Erziehungsberatung und auf das gesellschaftliche Zusammenleben überhaupt auswirkt (Broden 2015, S. 15), kann Rassismus als etwas verstanden werden, das alle betrifft, dies aber in unterschiedlicher Weise. Denn je nachdem, mit welchen Machtmitteln eine Person ausgestattet ist, profitiert sie von der rassistischen Stratifizierung des sozialen Raums oder wird durch diese verletzt. Der Mehrheitsgesellschaft anzugehören, bedeutet die Norm zu markieren und darüber zu entscheiden, was als *normal* gilt. „Sie hält eine historisch gewachsene, (weiße) Normalität aufrecht. Sie hat Gestaltungsmacht: Sie legt fest, wer sich wie zu integrieren oder anzupassen hat. Sie hat Repräsentationsmacht und entscheidet, wer wie dargestellt wird. Und sie hat Entscheidungsmacht und bestimmt, wer wie welche Entscheidungen treffen darf oder – das ist ihre Definitionsmacht – wer wie was deuten oder sagen darf" (Nguyen 2014). Gerade weil Rassismus so normal und alltäglich ist, ist es so schwierig, ihn zu thematisieren und zu problematisieren (ebd.). Wenn in Österreich über Rassismus gesprochen wird, dann meist in Zusammenhang mit physischer Gewalt oder rechtsextremen Übergriffen. Rassismus erscheint unter einer solchen Perspektive als Ausnahme- oder Randerscheinung, der eine absichtsvolle Handlung zugrunde liegen müsse. Weder muss Rassismus explizit an die biologische Konstruktion von „Rasse" gebunden, noch intendiert sein. Rassismus findet im Alltag häufig unbewusst und unbeabsichtigt statt.

Die in den Interviews thematisierte Angst *vor dem fremden Anderen* verweist solchermaßen auf ein in machtvollen sozialen Praktiken und Diskursen perpetuiertes und legitimiertes Wissen. In der wissensbegründeten Angst vor dem *Anderen* sind die Grenzen der beraterischen Arbeit angezeigt. Der Rückgriff auf Fremdheitskonstruktionen im Sprechen über die mit der Anwesenheit der *Anderen* vermeintlich herausgeforderten Routinen und Handlungsabläufe in den Institutionen der Pädagogik und Sozialen Arbeit gelingt gerade deshalb, weil diese Differenzfigur *des grenzverletzenden und bedrohlichen Anderen* als eine allerorten einsetzbare soziale Klassifikation von Menschen zur Verfügung steht und bestätigt, was in einer *Dominanzgesellschaft* (Rommelspacher 1995) als legitimiertes und objektiviertes Wissen zugegen ist: nämlich die mit der Präsenz der fremd identifizierten *Anderen* allem Anschein nach verbundene Herausforderung für das gesellschaftliche Zusammenleben insgesamt. Das Differenzwissen über die zumeist negativ konnotierten Verhaltensweisen, Wertmaßstäbe oder Eigenschaften der fremden Klientel ist nicht neutral, in ihm sind die Restriktionen im Zugang zu materiellen, sozialen und symbolischen Ressourcen aufgehoben.

Wenn also alltagsrassistische, vergeschlechtlichte und klassenhierarchische Deutungs- und Wahrnehmungsschemata von Berater_innen als eine „individuelle und strategische Ressource“ (Dölling 2005, S. 47) zu verstehen sind, die den Befragten zur Verfügung standen, um Anforderungen an das beraterische Handeln zu plausibilisieren, berufliche Positionen zu sichern oder zu verbessern, dann wird es möglich – jenseits einer individualisierenden Konzeption von *Schuld* (Pech 2006), sich mit eigenen Denk- und Handlungsmustern auseinanderzusetzen. Auch die in der Beratung professionell Tätigen sind in ihren Denk- und Handlungsweisen in Macht- und Herrschaftsverhältnisse eingebunden. Eine Auseinandersetzung mit der eigenen Situiertheit und den institutionell verankerten rassistischen Strukturen ist umso wichtiger als die zumeist aus einem Mehrheits- und Mittelschichtsmilieu stammenden Berater_innen aufgrund ihrer Position und ihrer Ausstattung mit einem institutionell autorisierten Wissen eine bedeutende Funktion einnehmen. Wie sie bestimmte Themen deuten, wie und ob sie für bestimmte Problematiken und Ausgangslagen der Klient_innen sensibel sind, hängt nicht nur mit ihrer eigenen Biographie und Ausbildung zusammen, sondern nimmt auch Einfluss darauf, ob und wie ein Raum eröffnet werden kann, in dem erfahrene Diskriminierungen und Verletzungen angesprochen werden können (Fereidooni & Massumi 2015, S. 38). Die Abwehr-, Zurückweisungs- und Umgehungstrategien der befragten Akteur_innen entlasten von einer Auseinandersetzung mit den eigenen ungleichheitsfortschreibenden Deutungen. Um einer solchen Abwehr entgegenzuhandeln, plädiert Astrid Messerschmidt 2010 mit Ingmar Pech dafür, „den Raum für die Artikulation widersprüchlicher Erfahrungen zu öffnen und zwischen individualisierender Schuldkonzeption und strukturell zu verstehender Konzeption von Verantwortungsübernahme zu unterscheiden“ (2006, S. 86).

7.2.4 Responsibilisierung der Ratsuchenden und mehrheitsgesellschaftliche Verständigungsverhältnisse

In den Interviews zeigte sich insgesamt eine Dominanz ausländerpädagogischen Wissens. Die geschilderten Problemkonstellationen wurden mit Blick auf die migrantisch markierte Klientel häufig als Ausdruck eines Kulturkonfliktes gedeutet. Im Rückgriff auf sozial geteilte Deutungsschemata wurden den Klient_innen aufgrund der (vermeintlichen) Herkunft spezifische Handlungspraxen zugeschrieben. Die berichteten problematischen Praxissituationen wurden in den Interviews wiederholt in Bezug auf die zugewiesene oder tatsächliche Herkunft der Klientel begründet. Indem das Handeln der migrantisch gelesenen Ratsuchenden mit negativ assoziierten Verhaltenseigenschaften verknüpft wurde, wurde der Arbeit mit *dem anderen Ratsuchenden* ein besonderer beraterischer Aufwand attestiert, der das Zustandekommen einer Beratungsbeziehung mitunter sogar verhindere. Das *falsche Benehmen* der kulturell markierten Ratsuchenden als Ursache für eine nicht gelingende Beratung stellte eine Argumentationsfigur dar, die in den Interviews teilweise subtil, teilweise explizit kommuniziert wurde. Besonders deutlich wurde dies etwa in der Interviewsequenz *„wenn ich jemanden mit Migrationshintergrund irgendwie- wenn ich einen Hass darauf gekriegt hab, wie sich so jemand benimmt mir gegenüber" (vgl.* 6.1.2*).* In dieser Passage wies der Sprecher das *„grenzüberschreitende Benehmen"* der Klientel *„mit Migrationshintergrund"* als Evidenz und Rechtfertigung für seine Überzeugung und den hohen Grad an Affektivität, der sein Sprechen kennzeichnete, aus. Seine Ansicht autorisierte und legitimierte er retrospektiv mit Blick auf sein im Laufe der vielen Berufsjahre erworbenes Erfahrungswissen.

Argumentationen, die die tatsächliche oder zugewiesene Herkunft der Klientel mit einer vermeintlichen Innerlichkeit verknüpfen und diese abwerten (Kalpaka 2004, S. 36), wie etwa die Rede von der *unemanzipierten, häuslichen oder bildungsfernen muslimischen Frau* (vgl. 6.2) oder das Sprechen über das *abgeschottet- und orthodox-sein* (vgl. 6.2) knüpfen an das in den letzten Jahrzehnten zusehends in wissenschaftliche und öffentliche Integrationsdebatten Einzug haltende, hegemoniale Narrativ der Parallelgesellschaften an, dem die Vorstellung eines ethnisch und religiös segregierten, mit eigenen Werten versehenen Milieus, das sich von der Mehrheitsgesellschaft abschotte, zugrunde liegt. Die Attestierung des Abgeschottet- oder Häuslich-Seins wurde als Adressierung der Verantwortung auf die beanderte Klientel, die nicht in die Beratung kommt, analysiert. Die argumentative Verschiebung der Verantwortung auf die *Anderen*, hält die Möglichkeit bereit, den Blick von den eigenen institutionellen Notwendigkeiten, öffnende Angebote zu setzen, wodurch eine breitere Klient_innengruppe erreicht werden kann, hin zu den Ratsuchenden zu lenken. So geraten Zugangserschwernisse, die in der national ausgerichteten Organisation liegen, in den Verantwortungsbereich von Migrant_innen selbst.

Das Sprechen der Berater_innen wurde vor dem Hintergrund der Anforderungen des Feldes beleuchtet, in dem eine individualisierte Verantwortungslogik zu Tage tritt. In einer pluralen Gesellschaft ist Beratung vor den Auftrag gestellt, einer zunehmend diversifizierten Klientel gerecht zu werden. Die damit einhergehenden Veränderungs- und Anpassungsanforderungen scheinen die etablierte Beratungspraxis zu überfordern, die bislang offenbar mit einer (vermeintlich) homogenen Klientel[1] zu tun hatte und deren Professionalisierungsbestrebungen sich bislang mehrheitlich an eine *autochthone* Klientel gerichtet haben. Die institutionellen Umgangsweisen mit den als fremd markierten Klient_innen sind geprägt von dem historisch gewachsenen Selbstverständnis der Institutionen und ihrer gesellschaftlichen Einbindung (Diehm & Radtke 1999, S. 10). Erziehungsberatung hat sich als eine Praxis etabliert, für die die Wahrnehmung und Bearbeitung von Differenz, etwa der *kognitive oder physiologische Entwicklungsstand* der Kinder, geradezu konstitutiv ist (ebd.). Für die Erziehungsberatung gilt, dass sie organisatorisch und konzeptionell der Anwesenheit *der different Anderen* bedarf. In den Zuständigkeitsbereich der Erziehungsberatung als ein genuin pädagogisches Handlungsfeld fallen „all jene Probleme, die als ‚Abweichung' von der Norm beschrieben werden können und besondere Beachtung, Betreuung und Hilfe (…) provozieren" (ebd., S. 13).

Mit der Unterscheidung von *autochthoner* und *allochthoner* Klientel, wahrgenommen als *besondere Integrationsherausforderung*, verbindet sich ein weiteres Aufgabenfeld (ebd.). Migrationsbedingte Differenz erscheint darin als Gefährdung, Abweichung, Problem oder Defizit, das nicht nur einen spezifischen Beratungsbedarf begründet, sondern das beraterische Handeln insgesamt vor Herausforderungen stellt. Gleichwohl Beratung also institutionell auf Differenz angewiesen ist, scheint migrationsbedingte Differenz eine Herausforderung darzustellen, die sie eher zu vermeiden sucht (ebd.). Durch die zunehmenden Kostenkürzungen und Legitimationsanforderungen der letzten Jahre erhöht sich der Druck auf die Einrichtungen. Das Interkulturelle, so schreibt Angela Kühner (2010) mit Blick auf ihre langjährige Erfahrung als Interkulturelle Fachberaterin, erscheint in diesem Kontext als zusätzlicher Anspruch. Unter Bedingungen von Einsparungen und Legitimationsdruck wird ein strukturelles Grundproblem migrationsgesellschaftlicher Öffnungsprozesse angezeigt (ebd.): die Beratung der migrantisierten Klientel erscheint als eine noch zu erbringende Zusatzaufgabe, die die etablierten institutionellen Handlungsroutinen irritiert. In den Interviews wurde die Berücksichtigung der Migrationstatsache in den Angebotsstrukturen der Einrichtungen mehrfach als eine beschwerliche Zusatzaufgabe thematisiert, die mitunter als *Gefährdung* der Aufrechterhaltung des bestehenden und etablierten Angebotsspektrums bewertet wurde. Die Ausfinanzierung der Einrichtungen

[1] Wenngleich sich mit Blick auf Gestalt und Ausmaß gegenwärtiger globaler Wanderungsbewegungen gesellschaftliche Diversifizierungs- und Pluralisierungsprozesse vervielfältigt und beschleunigt haben, stellen die damit verbundenen An- und Herausforderungen an die Institutionen der Sozialen Arbeit und Pädagogik kein historisch neues Phänomen dar, sondern können viel eher als konstitutiv für die Herausbildung pädagogischer Handlungsfelder angesehen werden (Mecheril 2010; Diehm & Radtke 1999).

nimmt so unweigerlich Einfluss auf Fragen von Verteilungsgerechtigkeit: wem werden die Angebote der Beratung zuteil, wer kann selbstverständlich an ihnen partizipieren, welcher Einrichtung werden welche Gelder zugestanden? Das Erziehungssystem und mit ihm die Erziehungsberatung hat die Aufgabe der sozialen Platzanweisung in sogenannten modernen Gesellschaften übernommen (Diehm & Radtke 1999, S. 20). Ihnen obliegt die Vergabe und Verteilung begehrter Bildungsabschlüsse, von Zugangsberechtigungen zu anderen Funktionssystemen der Gesellschaft (ebd.). Gerade Beratungseinrichtungen, die sich machtkritisch mit Fragen von Verteilungsgerechtigkeit und den an sie herangetragenen gesellschaftspolitischen Auftrag auseinandersetzen, stehen unter besonderem Finanzierungs- und Legitimationsdruck, wie dies in Österreich an zahlreichen Frauenberatungs- und unabhängigen Geflüchtetenberatungseinrichtungen, aber auch an Arbeitsmarktintegrationsberatungen in den letzten Jahren dokumentiert werden kann.

Die Zugangsproblematik in die Klient_innen selbst zu verlagern, fungiert solchermaßen nicht nur als Umgehungsstrategie, sich nicht mit der eigenen Involviertheit in gesellschaftliche Macht- und Hierarchieverhältnisse auseinandersetzen zu müssen. Die argumentative Verschiebung auf die Klient_innen ermöglicht überdies, die neoliberalen Anforderungen an die Einrichtungen und die daraus resultierenden Überforderungen im Arbeitsalltag der Beratenden nach unten auszulagern. Angesichts der begrenzten Einflussnahme auf die äußeren Bedingungen der Beratung scheint es einfacher, die institutionelle und gesellschaftliche Verantwortung in einen Zuständigkeitsbereich zu delegieren, der vermeintlich gänzlich außerhalb des Einflussbereichs der Beratung liegt, indem der Grund für die Nicht-Inanspruchnahme von Beratung in der Herkunftskultur der Ratsuchenden ausgemacht wird. So bietet das individualisierende Sprechen über die *Unzugänglichkeit oder Unzulänglichkeit* der *beratungsschwierigen, weil kulturell differenten Klientel*, die aufgrund ihres imaginierten Anders-Seins *„abgeschottet, orthodox, häuslich, falsches Benehmen“*) nicht erreicht werden kann, ein der zunehmenden Ökonomisierung der beraterischen Einrichtungen habhaftwerdendes Begründungsmuster an. Nach dem Motto, *wer will, der kann und der, der nicht will, kommt nicht*, präsentiert sich hier eine Strategie der Responsibilisierung von Migrant_innen als selbstverantwortliche Ratsuchende. Die Responsibilisierung der migrantisierten Klientel durch die Beratung erfolgt in doppelter Weise: durch die der Beratungskommunikation grundlegend eingeschriebene Aufforderung, sich als *beratungsfähiges* Subjekt zu erweisen, das in der Beratung Kenntnis von sich zu erlangen sucht einerseits und durch die Aufforderung andererseits, ungeachtet der strukturellen Zugangshindernisse, die Beratung selbsttätig und aktiv aufzusuchen. Die Verantwortung für das Zustandekommen der Beratung wird so den Einzelnen überantwortet. Gelingt dies nicht, so gilt es als ein gruppen- und verhaltensbezogenes Problem – mit der Konsequenz, dass die Benachteiligungen im Zugang zu den Einrichtungen nicht mehr als Folgen ungleicher Kapitalausstattung und problematischer Normen erkennbar, sondern als falsche Kultur und als problematische Verhaltensweise den Subjekten angelastet werden (Plößer 2013; Kessl/ Reutlinger/ Ziegler 2007; Kessl/Otto 2010).

Die Unterrepräsentation von Menschen mit tatsächlicher oder zugewiesener FluchtMigrationsbiographie im Kontext der Erziehungsberatung ist Gegenstand aller Interviews. Dabei scheint der Blick meist nicht auf die Institution und ihre Angebotsstrukturen gerichtet, vielmehr auf vermeintliche Defizite der Ratsuchenden. Die Verwunderung etwa darüber, *„warum kommen die Leute nicht“* (vgl. 6. 2), scheint weniger eine reflexive Sicht auf die eigene Praxis widerzuspiegeln, Prozesse der Reflexion und Organisationsentwicklung anzustoßen, die sich mit Fragen institutioneller Zugangshindernisse und der Schaffung öffnender Angebote auseinandersetzen. Vielmehr werden die Ratsuchenden mit zugewiesener oder tatsächlicher FluchtMigrationserfahrung, *„die mit Sprachproblemen kommen“* (vgl. 6.2) als Ursache für das Nicht-Zustandekommen der Beratung ausgemacht. In der Rede über Sprachprobleme wird implizit vorausgesetzt, dass der Erwerb der deutschen Sprache zugleich Ergebnis von und Eintrittsbedingung für Integration und Teilhabe sei. Der Erwerb der deutschen Sprache wird zur Voraussetzung von Partizipation, Partizipation an den Dienstleistungen und Angeboten der Einrichtungen. *„Ein Sprachproblem zu haben“* wird in den Ratsuchenden verortet. Nicht die Institution, die in ihrer monolingualen Verfasstheit Sprachdefizite aufweist, sondern die Ratsuchenden, die *„mit Sprachproblemen kommen“*, werden als Zugangshindernis zur Einrichtung identifiziert.

Die Notwendigkeit der migrationsgesellschaftlichen Öffnung von Institutionen – meist in Termini des Interkulturellen umschrieben – hat im Fachdiskurs an Selbstverständlichkeit gewonnen. Die mittlerweile etwa 30 Jahre andauernde Debatte um die Schaffung geeigneter Angebotsstrukturen, die der wachsenden gesellschaftlichen Pluralität gerecht werden will (Sprung 2013), hat auch die beraterische Praxis erreicht. Insbesondere interkulturelle Kompetenz als Anforderungsprofil an die individuellen Mitarbeitenden der Einrichtungen wird auf dem expandierenden Markt der Fort- und Weiterbildungen nachgefragt. Die durch die Debatten um Interkulturelle Öffnung angestoßenen Veränderungsprozesse korrespondieren mit nationalen und internationalen gesetzlichen Grundlagen und Vorgaben an Einrichtungen, der Heterogenität ihrer potenziellen Klientel gerecht zu werden. Die in einzelnen Interviews thematisierten Professionalisierungsbestrebungen der Einrichtungen, in der die eigene Organisationskultur, die Normen,

Gewohnheiten und Strukturen (Foitzik 2016) zum Gegenstand der Auseinandersetzung wurden, schienen sich in der De-Thematisierung migrationsgesellschaftlicher und meist unhinterfragten Ausrichtung an einer mehrheitsgesellschaftlichen Normalität in erster Linie auf die *autochthone* Klientel zu richten. So wurden nur sehr vereinzelt Organisations- und Personalentwicklungsprozesse genannt, in denen eine Auseinandersetzung mit Fragen der Interkulturalität oder Rassismuskritik im Leitbild und Konzept, in der zielgruppenorientierten Ausrichtung der Angebote, der Öffentlichkeitsarbeit und Außenpräsentation oder in der Vernetzung mit Migrant_innenselbstorganisationen und Zusammensetzung des professionellen Teams stattfand.

Mit Blick auf die *allochthone* Klientel wurde meist die Notwendigkeit des Wissens über *die kulturell differenten Ratsuchenden* als Aufgabe und Voraussetzung beraterischer Professionalität hervorgehoben. Das Wissen über *die Kultur* der als fremd Betrachteten wird als Teil Interkultureller Kompetenz ausgewiesen. Interkulturelle Kompetenz verspricht eine Art rezepthaftes Handlungswissen im Umgang mit einer als problematisch, anders oder in irgendeiner Weise besonders identifizierten und homogenisierten Gruppe bereitzustellen. Wenn wir denn nur genug über die *Anderen* wissen, so die zugrunde liegende Annahme, können wir der *Andersheit der Anderen* habhaft werden (Kalpaka 2004). Die Vorstellung, so formulieren es Christine Müller et al. (2019) in der ihr Projekt zu rassismuskritischer Organisationsentwicklung flankierenden Broschüre in Rekurs auf Karim Fereidooni & Mona Massumi (2015), dass die Anwesenheit von FluchtMigrant_innen in den Institutionen der Pädagogik spezifische kulturelle Fertigkeiten und ein ebenso spezifisches Wissen auf der Seite der mehrheitsangehörigen Professionellen erforderlich mache, verstärke die an rassistische Wissensbestände anknüpfende Unterscheidungspraxis in *kulturell Andere und Nicht-Andere* (ebd. S. 39). Mit dem Rückgriff auf das vermeintlich handlungsentlastende Differenzwissen geht nicht nur die Gefahr einher, die, über die etwas gewusst wird, als Objekte des Wissens in differenter und essentialistischer Weise festzuschreiben. Auch Fragen beraterischer Professionalität unter Bedingungen gesellschaftlicher Pluralität werden damit nach *unten,* in den Bereich der Individuen, der einzelnen Mitarbeiter_innen delegiert und verlagert. Der Auseinandersetzung mit gesellschaftlicher Pluralität auf der Ebene der Organisationsentwicklung und Personalpolitik als langfristig angelegter, zeit- und ressourcenintensiver und angesichts dem – mit der Reflexion von Rassismus einhergehenden Verunsicherung bestimmter Gewissheiten und Selbstverständlichkeiten – möglicherweise auch schmerzhaften Prozess kann dabei ausgewichen werden.

Die Responsibilisierung der Beratungsklientel scheint für Beratende zunächst einfacher als die Auseinandersetzung mit den eigenen unhinterfragten und unbewussten Handlungspraxen. Die Abwertung der *Anderen* als *beratungsschwierige* Klientel – so Gaitanides (2006, S. 22) – dient der Rechtfertigung eigener beruflicher Defizite und Überforderungsgefühle. „Kultur", schreibt Kalpaka, „ist die Frage und die Antwort zugleich: Die Antwort darauf, warum Menschen so sind oder so handeln, wenn den Professionellen das Handeln fremd bzw. problematisch erscheint" (2004, S. 32). Der Einsatz dominanzkultureller Wissensbestände als Erklärung für das Sein oder Handeln von Menschen mit zugewiesener oder tatsächlicher FluchtMigrationserfahrung schafft Sicherheit aufseiten der Beratenden, sind diese doch in der Lage, komplexe Phänomene zu ordnen und zu simplifizieren. Auf diese Weise lassen sich die konkreten Lebensbedingungen von Ratsuchenden, insbesondere die sie bedingenden gesellschaftlichen Verhältnisse – die beratungsseitig nicht zu verändern sind – ausblenden (ebd., S. 39). Doch dies verstellt den Blick auf die konkreten Subjekte und ihre Handlungsgründe (ebd.). Der oder die als fremd markierte Ratsuchende wird nicht vorrangig als aktiv handelndes Subjekt mit spezifischen Eigenschaften, Zielen und Beweggründen wahrgenommen, sondern vordergründig als typisches Mitglied einer fremden Gruppe konstruiert. Wenngleich die Reflexion gesellschaftlich vorrätiger Wissensbestände über die *different Anderen* in der wissenschaftlichen Beschäftigung abseits der Notwendigkeit alltäglichen Beratungshandelns und entlastet von unmittelbaren Legitimations- und Handlungszwängen leichter zu führen ist als diese mit den Anforderungen der Praxis zu verbinden, so ist sie dennoch grundlegende Voraussetzung beraterischer Professionalität, denn mit der Überbetonung von Kultur geht die Gefahr einher, den oder die *Andere* in essentialistischer Weise festzuschreiben und bestehende Machtunterschiede kulturalistisch zu verschleiern.

7.2.5 Mehrheitsgesellschaftliche Erwünschtheit

Die im vorherrschenden Diskurs angebotenen Wahrnehmungs- und Deutungsschemata, auf die sowohl Berater_innen mit als auch ohne zugewiesener oder tatsächlicher FluchtMigrationserfahrung zurückgriffen, sind unterschiedlich funktional und versprechen eine, wenn auch begrenzte, Handlungsfähigkeit. Das Sprechen der als mit Migrationshintergrund geltenden Beratenden über die als fremd wahrgenommene Klientel im Modus der Beanderung wurde zunächst vor dem Hintergrund der sozialen Erwünschtheit gedeutet. Die migrantisierten Interviewten wussten um die mehrheitsgesellschaftliche Positioniertheit der

Interviewerin und antworteten ihr entsprechend im Sinne mehrheitsgesellschaftlicher Erwünschtheit. Deutlich wurde dies etwa in der Interviewpassage *„sehr fest in ihrer Kultur verhaftet“* und *„nicht assimiliert“* (vgl. 6.3.1). Als markierte Sprecherin kennt die Interviewte die mehrheitsgesellschaftlichen Annahmen, die an die als fremd Betrachteten herangetragen werden. Als migrantisch gelabelte Person, die mit ebensolchen Erwartungen und Fremdzuschreibungen konfrontiert ist, lernt sie mit diesen umzugehen. Sie weiß, dass sie sich im Feld der Zuschreibungen bewegt. Ihr Sprechen kann insofern als eine Strategie verstanden werden, in der sie als Empfängerin solcher Zuschreibungen auf ebenjene antwortet. Im Sprechen über die *Anderen* erfolgt gleichsam eine Distanzierung zu den *Anderen*. Sie unterwirft sich damit den hegemonialen Diskursregeln, gleichzeitig ermöglicht es ihr aber auch eine Positionierung jenseits dieser Zuschreibungen. Indem sie im Modus der mehrheitsgesellschaftlichen Gewissheit über die *Anderen* spricht, entwirft sie sich jenseits dieser Zuschreibungen an die *Anderen*. Solche Positionierungen können, so Annita Kalpaka (2004), als ein Verweis auf vorgefundene Verhältnisse und Spielregeln verstanden werden, die von Minderheitsangehörigen im eigenen Interesse eingesetzt werden. „Der Mehrheit werden Zugeständnisse abgerungen, indem EinwanderInnen das eigene Anderssein betonen. Auch dadurch wird Kultur zu einer Konstruktion, die ständig reproduziert wird, auch – und gerade – von den darauf angewiesenen SprecherInnen“. (Lutz 1992, S. 60; zit. n. Kalpaka 2004, S. 42).

7.2.6 Die Absprache gleichwertiger Qualifikation und der Einsatz von Differenzwissen als Strategie der Ermächtigung

Die Verfügbarkeit dominanzkulturellen Wissens äußerte sich in den Interviews nicht nur in den kulturalisierenden Vorstellungen der Beratenden, wenn sie über ihre Praxis und die Arbeit mit den fremd markierten Klient_innen sprachen, sondern ebenso in den kulturalisierenden Begründungen für die Entscheidungen auf der strukturellen Ebene der Einstellungsverfahren oder Aufgabenverteilungen innerhalb der Einrichtungen. So sprach eine Interviewpartnerin etwa davon, häufig von den *autochthonen* Kolleg_innen für Dolmetschaufgaben und die Arbeit mit Familien mit Migrationserfahrung eingesetzt zu werden. *„Und dann wurde ich geholt. Und ich habe dann die Eltern betreut und beraten, begleitet [...]Aber ich habe immer wieder betont, ich bin in erster Linie Sozialarbeiterin. [...]Also in X bin ich jetzt nicht explizit- explizit für diesen Elternteil verantwortlich, die Migrationshintergrund haben, sondern für alle. Ja, aber natürlich immer wieder von Kollegen-*

speziell auch bei den türkischsprachigen Familien dann auch dazu. Zumindest denke ich mal so, wenn ich nicht wäre, würden sie wahrscheinlich diese Kinder oder die Eltern – Kinder vielleicht schon – die Eltern nicht so in diese Erziehungsarbeit einbeziehen können/wollen. Also ich merke, sie tun es, weil sie wissen, dass ich da bin und weil es möglich ist. Wenn ich nicht da gewesen wäre, wären sie ja einfach ausgeklammert oder soweit es geht mit Geschwistern, Älteren oder X, die vor Ort sind-die heranzuziehen". Aufgrund ihrer Migrationserfahrung und ihrer Sprachkompetenz gilt sie im Team als zuständig für eine bestimmte ethnische Gruppe. Als Beraterin mit FluchtMigrationserfahrung wird sie jenseits ihres eigentlichen Aufgabengebietes und ihrer Kernkompetenzen, ungeachtet ihrer Qualifikation und Ausbildung für Übersetzungstätigkeiten eingesetzt. Mit ihrer Formulierung „*in erster Linie bin ich Sozialarbeiterin*" thematisiert sie den Ortsverweis und die damit einhergehende Absprache ihrer professionellen Fähigkeiten. Im Zuständig-Gemacht-Werden für eine bestimmte Klientel ist implizit die Annahme enthalten, für die Arbeit mit der so markierten Gruppe in besonderer Weise befähigt zu sein. Umgekehrt erfährt mehrheitsangehörig zu sein in dieser Lesart die Konnotation allseitiger Kompetenz, „alle Ratsuchenden beraten zu können, es sei denn, die KlientInnen sind ungeeignet. So wird das Problem eher in die KlientInnen hineinverlagert, als die eigene Begrenztheit wahrzunehmen" (Wachendorfer 1998, S. 52). Mehrheitsangehörig zu sein repräsentiert somit implizit den objektiven Standpunkt.

Die Absprache der gleichwertigen Professionalität von Beratenden mit zugeschriebener oder tatsächlicher Migrationserfahrung durch mehrheitsangehörige Kolleg_innen und Vorgesetzte konkretisierte sich in einem Interview mit einer Einrichtungsleiterin. Darin äußerte sich die Sprecherin hinsichtlich der Bewerbung und Einstellung von Berater_innen mit sogenanntem Migrationshintergrund folgendermaßen: „*Also ich hab schon mal ein bisschen geschaut, ob ich Beraterinnen find, die türkischsprachig sind. Aber die haben, die haben noch nicht das Ausbildungsniveau. Ich habe für die letzte freiwerdende Stelle eine Kollegin- zwei gehabt, die ähm 2. Generation türkischsprachig- die Eltern- also die Großeltern sind schon hergekommen, sie sind die Enkelkinder. Sind hier in die Schule gegangen und haben Ausbildungen auf der X Uni gemacht. Hatten keine praktische Erfahrung im Kindergartenbereich und haben nach näherem Nachfragen über ganz (Betonung) wesentliche Meilensteine in der Entwicklungspsychologie keine Ahnung. Wenn ich die in den Kindergarten zu einer Pädagogin schick, die sehr gut ausgebildet ist, fühlt sie sich nicht beraten. Ich muss die Pädagogin- die muss das gleiche Niveau haben, wie die Pädagogin. Sie hat wohl eine Ahnung gehabt über psychotherapeutische Methoden, über Beratungsmethoden, aber sie hat von den Basics (Betonung) Entwicklungspsychologie und Meilensteine der Probleme (lacht) vielleicht- wenn ich's so vorsichtig formulieren kann- einfach auf meine Nachfrage das einfach nicht gehabt"*. In der hier zitierten Passage verquicken sich die der Bewerberin zugewiesene ethnische Herkunft und Religion als auch ihr Geschlecht zu einer Mehrfachdiskriminierung. Als die *andere Frau*, die aufgrund ihrer vermeintlichen Herkunft *„noch nicht das Ausbildungsniveau hat"*, wird ihr die gleichwertige Qualifikation abgesprochen. *„Türkischsprachig"* steht hier gleichsam für nicht-qualifiziert und fungiert solchermaßen als ein Problembeschreibungsmuster, das an etablierte Interpretationsangebote und dominanzkulturelle Repräsentationen der *different Anderen* anschließt. Mit der Thematisierung ihrer tatsächlichen oder vermeintlichen Herkunft wird die Bewerberin nicht nur jenseits normativer Konstruktionen von den *richtigen* Berater_innen als besonders identifiziert. Vielmehr geht mit der Thematisierung auch eine Bewertung einher (Wachendorfer 1998, S. 53), die nicht zuletzt über die Normalität und Legitimiertheit des mehrheitsgesellschaftlichen Standortes des Sprechens, Deutens und Wissens autorisiert wird.

Die vergeschlechtlicht-ethnisierenden und deklassierenden Annahmen über die vermeintliche Ungleichwertigkeit der Professionalität der Bewerberin, die in der homogenisierenden und inferiorisierenden Rede gleichsam zum Teil eines Kollektivs wird, führen dabei zu einer Missachtung der epistemischen und professionellen Fähigkeiten einer Person als handlungsbefähigtes und wissendes Subjekt. Durch die mit der ethnisierenden und vergeschlechtlichen Zuschreibung einhergehenden Entwertung kommt es zu einem symbolischen und faktischen Ausschluss aus der Gemeinschaft der Professionist_innen, der getragen ist von einer mehrheitsgesellschaftlichen Überlegenheitsposition gegenüber dem Wissensrepertoire der migrantisierten Bewerberin. Die Interviewpassage verdeutlicht konkrete Erfahrungen symbolischer und epistemischer Gewalt, die für mehrheits- und minderheitsangehörige Professionelle unterschiedliche Plätze bereithält. Die feldspezifische Ausschließung und Platzzuweisung erfolgt aus einer Position, die sich selbst nicht sichtbar macht (ebd.), der fremd markierten Bewerberin jedoch Lebens- und Berufswege versperrt. Aufgrund der ihr zugewiesenen Herkunft werden berufsbiographische Wünsche als nicht realisierbar eingeschätzt. So thematisiert eine Interviewpartnerin den ungleich schwereren Zugang zum Berufsfeld. Sie erzählt, wie ihr aufgrund ihrer Herkunft bereits in der Schule durch Lehrpersonen das Vermögen eine entsprechende Qualifikation zu erlangen, abgesprochen wurde, indem ihr gesagt wurde: *„Nein, du schaffst das nicht"*.

Vor dem Hintergrund der Erfahrungen der Disqualifizierung und Deklassierung kann das Sprechen über die *Anderen* im Modus der Beanderung als eine Strategie verstanden werden, die die markierten Sprecher_innen mit den mehrheitsgesellschaftlich verorteten Kolleg_innen gemein macht. Indem sie im

Wissen um die Zugangs-, Spiel- und Diskursregeln im Feld dasselbe mehrheitsfähige Wissen ab- und aufrufen, wird es möglich, die eigene berufliche Position zu begründen und zu beglaubigen. Als markierte Sprecher_innen gelten sie aufgrund der negativen sozialen Verortungen auf der anderen Seite, der nicht-professionellen Seite. Auf Seiten der Expert_innen kommen sie nicht vor. Als jemand, der_die nun sozusagen die Seiten gewechselt hat, bedarf es der doppelten, der besonderen Inszenierung der eigenen Professionalität durch die Positionierung auf der anderen, der professionellen (mehrheitsgesellschaftlichen) Seite. Sichergestellt wurde dies in der an dominanzkulturelle Diskurse anschließenden Rede über die *Anderen.* Die soziale Verortung auf Seiten derjenigen, die gemeinhin als der Fürsorge Bedürftige wahrgenommen werden, bedeutet, sich davon distanzieren zu müssen. Der Rückgriff auf kulturalisierende und vergeschlechtlichende Deutungsmuster wurde als eine Art Ermächtigungsstrategie kodiert, über die der professionelle Status hergestellt und bekräftigt werden sollte. Das Sprechen über die *different Anderen* durch diejenigen, die im hegemonialen Diskurs selbst zu den *Anderen* gemacht werden, kann als Antwort auf ebenjenen Diskurs verstanden werden. Für Berater_innen der Mehrheitsgesellschaft hingegen gilt, sie müssen sich nicht mit ihrer eigenen gesellschaftlichen Positionierung auseinandersetzen. Denn im herrschenden Diskurs ist es *die Kultur der different Anderen*, die von Interesse ist (Kalpaka 2004, S. 40–41).

7.3 Für eine machtsensible und emanzipatorische Beratungspraxis

Normative Beratungsansätze, die die Perspektive der Mehrheitsgesellschaft in den Vordergrund rücken, verstärken die der Beratung grundsätzlich zugrundeliegende asymmetrisch organisierte Beziehung zwischen Hilfegebenden und Ratsuchenden. Indem das, was aus *westlicher* Sicht als abweichend und anders betrachtet wird, benannt wird, während der eigene Standpunkt als vermeintliche Normalität etabliert wird, vollzieht sich die Normsetzung unsichtbar und ist somit schwerer zu hinterfragen. Der mehrheitsgesellschaftliche Standort verleiht dem Sprechen Autorität und gilt als die *normale*, nicht-ethnische, nicht-parteiische Position, die bevollmächtigt ist, die *Anderen* zu beschreiben und zu beurteilen (Kalpaka 2004, S. 41; Wachendorfer 1998; Lutz 2001, S. 221). Diese Dynamiken sind das Ergebnis hegemonialer Diskurse, die bestimmte Perspektiven und Erfahrungen normalisieren, sie in eine Hierarchie einordnen und ihre Gültigkeit festlegen. Für migrantisierte Personen bedeutet dies, dass sie kulturalisierenden Zuschreibungen nicht entkommen können. Ihre Position wird fortwährend im Kontext der Mehrheitsgesellschaft bestimmt, was zu einem Ausschluss und einer Ausblendung ihrer Erfahrungen und Wissensbestände und zu einem Verlust des Vertrauens in die eigene Weltanschauung und zu Verletzungen der persönlichen Integrität führen kann (Emerick 2019, S. 29).

Das Ziel pädagogischer Beratung liegt jedoch gerade darin, Anerkennung und Handlungsfähigkeit zu fördern und einen positiven Selbstbezug zu ermöglichen, indem die ansonsten marginalisierten Perspektiven und das Wissen der Ratsuchenden in den Mittelpunkt gestellt werden. Dies erfordert eine Ausrichtung an den Selbstinterpretationen und konkreten Lebens- oder Problemkonstellationen der Ratsuchenden anstelle kulturalisierender und verallgemeinernder Problembeschreibungsweisen. Pädagogische Beratung als *Aufklärung*, wie sie etwa von Mollenhauer bereits in den 1960er Jahren entworfen wurde, liefert Ansatzpunkte für eine Praxis, die Beratung als Ort der Ermächtigung versteht; ein Ort, der sich nicht nur der Auswirkung professioneller Interpretations- und Deutungsschemata auf die Selbstwahrnehmung der Ratsuchenden bewusst ist, sondern ebenso einen Raum eröffnet, an dem sich die Ratsuchenden im Kontext restriktiver Lebensbedingungen und individueller Selbstbeschränkungen der sozialen Positionierung widersetzen und darüber Handlungskompetenz und Selbstbestimmung ausbilden können (Schulze 2018, S. 46–49).

Um sich einem solchen Beratungsverständnis anzunähern und einen Zugang zu den häufig selbstverständlichen und unhinterfragten Annahmen und Gewissheiten zu eröffnen, bedarf es notwendiger struktureller Voraussetzungen auf der institutionellen Ebene: institutionell bereitgestellte Orte des Lernens und Umlernens, in denen es möglich wird, die Dynamiken und die Allgegenwart gesellschaftlicher Ungleichheitsverhältnisse zu verstehen, die eigene Involviertheit darin zu erkennen und Ungleichheitsverhältnisse ansprechbar zu machen; ebenso wie heterogene Teams, gerechte Stellenbesetzungen und Aufgabenverteilungen innerhalb der Einrichtungen, die Verankerung einer machtsensiblen Haltung im Leitbild und Konzept, der Öffentlichkeitsarbeit und Außenpräsentation und in der niedrigschwelligen und zielgruppenorientierten Ausrichtung der Angebote. Hierfür braucht es weitere Forschungen, die sich mit der Involviertheit von Beratung in gesellschaftliche Machtstrukturen befassen. Nicht nur, wie es Schulze (2018, S. 50–51) pointiert formuliert, des wissenschaftlichen Erkenntnisgewinns wegen, sondern gerade auch zur Förderung einer kritischen Haltung der Beratenden gegenüber hegemonialen Deutungsmustern und sozio-ökonomischen Ungleichheiten. In diesem Sinne kommt einer umfassenden Finanzierung der Einrichtungen und einer ihrer systemrelevanten Funktion entsprechenden und sie würdigenden Ausstattung mit personellen, technischen und infrastrukturellen Ressourcen sowie eine Verankerung machtkritischen Wissens auf der Ebene der Aus-, Fort- und Weiterbildung, das die Berater_innen befähigt, die eigenen praxisrelevanten Normalitätsvorstellungen und Vorannahmen zu befragen, eine entscheidende Bedeutung zu.

Literaturverzeichnis

Abel, A. H. (1998): Geschichte der Erziehungsberatung. Bedingungen, Zwecke, Kontinuitäten. In: Körner, W./ Hörmann, G. (Hg.): Handbuch der Erziehungsberatung. Band 1. Göttingen. S. 19–51.

Agamben, G. (2001): Jenseits der Menschenrechte. Einschluss und Ausschluss im Nationalstaat. In: Jungle World Archiv, 4. Juli 2001. URL: http://jungle-world.com/artikel/2001/27/25547.html. Zugriff: 13.11.23.

Alheit, P./ Hoerning, E. M. (1989): Biographie und Erfahrung. Eine Einleitung. In: Dies. (Hg.): Biographisches Wissen: Beiträge zu einer Theorie lebensgeschichtlicher Erfahrung. Frankfurt/ New York. S. 8–23.

Anderson, B. (1998): Die Erfindung der Nation. Zur Karriere eines folgenreichen Konzepts. Frankfurt/ New York.

Anzaldúa, G. E. (1987): Borderlands / La Frontera. San Francisco.

Apostolidou, N. (1980): Warum sind sie jetzt entdeckt worden? In: Courage, Nr. 4. Berlin.

Athenas González, M./ Schnicke, F. (2020): Popularisierungen von Geschlechterwissen seit der Frühen Neuzeit. Konzepte und Analysen. Berlin/ Boston.

Attia, I. (2009): Die »westliche Kultur« und ihr Anderes. Zur Dekonstruktion von Orientalismus und antimuslimischem Rassismus. Bielefeld.

Auernheimer, G. (2012): Einführung in die interkulturelle Pädagogik. Darmstadt.

Auernheimer, G. (2013): Interkulturelle Kompetenz und pädagogische Professionalität. Wiesbaden.

Auma, M.-M. (2017): Rassismus. In: Bundeszentrale für Politische Bildung. URL: https://www.bpb.de/themen/migration-integration/dossier-migration/223738/rassismus/. Zugriff: 13.12.2023. S. 1–12.

Austin, J. L. (1972): Zur Theorie der Sprechakte. Stuttgart.

Aurin, K./ Gaude, P./ Zimmermann, K. (1973): Bildungsberatung. Frankfurt.

Aurin, K./ Stark, G./ Stobberg, E. (1977): Beratung im Schulbereich. Weinheim.

Babka, A./ Schmidt, M. (2016) (Hg.): Gender und Dekonstruktion. Begriffe und kommentierte Grundlagentexte der Gender- und Queer-Theorie. Wien.

Balibar, É./ Wallerstein, I. (1990): Rasse, Klasse, Nation. Ambivalente Identitäten. Hamburg.

Bauer, P./ Wiezorek, C. (2009): Familienbilder professioneller SozialpädagogInnen. In: Villa, P.-I./ Thiessen, B. (Hg.): Mütter – Väter. Diskurse, Medien, Praxen. Münster. S. 173–190.

Beck, U. (1986): Risikogesellschaft. Auf dem Weg in eine andere Moderne. Frankfurt.

K. Hazibar, *Im Wissen um die Anderen*, https://doi.org/10.1007/978-3-658-50658-2

Beck, U./ Bonß, W. (1989): Verwissenschaftlichung ohne Aufklärung? Zum Strukturwandel von Sozialwissenschaft und Praxis. In: Dies. (Hg.): Weder Sozialtechnologie noch Aufklärung? Analysen zur Verwendung sozialwissenschaftlichen Wissens. Frankfurt. S. 7–45.

Beck, H. O./ Brandner, U./ Wittlinger, H. (1971): Zur Problematik der Ausländerentbindung. Bericht über 621 Entbindungen von Ausländerinnen in den Jahren 1966–1969. In: Geburtshilfe und Frauenheilkunde. S. 1174–1183.

Bell, D. (1973): The Coming of Post-Industrial Society. A Venture in Social Forecasting. New York.

Berg, C. (1991): Pädagogisch Rat geben. Ein Dilemma pädagogischer Praxis und Wirkungsgeschichte. In: Zeitschrift für Pädagogik, 37. S. 709–734.

Berger, P. L./ Luckmann, T. (2013): Die gesellschaftliche Konstruktion der Wirklichkeit. Frankfurt.

Bergold-Caldwell, D. (2020): Schwarze Weiblich*keiten. Intersektionale Perspektiven auf Bildungs- und Subjektivierungsprozesse. Bielefeld.

Bischoff, S./ Betz, T. (2015): „Denn Bildung und Erziehung der Kinder sind in erster Linie auf die Unterstützung der Eltern angewiesen". Eine diskursanalytische Rekonstruktion legitimer Vorstellungen ‚guter Elternschaft' in politischen Dokumenten. In: Fegter, S./ Kessl, F./ Langer, A./ Ott, M./ Rothe, D./ Wrana, D. (Hg.): Erziehungswissenschaftliche Diskursforschung. Empirische Analysen zu Bildungs- und Erziehungsverhältnissen. Wiesbaden. S. 263–283.

Blumer, H. (1973): Der methodologische Standort des Symbolischen Interaktionismus. In: Arbeitsgruppe Bielefelder Soziologen (Hg.): Alltagswissen, Interaktion und gesellschaftliche Wirklichkeit. Reinbek bei Hamburg. URL: https://hehl-rhoen.de/pdf/Philosopie/blumer - interaktionismus.pdf Zugriff: 15.11.23.

Bogner, A./ Menz, W. (2001): „Deutungswissen" und Interaktion. Zu Methodologie und Methodik des theoriegenerierenden Experteninterviews. In: Soziale Welt, 52. Jg., H. 4. S. 477–500.

Bogner, A./ Littig, B./ Menz, W. (2002): Das Experteninterview. Theorie, Methode, Anwendung. Wiesbaden.

Bogner, A./ Menz, W. (2009): Das theoriegenerierende Experteninterview. Erkenntnisinteresse, Wissensformen, Interaktion. In: Bogner, A./ Littig, B./ Menz, W. (Hg.): Experteninterviews – Theorien, Methoden, Anwendungsfelder. Wiesbaden. S. 61–98.

Bogner, A./ Littig, B./ Menz, W. (2014): Interviews mit Experten. Eine praxisorientierte Einführung. Wiesbaden.

Böhnisch, L./Schröer, W./Thiersch, H. (2005): Sozialpädagogisches Denken. Wege zu einer Neubestimmung. Weinheim/München.

Bohn, U./ Kohl, S. (2004): Beratung, Organisation und Profession. Die gescheiterte Professionalisierung in der Organisationsentwicklung, systemischen Beratung und Managementberatung. In: Schützeichel, R./ Brüsemeister, T. (Hg.): Die beratene Gesellschaft. Wiesbaden. S. 57–77.

Bohnsack, R. (2003): Rekonstruktive Sozialforschung. Einführung in qualitative Methoden. Opladen.

Bohnsack, R./ Nentwig-Gesemann, I./ Nohl, A.-M. (2007): Die dokumentarische Methode und ihre Forschungspraxis. Grundlagen qualitativer Sozialforschung. Wiesbaden.

Bohnsack, R./ Marotzki, W./ Meuser, M. (2010): Hauptbegriffe qualitativer Sozialforschung. Opladen.
Bommes, M./ Scherr, A. (1991): Der Gebrauchswert von Selbst- und Fremdethnisierung in Strukturen Sozialer Ungleichheit. In: Prokla, Heft 83. Berlin. S. 291–316.
Bommes, M./ Scherr, A. (2012): Soziologie der Sozialen Arbeit. Weinheim/ Basel.
Boos-Nünning, U. (2011): Migrationsfamilien als Partner von Erziehung und Bildung. In: Wiso Diskurs. URL: https://library.fes.de/pdf-files/wiso/08725.pdf. Zugriff: 12.3.24
Bourdieu, P./ Passeron, J.-C. (1971): Die Illusion der Chancengleichheit. Stuttgart.
Bourdieu, P. (1985): Sozialer Raum und Klassen. Zwei Vorlesungen. Frankfurt/Main.
Bourdieu, P. (1992): Rede und Antwort. Frankfurt.
Bourdieu, P. (1993): Sozialer Sinn. Frankfurt.
Bourdieu, P. (1998a): Familiensinn. In: Praktische Vernunft. Zur Theorie des Handelns. Frankfurt. S. 126–136.
Bourdieu, P. (1998b): Die rechte und die linke Hand des Staates. In: Ders.: Gegenfeuer. Wortmeldungen im Dienste des Widerstands gegen die neoliberale Invasion. Konstanz. S. 12–21.
Bourdieu, P. (2004): Der Staatsadel. Konstanz.
Bourdieu, P. (2005): Was heißt sprechen? Zur Ökonomie des sprachlichen Tausches. Wien.
Bourdieu, P. et al. (2007): Das Elend der Welt. Studienausgabe. Konstanz.
Brand, U./ Wissen, M. (2017): Imperiale Lebensweise. Zur Ausbeutung von Mensch und Natur im globalen Kapitalismus. München.
Braun-Thürmann, H. (2015): Wissenssoziologie. In: Rätz, R./ Völter, B. (Hg.): Wörterbuch Rekonstruktive Soziale Arbeit. Opladen/ Berlin/ Toronto.
Breidenstein, G. /Kelle, H. (1998): Geschlechteralltag in der Schulklasse. Ethnographische Studien zur Gleichaltrigenkultur. Weinheim.
Broden, A. (2015): Edelsteine und Stolpersteine einer rassismuskritischen Bildungsarbeit. In: Knieper, R./ Khan, E. (Hg.): Projekt Dimensionen. Der NSU und seine Auswirkungen auf die Migrationsgesellschaft. Ein Methodenreader für Multiplikator*innen in der Jugend- und Bildungsarbeit. Düsseldorf. S. 14–20.
Brubaker, R. (2007): Ethnizität ohne Gruppen. Hamburg.
Brunner, A. (2013a): Normalisierung als Diskurs der entstehenden Fürsorge in Österreich 1900–1935. In: Soziales Kapital. Wissenschaftliches Journal österreichischer Fachhochschul-Studiengänge Soziale Arbeit, Nr. 10. URL: http://www.soziales-kapital.at/index.php/sozialeskapital/article/viewFile/286/477.pdf. Zugriff: 13.11.2023.
Brunner, C. (2011): Wissensobjekt Selbstmordattentat. Epistemische Gewalt und okzidentalistische Selbstvergewisserung in der Terrorismusforschung. Wiesbaden.
Brunner, C. (2013b): Situiert und seinsverbunden in der ›Geopolitik des Wissens‹. Politisch-epistemische Überlegungen zur Zukunft der Wissenssoziologie. In: Zeitschrift für Diskursforschung. Ausgabe 3/ 2013.Weinheim. S. 226–245.
Brunner, C. (2020): Epistemische Gewalt. Wissen und Herrschaft in der kolonialen Moderne. Bielefeld.
Bundesministerium für Justiz (o. D.): Familien-, Eltern- oder Erziehungsberatung. URL: https://www.justiz.gv.at/service/familienrecht/familien-eltern-oder-erziehungsberatung.78c.de.html. Zugriff: 22.02.2024.
Bundeskonferenz für Erziehungsberatung [BKE] (2017): Statistik der Erziehungsberatung. Die BKE-Erhebungsinstrumente. Fragen und Antworten zur Bundesstatistik. Fürth.

Butler, J. (1991): Das Unbehagen der Geschlechter. Frankfurt.
Butler, J. (1993): Für ein sorgfältiges Lesen. In: Benhabib, S./ Butler, J./ Cornell, D./ Fraser, N. (Hg.): Der Streit um Differenz. Feminismus und Postmoderne in der Gegenwart. Frankfurt. S. 122–132.
Butler, J. (1997): Körper von Gewicht. Die diskursiven Grenzen des Geschlechts. Frankfurt.
Butler, J. (2001): Psyche der Macht. Das Subjekt der Unterwerfung. Frankfurt.
Butler, J. (2006): Haß spricht: Zur Politik des Performativen. Frankfurt.
Castel, R. (2000): Die Metamorphosen der Sozialen Frage. Eine Chronik der Lohnarbeit. Konstanz.
Castro-Gómez, S. (2002): The Social Sciences, Epistemic Violence, and the Problem of the ›Invention of the Other‹. In: Nepantla. Views from South 3. S. 269–285.
Castro-Gómez, S. (2005): Aufklärung als kolonialer Diskurs. Humanwissenschaften und kreolische Kultur in Neu Granada am Ende des 18. Jahrhunderts. Frankfurt.
Castro Varela, M. d. M. et al. (Hg.) (1998): Suchbewegungen. Interkulturelle Beratung und Therapie. Tübingen.
Castro Varela, M. d. M./ Dhawan, N. (2006): Das Dilemma der Gerechtigkeit: Migration, Religion und Gender. In: Das Argument 48: Frauen im Aufbruch und Migrationsräume. Hamburg. S. 427–440.
Castro Varela, M. d. M./ Dhawan, N. (2015): Postkoloniale Theorie. Eine kritische Einführung. Bielefeld.
Castro Varela, M. d. M./ Dhawan, N. (2016): Die Migrantin retten?! Zum vertrackten Verhältnis von Geschlechtergewalt, Rassismus und Handlungsmacht. In: Gatt, S./ Hazibar, K./ Sauermann, V./ Preglau, M./ Ralser, M. (Hg.): Geschlechterverhältnisse der Migrationsgesellschaften. Repräsentation – Kritik – Differenz. Österreichische Zeitschrift für Soziologie. Sonderheft (41). Wien. S. 13–28.
Çiçek, A./ Messerschmidt, A. (2018): Anfeindungen der Differenz. Nation und Geschlecht in der deutschen Migrationsgesellschaft. In: Langer, A./ Mahs, C./ Rendtorff, B. (Hg.): Weiblichkeit – Ansätze zur Theoretisierung. Opladen/ Berlin/ Toronto. S. 113–123.
Combe, A./ Helsper, W. (1996): Pädagogische Professionalität. Frankfurt.
Conrad, S./ Randeria, S. (2002): Geteilte Geschichten – Europa in einer postkolonialen Welt. In: Dies. (Hg.): Jenseits des Eurozentrismus. Postkoloniale Perspektiven in den Geschichts- und Kulturwissenschaften. New York.
Crenshaw, K. (1991): Mapping the Margins: Intersectionality, Identity Politics, and Violence Against Women of Color. In: Stanford Law Review, 6/43. S. 1241–1299.
Crenshaw, K. (1998): Demarginalizing the Intersection of Race and Sex: A Black Feminist Critique of Antidiscrimination Doctrine, Feminist Theory, and Antiracist Politics. Stanford: Law Review, 43(6). S. 1241–1299.
Cyprian, G. (2003): Familienbilder als Forschungsthema. In: Cyprian, G./ Heimbach-Steins, M. (Hg.): Familienbilder. Interdisziplinäre Sondierungen. Opladen. S. 9–19.
Dausien, B. (1996): Biographie und Geschlecht. Zur biographischen Konstruktion sozialer Wirklichkeit in Frauenlebensgeschichten. Bremen.
Dausien, B. (1998): Die biographische Konstruktion von Geschlecht. In: Schneider, N./ Mall, R. A./ Lohmar, D. (Hg.): Einheit und Vielfalt. Das Verstehen der Kulturen. Amsterdam. S. 257–277.
Dausien, B. (2011): »Das beratene Selbst« – Anmerkungen zu Bildungsbiographien im gesellschaftlichen Wandel und Strategien ihrer professionellen Bearbeitung. In: Hammerer, M./ Kanelutti, E./ Melter, I. (Hg.): Zukunftsfeld Bildungs- und Berufsberatung. Neue Entwicklungen aus Wissenschaft und Praxis. Bielefeld. S. 21–40.

Davis, K. (2008): Intersectionality as a Buzzword. A Sociology of Science Perspective on What Makes a Feminist Theory Successful. In: Feminist Theory 9. S. 67–85.

Degele, N./ Winker, G. (2007): Intersektionalität als Mehrebenenanalyse. URL: https://www.soziologie.uni-freiburg.de/personen/degele/dokumente-publikationen/intersektionalitaet-mehrebenen.pdf. Zugriff: 13.12.2023.

De Laskowski, N. R. E. (1986): Konzentrative Bewegungstherapie mit Frauen aus dem spanischen Sprachraum. In: Jaede, W./ Portera, A. (Hg.): Ausländerberatung. Kulturspezifische Zugänge in Diagnostik und Therapie.

De Sousa Santos, B. (2005): Vom Postmodernen zum Postkolonialen. Und über beides hinaus. In: Brunkhorst, H./ Costa, S. (Hg.): Jenseits von Zentrum und Peripherie. Zur Verfassung der fragmentierten Weltgesellschaft. München/ Mering. S. 197–219.

Dewe, B./ Scherr, A. (1990): Beratung und Beratungskommunikation. Neue Praxis 20, Heft 6. S. 488–500.

Dewe, B./ Scherr, A. (1991): Beratung oder Therapie. Beratung als sozialpädagogisches Handeln. Über die Unterschiede von Beratung, Bildung und Therapie. In: Blätter der Wohlfahrtspflege – Deutsche Zeitschrift für Sozialarbeit. 138. Jg., Heft 1. S. 6–9.

Dewe, B./ Radtke, F.-O. (1993): Was wissen Pädagogen über ihr Können? Professionstheoretische Überlegungen zum Theorie-Praxis-Problem in der Pädagogik. In: Oelkers, J./ Tenorth, H.-E. (Hrsg.): Pädagogisches Wissen. Weinheim/Basel.

Dewe, B. (2001): Jenseits der „Belehrung". Das pädagogische Phänomen „Beratung". In: Ethik und Sozialwissenschaften (EuS), Streitforum für Erwägungskultur, 12. Jg., Heft 3. S. 369–372.

Dewe, B. (2010): Beratung. In: Krüger, H.-H./ Helsper, W. (Hg.): Einführung in Grundbegriffe und Grundfragen der Erziehungswissenschaft. Opladen. S. 131–142.

Dewe, B./ Schwarz, M. P. (2011): Beraten als professionelle Handlung und pädagogisches Phänomen. Hamburg.

Diehm, I./ Radtke, F.-O. (1999): Erziehung und Migration. Eine Einführung. Stuttgart/ Berlin/ Köln.

Dölling, I. (2003): Das Geschlechter-Wissen der Akteur/e/innen. In: Andresen, S./ Dölling, I./ Kimmerle, C. (Hg.): Verwaltungsmodernisierung als soziale Praxis. Wiesbaden. S. 113–165.

Dölling, I. (2005): ‚Geschlechter-Wissen'– ein nützlicher Begriff für die ‚verstehende' Analyse von Vergeschlechtlichungsprozessen? In: Zeitschrift für Frauenforschung & Geschlechterstudien, Jg. 23, Nr. 1+2. S. 44–62.

Durkheim, E. (1961): Die Regeln der soziologischen Methode. Neuwied.

Dussel, E. (2013): Der Gegendiskurs der Moderne. Kölner Vorlesungen. Wien.

Duttweiler, S. (2007): Beratung als Ort neoliberaler Subjektivierung. In: Anhorn, R./ Bettinger, F./ Stehr, J. (Hg.): Foucaults Machtanalytik und Soziale Arbeit. Eine kritische Einführung und Bestandsaufnahme. Wiesbaden. S. 261–276.

Duttweiler, S. (2008): Subjektivierung im Modus medialisierter Sexualberatung. Schweizerisches Archiv für Volkskunde 104 (2008). S. 45–65. URL: https://www.zora.uzh.ch/id/eprint/11670/8/Duttweiler-Subjektivierung_im_Modus_medialisierter_Sexualberatung-2008.pdf. Zugriff: 12.3.24

Eberding, A. (1994): Kommunikationsbarrieren in der Erziehungsberatung von Migrantenfamilien aus der Türkei. Frankfurt.

Emerick, B. (2019): The Violence of Silencing. In: Jennifer Kling (Hg.): Pacifism, Politics and Feminism. Intersections and Innovations. Brill/ Leiden/ Boston. S. 28–51.
Engel, F./ Nestmann, F./ Sickendieck, U. (2004): „Beratung“ – Ein Selbstverständnis in Bewegung. In: ebd. (Hg.): Das Handbuch der Beratung. Band 1: Disziplinen und Zugänge. Tübingen. S. 33–44.
Engel, F. (2004): Allgemeine Pädagogik, Erziehungswissenschaft und Beratung. In: Engel, F./ Nestmann, F./ Sickendieck, U. (Hg.): Das Handbuch der Beratung. Band 1: Disziplinen und Zugänge. Tübingen: S. 103–113.
Engel, F./ Nestmann, F. (2006): Beratung: Entwicklungen, Settings, Konzepte. In: Krüger, H.-H./ Rauschenbach, T. (Hg.): Einführung in die Arbeitsfelder des Bildungs- und Sozialwesens. Opladen/ Farmington Hills. S. 257–282.
Eppenstein, T./ Kiesel, D. (2008): Soziale Arbeit interkulturell. Theorien – Spannungsfelder – reflexive Praxis. Stuttgart.
Ewald, François (1978): Foucault – Ein vagabundierendes Leben. In: Foucault, Michel: Dispositive der Macht. Michel Foucault. Über Sexualität, Wissen und Wahrheit. Berlin. S. 7–20.
Fereidooni, K./ Massumi, M. (2015): Rassismuskritik in der Ausbildung von Lehrerinnen und Lehrern. In: Aus Politik und Zeitgeschichte, 40. S. 38–43.
Flick, U. (1995): Qualitative Forschung. Theorie, Methoden, Anwendung in Psychologie und Sozialwissenschaften. Reinbek.
Foitzik, A. (2016): Rassismuskritische Impulse für die Jugend- und Sozialarbeit. In: Blätter der Wohlfahrtspflege 3. S. 101–103.
Foucault, M. (1961): *Histoire de la folie à l'âge classique: Folie et déraison.* Plon/ Paris. (Deutsche Übersetzung: Wahnsinn und Gesellschaft. Eine Geschichte des Wahns im Zeitalter der Vernunft)
Foucault, M. (1963): *Naissance de la clinique: Une archéologie du regard médical.* Paris. (Deutsche Übersetzung: Die Geburt der Klinik. Eine Archäologie des ärztlichen Blicks)
Foucault, M. (1975): *Surveiller et punir: Naissance de la prison.* Paris. (Deutsche Übersetzung: Überwachen und Strafen. Die Geburt des Gefängnisses)
Foucault, M. (1976): *La volonté de savoir. Gallimard/ Paris.* (Deutsche Übersetzung: Der Wille zum Wissen. Sexualität und Wahrheit 1)
Foucault, M. (1976): Mikrophysik der Macht. Berlin.
Foucault, M. (1978): Dispositive der Macht. Über Sexualität, Wissen und Wahrheit. Berlin.
Foucault, M. (1984): *Le souci de soi. Gallimard, Paris.* (Deutsche Übersetzung: Die Sorge um sich – Sexualität und Wahrheit 3)
Foucault, M. (2011): Subjekt und Macht. In: Foucault, M./ Defert, D. (Hg.): Analytik der Macht. Frankfurt. S. 269–294.
Fredrickson, G. M. (2015): Racism. A Short Introduction. Princeton.
Friedrich, P. (2013): Mut zur Wahrheit. Michel Foucault als Supervisor und Berater. Forum Supervision, 21 (41): Supervision und Verletzbarkeit. S. 47–72. URL: https://www.beratungundsupervision.de/index.php/fs/article/view/2236. Zugriff: 21.12.2023.
Fuchs, P./ Pankoke, E. (1994): Beratungsgesellschaft. Katholische Akademie Schwerte.
Fuchs-Heinritz, W./ König, A. (2011): Pierre Bourdieu. Eine Einführung. Konstanz/ München.

Gaitanides, S. (2006): Interkulturelle Öffnung der sozialen Dienste. In: Otto, H.-U./ Schrödter, M. (Hg): Soziale Arbeit in der Migrationsgesellschaft. Multikulturalismus – Neo-Assimilation – Transnationalität. Neue Praxis. Zeitschrift für Sozialarbeit, Sozialpädagogik und Sozialpolitik. Sonderheft 8. S. 222–234

Gaitanides, S. (2007): Interkulturelle Kompetenzen in der Beratung. In: Nestmann, F./ Engel, F./ Sickendieck, U. (2007): Das Handbuch der Beratung, Band 1. Tübingen. S. 313–335.

Gatt, S./ Hazibar, K./ Sauermann, V./ Preglau, M./ Ralser, M. (2016): Migration from a gender-critical, postcolonial and interdisciplinary perspective. In: Dies. (Hg.): Geschlechterverhältnisse der Migrationsgesellschaften: Repräsentationen – Kritik – Differenz. Österreichische Zeitschrift für Soziologie. Sonderhefte (41). S. 1–12.

Garfinkel, H. (1967): Studies in Ethnomethodology. Cambridge.

Germaná, C. (2013): Eine Epistemologie der anderen Art. Der Beitrag von Aníbal Quijano in der Neustrukturierung der Sozialwissenschaften in Lateinamerika. In: Quintero, P./ Garbe, S. (Hg.): Kolonialität der Macht. De/Koloniale Konflikte. Zwischen Theorie und Praxis. Münster. S. 71–92.

Giddens, A. (1988): Die Konstitution der Gesellschaft. Frankfurt/ New York.

Giddens, A. (1991): Modernity and Self-Identity – Self and Society in the Late Modern Age. Stanford.

Giesecke, H. (1996): Pädagogik als Beruf. Grundformen pädagogischen Handelns. Weinheim/ München.

Glaser, B. G./ Strauss, A. (1998): Theoretisches Sampling. In: Dies.: *Grounded Theory. Strategien qualitativer Forschung*. New York. S. 53–84.

Glaser, B. G./ Strauss, A. (2010): Grounded Theory. Strategien qualitativer Forschung. Bern.

Gläser, J./ Laudel, G. (2004): Experteninterviews und qualitative Inhaltsanalyse. Wiesbaden.

Gogolin, I. (1994): Der monolinguale Habitus der multilingualen Schule. Münster.

Gomolla, M./ Radtke, F.-O. (2008): Institutionelle Diskriminierung. Die Herstellung ethnischer Differenz in der Schule. Wiesbaden.

Griese, H. (1996): Interkulturelle Arbeit als Alternative zu traditioneller ‚Ausländerarbeit'? In IIK (Hg.): Interkulturelle Arbeit, Theorie und Praxis. Hannover. S. 86–112.

Großmaß, R. (2000): Psychische Krisen und sozialer Raum. Tübingen.

Großmaß, R. (2004): Psychotherapie und Beratung. In: Nestmann, F./ Engel, F./ Sickendiek, U. (Hg.): Das Handbuch der Beratung. Band 1. Tübingen. S. 89–102.

Großmaß, R. (2006): Psychosoziale Beratung im Spiegel soziologischer Theorien. In: Zeitschrift für Soziologie, 35, 6. S. 485–505.

Gröning, K. (2010): Entwicklungslinien pädagogischer Beratung. Zur Geschichte der Erziehungs-, Berufs- und Sexualberatung in Deutschland. Wiesbaden.

Gröning, K. (2015): Entwicklungslinien pädagogischer Beratung. Zur Geschichte der Erziehungs-, Berufs- und Sexualberatung in Deutschland. Gießen.

Gstach, J. (2001): Zur Geschichte der tiefenpsychologischen Erziehungsberatung im Wien der Zwischenkriegszeit. In: Menne, K./ Hundsalz, A. (Hg.): Jahrbuch für Erziehungsberatung (Band 4). Weinheim/ München. S. 291–307.

Gstach, J. (2019): Heilpädagogik in der Zeit zwischen den zwei Weltkriegen. In: Biewer, G./ Proyer, M. (Hg.): Behinderung und Gesellschaft. Ein universitärer Beitrag zum Gedenkjahr 2018. Open Access Publikation Universität Wien. Wien. S. 22–44. URL: https://uscholar.univie.ac.at/detail/o:924774. Zugriff: 21.12.2023.

Gümen, S. (1996): Die sozialpolitische Konstruktion „kultureller" Differenzen in der bundesdeutschen Frauen- und Migrationsforschung. In: Sozialwissenschaftliche Forschung & Praxis für Frauen e.V. (Hg.): Beiträge zur feministischen Theorie und Praxis. Entfremdung. Migration und Dominanzgesellschaft. Heft 42. Köln. S. 77–89.

Gutiérrez Rodríguez, E. (1996): Migrantinnenpolitik jenseits des Differenz- und Identitätsdiskurses. In: Sozialwissenschaftliche Forschung & Praxis für Frauen e.V. (Hg.): Beiträge zur feministischen Theorie und Praxis. Migration und Dominanzgesellschaft. Heft 42. S. 99–111.

Gutiérrez Rodríguez, E. (2006): Ethnisierung und Vergeschlechtlichung Revisted oder über Rassismus im neoliberalen Zeitalter. Beitrag zum virtuellen Seminar: Interdependenzen – Geschlecht, Ethnizität und Klasse. Mai 2006. URL: https://www.academia.edu/3174402/Ethnisierung_und_Vergeschlechtlichung_Revisi_ted_oder_%C3%BCber_Rassismus_im_neoliberalen_Zeitalter. Zugriff: 13.11.2023.

Habermas, J. (1998): Die postnationale Konstellation und die Zukunft der Demokratie. In: Ders. (Hg.): Die postnationale Konstellation. Politische Essays. Frankfurt. S. 91–169.

Hagemann-White, C. (1984): Sozialisation. Weiblich – männlich? Opladen.

Hall, S. (2004): Das Spektakel des „anderen". In: Ders.: Ideologie, Identität, Repräsentation. Ausgewählte Schriften 4, Hamburg. S. 108–122.

Hall, S. (1994): Der Westen und der Rest. Diskurs und Macht. In: Ders.: Rassismus und kulturelle Identität. Ausgewählte Schriften 2, Hamburg. S. 137–179.

Hamburger, F. (1999): Von der Gastarbeiterforschung zur Reflexiven Interkulturalität. In IZA -Zeitschrift für Migration und Soziale Arbeit, 11, 3/4. S. 33–38.

Hamburger, F. (2006): Konzept oder Konfusion? Anmerkungen zur Kulturalisierung der Sozialpädagogik. In Otto, H.-U./ Schrödter, M. (Hg.): Soziale Arbeit in der Migrationsgesellschaft. Multikulturalismus – Neo-Assimilation-Transnationalität. Neue Praxis. Zeitschrift für Sozialarbeit, Sozialpädagogik und Sozialpolitik. Sonderheft 8. S. 178–192.

Hanke, C. (2000): Zwischen Evidenz und Leere. Zur Konstitution von „Rasse" im physisch-anthropologischen Diskurs um 1900. In: Bublitz, H./ Hanke, C./ Seier, A. (Hg.): Der Gesellschaftskörper – Zur Neuordnung von Kultur und Geschlecht um 1900. Frankfurt. S. 179–235.

Haraway, D. (1988): Situated Knowledges. The Science Question in Feminism and the Privilege of Partial Perspective. In: Feminist Studies 14(3). S. 575–599.

Haraway, D. (1995): Die Neuerfindung der Natur. Primaten, Cyborgs und Frauen. Frankfurt am Main und New York.

Harding, S. (1991): Whose Science? Whose Knowledge? Thinking from Women's Lives. Ithaka und New York.

Harding, S. (1995): »Strong objectivity«: A response to the new objectivity question. In: Synthese 104, S. 331–349.

Hausen, K. (1976): Die Polarisierung der »Geschlechtscharaktere« – Eine Spiegelung der Dissoziation von Erwerbs- und Familienleben. In: Von Werner, C. (Hg.): Sozialgeschichte der Familie in der Neuzeit Europas. Neue Forschungen. Stuttgart. S. 363–393.

Hazibar, K. (2009): Flucht – Migration – Illegalisierung. Migrations- und Fluchterfahrungen von Frauen unter Bedingungen aufenthaltsrechtlicher Unsicherheit und Prekarisierung. In: IMZ. URL: https://imz-tirol.at/images/stories/leitbilder_interviews_mehr/da_flucht_migration_illegalisierung.pdf. Zugriff: 12.3.24.

Hazibar, K./ Maldoner-Jäger B. (2016): Zur Instrumentalisierung von Geschlechterverhältnissen in den Debatten zu Flucht und Migration. In: FLUCHTpunkt-Info Nr. 14. S. 12–16.

Helsper, W. (2006): Wissen, Können, Nicht-Wissen-Können: Wissensformen des Lehrers und Konsequenzen für die Lehrerbildung. In: Breidenstein, G./ Kötter-König, C. (Hg.): Die Lehrerbildung der Zukunft. Eine Streitschrift. Wiesbaden.

Heck, G. (2004): Illegalisierte Migranten in Deutschland: Zwischen Opfermythos und organisierter Kriminalität. Plädoyer für einen Perspektivenwechsel. In: Ottersbach, M./ Yildiz, E. (Hg.): Migration in der metropolitanen Gesellschaft. Zwischen Ethnisierung und globaler Neuorientierung. Münster. S. 129–140.

Heck, G. (2008): „Illegale Einwanderung". Eine umkämpfte Konstruktion in Deutschland und den USA. Münster.

Herrmann, S./ Kuch, H. (2007): Verletzende Worte. Eine Einleitung. In: Herrmann, S. K./ Krämer, S./ Kuch, H. (Hg.): Verletzende Worte. Die Grammatik sprachlicher Missachtung. Bielefeld. S. 7–31.

Hess, S. (2001): Transnationale Überlebensstrategien von Frauen – Geschlecht und neuere Konzepte der Transkulturalität. In: Hobuß, S./ Schües, C./ Zimnik, N./ Hartmann, B./ Patrut, I. (Hg.): Die andere Hälfte der Globalisierung. Menschenrechte, Ökonomie und Medialität aus feministischer Sicht. Frankfurt a. M. S. 197–225.

Hess, S. (2014): Politiken der (Un-)Sichtbarmachung. Eine Kritik der Wissens- und Bilderproduktion zu Migration. In: Yildiz, E./ Hill, M. (Hg.): Nach der Migration. Postmigrantische Perspektiven jenseits der Parallelgesellschaft. Bielefeld. S. 49–64.

Hess, S./ Kasparek, B./ Kron, S./ Rodatz, M./ Schwertl, M./ Sontowski, S. (2017): Der lange Sommer der Migration. Krise, Rekonstitution und ungewisse Zukunft des europäischen Grenzregimes. In: Dies. (Hg.): Der lange Sommer der Migration. Grenzregime III. Hamburg. 6–24.

Hirschauer, S. (1989): Die interaktive Konstruktion von Geschlechtszugehörigkeit. In: Zeitschrift für Soziologie, Heft 2/18, S. 100–118.

Hitzler, R. (1994): Wissen und Wesen des Experten. Ein Annäherungsversuch – zur Einleitung. In: Hitzler, R./ Honer, A./ Maeder, C. (Hg.). (1994): Expertenwissen – Die institutionalisierte Kompetenz zur Konstruktion von Wirklichkeit. Opladen. S. 13–30.

Hitzler, R./ Honer, A./ Maeder, C. (Hg.) (1994): Expertenwissen – Die institutionalisierte Kompetenz zur Konstruktion von Wirklichkeit. Opladen.

Holzberg, B./ Kolbe, K./ Zaborowski, R. (2018): Figures of Crisis. The Delineation of (Un)Deserving Refugees in the German Media. In: Sociology 52 (3). S. 534–550.

Höhne, T. (2003): Pädagogik der Wissensgesellschaft. Bielefeld.

Höhne, T. (2004): Pädagogik und das Wissen der Gesellschaft. Erziehungswissenschaftliche Perspektiven auf Wissen. Publikationen der eb.giessen. URL: https://jlupub.ub.uni-giessen.de/bitstream/handle/jlupub/2259/thomashoehne_paedagogikundwissen.pdf?sequence=1&isAllowed=y. Zugriff: 12.3.24

Hornstein, W. (1966): Beratung – ein Erfordernis unserer heutigen Gesellschaft. In: Jugendwohl, 9/10.

Hornstein, W. (1976): Beratung in der Erziehung. Zeitschrift für Pädagogik 22(5). S. 671–695.

Hundsalz, A. (1995): Die Erziehungsberatung. Grundlagen, Organisation, Konzepte und Methoden (Soziale Dienste und Verwaltung). Beltz Juventa.

Huth-Hildebrandt, C. (2002): Der Blick auf die fremde Frau. In: Rohr, E./ Jansen, M. M. (Hg.): Grenzgängerinnen. Frauen auf der Flucht, im Exil und in der Migration. Gießen. S. 85–116.

Jaede, W./ Portera, A. (1986): Ausländerberatung. Kulturspezifische Zugänge in Diagnostik und Therapie. Freiburg.

Jäger, M./ Jäger, S. (2007): Deutungskämpfe. Theorie und Praxis Kritischer Diskursanalyse. Wiesbaden.

Jäger, M. (2010): Rassismus und Normalität im Alltagsdiskurs. Anmerkungen zu einem paradoxen Verhältnis. In: Broden, A./ Mecheril, P. (Hg.): Rassismus bildet. Bildungswissenschaftliche Beiträge zu Normalisierung und Subjektivierung in der Migrationsgesellschaft. Bielefeld. S. 27–41.

Jäger, M./ Wamper, R. (2017): Von der Willkommenskultur zur Notstandsstimmung. Der Fluchtdiskurs in deutschen Medien 2015 und 2016. Duisburg.

Jergus, K./ Schumann, I./ Thompson, C. (2012): Autorität und Autorisierung. In: Ricken, N./ Balzer, N. (Hg.): Judith Butler. Pädagogische Lektüren. Wiesbaden. S. 207–224.

Kajetzke, L. (2008): Wissen im Diskurs. Ein Theorienvergleich von Bourdieu und Foucault. Wiesbaden.

Kalpaka, A. (2004): Über den Übergang mit „Kultur" in der Beratung. In: Radice von Wogau, J./ Eimmermacher, H./ Lanfranchi, A. (Hg.): Therapie und Beratung von Migranten. Weinheim. S. 31–44.

Kaltmeier, O. (2013): Postkoloniale Geschichte(n). Repräsentationen, Temporalitäten und Geopolitiken des Wissens. In: Reuter, J./ Karentzos, A. (Hg.): Schlüsselwerke der Postcolonial Studies. Wiesbaden. S. 297–314.

Karakayali, J. (2020): Spot the Difference. Differenzwissen im Kontext von Segregation in Vorbereitungsklassen für neuzugewanderte Schüler*innen. In: Lingen-Ali, U./ Mecheril, P. (Hg.): Geschlechterdiskurse in der Migrationsgesellschaft. Bielefeld. S. 119–140.

Kasakos, G. (1980): Familienfürsorge zwischen Beratung und Zwang. München.

Kasap Çetingök, Y. (2013): Migration als Übergang: Problemorientierte biographische Reflexionschancen in der sozialpädagogischen Beratung. In: Walther, A./ Weinhardt, M. (Hg.): Beratung im Übergang. Zur sozialpädagogischen Herstellung von biografischer Reflexivität. Weinheim/ Basel. S. 67–81.

Kasap Çetingök, Y. (2015): Zum Verhältnis von »Performanz – Wissen – Bildung« im Kontext der psychosozialen Beratung. Otto, H.-U./ Thiersch, H. (Hg.): Neue Praxis. Zeitschrift für Sozialarbeit, Sozialpädagogik und Sozialpolitik. 45. Jahrgang 2015/ Heft 4. S. 386–400.

Kelle, H. (2013): Normierung und Normalisierung der Kindheit. Zur (Un)Unterscheidbarkeit und Bestimmung der Begriffe. In: Kelle, H./ Mierendorff J. (Hg.): Normierung und Normalisierung der Kindheit. Weinheim/ Basel. S. 15–38.

Keller, N. (2013): Ratgeberliteratur am Beispiel von Erziehungsfragen. In: Nestmann, F./ Engel, F./ Sickendiek, U. (Hg.): Neue Beratungswelten: Fortschritte und Kontroversen. Band 3. Tübingen. S. 1617–1628.

Keller, R. (2008): Michel Foucault. Konstanz.

Keller, R. (2011a): Wissenssoziologische Diskursanalyse. Grundlegung eines Forschungsprogramms. Wiesbaden.

Keller, R. (2011b): Diskursforschung. Eine Einführung für SozialwissenschaftlerInnen. Wiesbaden.

Kessl, F. (2005): Der Gebrauch der eigenen Kräfte. Eine Gouvernementalität sozialer Arbeit. Weinheim/ Basel.

Kessl, F. / Reutlinger, Ch. / Ziegler, H. (2007): Erziehung zur Armut? Soziale Arbeit und die 'neue Unterschicht'. Wiesbaden.

Kessl, F. / Otto, H.-U. (2010): Soziale Arbeit. In: Albrecht/Groenemeyer (2010): Handbuch soziale Probleme. Wiesbaden. S. 1079–1106

Kessler, S.J./ McKenna, W. (1978): Gender. An Ethnomethodological Approach. New York.

Keupp, H. (1998): Quo vadis Erziehungsberatung. Ein Blick in das Diskursarchiv. In: Körner, W./ Hörmann, G. (Hg.): Handbuch der Erziehungsberatung. Göttingen/ Bern/ Toronto/ Seattle. S. 11–19.

Kleemann, F./ Krähnke, U./ Matuschek, I. (2013): Interpretative Sozialforschung. Eine Einführung in die Praxis des Interpretierens. Wiesbaden.

Kleinman, A/ Good, B. J. (1986): Culture and Depression. Studies in the Anthropology and Cross-Cultural Psychiatry of Affect and Disorder. Berkeley.

Knoblauch, H. (2013): Wissenssoziologie, Wissensgesellschaft und die Transformation der Wissenskommunikation. In: APuZ 18–20/2013 https://www.bpb.de/shop/zeitschriften/apuz/158653/wissenssoziologie-wissensgesellschaft-und-die-transformation-der-wissenskommunikation/. Zugriff: 13.12.2023.

Kratzmann, K. (2007): „Auf einmal war ich illegal". Undokumentierte Migranten in Österreich. Wien.

Kraus, A./ Budde, J./ Hietzge, M./ Wulf, C. (2017): „Schweigendes" Wissen in Lernen und Erziehung, Bildung und Sozialisation. In: Dies. (Hg.): Handbuch Schweigendes Wissen. Erziehung, Bildung, Sozialisation und Lernen. Weinheim/ Basel. S. 11–17.

Kühner, A. (2015): Beratung in der Migrationsgesellschaft. Zwischen Dramatisierung und Anerkennung von Differenz. In: Positionen. Beiträge zur Beratung in der Arbeitswelt. Heft 20 2010. S. 2–8.

Lamnek, S./ Krell, C. (2016): Qualitative Sozialforschung. Weinheim/ Basel.

Lander, E. (2000): Eurocentrism and Colonialism in Latin American Social Thought. In: Nepantla. Views from South 1(3). S. 519–532.

Laquer, T. (1992): Auf den Leib geschrieben. Die Inszenierung der Geschlechter von der Antike bis Freud. Frankfurt/ New York.

Legewie, H./ Schervier-Legewie, B. (2004 [1995]): „Forschung ist harte Arbeit, es ist immer ein Stück Leiden damit verbunden. Deshalb muss es auf der anderen Seite Spaß machen". Anselm Strauss im Interview mit Heiner Legewie und Barbara Schervier-Legewie. Forum Qualitative Sozialforschung_Forum: Qualitative Social Research, 5 (3). URL: https://www.qualitative-research.net/index.php/fqs/article/view/562/1218. Zugriff: 13.12.2023.

Lenz, I. (1995): Geschlecht, Herrschaft und internationale Ungleichheit. In: Becker-Schmidt, Regina; Knapp, Gudrun Axeli (1995): Das Geschlechterverhältnis als Gegenstand der Sozialwissenschaften. Frankfurt/ New York. S. 19 – 47.

Lenz, I. (1998): Klasse – Ethnien – Geschlechter? In: Lenz, Ilse/Mae, Michiko: Die neue Frauenbewegung in Deutschland: Abschied vom kleinen Unterschied. Eine Quellensammlung. Wiesbaden.

Levold, T. (2016): Warum das Wiener Jugendamt seinem Erziehungsberater nicht folgte. In: SYSTEMAGAZIN. Online-Journal für systemische Entwicklungen. URL: http://systemagazin.com/warum-das-wiener-jugendamt-seinem-erziehungsberater-nicht-folgte/. Zugriff: 13.12.2023.

Lewicki, A. (2017): Islamophobia in Germany: National Report 2016. In: Bayrakli, E./ Hafez, F. (Hg.): European Islamophobia Report 2016. Ankara. 215–236.

Link, J. (2009): Versuch über den Normalismus. Wie Normalität produziert wird. Göttingen.

Luhmann, N./ Schorr, E. (1998): Reflexionsprobleme im Erziehungssystem. Frankfurt.

Lutz, H. (2001): Differenz als Rechenaufgabe: über die Relevanz der Kategorien Race, Class und Gender. In: Lutz, H./ Wenning, N. (Hg.): Unterschiedlich verschieden. Differenz in der Erziehungswissenschaft. Opladen. S. 215–230.

Lutz, H. (2004): Migrations- und Geschlechterforschung: Zur Genese einer komplizierten Beziehung. In: Becker, R./ Kortendiek, B. (Hg.): Handbuch Frauen- und Geschlechterforschung. Theorie, Methoden, Empirie. Wiesbaden. S. 476–484.

Lutz, H. (2009): Gender Mobil? Geschlecht und Migration in transnationalen Räumen. In: Dies. Gender Mobil? Geschlecht und Migration in transnationalen Räumen. Münster. S. 8–26.

Lutz, H./ Herrera Vivar, M. T./Supik, L. (Hg.) (2010): Fokus Intersektionalität. Bewegungen und Verortungen eines vielschichtigen Konzeptes. Wiesbaden.

Maasen, S. (2011): Das beratene Selbst. In: Maasen, S./ Elberfeld, J./ Eitler, P./ Tändler, M. (Hg.): Das beratene Selbst. Zur Genealogie der Therapeutisierung in den >langen< Siebzigern. Bielefeld. S. 7–34.

Mannheim, K. (1970): Wissenssoziologie. Auswahl aus dem Werk. Neuwied.

Matthes, J. (1976): Einführung in das Studium der Soziologie. Reinbek bei Hamburg.

Massol de Rebetz, R (2020): How useful is the concept of transit migration in an intra-Schengen mobility context? Diving into the migrant smuggling and human trafficking nexus in search for answers. In: European Journal on Criminal Policy and Research (2021) 27. S. 41–63.

Mayring, P. (1996): Einführung in die qualitative Sozialforschung, Weinheim/ Basel.

McCall, L. (2005): The Complexity of Intersectionality. In: Signs. Journal of Women in Culture and Society 30. S. 1771–1800.

Möckel, A. (1988): Geschichte der Heilpädagogik. Stuttgart.

Mohanty, C. T. (1988): „Under Western Eyes“: Feminist Scholarship and Colonial Discourses. In: Feminist Review, 30. S. 65–88.

Mecheril, P./ Castro Varela, M. d. M. (2000): Die interkulturelle Dimension psychosozialer Beratung. Studienbrief der Fernuniversität Hagen. Hagen.

Mecheril, P. (2004a): Beratung in der Migrationsgesellschaft. Paradigmen einer pädagogischen Handlungsform. In: Cyrus, N./ Treichler, A. (Hg.): Soziale Arbeit in der Einwanderungsgesellschaft. Grundlinien, Konzepte, Handlungsfelder, Methoden. Frankfurt. S. 371–387.

Mecheril, P. (2004b): Beratung: interkulturell. Von der interkulturellen Beratung zur interkulturellen Perspektive auf Beratung. In: Nestmann, F./ Engel/ F. Sickendiek, U. (Hg.) Das Handbuch der Beratung. Band 1: Disziplinen und Zugänge. Tübingen. S. 295–304.

Mecheril, P. (2008): „Kompetenzlosigkeitskompetenz“. Pädagogisches Handeln unter Einwanderungsbedingungen. In: Auernheimer, Georg (Hg.): Interkulturelle Kompetenz und pädagogische Professionalität. Wiesbaden.

Mecheril, P. (2010): Migrationspädagogik. Weinheim/ Basel.

Mecheril, P./ Rose, N. (2012): Qualitative Migrationsforschung – Standortbestimmungen zwischen Politik, Reflexion und (Selbst-)Kritik. In: Ackermann, F./ Ley, T./ Machold, C./

Schrödter, M. (Hg.): Qualitatives Forschen in der Erziehungswissenschaft. Wiesbaden. S. 115–135.
Messerschmidt, A. (2009): Weltbilder und Selbstbilder. Bildungsprozesse im Umgang mit Globalisierung, Migration und Zeitgeschichte. Frankfurt.
Messerschmidt, A. (2010): Distanzierungsmuster. Vier Praktiken im Umgang mit Rassismus. In: Broden, A./ Mecheril, P. (Hg.): Rassismus bildet: Bildungswissenschaftliche Beiträge zu Normalisierung und Subjektivierung in der Migrationsgesellschaft. Bielefeld. S. 41–58.
Messerschmidt, A. (2016): Nach Köln – Sprechen über Sexismus und Rassismus. In: Informations- und Dokumentationszentrum für Antirassismusarbeit in NRW: Die Ethnisierung der Genderdebatte. Düsseldorf. S. 7–11.
Meuser, M./ Nagel, U. (1994): ExpertInnenwissen und ExpertInneninterviews. In: Hitzler, R./ Honer, A./ Maeder, C. (Hg.): Expertenwissen. Die institutionalisierte Kompetenz zur Konstruktion von Wirklichkeit. Opladen. S. 180–192.
Meuser, M./ Nagel, U. (2005): ExpertInneninterviews – vielfach erprobt, wenig bedacht. Ein Beitrag zur qualitativen Methodendiskussion. In: Bogner, A./ Littig, B./ Menz, W. (Hg.): Experteninterviews – Theorien, Methoden, Anwendungsfelder. Wiesbaden. S. 71–93.
Meuser, M./ Nagel, U. (2008): ExpertInneninterview. Zur Rekonstruktion spezialisierten Sonderwissens. In: Becker, R./ Kortendiek, B. (Hg.): Handbuch Frauen- und Geschlechterforschung. Theorie, Methoden, Empirie. Wiesbaden. S. 457–473.
Meuser, M./ Nagel, U. (2013 [1997]): Das Expertinneninterview – Wissenssoziologische Voraussetzungen und methodische Durchführung. In: Friebertshäuser, B./ Prengel, A./ Langer, A. (Hg.): Handbuch Qualitative Forschungsmethoden in der Erziehungswissenschaft. Weinheim/ München. S.
Mey, G./ Mruck, K. (Hg.) (2011): Grounded Theory Reader. Wiesbaden.
Miethe, I./ Riemann, G. (2007): Mehr Fragen als Antworten. Überlegungen zu einem selbstkritischen Umgang mit forschungsethischen Problemstellungen in unserer Arbeit. In: Giebeler, C./ Fischer, W./ Goblirsch, M./ Miethe, I./ Riemann, G. (Hg.): Fallverstehen und Fallstudien. Interdisziplinäre Beiträge zur rekonstruktiven Sozialarbeitsforschung. Opladen. S.219–236.
Mignolo, W. (2000): Local Histories/ Global Designs. Coloniality, Subaltern Knowledges, and Border Thinking. Princeton.
Mignolo, W. (2009): Epistemic Disobedience. Independent Thought and De-Colonial Freedom. In: Theory, Culture & Society 26. S. 1–23.
Mignolo, W. (2012): Epistemischer Ungehorsam. Rhetorik der Moderne, Logik der Kolonialität und Grammatik der Dekolonialität. Wien.
Milborn, C. (2006): Gestürmte Festung Europa. Einwanderung zwischen Stacheldraht und Ghetto. Das Schwarzbuch. Wien/ Graz/ Klagenfurt.
Miles, R. (1991): Rassismus. Einführung in die Geschichte und Theorie eines Begriffs. Hamburg.
Mollenhauer, K./ Müller, W. C. (1965): »Führung« und »Beratung« in pädagogischer Sicht. Heidelberg.
Müller, M./ Zifonun, D. (2010): Wissenssoziologische Perspektiven auf ethnische Differenzierung. In Dies. (Hg.): Ethnowissen. Soziologische Beiträge zu ethnischer Differenzierung und Migration. Eine Einführung. Wiesbaden. S. 9–37.

Müller, C./ Broden, A./ Jagusch, B./ Khan, E./ Müller, A. (2019): Nicht von jetzt auf gleich?! Wie können Teams Haltungen entwickeln? Handlungsleitende Prinzipien und Empfehlungen für Einrichtungen, die sich rassismuskritisch reflektieren möchten. Projekts „Migrationssensible und rassismuskritische Kompetenz in der Jugendsozialarbeit" der LAG KJS NRW in Kooperation mit der Bundesarbeitsgemeinschaft Katholischen Jugendsozialarbeit (BAG KJS). Köln.

Nachtigall, A. (2012): Gendering 9/11. Medien, Macht und Geschlecht im Kontext des »War on Terror«. Bielefeld.

Ngũgĩ, w. T. (1981): Decolonising the Mind. The Politics of Language in African Literature. Harare.

Nguyen, T. Q. (2014): Offensichtlich und zugedeckt – Alltagsrassismus in Deutschland. Bundeszentrale für politische Bildung. URL: https://www.bpb.de/dialog/194569/offensichtlich-und-zugedeckt-alltagsrassismus-in-deutschland. Zugriff: 20.11.2023.

Nestmann, F./ Engel, F. (2002): Beratung – Markierungspunkte für eine Weiterentwicklung. In: Nestmann, F./ Engel, F. (Hg.): Die Zukunft der Beratung. Tübingen. S. 51–78.

Nestmann, F./ Engel, F./ Sickendiek, U. (Hg.) (2004): Das Handbuch der Beratung. Band 1: Disziplinen und Zugänge. Tübingen.

Nestmann, F./ Engel, F./ Sickendiek, U. (Hg.) (2007): Das Handbuch der Beratung. Band 2: Ansätze, Methoden und Felder.

Nestmann, F./ Engel, F./ Sickendiek, U. (Hg.) (2013): Das Handbuch der Beratung. Band 3: Neue Beratungswelten. Tübingen.

Netzwerk Kinderrechte Österreich – National Coalition zur Umsetzung der UN-Kinderrechtskonvention in Österreich (2019): Ergänzender Bericht zum 5. und 6. Bericht der Republik Österreich an die Vereinten Nationen gemäß Artikel 44, Absatz 1b des Übereinkommens über die Rechte des Kindes. URL: https://www.kinderhabenrechte.at/fileadmin/bilder/Bericht_DT.pdf. Zugriff: 13.12.2023.

Neuhauser, J./ Hess, S./ Schwenken, H. (2016): Unter- oder überbelichtet: die Kategorie Geschlecht in medialen und wissenschaftlichen Diskursen zu Flucht. In: Hess, S./ Kasparek, B./ Kron, S./ Rodatz, M./ Schwertl, M./ Sontowski, S. (Hg.): Der lange Sommer der Migration: Grenzregime III. Berlin. S. 176–195.

Neuweg, G. H. (1999): Könnerschaft und implizites Wissen. Zur lehr-lerntheoretischen Bedeutung der Erkenntnis- und Wissenstheorie Michael Polanyis. Münster/ New York.

Neuweg, G. H. (2005): Implizites Wissen als Forschungsgegenstand. In: Rauner, F. (Hg.): Handbuch Berufsbildungsforschung. Bielefeld. S. 581–588.

Neuweg, G. H. (2015): Das Schweigen der Könner. Gesammelte Schriften zum impliziten Wissen. Münster.

Nohl, A.-M. (2009): Interview und dokumentarische Methode. Anleitungen für die Forschungspraxis. Wiesbaden.

Oberzaucher-Tölke, I. (2018): Beratung und Therapie in der Migrationsgesellschaft. In: Blank, B./ Gögercin, S./ Sauer, K. E./ Schramkowski, B. (Hg.): Soziale Arbeit in der Migrationsgesellschaft. Wiesbaden. S. 657–667.

Oelkers, J./ Tenorth, W. (1991): Pädagogisches Wissen als Orientierung und als Problem. Pädagogisches Wissen. Beiheft der Zeitschrift für Pädagogik, 27, Weinheim/ Basel. S. 13–35.

Oelkers, J. (1995): Pädagogische Ratgeber. Erziehungswissen in populären Medien. Themen der Pädagogik. Frankfurt.

Oevermann, U. (2000): Dienstleistungen der Sozialbürokratie aus professionalisierungstheoretischer Sicht. In: von Harrach, E.-M./ Loer, T./ Ley, T. (Hg.): Verwaltung des Sozialen. Konstanz. S. 57–78.

Österreichische Institut für Familienforschung an der Universität Wien (ÖIF) (2017): Endbericht. Evaluierung des KindNamRÄG 2013. Obsorge- und Kontaktrechtsverfahren. URL: https://www.parlament.gv.at/dokument/XXV/III/402/imfname_638517.pdf. Zugriff: 20.02.2024

Pavkovic, G. (1999): Interkulturelle Kompetenz in der Erziehungsberatung. Zeitschrift für Migration und soziale Arbeit. S. 22–29.

Pavkovic, G. (2001): Erziehungsberatung mit Migrantenfamilien. Praxis der Kinderpsychologie und Kinderpsychiatrie 50. S. 252–264.

Pech, I. (2006): Whiteness – akademischer Hype und praxis- bezogene Ratlosigkeiten? Überlegungen für eine Anschlussfähigkeit antirassistischer Praxen. In: Elverich, G./ Kalpaka, A./ Reindlmeier, K. (Hg.): Spurensicherung. Reflexion von Bildungsarbeit in der Einwanderungsgesellschaft, Frankfurt/ London. S. 63–92.

Pfadenhauer, M. (2007): Das Experteninterview. Ein Gespräch auf gleicher Augenhöhe. In: Buber, R./ Holzmüller, H. H. (Hg.): Qualitative Marktforschung. Konzepte – Methoden – Analysen. Wiesbaden.

Phoenix, A. (2010): Psychosoziale Intersektionen. Zur Kontextualisierung von Lebenserzählungen Erwachsener aus ethnisch sichtbar differenten Haushalten. In: Lutz, H./ Herrera Vivar, M. T./ Supik, L. (Hg.) (2010): Fokus Intersektionalität. Bewegungen und Verortungen eines vielschichtigen Konzeptes. Wiesbaden. S. 145–163.

Planert, U. (2000): Vater Staat und Mutter Germania: Zur Politisierung des weiblichen Geschlechts im 19. und 20. Jahrhundert. In: Dies. (Hg.): Nation, Politik und Geschlecht. Frauenbewegungen und Nationalismus in der Moderne. Frankfurt/ New York.

Planert, U. (2004): Nation und Nationalismus in der deutschen Geschichte. In: Bundeszentrale für Politische Bildung. URL: http://www.bpb.de/apuz/28089/nation-und-nationalismus-in-der-deutschen-geschichte?p=all#footnodeid_18-18. Zugriff: 13.12.2023.

Plößer, M. (2013a): Die Macht der (Geschlechter-)Norm. Überlegungen zur Bedeutung von Judith Butlers dekonstruktiver Gendertheorie für die Soziale Arbeit. In: Sabla, K.-P./ Plößer, M. (Hg.): Gendertheorien und Theorien Sozialer Arbeit. Bezüge, Lücken, Herausforderungen. Opladen/ Berlin/ Toronto. S. 199–216.

Plößer, M. (2013b): Beratung poststrukturalistisch. Von sich erzählen. In: Nestmann, F./ Engel, F./ Sickendiek, U. (Hg.): Das Handbuch der Beratung. Band 3: Neue Beratungswelten. Tübingen. S. 1367–1379.

Polanyi, M. (1985): Implizites Wissen. Frankfurt.

Preglau, M. (2008): „Ethnizität", „Klasse/Schicht" und „Gender" als Kategorien der Migrations- und Integrationsforschung. In: Mitterbauer, H./ Scherke, K./ Millner, A. (Hg.): Moderne. Kulturwissenschaftliches Jahrbuch 4 (2008). Themenschwerpunkt: Migration. Innsbruck. S. 57–72.

Puar, J. K. (2007): Terrorist Assemblages: Homonationalism in Queer Times. Durham.

Qualmann, F./ Bicer, E./ Brink, L./ Nieves Camacho, A. (2021): Von Bedrohungsszenarien und Grenzregimen. Die Verschränkung von Flucht- und Terrordiskursen. In: movements. Journal for Critical Migration and Border Regime Studies 6. URL: http://movements-journal.org/issues/09.open-call/04.qualmann,bicer,brink,nieves-camacho--von-bedrohungsszenarien-und-grenzregimen.html. Zugriff: 13.12.2023.

Quijano, A. (2000): Coloniality of Power, Eurocentrism, and Latin America. In: Nepantla. Views from South 1. S. 533–580.
Quijano, A. (2007): Coloniality and Modernity/ Rationality. In: Cultural Studies 21(2–3). S. 168–178.
Quijano, A. (2010): Die Paradoxien der eurozentrierten Moderne. In: PROKLA. Zeitschrift für kritische Sozialwissenschaft 40. S. 29–47.
Quijano, A. (2016): Kolonialität der Macht, Eurozentrismus und Lateinamerika. Wien/ Berlin.
Quintero, P./ Garbe, S. (2013): Kolonialität der Macht. In: Quintero, P./Garbe, S. (Hg.): Kolonialität der Macht. De/Koloniale Konflikte: zwischen Theorie und Praxis. Münster. S. 7–20.
Radtke, F.-O. (1995): Interkulturelle Erziehung. Über die Gefahren eines pädagogisch halbierten Anti-Rassismus. In: Zeitschrift für Pädagogik, Heft 6. S. 853–864.
Radtke, F.-O. (1996): Wissen und Können – Grundlagen der wissenschaftlichen Lehrerbildung. Opladen.
Ralser, M./ Bischoff, N./ Jost, Ch./ Leitner, U./ Guerrini, F./ Reiterer, M. (2015): Das System der Fürsorgeerziehung. Zur Genese, Transformation und Praxis der Jugendfürsorge und der Landeserziehungsheime in Tirol und Vorarlberg. Forschungsbericht im Auftrag der Länder Tirol und Vorarlberg. URL: https://www.uibk.ac.at/iezw/heimgeschichteforschung/dokumente/das-system-der-fuersorgeerziehung_web.pdf. Zugriff: 12.2.24.
Reckinger, G. (2018): Bittere Orangen. Ein neues Gesicht der Sklaverei in Europa. Wuppertal.
Reinecke, C./ Feuchter, J./ Finsterhölzl, R./ Fischer-Tahir, A./ Hoffmann, F./ Grußendorf, J./ Holzwarth, S./ Klotz, M./ Knecht, M./ Oelsner, V./ Polat, N./ Tamme, R. (2010): Wissen und soziale Ordnung. Eine Kritik der Wissensgesellschaft. In: Schriftenreihe des Sonderforschungsbereiches 640: „Repräsentationen sozialer Ordnungen im Wandel" Nr. 1/2010. URL: https://edoc.hu-berlin.de/bitstream/handle/18452/3891/1.pdf?sequence=1. Zugriff: 22.2.24.
Reuter, J. (2002): Ordnungen des Anderen. Zum Problem des Eigenen in der Soziologie des Anderen. Bielefeld.
Reuter, J. (2013): Postkoloniale Soziologie. Andere Modernitäten, verortetes Wissen, kulturelle Identifizierungen. In: Reuter, J./ Karentzos, A. (Hg.): Schlüsselwerke der Postcolonial Studies. Wiesbaden. S. 297–314.
Riegel, C. (2016): Bildung, Intersektionalität, Othering. Pädagogisches Handeln in widersprüchlichen Verhältnissen. Bielefeld.
Risso, M./ Böker, W. (1964): Verhexungswahn. Ein Beitrag zum Verständnis von Wahnerkrankungen süditalienischer Arbeiter in der Schweiz. Basel.
Rommelspacher, B. (1995): Dominanzkultur. Texte zu Fremdheit und Macht. Berlin.
Rommelspacher, B. (2009): Was ist eigentlich Rassismus? In: Melter, C./ Mecheril, P. (Hg.): Rassismuskritik. Band 1: Rassismustheorie und -forschung. Schwalbach. S. 25–38.
Rose, N. S. (1998a): Inventing our selves. Psychology, Power and Personhood. Cambridge.
Rose, N. S. (1998b): Power in therapy: Techne and ethos. URL: https://academyanalyticarts.org/rose-power-in-therapy. Zugriff: 14.11.2023.
Rose, N. S. (1999): Governing the soul. The shaping of the private self. London/ New York.
Rosenthal, G. (2015): Interpretative Sozialforschung. Eine Einführung. Weinheim.
Said, E. (1978): Orientalismus. London.

Sander, K. (1999): Personenzentrierte Beratung. Köln/ Weinheim.
Sassen, S. (1996): Migranten, Siedler, Flüchtlinge. Von der Massenauswanderung zur Festung Europa. Frankfurt.
Sauer, B. (2006): Geschlecht als Strukturkategorie. Wissenschaft als Gesellschafts- und Politikkritik. In: Flaker, V./ Schmid, T. (Hg.): Von der Idee zur Forschungsarbeit. Forschen in Sozialarbeit und Sozialwissenschaft. Wien. S. 79–97.
Seelmeyer, U. (2008): Das Ende der Normalisierung? Soziale Arbeit zwischen Normativität und Normalität. Weinheim/ München.
Scherr, Albert (2004): Beratung als Form wohlfahrtsstaatlicher Hilfe. In: Schützeichel, R./ Brüsemeister, T. (Hg.): Die beratene Gesellschaft. Zur gesellschaftlichen Bedeutung von Beratung. Wiesbaden. S. 95–110.
Scherr, Albert (2014): Beratung als Hilfe. Zur Funktion von Beratung im aktivierenden Wohlfahrtsstaat. In: Lorenzen, J.-M./ Schmidt, L.-M./ Zifonun, D. (Hg.): Grenzen und Lebenslauf. Beratung als Form des Managements biografischer Übergänge. Weinheim/ Basel. S. 101–119.
Scherschel, K. (2006): Rassismus als flexible symbolische Ressource. Eine Studie über rassistische Argumentationsfiguren. Bielefeld.
Scherschel, K. (2008): Die Macht der Verknüpfung. Konstruktionen des ethnisch Anderen. In: Klimke, D. (Hg.): Exklusion in der Marktgesellschaft. Wiesbaden. S. 191–201.
Scherschel, K. (2010): Dimensionen der Ungleichheit im nationalstaatlich stratifizierten sozialen Raum. In: Müller, M./ Zifonun, D. (Hg.): Ethnowissen. Soziologische Beiträge zu ethnischer Differenzierung und Migration. Eine Einführung. Wiesbaden. S. 237–257.
Schirmer, B. (2003): Autismus. Von der Außen- zur Innenperspektive. In: Behinderte in Familie, Schule und Gesellschaft Nr. 3/2003. URL: http://bidok.uibk.ac.at/library/beh3-03-schirmer-autismus.html. Zugriff: 13.11.2023.
Schneider, S. (2014): Zur notwendigen Profilierung sozialpädagogischer Beratung. In: Bauer, P./ Weinhardt, M. (Hg.): Perspektiven sozialpädagogischer Beratung. Empirische Befunde und aktuelle Entwicklungen. Weinheim/ Basel. S. 179–195.
Schönwiese, V. (2012): Individualisierende Eugenik – Zur Praxis von Andreas Rett. In: BIZEPS – Zentrum für Selbstbestimmtes Leben (Hg.): wertes unwertes Leben. S. 69–82. URL: http://www.bizeps.or.at/shop/leben2012.pdf Zugriff: 13.11.2023.
Schreiner, P. (2018): Warum Menschen sowas mitmachen. Achtzehn Sichtweisen auf das Leben im Neoliberalismus. Köln.
Statistik Austria (2022): Kinder- und Jugendhilfestatistik 2022. URL: https://www.statistik.at/fileadmin/user_upload/Kinder-und-Jugendhilfestatistik-2022.pdf. Zugriff: 13.11.2023.
Schütz, A. (1971): Wissenschaftliche Interpretation und Alltagsverständnis menschlichen Handelns. In: Ders. (Hg.).: Gesammelte Aufsätze. Bd. 1. Den Haag. S. 3–54.
Schütz, A. (1972): Der gut informierte Bürger. Ein Versuch über die soziale Verteilung des Wissens. In: Ders. (Hg.): Gesammelte Aufsätze. Bd. 2: Studien zur soziologischen Theorie. Den Haag. S. 140–154.
Schütz, A./ Luckmann, T. (1988): Strukturen der Lebenswelt. Band 1. Frankfurt.
Schütze, F. (1977): Die Technik des narrativen Interviews in Interaktionsfeldstudien. Arbeitsberichte und Forschungsmaterialien. Bielefeld.
Schütze, F. (1992): Sozialarbeit als „bescheidene“ Profession. In: Dewe, B./ Ferchhoff, W./ Radtke, F.-O. (Hg.): Erziehen als Profession. Opladen. S. 132–170.

Schwarz, M. P./ Ferchhoff, W./ Vollbrecht, R. (Hg.) (2014): Professionalität: Wissen – Kontext: Sozialwissenschaftliche Analysen und pädagogische Reflexionen zur Struktur bildenden und beratenden Handelns. Bad Heilbrunn.

Schützeichel, R./ Brüsemeister, T. (2004): Die beratene Gesellschaft. Wiesbaden.

Schulze, H./ Mantey, D./ Witek, K. (2016): Sprache und Gewalt. Zu Mikropraktiken von Alltagsrassismus in der Beratung. In: Equit, C./ Groenemeyer, A./ Schmidt, H. (Hg.): Situationen der Gewalt. Weinheim. S. 193–209.

Schulze, H./ Höblich, D./ Mayer, M. (Hg.) (2018). Macht – Diversität – Ethik in der Beratung. Wie Beratung Gesellschaft macht. Berlin/ Toronto.

Schwenken, H. (2006): Rechtlos, aber nicht ohne Stimme. Politische Mobilisierungen um irreguläre Migration in die Europäische Union. Bielefeld.

Seng, S./ Warrach, N. (2020): Rassismuskritik als Querschnittsaufgabe und Reflexionspraxis. In: Dies. (Hg.): Rassismuskritische Öffnung II. Impulse zur rassismuskritischen Entwicklung der Jugend(verbands)arbeit. Düsseldorf. S. 6–20.

Sickendiek, U./ Engel, F./ Nestmann, F. (2008): Beratung. Eine Einführung in sozialpädagogische und psychosoziale Beratungsansätze. Weinheim/ München.

Sieder, R. (2015): Warum das Wiener Jugendamt seinem Erziehungsberater nicht folgte. In: Aichhorn, T./ Fallend, K. (Hg.): August Aichhorn-Vorlesungen. Einführung in die Psychoanalyse für Erziehungsberatung und Soziale Arbeit. Wien. S. 201–225.

Singer, M. (1997): Fremd. Bestimmung. Zur kulturellen Verortung von Identität. Tübingen.

Spindler, S. (2016): Soziale Arbeit im Umgang mit Migrations- und Geschlechterverhältnissen bei männlichen Jugendlichen mit Migrationshintergrund. In: IDA-NRW: Zur Ethnisierung der Genderdebatte. 1/2016, 22. Jg. S. 19–23.

Siouti, I. (2018): Forschungsethik in der Biografieforschung: Herausforderungen im Forschungsfeld der politischen Partizipation. In: FQS Forum qualitative Sozialforschung. Volume 19, No. 3.

Spivak, G. C. (2011 [1988]): Can the Subaltern Speak? Postkolonialität und subalterne Artikulation. Wien.

Sprondel, W. M. (1979): „Experte“ und „Laie“: zur Entwicklung von Typenbegriffen in der Wissenssoziologie. In: Sprondel, W.M./ Grathoff, R. (Hg.).: Alfred Schütz und die Idee des Alltags in den Sozialwissenschaften. Stuttgart. S. 140–154.

Sprung, A. (2013): Pädagogische Professionalität in der Migrationsgesellschaft. In: erwachsenenbildung.at. URL: https://erwachsenenbildung.at/themen/migrationsgesellschaft/theorien_und_konzepte/paed_professionalitaet.php. Zugriff: 13.12.2023.

Sprung, A./ Gruber, S. (2015): Zur Situation von berufstätigen Studierenden mit Migrationshintergrund in berufsbegleitenden Studiengängen an der FH Technikum Wien. URL: https://wien.arbeiterkammer.at/service/studien/Bildung/FH_Stud_mig_bericht_lang_25072015.pdf. Zugriff: 13.12.2023.

Stehr, N. (1994): Arbeit, Eigentum und Wissen. Zur Theorie von Wissensgesellschaften. Frankfurt.

Stehr, N./ Grundmann, R. (2010): Expertenwissen. Die Kultur und die Macht von Experten, Beratern und Ratgebern. Weilerswist.

Stein-Hilbers, M. (1994): Wem gehört das Kind? Neue Familienstrukturen und veränderte Eltern-Kind-Beziehungen. Frankfurt/ New York.

Strasser, J. (2006): Erfahrung und Wissen in der Beratung. Theoretische und empirische Analysen zum Entstehen professionellen Wissens in der Erziehungsberatung. Göttingen.

Strasser, J. (2014): Reflexion von Erfahrungen und Fehlern. Eine Voraussetzung für die berufliche Wissensentwicklung von Beraterinnen und Beratern. In: Bauer, P./ Weinhardt, M. (Hg.): Perspektiven sozialpädagogischer Beratung. Empirische Befunde und aktuelle Entwicklungen. Weinheim/ Basel. S. 196–214.

Tenorth, H. E. (1994): Vielfalt pädagogischen Wissens und Formen seiner Einheit (Eine Erinnerung an Bekanntes). In: Heyting, F./ Tenorth, H. E. (Hg.): Pädagogik und Pluralismus. Weinheim. S. 149–158.

Terkessidis, M. (1998): Die Psychologie des Rassismus. Wiesbaden.

Terkessidis, M. (2004): Die Banalität des Rassismus. Migranten zweiter Generation entwickeln eine neue Perspektive. Bielefeld.

Transit Migration Forschungsgruppe (Hg.) (2007): Turbulente Ränder: Neue Perspektiven auf Migration an den Grenzen Europas, Bielefeld.

Traue, B. (2010): Das Subjekt der Beratung. Zur Soziologie einer Psycho-Technik. Bielefeld.

Treichler, A./ Cyrus, N. (Hg.) (2004): Handbuch Soziale Arbeit in der Einwanderungsgesellschaft. Grundlinien – Konzepte – Handlungsfelder – Methoden. Frankfurt.

Veneto Scheib, V. (1997): Psychosoziale Beratung für „schwarze Frauen" und Öffnung der Regeldienste im Zeichen einer therapeutischen und politischen Verantwortung. In: Systhema - Heft 3 - 1997. S. 259–268.

Veneto Scheib, V. (2003): Lösungen interkultureller Konflikte von Familien in der Erziehungsberatung. In: Weber, M./ Eggemann-Dann, H./ Schilling, H. (Hg.): Beratung bei Konflikten. Wirksame Interventionen in Familie und Jugendhilfe. Weinheim. S. 127–152.

Vester, M. (2004): Die Illusion der Bildungsexpansion. Bildungsöffnungen und soziale Segregation in der Bundesrepublik Deutschland. In: Engler, S./ Krais, B. (Hg.): Das kulturelle Kapital und die Macht der Klassenstrukturen. Sozialstrukturelle Verschiebungen und Wandlungsprozesse des Habitus. Weinheim/ München.

Von Lersner, U./ Kizilhan, J. I. (2017): Kultursensitive Psychotherapie. Göttingen.

Von Unger, H. (2018): Forschungsethik, digitale Archivierung und biographische Interviews. In: Lutz, H./ Schiebel, M./ Tuider, E. (Hg.): Handbuch Biographieforschung. Wiesbaden. S. 681- 697.

Vollmer, B./ Karakayali, S. (2018): The Volatility of the Discourse on Refugees in Germany. In: Journal of Immigrant & Refugee Studies 16 (1–2). S. 118–139.

Vossler, A. (2005): Erziehungsberatung im Spiegel gesellschaftlicher Umbrüche. In: ajs-informationen 3/2005 „Erziehungsberatung und Elternbildung". Baden-Württemberg. S. 1–12.

Wachendorfer, U. (1998): Soziale Konstruktionen von Weiß-Sein. Zum Selbstverständnis Weißer TherapeutInnen und BeraterInnen. In: Castro Varela, M. d. M./ Schulze, S./ Vogelmann, S./ Weiß, A. (Hg.): Suchbewegungen. Interkulturelle Beratung und Therapie. Tübingen. S. 49- 60.

Walgenbach, K. (2007): Gender als interdependente Kategorie. Neue Perspektiven auf Intersektionalität, Diversität und Heterogenität. Opladen.

Weber, M. (1984 [1922]): Wirtschaft und Gesellschaft. Grundriss der verstehenden Soziologie. Tübingen.

Weckel, U. (1998): Zwischen Häuslichkeit und Öffentlichkeit. Die ersten deutschen Frauenzeitschriften im späten 18. Jahrhundert und ihr Publikum. Tübingen.

Wenning, N. (2001): Differenz durch Normalisierung. In: Lutz, H./ Wenning, N. (Hg.): Unterschiedlich verschieden. Differenz in der Erziehungswissenschaft. Opladen. S. 275–295.

West, C./ Zimmerman, D. H. (1987): Doing Gender. In: Gender & Society 1, 2. S. 125–151.

Wetterer, A. (2002): Arbeitsteilung und Geschlechterkonstruktion. »Gender at Work« in theoretischer und historischer Perspektive. Konstanz.

Wetterer, A. (2003): Rhetorische Modernisierung. Das Verschwinden der Ungleichheit aus dem zeitgenössischen Differenzwissen. In: Knapp, G.-A./ Wetterer, A. (Hg.): Achsen der Differenz. Gesellschaftstheorie und feministische Kritik 2, Forum Frauenforschung, Band 16, Münster. S. 286–319.

Wetterer, A. (2008): Geschlechterwissen und soziale Praxis. Theoretische Zugänge – empirische Erträge. Königstein i. Taunus.

Wetterer, A. (2010): Konstruktion von Geschlecht. Reproduktionsweisen der Zweigeschlechtlichkeit. In: Becker, R./ Kortendiek, B. (Hg.): Handbuch Frauen- und Geschlechterforschung. Theorie, Methoden, Empirie. Wiesbaden. S. 126–136.

Wilson, T. P. (1973): Theorien der Interaktion und Modelle soziologischer Erklärung. In: Arbeitsgruppe Bielefelder Soziologen (Hg.): Alltagswissen, Interaktion und gesellschaftliche Wirklichkeit. Bd. 1. Reinbek, S. 54- 79.

Wimmer, A./ Glick Schiller, N. (2002): Methodological Nationalism and Beyond: Nation-State Building, Migration and the Social Sciences. In: Global Networks, 2/4. S. 301–334.

Winker, G./ Degele, N. (2009): Intersektionalität. Zur Analyse sozialer Ungleichheiten. Bielefeld.

Woldrich, A. (1998): Beratung. Eine Begriffsbestimmung aus historischer, fachspezifischer und gesellschaftlicher Perspektive unter besonderer Berücksichtigung der Behindertenberatung und der Abgrenzung zur Therapie. In: bidok. URL: https://bidok.uibk.ac.at/library/woldrich-beratung.html. Zugriff: 28.3.24.

Wrana, D./ Ziem, A./ Reisigl, M./ Nonhoff, M./ Angermüller, J. (Hg.) (2014): DiskursNetz. Wörterbuch der interdisziplinären Diskursforschung. Berlin.

Young, B./ Hoppe, H. (2004): Globalisierung aus Sicht der feministischen Makroökonomie. In: Becker, R./Kortendiek, B. (Hg.): Handbuch Frauen- und Geschlechterforschung. Theorie, Methoden, Empirie. Wiesbaden. S. 485–493.

Zenz, G. (1979): Kindesmißhandlung, Kinderschutz und Kinderrechte im geschichtlichen Überblick. In: Dies.: Kindesmißhandlung und Kindesrechte. Erfahrungswissen, Normstruktur, Entscheidungsrationalität. München.

Kolibri 360 GmbH
Ferdinand-Jühlke-Straße 7
99095 Erfurt, Deutschland
produktsicherheit@kolibri360.de